U0153471

思想的・睿智的・獨見的

# 經典名著文庫

**學術評議**

丘為君　吳惠林　宋鎮照　林玉体　邱燮友
洪漢鼎　孫效智　秦夢群　高明士　高宣揚
張光宇　張炳陽　陳秀蓉　陳思賢　陳清秀
陳鼓應　曾永義　黃光國　黃光雄　黃昆輝
黃政傑　楊維哲　葉海煙　葉國良　廖達琪
劉滄龍　黎建球　盧美貴　薛化元　謝宗林
簡成熙　顏厥安（以姓氏筆畫排序）

策劃　**楊榮川**

五南圖書出版公司 印行

# 經典名著文庫

## 學術評議者簡介（依姓氏筆畫排序）

- 丘為君　美國俄亥俄州立大學歷史研究所博士
- 吳惠林　美國芝加哥大學經濟系訪問研究、臺灣大學經濟系博士
- 宋鎮照　美國佛羅里達大學社會學博士
- 林玉体　美國愛荷華大學哲學博士
- 邱燮友　國立臺灣師範大學國文研究所文學碩士
- 洪漢鼎　德國杜塞爾多夫大學榮譽博士
- 孫效智　德國慕尼黑哲學院哲學博士
- 秦夢群　美國麥迪遜威斯康辛大學博士
- 高明士　日本東京大學歷史學博士
- 高宣揚　巴黎第一大學哲學系博士
- 張光宇　美國加州大學柏克萊校區語言學博士
- 張炳陽　國立臺灣大學哲學研究所博士
- 陳秀蓉　國立臺灣大學理學院心理學研究所臨床心理學組博士
- 陳思賢　美國約翰霍普金斯大學政治學博士
- 陳清秀　美國喬治城大學訪問研究、臺灣大學法學博士
- 陳鼓應　國立臺灣大學哲學研究所
- 曾永義　國家文學博士、中央研究院院士
- 黃光國　美國夏威夷大學社會心理學博士
- 黃光雄　國家教育學博士
- 黃昆輝　美國北科羅拉多州立大學博士
- 黃政傑　美國麥迪遜威斯康辛大學博士
- 楊維哲　美國普林斯頓大學數學博士
- 葉海煙　私立輔仁大學哲學研究所博士
- 葉國良　國立臺灣大學中文所博士
- 廖達琪　美國密西根大學政治學博士
- 劉滄龍　德國柏林洪堡大學哲學博士
- 黎建球　私立輔仁大學哲學研究所博士
- 盧美貴　國立臺灣師範大學教育學博士
- 薛化元　國立臺灣大學歷史學系博士
- 謝宗林　美國聖路易華盛頓大學經濟研究所博士候選人
- 簡成熙　國立高雄師範大學教育研究所博士
- 顏厥安　德國慕尼黑大學法學博士

經典名著文庫051

# 人口論（上）

托馬斯・羅伯特・馬爾薩斯 著
( Thomas Robert Malthus )
周憲文 譯

# 經典永恆・名著常在

## 五十週年的獻禮・「經典名著文庫」出版緣起

總策劃 楊榮川

五南，五十年了。半個世紀，人生旅程的一大半，我們走過來了。不敢說有多大成就，至少沒有凋零。

五南忝爲學術出版的一員，在大專教材、學術專著、知識讀本出版已逾壹萬參仟種之後，面對著當今圖書界媚俗的追逐、淺碟化的內容以及碎片化的資訊圖景當中，我們思索著：邁向百年的未來歷程裡，我們能爲知識界、文化學術界做些什麼？在速食文化的生態下，有什麼值得讓人雋永品味的？

歷代經典・當今名著，經過時間的洗禮，千錘百鍊，流傳至今，光芒耀人；不僅使我們能領悟前人的智慧，同時也增深加廣我們思考的深度與視野。十九世紀唯意志論開創者叔本華，在其〈論閱讀和書籍〉文中指出：「對任何時代所謂的暢銷書要持謹慎的態度。」他覺得讀書應該精挑細選，把時間用來閱讀那些「古今中外的偉大人物的著作」，閱讀那些「站在人類之巔的著作及享受不朽聲譽的人們的作品」。閱讀就要「讀原著」，是他的體悟。他甚至認爲，閱讀經典原著，勝過於親炙教誨。他說：

「一個人的著作是這個人的思想菁華。所以，儘管一個人具有偉大的思想能力，但閱讀這個人的著作總會比與這個人的交往獲得更多的內容。就最重要的方面而言，閱讀這些著作的確可以取代，甚至遠遠超過與這個人的近身交往。」

爲什麼？原因正在於這些著作正是他思想的完整呈現，是他所有的思考、研究和學習的結果；而與這個人的交往卻是片斷的、支離的、隨機的。何況，想與之交談，如今時空，只能徒呼負負，空留神往而已。

三十歲就當芝加哥大學校長、四十六歲榮任名譽校長的赫欽斯（Robert M. Hutchins, 1899-1977），是力倡人文教育的大師。「教育要教眞理」，是其名言，強調「經典就是人文教育最佳的方式」。他認爲：

「西方學術思想傳遞下來的永恆學識，即那些不因時代變遷而有所減損其價值的古代經典及現代名著，乃是眞正的文化菁華所在。」

這些經典在一定程度上代表西方文明發展的軌跡，故而他爲大學擬訂了從柏拉圖的《理想國》，以至愛因斯坦的《相對論》，構成著名的「大學百本經典名著課程」。成爲大學通識教育課程的典範。

歷代經典．當今名著，超越了時空，價值永恆。五南跟業界一樣，過去已偶有引進，但都未系統化的完整舖陳。我們決心投入巨資，有計畫的系統梳選，成立「經典名著文庫」，希望收入古今中外思想性的、充滿睿智與獨見的經典、名著，包括：

- 歷經千百年的時間洗禮，依然耀明的著作。遠溯二千三百年前，亞里斯多德的《尼各馬科倫理學》、柏拉圖的《理想國》，還有奧古斯丁的《懺悔錄》。
- 聲震寰宇、澤流遐裔的著作。西方哲學不用說，東方哲學中，我國的孔孟、老莊哲學，古印度毗耶娑（Vyāsa）的《薄伽梵歌》、日本鈴木大拙的《禪與心理分析》，都不缺漏。
- 成就一家之言，獨領風騷之名著。諸如伽森狄（Pierre Gassendi）與笛卡兒論戰的《對笛卡兒沉思錄的詰難》、達爾文（Darwin）的《物種起源》、米塞斯（Mises）的《人的行爲》，以至當今印度獲得諾貝爾經濟學獎阿馬蒂亞．

森（Amartya Sen）的《貧困與饑荒》，及法國當代的哲學家及漢學家余蓮（François Jullien）的《功效論》。

梳選的書目已超過七百種，初期計劃首為三百種。先從思想性的經典開始，漸次及於專業性的論著。「江山代有才人出，各領風騷數百年」，這是一項理想性的、永續性的巨大出版工程。不在意讀者的眾寡，只考慮它的學術價值，力求完整展現先哲思想的軌跡。雖然不符合商業經營模式的考量，但只要能爲知識界開啓一片智慧之窗，營造一座百花綻放的世界文明公園，任君遨遊、取菁吸蜜、嘉惠學子，於願足矣！

最後，要感謝學界的支持與熱心參與。擔任「學術評議」的專家，義務的提供建言；各書「導讀」的撰寫者，不計代價地導引讀者進入堂奧；而著譯者日以繼夜，伏案疾書，更是辛苦，感謝你們。也期待熱心文化傳承的智者參與耕耘，共同經營這座「世界文明公園」。如能得到廣大讀者的共鳴與滋潤，那麼經典永恆，名著常在。就不是夢想了！

二〇一七年八月一日　於

五南圖書出版公司

# 導讀

《人口論》由十八世紀的英國政治經濟學者馬爾薩斯（Thomas Robert Malthus, 1766-1834）所著。作者雖已離世超過一百八十年，然而該書迄今仍是人口學的經典。人口學者均認爲《人口論》是該領域舉足輕重的著作，值得讀者溫故知新，透過《人口論》理解馬爾薩斯從其所處的時代，如何看待人口議題及其趨勢。

《人口論》的時代背景是十九世紀的歐洲。馬爾薩斯分析當時英國與歐陸的社會及人口現象，並且提出悲觀的預測。儘管馬爾薩斯的人口預測並未實現，但是無損及其經典地位，特別是我們閱讀《人口論》之際仍能得到啓發，諸如人口成長的警示、社會福利的倡議，還有人口對環境生態與氣候變遷（climate change）的潛在威脅。本書有助於讀者理解馬爾薩斯的人口觀點及其後世影響。

## 作者生平

馬爾薩斯出生於一七六六年，倫敦郊外的富裕家庭，其父親 Daniel Malthus 是英國經驗主義哲學家休謨（David Hume）與法國自由主義哲學家盧梭（Jean-Jacques Rousseau）

的熱情擁護者。因爲父親認同盧梭的教育理念，所以讓馬爾薩斯在家自學，並於一七八四年進入劍橋大學耶穌學院（Jesus College, Cambridge University）就讀。一七八八年畢業之後擔任英國國教牧師，一七九一年獲頒碩士學位，並於一七九三年成爲耶穌學院教師。一八〇五年，馬爾薩斯獲聘爲英國東印度公司學院（East India Company College）的歷史與政治經濟學教授，擔任東印度公司高階文職人員的訓練工作。馬爾薩斯在一八一九年擔任英國皇家學院（Royal Society）成員，一八二一年加入政治經濟俱樂部（Political Economy Club），再於一八二四年進入皇家文學會（Royal Society of Literature）。一八三四年共同創立了皇家統計學會（Royal Statistical Society）。馬爾薩斯終身從事學術研究直至一八三四年過世。馬爾薩斯出版不少著作，諸如一八二〇年的《政治經濟學原理》（Principles of Political Economy）和其他關於穀物、濟貧與關稅等著作，《人口論》則是影響最爲深遠者。

馬爾薩斯身處於十八世紀末與十九世紀初風雲劇變的時代。十四世紀後的文藝復興（Renaissance）與宗教革命（Protestant Reformation）促成以人爲本的思潮，文藝復興末期，科學革命（Scientific Revolution）伴隨著數學、物理學、天文學與生物學等科學領域的大幅進步，諸如伽利略（Galileo Galilei）支持了日心說（Heliocentrism），與牛頓（Isaac Newton）的牛頓運動定律等，拓展了歐洲人的知識視野，也促成啓蒙運動（Enlightment）的興起，讓當時歐洲人樂觀相信知識的理性發展，將能解決生存問題，促成歐洲社會逐漸朝向現代化的發展歷程。與此同時，歐洲政治制度也面臨重大變革，特別是十七世紀以來英國君主立憲的推動，還有一七八九年的法國大革命，讓當時人類社會與思想同樣處於激盪之中。

社會與思想的激盪、科學進步與工業革命促成人類能否邁向美麗新世界烏托邦（Utopia）的論辯。儘管人文主義、科學研究、工業革命與政治變革帶來進步的曙光，但是一般民眾實際生活仍然艱困。例如，英國中世紀延續下來的圈地運動（Enclousre）讓農民流離失所而湧進都市成爲底層的勞動者。這些勞動者處於極爲惡劣的生活環境，賺取工資難以溫飽。不僅如此，這些底層的勞動者普遍缺乏生育控制的知識，嬰兒死亡率也居高不下，多數這些民眾的平均壽命甚至低於鄉村地區。馬爾薩斯及其父親對於烏托邦能否實踐意見紛歧，其父親對人類社會的發展比較樂觀，認同無政府主義的烏托邦思想，但是馬爾薩斯就自身所觀察的英國社會的前景卻完全不是如此樂觀；理想烏托邦與現實社會有著難以跨越的鴻溝。馬爾薩斯於是將與父親的論辯寫成小冊子，並經由父親鼓勵，以匿名方式出版，也就是本書一七九八年最初的原型。

## 《人口論》的主要論點

然而，馬爾薩斯不太認同無政府論者及其烏托邦世界觀，也成爲人口論的論述脈絡。

英國無政府論者 William Godwin 在法國大革命期間，於一七九三發表的《政治的正義與倫理對於幸福的影響之研究》（Enquiry concerning Political Justice, and its Influence on General Virtue and Happiness），其認爲完美的人類社會終會來到，理性之人將毋須法律與制度約束，永遠過著富裕和諧的生活。馬爾薩斯在《人口論》序言反駁 William Godwin 與法國哲學家 Nicolas de Condorcet 的觀點，批判科學帶來人類無限進步的虛幻理想，認爲兩位學者只是偏頗反應法國大革命之初的樂觀進步的氛圍，但是人類社會的烏托邦根本不可能實現。馬爾薩斯認爲人口成長速度永遠超過生產糧食的速度，人類社會最終將落入供不應求的困境。爲此，十九世紀的英國歷史學者 Thomas Carlyle 將馬爾薩斯悲觀而負面的經濟論述，將經濟學標籤爲憂鬱的科學（dismal science）。

除此之外，馬爾薩斯也反駁了重商主義（mercantilism）的論點。重商主義的經濟理論盛行在十六世紀到十八世紀之間，其支持國家積極追求富足與強盛，以最大程度掌控所有經濟利益。因此，重商主義強調國家人口規模必須有效擴張，因爲人口規模擴張將有助於海外殖民的管理與軍事需要，同時也有更多人口參與勞動，透過生產與外銷商品替國家賺取更多利益。然而，馬爾薩斯認爲人口增加不會帶來重商主義希冀的經濟效果，反造成社會貧窮的現象每況愈下。

科學革命與科技的發展讓人類努力探究自然與社會定律。伽利略支持的日心說或牛頓的三大運動定律等不斷促成自然科學的典範轉移，建構了科學進步、孕育著人們未來生活的美好憧憬。十八世紀以降，不論是 William Godwin 等無政府主義論者或其他社會科學學者，都希望如同自然科學家般，嘗試掌控人類生活的基本定律，進而促成理想中的完美社會的實現。馬爾薩斯的《人口論》也不例外，其意圖仿照自然科學的邏輯，勾勒人類生活的規律與原則。基本上，《人口論》奠基於「生存」與「繁殖」兩個重要的命提，也就是中國俗諺所謂的「食色性也」。生存是生產糧食，或者是透過勞動換取糧食，糧食是人類生存的必需品；另外則是繁殖以孕育下一代，兩性的情慾與相互吸引都是在試圖繁衍後代。

《人口論》凸顯了殘酷的社會事實，人口與土地成長速度不同。人口若缺乏節制，將以幾何級數增加，馬爾薩斯預估每二十五年會增加一倍，如果以七二法則爲計算的基準，每年人口增加百分之三左右；但是生存所需物資只能以算術級數增加，特別是糧食生產。換言之，繁衍是人類本能，具有無限制的擴張潛力，但是糧食卻受到土地報酬遞減的限制，不可能永無止境的增加，因此糧食生長速度終究追不上人口擴增，馬爾薩斯說道：「在兩世紀之後，人口與生活資料的比數爲二五六對九；三世紀之後，則爲四〇九六對三，二千年之後，這一差額，幾乎無法計算。」當人口與糧食成長失去均衡，就會發生人口過多卻糧食不足的困境，甚至流於貧困、挨餓、犯罪與戰爭等情況，弱勢群體往往承受更嚴重的負面影響，亦即「馬爾薩斯災難」（Malthusian catastrophe）。

《人口論》強調人類生存條件會受到某種程度的障礙。馬爾薩斯認爲人口增加會導致生活資源受限；除非存在有效的障礙（checks），否則人口必然隨著生活資源的增加而擴張；經由窮困（misery）和罪惡（vice）的障礙，可以消彌人口增加超過資源增加的問題，讓人口與資源之間維持平衡。限制人口增加的障礙分爲兩類：一爲積極的障礙（positive checks），又稱爲自然的障礙，諸如天然災害、疫病和戰爭導致死亡率提高之途；二爲預防的障礙（preventive checks），又稱爲人爲的障礙，包括道德的抑制，像是獨身、禁慾和晚婚等降低生育率之途。道德的抑制主要著重在貧窮家庭的狀況，其強調夫妻應該延遲生育，直至彼此能夠負擔生活開銷，養育子女爲止。馬爾薩斯對人口控制並不樂觀，其認爲預防性障礙難以落實。同時，馬爾薩斯的宗教背景，特別是身爲英國國教牧師，馬爾薩斯也不贊成節育。《人口論》除了關注人口與資源的競合，也激發達爾文（Charles Darwin）提出自然汰擇理論（nature selection theory），以及優生學的發展，強制某些族群人口與家庭的生育子女數等措施。

此外，《人口論》花費相當篇幅討論政府政策。例如英國一六○一年通過的《濟貧法》（Poor Law），該法建立英國初步救濟行政制度與救濟途徑，成爲《人口論》討論對於社會底層民眾的影響。當時英國各地依據《濟貧法》均有對於貧病者提供資助以維持最低生活水準，但是馬爾薩斯反對國家濟貧措施，認爲此舉僅變相鼓勵怠惰，窮人若無濟貧輔助將迫使其更能自立。馬爾薩斯強調根據人口原理，幫助窮人就好比取得新的土地讓人口快速成長，結果只會造成更窮困與罪惡回到人口與資源之間的均衡。

## 《人口論》的當代影響

《人口論》反應一般民眾或社會底層在無限制生育所帶來的生活困境與災難。從全球人口長期趨勢觀之，《人口論》的預言並未成眞，科技發展與技術的進步，提高了社會一般民眾的生活水準。以英國來說，工業革命以來能源使用與機械研發，農業生產力大幅提升，國家得以養活更多人口；同時，蒸汽機使用與鐵道建設，讓國家內部不同地區均能以更低廉價格取得生活必需品。然則，回顧馬爾薩斯所屬時代，從鄉村移入都市底層民眾的確過著相當困苦的生活，節育知識不足導致生養眾多，營養缺乏復以公共衛生落後導致高嬰兒死亡率與低平均壽命。因此，《人口論》部分反應著當時英國都市底層的生活困境，這樣的困境亦見諸於其他國家工業轉型與發展過程。《人口論》除了關注人口數量的變動，更強調人口與資源之間的均衡，以改善民眾的生活狀況。

《人口論》可以讓我們反思全球不同區域的人口趨勢與政策差異。發達國家基本上會依照人口轉型理論（demographic transition theory）的人口發展趨勢，歷經高出生率／高死亡率、高出生率／低死亡率、低出生率／低死亡率三個階段。十八世紀工業革命以前高死亡率與高出生率並未造成人口大幅增長，反而是工業革命以後，因爲生活水準的提升與交通通訊技術的進步，才改善糧食短缺的問題促成人口高度成長；從全球人口趨勢來看，自有人類社會以來，直至一八〇〇年才出現十億人口，一百三十年後，一九三〇年出現二十億人口，一九六〇年出現三十億人口，一九六〇年到二〇一〇年已增至七十億人口，人類社會人口大幅度的成長在二十世紀才實現。一九七二年，一群麻省理工學院教授組成羅馬俱樂部（Club of Rome），出版了有名的《成長的極限》（The Limits of Growth）一書，重新強調馬爾薩斯的觀點，以簡單的統計模型模擬，推估人口成長趨勢維持不變，世界將在未來某個臨界點崩毀。一九六八年史丹佛大學生物學教授 Paul Ehrlich 也出版了《人口爆炸》（The Population Bomb）一書，同樣強調人口過剩，資源的濫用，將會造成社會動盪，一九八〇年以後，將有數億人口因爲飢荒喪生，任何預防措施都將無效，全球死亡率大幅上升已成定局。因此 Paul Ehrlich 強調全球必須加速人口控制，並且讓糧食大幅增產；但是 Ehrlich《人口爆炸》的悲觀論點均未實現也受到諸多批評。因爲一九七〇年代以後，西方爲主的發達國家因爲經濟發展、避孕技術的創新，對於抑制人口產生相當的作用。

我們目前所處的世界，可以區分爲人口增長貧窮的北半球，和人口增長豐沛的沙哈拉沙漠以南地區國家與社會。人口貧窮的歐洲與東亞國家普遍採取預防的障礙，甚至政府因爲少子化與高齡化，轉而以政策介入的方式鼓勵生育。但是沙哈拉沙漠以南非洲國家多面對積極的障礙，由於生活水準低落、公共衛生匱乏與政治不穩定等因素，讓多子多孫多福氣仍是這些國家民眾生存的主要手段。

然而，人口快速成長與否的主因仍在於生活水準提升與公共衛生改善，因爲死亡率有效控制才是人口成長主因。科技進步與綠色革命固然提升落後地區的生活水準，但是人口成長具有如同物理學中所謂的「慣性」定律，總生育率（Total Fertility Rate）若超過二點一，人口就會繼續增長，當婦女總生育率降回二點一後，人口的增長才會趨緩。根據聯合國統計，全球目前每年約增加八千萬人，人口持續成長仍是嚴峻的挑戰，以目前的人口增加趨勢，全球的人口增長，一直要到二〇五〇年後，才會緩慢減少。從人口變動的歷史紀錄觀之，二十一億到五十億人花費五十年時間，但是從一九九九年六十億人到二〇〇九年七十億人僅花了十年時間。隨著公共衛生進步以及人口「慣性」定律，加上目前十五歲以下人口居於全球多數，未來全球人口將以每年百分之一點一速度增加。全球將達到九十億人，我們要問人口增加是地球宿命嗎？美國洛克菲勒大學人口學者 Joel Cohen 以數學模擬方法，估計未來全球女性的總生育率，依據中推估，二〇五〇年時，全球有九十一億人口，此時全球女性的總生育率已開始下降。若二〇〇五年開始減少零點五個子女，二〇五〇年時，全球將僅有七十七億人口；若二〇〇五年的婦女生育率持平，沒有改變，二〇五〇年時，全球將有一百一十七億的人口。現今全球估計約有兩億女性無法取得避孕裝置，特別是開發中國家女性。人口學者認爲：未來若能強化女性地位、普及女性教育與提升女性勞動參與率等方式，增進女性賦權，特別是開發中國家女性，我們可以預見全球人口將大幅控制。

對於臺灣而言，《人口論》具有歷史與生態雙重意義，值得讀者閱讀。馬爾薩斯在《人口論》中運用許多當時的田野觀察資料，說明不同社會人口障礙的習俗，成爲瞭解當時各地有關人口習慣的重要史料。就歷史意義而言，《人口論》曾提及臺灣西拉雅族關於女性墮胎的奇異風俗。人類學研究認爲當時西拉雅族確有此風俗，此一記載在傳教士甘治士（Rev. Georgius Candidius）在一六二八年所著《臺灣略記》（Discourse ende cort verhael van 't eylant Formosa）提及以按摩強制女性墮胎的習俗。《臺灣略記》記載結婚頭幾年妻子不能生育否則必須墮胎，直到三十五歲至三十七歲才可以開始生育。馬爾薩斯認爲西拉雅族此舉是考量人口壓力，以強制墮胎來控制人口，但是當時居住在平地的西拉雅族的生態環境相當富足，有足夠的糧食與提供蛋白質的野生動物。根據田野研究，維吉尼亞大學人類學者邵式柏教授認爲當時的確有此習俗，但是推論結果並非因爲人口壓力，而是因爲部落禁忌，男勇士與妻子結婚後，制定許多禁忌保護下一代生命，因爲女性從事農業採集，男性以獵頭、狩獵爲主，因此當男性還是部落勇士時，與妻子生產同時發生，勇士與嬰兒的精神連結會對出去征戰、狩獵的勇士產生危險，所以將這些嬰兒殺死直到退出不再擔任勇士爲止。當這些丈夫征戰、狩獵責任退休後，妻子才能開始生育，因此當時可能是勇士不能成爲父親。有興趣讀者可以閱讀《人口論》上冊第八十二頁。換言之，《人口論》間接爲臺灣原住民的生活形態提供歷史史料記載。

目前全球人口持續增長，根據聯合國的估計，二〇五〇年時全球將有大約九十億的人口。就生態意義而言，《人口論》提醒人口與資源競合的困境。我們看到羅馬俱樂部與史丹福大學教授 Paul Ehrlich 教授的末日危機預言，但是地球對於人類與生物的承載到底是多少？人口的持續增加會不會釀成生態災難，人類是否終將面對糧食生產不足與飢荒的危機？知名的丹麥經濟與農業發展學者 Ester Boserup，長年參與聯合國計畫從事於低度開發國家，尤其是印度的農業開發的工作，她認爲「需求是發明之母」，科技的進步增進糧食作物生產，將足夠應付人口成長的需求。儘管 Boserup 站在反對馬爾薩斯的陣營，但是目前的農業作物的生產，眞的能夠應付全球未來的需求嗎？人口學者認爲地球的人口最大負載是一百億人，目前全球農業生產，足以應付未來一百億人口的生存需要。但是每年的穀物生產，僅有百分之三十由人類消費，而其餘的穀物均作爲飼料，生產肉類蛋白質。生產高品質的蛋白質所產生的溫室氣體排放，對於地球暖化有重大的影響。目前全球中產階級的擴大化，有更多的肉類需求，對於地球而言，將是不可承受之重。此外，許多地區的糧食不足問題，是由於政治不安、交通運輸難阻等人爲因素所造成的結果，如何將全球糧食生產合理化，同時顧及分配問題，來應對全球人口成長與環境資源問題，可能是當務之急。

對於臺灣而言，臺灣也屬於人口貧瘠地區。臺灣現今處於少子化與高齡化的挑戰，根據推估將在二〇三〇年成爲全球最老的國家之一。然而，臺灣人口密度也是全球排名最高的國家，能源與糧食自給率也都普遍不足，糧食自給率爲百分之三十，能源自給率則低於百分之五，而臺灣地區的碳排放足跡名列全球第五名，如何面對人口與自然資源間的關係，馬爾薩斯《人口論》所討論之人口成長與土地生產的關係，閱讀本書的讀者，藉由馬爾薩斯的論述，可以揣摩臺灣人口與各種資源，包括土地、糧食與能源之間取得平衡的思考。

值得一提的是，本書的譯者周憲文先生，是一位對於臺灣經濟學界與歷史學界，具有卓越貢獻的學者。周憲文教授畢業於日本京都帝國大學經濟學部，在大陸期間曾擔任許多重要職務；來臺後曾擔任中興大學前身，法商學院院長，以及國立臺灣大學法學院院長及人文研究所所長的職務。周教授的重大貢獻是成立臺灣銀行經濟研究室，從事臺灣經濟研究，與翻譯經典世界經濟名著的工作。馬爾薩斯的人口論也是這些經典翻譯著作之一。周教授翻譯此書期間，適逢家人遭遇病痛，內心煎熬與工作壓力，讓本書的翻譯稿紙遍灑汗水與淚水，令人不捨。周憲文教授於一九八九年過世，留下了眾多的著作與翻譯經典文獻，閱讀此一翻譯的巨作，有令人見賢思齊的感動。

中央研究院社會學研究所研究員　楊文山

# 譯序

## 一

由於社會人士的鼓勵與本行當局的支持，本叢書已開始作第三次的推進。這一次，最初決定譯書七種。這七種是：⑴Malthus的《人口論》，⑵Say的《經濟學泛論》，⑶List的《國民經濟學體系》，⑷Mises的《貨幣與信用原理》，⑸Klein的《凱恩斯革命》，⑹Kalecki的《經濟變動的理論》及⑺Schumpeter的《經濟分析史》。後又增加三種，即⑻Menger的《國民經濟學綱要》，⑼Gide的《經濟學原理》及⑽Dorfman的《線型計劃與經濟分析》。

在這裡，我似有一述個人對於本叢書所持態度的必要。當本叢書計劃進行的時候，我曾就商於一位朋友；他表示這工作十分要緊，但其最後的結論，是帶點告誡口吻的接連三個「需要慎重」。我答覆他：這工作需要慎重，那是不成問題的，但不能因爲需要慎重而就不做。所謂「需要慎重」，說痛快些，就是難得適當的譯者，翻譯怕有錯誤。關於此點，我明白表示與他的見解不同。我認爲：一本理論著作的翻譯，錯誤是在所不免的。試看現代的所謂「先進國家」，它們對於外國的名著，都不止有一種的譯本，而且每種譯本都經過多次的訂正（甚而至於每版都有訂正）；這就是翻譯有錯的公開告白。它們未曾「怕有錯誤」而停住不做。我們出版本叢書，只想做點開路的工作。西諺：「路是人走出來的」；我們不能只見眼前的「康莊大道」，而忘前人的「篳路藍縷」；天下事那有都可「一蹴即幾」的。我們只能就此時此地，盡其在我；我們不能坐待「聖人出現」；這是超現實的。

而且，今天已是二十世紀的後半期，說我們還沒有夠譯這類書籍的人，即使是事實，我也得問：要到什麼時代才會有？其實，我已說過，一本理論書籍的翻譯，要說絕對正確，這是不可能的（雖然有人在我面前說過：他的翻譯是絕對正確的）；即使是最簡單的日常用語 good by，我們譯「再見」；嚴格說來，這是誤譯（按：good by 爲 God be with you 的略稱，不論所謂直譯或意譯，都沒有「再見」的意思）。至於相對的正確，凡有相當修養的譯者，都是可以辦到的；但得有一條件，那就是充分的時間。誰都知道：同樣一本書，同一人用一年時間譯的與用五年時間譯的，它的正確性決非一與五之比。當然，這所謂時間，也絕不是孤立的；假使一個人終日爲生活所苦，他縱有充分的時間，也是不會有理想的結果的。

總而言之，我們做的只是已經落後幾十年的開路工作，我們不存盡善盡美的幻想，我們希望「繼起有人而後來居上」；一本名著，有幾種譯本，那是應該的。

## 二

我想：世界上知道者最眾、共鳴者最多而反對者最烈的著作，恐無過於 Malthus 的《人口論》（An Essay on the Principles of Population）了。但是，從頭到尾讀過《人口論》的，可能不會太多。不過，至少，凡有現代社會科學常識的人，不僅無不知道這本書，而且無不知道這本書的根本原理，即所謂 Malthusism。至於不知道這本書，而與這本書的根本原理發生共鳴的，那是充滿了世界的任何角落與任何階層。今天那些感覺孩子太多、生活困難而需要節育的，都是所謂新 Malthusism 者（Malthusism 與新 Malthusism 的區別，詳見下文）。但在反對方面，早在十八世紀，就有人對本書絕詞痛罵，說這只是一些淺薄的材料；如果要說著作，那是一本最無聊的著作。

那末，這本書到底講些什麼呢？它的結論十分簡單（任何有價值的著作，都是論證複雜而結論簡單的）。即著者由「食色性也」兩大法則出發，根據各種論證，斷言人口的增加一定超過食物的增加。照著者的說法，人口如無限制，是按幾何級數的比率（即一、二、四、八、一六的比率）增加，而食物的增加，則僅按算術級數的比率（即一、二、三、四、五的比率）。故『在兩世紀之後，人口與生活資料的比數爲二五六對九；三世紀之後，則爲四〇九六對一三；二千年之後，這一差額，幾乎無法計算』。但因人類沒有食物絕對無法生存，所以這種優勢的人口增加力，一定以某種障礙的形式，而被抑制於食物增加率的水準。此所謂某種「障礙」，著者最初說是罪惡與窮困，主要是指戰爭與疾病（見初版《人口論》）；後來加上了「道德的抑制」（moral restraint）①，主要是指延緩結婚。著者並就各種「障礙」的性質，而分為「積極的障礙」與「預防的障礙」；前者主要為罪惡與窮困，後者主要為延緩結婚。這就是《人口論》的精華，也就是通稱之Malthusism。後人再加上了「節制生育」（著者當時還不知道生育是可人為節制的），這就是新 Malthusism。

首先，必須指正一點誤解。有人曾以後來的事實，證明人口的增加未必是按幾何級數的，食物的增加也未必是按算術級數的，因謂著者的理論為不可信。這是誤解。蓋著者之所謂幾何級數與算術級數，實在都是為了說明的方便，至多是就著者當時所得的統計數字而言；它的眞正含義，只是說：如無其他障礙，則人口的增加快過食物的增加。

① moral restraint，是謂出於道德觀念的自我約束；指不聽其自然，由罪惡、貧困、疾病、戰爭這類悲慘的方式來抑制人口，乃明白利弊所在，遵從理智判斷，願以克制私欲來實踐人口抑制；而其主要方式則為延緩結婚；本譯書統譯「道德的抑制」，幸勿以詞害意。

## 三

只就上文所述，原無什麼問題（嚴格說來，我認爲是有問題的；問題就在「如無其他障礙」這一前提；此且不論）。但是，後人拿著者的 the checks to populatoin（對於人口的障礙），理解而成人口限制；情形就完全兩樣。說詳細些，著者的出發點，原只客觀地說：食物不足是人口增加的障礙；而後人則主觀地說：因爲食物不足，故須限制人口。儘管前者自然也認有限制人口的必要，但與後者的含義顯不相同。而事實證明：即使著者主張限制人口，他的動機，也毋寧是較多消極的成分；即其主要目的，是在反對當時那些獎勵生育的議論。尤其是到了新 Malthusism 時代，主張以人爲方法節制生育，以求符合食物的產量；因爲這樣一來，必然會發生下列諸問題。

第一：就時間來說，需要限制人口的，比較之下，將是地廣人稀的太古時代（有人說是亞當、夏娃時代）而非人口眾多而土地俱已相當開發的現代；因在太古時代，雖然到處都是荒原，但因當時生產智識與生產技術的落後，這無補於食物的生產。但是，多少年來，人口大量地增加，人類的生活反而大爲改善。

第二：就空間來說，今天如需限制人口，則比較之下，這不是五穀不分的都市士紳而反是胼手胝足的鄉村農民。假定某國國內發生糧荒而國外糧食又無法接濟，試想首先挨餓的到底是哪些人？如果國外糧食雖可接濟而仍有部分人民必須挨餓，則尤其如此。

第三：Malthus之所謂人口與食物問題，原就全世界而言，而在世界被分為許多國家的時代，自然也可應用於各國；但總不能應用於國內的某一地區（不論省區或市區）。如以國內地區而論，則都市人口麇集而不產粒米，這卻未聞成為需要限制人口（指節制生育）的理由。

第四：人們直接吃的固然是食物，但在今天這一貨幣經濟與交通經濟時代，就一國家來說，毋寧說人們吃的是一國的購買力或生產力；除非像在戰時，對外交通斷絕（這已在問題的範圍以外），平時只要有充分的購買力或生產力，就不愁沒有充分的食物（如果世界食物不足，挨餓的是購買力不足的人）。假定現有某一國家，其全部農地完全變為工廠廠基，國內不產粒米；此時，這一國家的農業與農民儘管是沒有了，但其人口的養活能力，顯然只有大量增加，決不因而絕滅。

國家如此，個人尤然。今天每個人所注意的，乃是本身購買力的有無與多少而非市上糧食的有無與多少，至少絕非本國糧食生產的有無與多少。假使你執某人而對之曰：現在國家產米不多，請你少生一個孩子，請問他會有怎樣的感想？同樣的道理，東南亞那些經濟落後地區，雖其產米極為豐富，但不成為可以大量增加人口的理由。

第五：「窮人多產」，這似有生物學的根據②，所以由於社會的進步與生活的改善，人口增殖力自有減少的趨向；而同時文化的發展與環境的轉換，也使人類自動地（不是由於糧食的壓迫）改變其「多子多福」的傳統觀念，所以結婚勢必延遲，人口的出生率勢必減低。目前世界人口的急速增加，毋寧是由於醫藥的進步與衛生的改善，使人類的生存率大爲提高（特別是嬰兒），使人類的壽命大爲延長。其次，著者認爲對於人口增加的另一障礙，即由於戰爭的死亡，也因文明的進步而日益減少（儘管武器的殺傷力日益兇猛），而且，瞻望前途，和平而無戰爭的世界，當非幻想（至少，我們應以此爲努力的目標）。

第六：過去，我不研究人口問題；今後，我也不打算研究人口問題。現在，我譯《人口論》，這只由於偶然的原因（詳見下文）；因此，我不怕說「外行話」，貽笑方家。Malthus 說「人口的增殖快過糧食的增殖」（且不說前者是幾何級數的，後者是算術級數的）。但是，在我想來，不論動植物，它的增殖，總該是低級的快過高級的。以人口與糧食對比，這應是糧食的增殖快過人口的增殖，而非人口快過糧食。而且，自有生民以來，幾千

②有位先生告訴我，所謂「窮人多產」，『既無科學根據，而且流弊極大』。我乃請教我所認識的某生物學家，他說這是確有根據的。不過，這在此處，並不重要（我原打算把它刪去）；此處的主要意義，只是說：由於社會的進步與文化的發展，結婚勢必延遲，人口的出生率勢必減低。

萬年，人的生長，「十月懷胎」，雖有現代的科學，也未能使其生長的時間縮短，今後也無此可能；至於糧食的生長，則現代科學不僅已使其生長的時間縮短，而且已使其「單位面積的產量」大爲增加，今後還有此可能。我絕不否認：古代（與現代對稱）糧食有欠充足，妨礙一般人民的生存，但這原因是另有所在。（只有一點，那就是說：人口與糧食都生長在地面上，而地面有限，人口愈增加，所占的地面愈多，勢必至糧食生長所需的地面愈少，終使「糧食」日益落在「人口」之後。但是，即使有此可能，這也不是過去與現在的事情；它的實現（假使實現）也將在遙遠的未來；所以，這與本書所討論的問題，毫不相干。）

第七：那麼，它的原因究竟何在呢？這不是這篇「譯序」所當討論的。不過，《人口論》裡有節文字，似與這一原因有關，不妨引述。Malthus 說：『據 Park 的報導，在非洲還有許多肥沃的耕地；所以也許有人以爲：饑饉的原因是在人口的缺乏。但是，如其果然，則如此大量的人口，每年向外國輸出（按：指當時非洲的大量人口向外輸出爲奴隸而言），這理由是無法想像的。黑人眞正缺乏的，確是財產的安全與勤勉（勤勉一般是跟著財產的安全而來的）；如果少此兩者，則人口的增加，只有使窮困深刻化。如果爲了塡滿似乎人煙稀薄的地方，而給以巨額的生育獎勵金，則其結果，恐怕只是戰亂的頻發、奴隸輸出的增加及貧困的加重；眞正的人口增加是幾乎或完全難以希望的』。這確是當年的實在情形；但問題是在：Malthus 肯定了非洲缺乏「財產的安全」而反對增加人口；這猶肯定了掠奪的存在，而謂「漫藏誨盜」，反對積蓄。因像當時的情形，一方面既有大量的沃土未能耕種，而同時則又有不少的人民不能生活，這顯然不是什麼人口增殖快過糧食增加的問題，更不能由此而得出需要限制人口的結論。這一定是有些什麼阻礙了「人未能盡其力、地未能盡其利」；而 Malthus 之所謂「缺乏財產的安全」，只其一端而已。但即就此一端而言，我們應有的主張與措施，也毋寧是力求「財產的安全」，而使人口得以增殖、土地得以耕種、糧食得以增產。此後非洲的發展，也確實是走這一條路。

據上所述，似乎我是反對節制生育的，其實不然；至少到了今天，我是傾向於節制生育的。而且，不論科學如何發達，縱使人類已可依賴化學糧食而生活（這是大有可能的），根本已無 Malthus 之所謂「糧食不足」，我也不甚了解儘量促使人口增加，除非還有廣大的國土急需人力開發，這到底有何必要（這在過去是有必要的）。我既不只因本國糧食不足而主張節制人口，更不只因本國糧食充足而主張獎勵人口。固然，人不能沒有飯吃；但是，人不能只要有飯吃。此人之所以爲人，此人之所以爲萬物之靈。

總而言之，我的意思，人口問題，這與其由一國的糧食生產量來衡量，毋寧應以一國的生產力爲標準；這與其由個人的經濟出發，毋寧應就國民的健康著想（如果節制生育完全由個人的經濟出發，這將成爲窮人特有的義務）。因此，這就變成了國民優生的問題。換句話說，今後人口問題的眞正焦點，與其說在「量的節育」，毋寧說在「質的優生」。「質的優生」如能達到，「量的節育」聯帶完成。不過，國民優生的實現，亦得要有一定的社會條件，絕不像過去那些優生學者所幻想的這樣容易推行。因爲：一方面，優生的本質，原是科學的結晶；而同時，優生的實行，則須有民主的前提。沒有科學，根本無從知道優劣；沒有民主，就是知道了優劣，也無從實行。現在舉個近似（只是近似）的例子。在「以家爲主」之迷信的、宗法的社會，「不孝有三，無後爲大」，只是爲了「上墳祭掃」，也得有個「不肖兒孫」，誰又願意爲了國民的優生而絕後。我所以說這只是一個「近似的例子」，乃有種種理由，此處不擬申述，其中之一，就是目前生育的作用，除了「傳後」以外，還有「防老」的意義；故在防老的問題未得解決以前，優生仍是不易澈底推行的。然則如何可以解決防老的問題呢？這自有待於民生主義的澈底實現；務必達到「人不獨親其親，不獨子其子，使老有所終，壯有所用，幼有所長，鰥寡孤獨廢疾者，皆有所養」的地步而後可。（說通俗些，民族、民權、民生的三民主義是不可分割的，而且都須以科學爲基礎。）

## 四

接著，得介紹一下著者的經歷與本書的背景。

著者 Thomas Robert Malthus，一七六六年二月十四日③生於倫敦附近 Surrey 地方

③ 關於著者的生日，一說二月十七日，一說二月二十七日；二月十四日，是根據 Malthus 的墓碑的，比較可

的 Rookery 山莊；父名 Daniel Malthus，是一富有教養的紳士。著者幼年，按照英國上流社會的習慣，受教於家庭教師；一七八四年入劍橋大學，習哲學與神學；一七八八年，以優等成績卒業。此後幾年間，在其父親身邊，繼續研究。一七九七年，充任英國教會的牧師，主持 Surrey 地方的一小教區。本年，其最初著作《危機》（Crisis）成，因反對當時英國總理 Pitt 的政策，爲其父親所扼而未印行。翌年，即一七九八年，初版《人口論》問世；時，著者三十二歲。從一七九九年至一八〇二年，遊歷歐洲大陸。一八〇三年，二版《人口論》問世，分量比較初版約增四倍。一八〇五年與 Harriet 結婚；同年，受聘於東印度學校。該校設在倫敦附近的 Haileybury 地方，是東印度公司的職員養成所。此後三十年間，連續擔任歷史與經濟學的課程。他於教課之餘，經常從事《人口論》的訂正與增補；此外，並於一八一四年著《穀物關稅論》，一八一五年著《地租論》，一八一七年著《救貧法論》，一八二〇年著《經濟學原理》，一八二七年著《經濟學諸定義》；在經濟學上，貢獻甚大。一八二一年，他與 Ricardo 及 J. Mill 等組織經濟學會，又於一八三四年發起統計學

---

靠。但 J. M. Keynes 於一九三三年，出版《傳記論集》（Essays in Biography），說著者的生日是二月十二日，他是以當年 Wotton 教區的出生登記簿爲根據的。

會；同年十二月二十九日去世④，享年六十八；遺體葬在 Bath Abbey。

著者成長的時代，正是英國產業革命的時代。各種機械，相繼發明；利用這些機械的工場工業，逐漸取代了老式的手工業；勞資的對立，愈益顯著。被工場工業所驅逐的小手工業者與因農業資本主義化而失去土地的農民們，陸續加入了工資勞動者的陣營。同時，當時歐洲戰亂相尋。而且，英國又常爲饑荒所苦；英國人民，生活艱窘。食物的價格，一再上升；但是一般的工資，反因人浮於事而趨下降。爲了救濟窮苦的工人，政府雖曾推行救貧法（Poor Laws），但未有何效果。當時英國，充滿了失業、貧窮、疾病與所謂穀物騷動。在這樣不安的社會，而『富國強兵首須增加人口』的重商主義思想猶有強大的力量；不但是英國，幾乎任何國家，無不爲了充實軍備與充實工場而獎勵人口。著者的《人口論》，可說就在這種社會背景之下產生的。雖然是有這種社會背景，但使著者執筆寫《人口論》的直接動機，還是 Godwin 與 Condorcet 的無政府主義。這情形，在本書第二版的序文上有所記載。而 Godwin 與 Condorcet 的思想，結局也不外乎當時社會環境的反映。Godwin 在一七九三年發表《政治的正義與倫理對於幸福的影響之研究》，又在一七九七年發表《研究

④ 見 Malthus 的墓碑。大英百科辭典（一四版）及其他許多辭書，都說著者死於十二月二十三日；這可能是輾轉抄引，都未見有何根據。

錄》，在當時的思想界，引起了非常的反響。他在這些著作上強調人類及社會的完整性，而力謂：完全自由平等的社會是可實現的。他受 Locke 與 Hume 經驗論的影響，認爲人類的理念，不外乎外界印象的產物。他以此爲前提，認爲：社會的環境與制度，如加改革，則一切罪惡與貧窮都可消除；人類社會可以達到完整的狀態。他主張：理性的力量是萬能的，這種改革必須訴諸理性，而且可以訴諸理性。又照 Godwin 的說法，可以規律人類行動的，只有正義。所謂正義，這是爲社會全體的幸福而努力。正義的觀念，必然要求財產的平等。有人生而擁有巨富，有人努力工作而仍不免於饑餓，這是正義的觀念所不許的。因此，人類如果根據正義而行動，就無貧富的不均；各人每天做一半時間的工作，就可自由生活。社會到了這種地步，各人的肉體乃爲其精神所支配，可以繼續永久的生存。

Condorcet 在一七九四年出版《人類精神的發達》，提倡人壽無限說，謂因理性的發達與科學的進步，人類的物質幸福跟著增加，終可長生不老⑤。

---

⑤ 有位先生告訴我，Condorcet 似乎沒有說過「長生不老」的話。我手頭沒有 Condorcet 的著作可以查證；但是，根據我所有的一些間接資料，這確是不錯的。我的想法：Condorcet 之所謂「長生不老」與 Godwin 之所謂「可以繼續永久的生存」，都不是眞正「不死」之意，而只是一種樂觀的空想；這是當時一般無政府主義者的共同理念，似可解釋爲康樂長壽。其實，這在本書，著者已有明白的解釋與嚴正的批評，是絕對不容誤解與懷疑的。

要之，Godwin 與 Condorcet 都是極樂天地描繪理想的社會。這是「黑暗時希望光明」。當時的社會，正如前述，極其暗澹。而且，這一時代，是近世科學勃興的時代。因此，他們空想：由於科學的發達，可以少量的勞動生產大量的生活資料，而出現地上的樂園。所以，這種樂觀說，得到不少的共鳴者；這不是無理的。

著者在初版《人口論》的序文上，曾謂：『這一論文，原是對於 Godwin 先生論文的主題、即就他在《研究錄》中所說貪慾與浪費，我與一朋友的談話』。這所謂「一朋友」，就是他的父親。他的父親接受 Godwin 的思想，他則反對；兩者的爭論，成了他寫《人口論》的動機。因此，初版的議論，自然對於 Godwin 等，大事攻擊。一八〇三年出版的二版《人口論》，不論內容與外形，都面目一新。初版是匿名的，二版始行署名；字數也增加五倍。《人口論》在著者生前，共出六版；每次都有訂正，但以初版與二版相差最大。本譯書是根據第六版翻譯的。

本譯書所附有關著者的八張照片，是我在多種日文書籍上找到的；孫震兄曾爲此事，在美國花去不少時間；他寄來著者的遺像，因我已有，沒有用上；特此道謝，並示歉意。

## 五

我在拙譯 J. S. Mill《經濟學原理》的譯序上，曾謂：『這幾年來，我竟不自量力，從事這一工作（按：指翻譯工作），我有時感到很大的樂趣，但也有時感到無限的煩惱。……今後我不打算再做這種工作；我一手造成的「臺灣文獻叢刊」，歷盡艱苦，已可初步結束，我有意於利用這些文獻，寫些有關臺灣社會史方面的東西。我想以此書告別譯壇』。從本年開始，我確實朝此方面進行；我集中有關資料，每天在做摘記，費時近三閱月，還未整理出一個眉目，而霹靂一聲，家人病發，且係惡疾。我因心緒惡劣，這一工作就停止下來；但是，爲了鎮定神經，排遣苦惱，不得不找點事做；因在書架上找了一本已經破爛的舊書，是一九二七年出版神永文三譯的 Malthus《人口論》（第六版）。我原沒有譯完的計劃，更沒有出版的打算。

在譯完兩篇（已逾一半）的時候，黃晉福兄始由東京寄我一九四一年第二版寺尾琢磨的譯本。比照之下，後者高明多了，因就改據寺尾本翻譯。（《人口論》在日本翻譯的情形，我不甚清楚；但據所知，六版《人口論》的譯本，計有(1)寺尾琢磨與伊藤秀一的合譯本、(2)神永文三譯本、(3)鈴木政孝譯本、(4)佐久間原譯本、(5)松本信夫譯本、(6)寺尾琢磨的改譯本、(7)吉田秀夫譯本及(8)大島清、兵頭次郎的合譯本。初版《人口論》，則有(1)谷口吉彥譯本、(2)高野岩三、大內兵衛的合譯本、(3)大內兵衛的改譯本及(4)吉田秀夫、佐藤昇的合譯本）。因爲這一寺尾本不僅是譯者與伊藤共譯本的完全改譯，而且譯者在改譯的時候，除參考神永與松本兩譯本外，還參考了 Valen-tine Dorn 的德譯本與 Pierre et Guillaume Prévost 的法譯本。（但我發現：也有寺尾本不如神永本正確的地方，足見翻譯之難）。

舉例來說：第三章原題「Of the Checks to Populaton in the Lowest Stage of Human Society」，神永本譯『論在人類社會最低階段的人口限制』，而寺尾本則譯『論在人類社會最低階段對於人口的障礙』，雖然文字此較冗長，意義正確多了。

同樣正確的翻譯，由於各人的譯筆不同，措詞造句，必然兩樣（我有這樣的感覺，即使是同一人的翻譯，昨天譯的與今天譯的，也不會完全一樣的）。所以，我在譯完本書以後，乃將前兩篇（根據神永本的），澈底改譯一遍，所費時間，多於重譯（我的文稿，從不起草，此番卻煩陳招治、李彩雲、郭孝翼諸同事代爲謄正）。後來，爲了準備出版，始找一九六〇年出版的英文本，對照改正一遍，並於認爲必要的地方，註出原文；自然，我已精疲力竭，再無根據英文本從頭重譯的勇氣了（英文本只有第二版序文，故本譯書第五版序文、第六版緒言、附錄一及附錄二，都是根據寺尾本的。這兩附錄，它的內容，全是Malthus與別人辯論或答覆別人的。因我沒有看到「別人」的文字，說實在的，有些地方，我沒有澈底了解；我的翻譯，只是「依樣葫蘆」而已。我爲了「藏拙」，也爲免「遺害」，曾經多次打算把它略去；而結果終於譯出，而且刊出；因我認爲：這兩附錄，如不趁此時期譯出、刊出，可能將永無機會與國人見面；儘管譯文定多錯誤，但以此供讀者參考、請方家指正，這也是必要的）。

至於翻譯的體例，與拙譯Smith《國富論》上冊及Mill《經濟學原理》一樣，已詳見兩書的譯序，茲不復贅；但有一點，爲了讀者的方便，轉錄如下。

『本譯書有些文句，附有原文。這⑴或因那些文句，過分歐化（換句話說，就純中文的眼光看來，有點彆扭），附之，以便讀者的對照。試舉一簡短的例子。原文『……（河流）……always convey off a given quantity』，我譯「常是運走一定量」；再讀一遍，不僅生硬，且似不適；因查日譯本，其中之一是譯「常是運走一定量的水」，這就十分明白了。不過，仔細想想，原文並無水字（加之固亦無妨），且 quantity 顯爲名詞，加「水」就成形容詞；原譯生硬則有之，不通則未必；生硬是習慣的問題，我因維持原譯，而於其後附註原文。我的意思，我們既然閱讀西人的著作，就得多少培養一點對西人寫作習慣的了解。一本理論書籍的翻譯，定要使它完全漢化而又不失原意，這是不可能的。⑵或是爲了遷就中文，而對原著語意，微有出入。⑶或因有些文句，有點難懂；我深怕拙譯未能達意（甚或誤譯），附之，以利高明的指正。總而言之，這些都是本譯書的缺點所在（我已意識到的）。我認爲：缺點的自我暴露，這是進步的必要條件；我們要有認錯的精神，我們得提倡這種精神。有位朋友說：不過，你這樣做，容易給人以「斷章取義、吹毛求疵」的機會；我說：「斷章取義」，對我無害；「吹毛求疵」，於事有益』。

本譯書初稿的完成，全在家人病痛期內；翻譯之時，或在午夜，或在清晨，或神志清明，或精神恍惚；原稿紙上，淚痕斑斕；『思澄』、『念台』，情何以堪！天昏地暗，慘絕人寰。所以本譯書將是我用力最勤、用心最苦而結果最差的。

不知怎的，近來忽常記起兩句聯語（但記不起它的來歷）：『世事洞明皆學問，人情練達即文章』。豈非上蒼示意：莫再災梨禍棗、浪擲辰光！

周憲文 於惜餘書室

# 第二版序文

我在一七九八年出版《人口論》（the Essay on the Principle of Population），像在其序文上所說的，這是因在 Godwin 先生的《研究錄》（Mr.Godwin's Inquirer）中的一文，得到了暗示。這是由於一時的高興，而且根據當時我在鄉間所能利用的有限材料所寫的。在演繹（deduce）「形成上述論文要旨」的一項原則時，我所利用的著作的著者，只是 Hume、Wallace、Adam Smith 及 Price 博士而已；而且，我的目的，是在應用該原則；也就是，試探看：當時已很引起世人注意之有關人類及社會完全性（perfectibility of man and society）的思索是否眞實。

在進行此議論的期間，我自然而然就上述原則對於現存社會狀態的影響，加以若干考察。該原則似乎可以說明：在各國下層階級間所能看到的貧困與艱難（poverty and misery）大部分的原因所在，以及上流階級對於他們的救濟努力何以一再失敗。我由此見地考察此項問題愈深，該問題亦愈增加其重要性。這一念頭，乃與此論文所引起世人注意之深，使我於讀書之餘（leisure reading），趨向於人口原則對於過去及現在社會狀態所有影響作一番歷史的考察。因我以爲：一方面對本問題作更廣泛地例證，同時由此引伸出：如果應用到實際情況上時，可能經驗會證明一些妥當的推論；而其結果，或許對該（人口）原則可以提供比目前更切實而且更長久的關心。

在進行這種研究的時候，我始發現：在我初次發表《人口論》之前，先人對此問題已有不少論述，其分量之多，遠超過我當時所知道的。由過速的人口增加所生的貧困與艱難，遠在 Plato 及 Aristotle 的時代，已被明白見到，甚至已被提出極爲激烈的匡正方法。而且，到了近年，部分法國經濟學者，有時 Montesquieu，又在英國的著述家間，則有 Franklin 博士、James Stewart 爵士、Arthur Young 先生及 Townsend 先生們，都大大討論這一問題；因此，這一問題何以未經引起世人的更大注意，卻是出人意外的。

但是，許多工作，仍尚未做。人口增加率與食物增加率的比較，恐還沒有充分有力而正確的記述，這且不說；而人口問題之最特殊而有趣味的某部分，或則全被忽略，或則僅論其一端。人口必然會被抑止在生活資料的水準以內，這雖已有明白的記述；但對如何抑止在這種水準以內的各種方式，則幾乎無何研究。而且，人口原則既從未被充分追究到其最後結論（consequences），也從未由此引伸出（draw）已經嚴密研究該人口原則對社會影響以後而自然會想到的一些實際有效的推論。

所以，這些都是我在本書講得最詳細的。就現在的體裁，本書可以說是新著；我原可以略去由初版轉載的極少部分，而以此作爲新著出版。我沒有這樣做，畢竟因我希望本書自身具備完整的形態，而無參照初版的必要。這一點對於初版的購讀者，我相信沒有特別辯解的必要。

已經理解這一問題的人們，或熟讀初版而已明白了解這一問題的人們，我深恐他們也許認爲：我有些部分，所論過詳，還似犯了不必要的重複。這些缺點的發生，一部分是由於生疏，一部分是由於故意。在由許多不同國家的社會狀態伸引出同種推論的時候，我發現：某種程度的重複，是極難避免的。而且，在此研究之內，對於與我們平常想法不同的結論部分，唯恐不容易使讀者信服，故我以爲；必須在各種時候與各種地方，使讀者時常想起這些（按：指與我們平常想法不同的結論部分）。我寧願儘量以對更多的讀者給與印象爲主，而不惜犧牲文字的修飾。

此處提出的主題原則，卻是全無議論餘地的；因此，如果我的所述，止於概論的範圍，那末，我可以「難攻不落」的要塞，衛護自己的四周。而且，如以這種體裁，本書必可具備更爲權威的氣派（would probably have had a much more masterly air）。但是，這種籠統概括的論述，即使可以宣揚抽象眞理，但對社會國家幾乎沒有促進任何實際益處的可能。而且，由此問題必然產生的一切結論（不論是那一種結論），如有其一，我拒加考察，那就不能說：我對此問題，已有充分詳盡的處理，或已有公平的討論。但是，我也知道：因爲採取了這種充分詳盡的方針，已給人以許多反駁（而且恐怕是許多酷評）的機會。不過，即使我自有錯誤，這種錯誤，也可成爲對於議論的導火線，對於研究的新刺戟；這對與社會的幸福如此密切相關的問題，喚起更廣泛的注意——因其對於這一重大的目的，能有貢獻，故我自引以爲慰。

本書全體，在原則上，我已大人改正初版的見解；對於人口，在罪惡與窮困以外，我承認了另一障礙的作用。又在後半，我會努力和緩初版極激烈的部分結論。因此，我注意到：不使違反正當推理的原則，同時，對於社會改善的臆測，我努力不說根據過去的經驗而無法斷言的見解。對於人口的任何障礙，此較救濟這種障礙的弊害更壞……對於迄今仍有這種想法的人們，初版的結論，依然有其全幅的力量。但是，如果我們採取這種見解，那只有承認：瀰漫於社會下層階級間的貧乏與窮困是完全無法治療的。

我已儘量使本書所載的事實及計算，不犯些須的誤謬。但是，萬一即使其中某部分仍有誤謬，讀者也可承認：這些對於本書整個論旨（general scope of the reasoning），沒有太大的影響。

在例證論點的第一段時，自然而然會想到很多材料，我既不敢說已選擇其最好的，我也不敢說我已將這些材料處理得極得法，使讀者一目了然。對於關心道德及政治問題的人們，我希望論點的新鮮與重要，能補救在這論述上的一些不完全（I hope the novelty and importance of the subject will compensate the imperfections of its execution）。

一八〇三年六月八日　於倫敦

# 第五版序文

本書最初的出版，是在廣泛的戰爭，由於特殊的事情，與最繁榮的對外商業相結合的時代。所以，本書在公眾之前出現的時候，是對人口具有異常的需要，因此，幾乎無法想像：由人口過剩可以發生某些弊害。在如此不利的事情之下，本書所得的成功，那是意外的。所以，由此推想，如在「最明白地例證人口原則，而確認其結論」的另一時代，本書的趣味是不會喪失的。

即此問題，具有永久的趣味，且因它的性質，可以促使今後世人對此的注意，所以，我有義務：按照此後的經驗及報導，訂正已知其爲誤謬的地方，同時，加以增補與變更，改進本書的面目，以資推進其效果。

本書第一部歷史的例證，大予增加，這當容易。但如前述，因爲確定每一障礙破壞自然增殖力的如何部分，這確是不可能獲得充分正確的報導，故我認爲：我由已有各種甚爲豐富的實例所得的結論，即使再加上與此完全不同種類的實例，它的力量，也不能因而大爲增加。

因此，在開頭的二篇，僅只新加法國及英格蘭各一章。這些增加，主要是與第四版以後所發生的事實有關。

在第三篇「論救貧法」，我新加了一章。而且，關於「農商業制度」章及關於「財富增加對於貧民的影響」章，或則認爲排列有欠適當，或則認爲難以直接適用於主題；又，開於「輸出獎勵金」章，想有所改正；關於「輸入禁止」章，想有所增加；所以此版的第八、九、十、十一、十二及十三各章，完全易稿；又，同篇最後的第十四章，給與新的題名，而且增加了二、三節。

在第四篇，新加了題爲「關於貧困主要原因的知識對於政治自由的影響」及「改善貧民境遇的各種計劃」各一章。此外，我在附錄上，頗有增補；關於人口原則，對自本書第四版出版以後發表意見的若干論者，有所答辯。

這些是此第五版的主要改訂與增補。這些，在相當的程度，是由對事物現狀適用本書一般原則而形成的。

爲求舊版購讀者的方便，這些增補與改正，以另冊發行。

一八一七年六月七日　於東印度學院

# 第六版緒言

本版的增補，主要是由一八一七年本書第五版刊行以後的若干文書及推論而成；這些文書及推論，是關於出生、死亡及婚姻的新調查及新登記簿所發表的各國人口狀態的。這些，主要是關於英格蘭、法國、瑞典、俄國、普魯士及美國的，可在討論這些國家的人口章見之。在關於婚姻的生產率章（第二篇第十一章），附有一表；由於此表，根據現在部分國家所行每十年的調查，可從其十年間的人口百分比增加率，求得人口的加倍期間或其增加率。對於 Godwin 先生的新著，所以未有答辯，因在附錄的末尾，已略有記述。又在其他地方，也有一些改訂與增補；這些都沒有特別說明的必要。此外，雖然增加了若干附註，但其主要是關於自由貿易下荷蘭穀價的變動及一種想像的錯誤；即謂一國的窮困大體可因別國的豐富而互相抵消（第三篇第十二章）。

一八二六年一月二日

# 目次

下冊

# 第一篇

# 論世界文化落後地方及過去時代對於人口的障礙

# 第一章　問題的要旨、人口與食物的增加率

在有關社會改良的研究上，處理自然發現的問題，其方法如下：

一、探究過去妨礙人類幸福進步的各種原因，及

二、檢討今後剷除這些原因（全部或一部）的希望。

深入此一問題，而且列舉過去影響人類改良的一切原因，這到底不是一人的力量所能及的。本論文的主要目的，在就與人類本性本身密切結合的一大原因，檢討其結果。而此原因，雖自人類社會開始以來，就經常繼續其有力的作用，但過去討論此一問題的諸家，幾乎未曾注意。固然，人們一再講起（或承認）：此一問題，確是存在；但對其自然的、必然的結果，則幾乎全被忽視。雖然所有時代聰明的博愛家，他們常想匡正的罪惡、窮困及天賦的不平分配，其極大部分，恐怕都可算在這些結果之內。

我在此處所說的原因，是謂一切生物都有超過「爲其所備」的營養物而不斷增加的傾向。

佛蘭克林（Franklin）博士說：動植物的繁殖性，只受限制於它們的密集與生活資料的互相爭奪；此外，別無限制。博士又說：如果地球的表面沒有別的植物，則它將只成爲某種植物（例如茴香）的逐漸散布與蔓延（sowed and overspread）之所；又如沒有別的住民，

則僅在幾代之內，它將只成爲某一國民（例如英國民）充滿之處。①

這是無可爭辯的眞理。自然通過動植物界，以最奢侈而慷慨之手（with the most profuse and liberal hand），散布生命的種子；但對繁育這些種子所必需的地方與營養物，則較吝惜。被包含在此地球之內的生命胚種，如能自由發育，則不到數千年，就將充滿數百萬的世界。不過，那所謂「需要」（necessity）這一緊急而普遍的自然法則，乃控制它們於指定的界限以內。不論植物或動物，都萎縮於此偉大的限制法則之下；對此，人類也無法逃避（不論人類如何具有理性）。

在植物與無理性的動物，問題的考察簡單，它們完全是受種族增加的強烈本能所驅使；而此本能，絲毫不爲關於子孫養育的危懼所阻止（interrupted）。因此，凡有自由之處，增殖力就被發揮；而其過剩成果，至後乃爲地方與營養物的缺乏所抑壓。

這種障礙，對於人類的影響，則較複雜。人類雖也都爲強烈的種族增殖本能所驅使；但是理性干涉他的行爲；質問：是否可將無法養育的孩子出生於此世上？他如遵從此自然的暗示，則抑制時常產生罪惡；如不遵從此暗示，則人類將不絕地努力增加超過生活資料而不止。但是，因爲自然法則，人類生活要有食物，人口的增加，事實上決不可能超過足以扶養

① 佛蘭克林著《論集》（Miscell）九頁。

此人口的最低營養物；所以，由食物獲得的困難所生對於人口的強大障礙，一定不絕地繼續其作用。而此困難，一定落到某些地方；一定使一大部分的人類感到：多種貧困中的某種形態及貧困的恐怖。

人口具有這些不斷增加（超過生活資料地增加）的傾向，以及這種增加傾向乃由這些原因而被抑止於其必然的水準；這些，由回顧人類過去所有各種社會狀態，就可充分明白。不過，在進行這種回顧之前，如果我們努力確實考慮一下：⑴要是人口的自然增加完全讓其自由，則其結果如何？⑵又，土地生產物的增加率，在人類勤勞的最有利情況之下，乃有如何程度的希望？則對上述問題，恐怕更可明白其輪廓。（按：以上數字，爲譯者所加。）

這得承認：未嘗有過這樣的國家；即因風俗淳美樸素而生活資料甚爲豐富，所以沒有由於家族扶養的困難而對早婚有何障礙；或則，人類毫無由於惡習、都市、不健康的職業及過勞等的浪費。因此，在我們所知道的任何國家，從無對於人口增殖，完全任其自由發揮作用的。

關於結婚的法律，不論有無，自然與道德的指示，是男子從年輕的時候起，就想念一婦女。而且，如在這種戀愛歸宿的結婚途上，沒有任何妨礙；又在結婚以後無使人口減少的任何原因，則人類的增加，顯然將遠大於過去所已知道的任何增加。

在美國北部各州，比諸近代歐洲的任何國家，生活資料都較豐富，人民風俗都較純樸，而且，對於早婚的障礙較少；過去一世紀半以上，已知每未滿二十五年，人口繼續增加一倍②。而且，即在此期間，部分的都市，死亡超過了出生③。這一事情證明：在填補這種不足的地方（in those parts of the country which supplied this deficiency），其增加率定當遠快於一般平均（general average）。

已經知道：④在以農業爲唯一事業而幾毫無惡習與不健全職業的邊遠殖民地（back settlements），人口是十五年增加一倍⑤。而且，即此異常的增加率，大多還未達到人口增殖力的極度。在新國土的開墾，是需非常激烈的勞動；這樣的情況（situations），一般說來，特別不適於健康。又其住民，恐怕常受印第安人（Indians）的襲擊；這奪去若干生命，或使勤勞的成果有所減少。

依照歐拉（Euler）的一表（a table）（他是按三六比一的死亡率計算的），如果出生對死亡的比率爲三比一，則人口的加倍期間僅爲十二年又五分之四⑥。而且，這一比率，不

---

② 依據近年的某些計算及推定，從最初的美國殖民至一八〇〇年，其倍加期間僅止二十年。參照第二篇第十一章關於美國人口增加之註。

③ 蒲徠斯（Price）著《觀察》（Observations on Revers.pay）第一卷二七四頁。第四版。

④ 蒲徠斯著《觀察》第一卷二五二頁。

⑤ 見第二篇第四章末的此表。

⑥ 《政治算術》（Polit. Arith.）第一四頁。

只是可能的假定；這是在短期之內，不止一國，乃爲許多國家所曾發生的事實。

William Petty 爵士想像：在僅十年的極短期間，可以增加一倍。

但是，我們將採用最近乎眞實的增加率；這種增加率，在這些增加率中是最緩慢的；即可由一切的證據加以肯定的，而且一再確證這只由出生所產生的。

於是，放心可說：如無限制，人口是每二十五年增加一倍，即以幾何級數增加。

土地的生產物，其增加率如何？這是不易決定的。但是，此時，在一定領域內，生產物增加率，與人口增加率的性質完全不同；這是無疑的。由於人口增加力，不論十億人或一千人，同樣容易可於每二十五年增加一倍。但是，可以養活人口增加（由較大的人口所生的）的食物，決非同樣可以容易獲得。人類必受場所的限制。耕地一英畝又一英畝地擴大，一旦所有的肥沃土地全被占有，則食物的每年增加，只有賴於既耕地的改良。但此資源，由於一切土壤的性質，並不增加，反必遞減。可是，只要是有食物，人口乃以無盡的活力而一直增殖；而一時期的增殖，乃對次一時期提供更大的增殖力；此事可以無限地進行。

根據我們所有對中國及日本的報導，不論如何指導得宜的人類勤勞，在若干歲月之間（in any number of years），是否能使這些國家的生產物增加一倍（即使只是一次），自屬疑問。固然，在地球上，還有未被耕耘的土地、還有許多幾乎未被占有的部分。但是，即使是這種人煙稀薄地域的住民，是否不妨加以殲滅，或放逐至僻地而令其餓死，這由道德的見地看來，是一問題。要啓發他們的知識，指導他們的勤勞，固非一朝一夕之事。而且，在此期間，因爲人口乃與生產物，有規則地同時增加；所以，高度的知識與勤勞，也很難在肥沃無主的土壤之上即時發生作用。縱使在那地方，像在新殖民地所時常看到的，有此可能，也因幾何級數的增加速度很快，而使這種利益無法永續。美洲合眾國的人口，縱使其增加速度不如過去，但是仍在繼續增加，這是事實；而其結果，印第安人乃被逐漸驅逐至僻遠的地方，終將全族滅亡；到了這一地步，領土再也無法擴張。

這些觀察在某程度，可以適用於地球上所有土地、其耕作尚未充分的部分。對亞、非兩洲大部分的住民，予以消滅；這類想法是絕不許可的。像對韃靼人與黑人若干種族的勤勞，予以教化與指導，這要有很長的年月，而且未必成功。

歐洲決未充滿其最大限度的人口。在歐洲，人類的勤勞，乃有得到最好指導的絕好機會。農業在英格蘭及蘇格蘭，已大被研究；又在當地，還有廣大的未耕地。因此，試加考察：這一島嶼（大不列顚）的生產物，在最有利於改良的情況之下，其增加的比率如何？

如果採取最理想的政策，並對農業大予獎勵，則此島嶼的平均生產物，在最初的二十五年間，增加兩倍；這恐怕是最大的增加（大過合理而可想像的）。

在其後的二十五年間，無法想像：生產物可增加四倍。這是與我們對土地性質的所有知識相背馳的。磽确地的改良，非有時間與勞力不可。凡對農業問題略有所知者，都可明白：隨耕作的擴張，每年可以累加於過去平均差額的增加量，乃非逐漸而且有規則地減少不可。爲了更可比較人口與食物的增加起見，我們試設一假定。這一假定，雖不能說一定正確，但對土地的生產力，比較我們過去就土地的性質所有任何經驗的保證，都顯然是更有利的。

對於過去的平均生產額，其每年所能累增的增加量，雖然實際是漸減的；但是假定：它並不減少，保持不變；而且此一島嶼的生產物，每二十五年間，可以增加等於現在生產額的分量。不論如何大膽的空想家，也不能想像再有增加。但是這種增加率，只在數世紀之內，可使此一島嶼的土地，都將完全有如菜園。

如果以此假定適用於全地球，而承認地球提供人類的食物每二十五年可以增加與現在生產額相等的分量，那末，這是假定：比想像人類的最大努力所能實現的增加率更大。

因此，如果顧到地球現在的平均狀態，那可斷言：生活資料，不論是在如何有利於人類勤勞的狀態之下，也不能超過所謂算術級數而迅速增加。

以上兩種不同的增加率，如果加以對比，則其必然的結果，是極可怕的。假定此一島嶼的人口爲一千一百萬，而現在的生產額，等於足以容易養活這種人數的分量。在最初的二十五年間，人口變爲二千二百萬；對此，因爲食物也增加一倍，所以生活資料可與人口的增加相匹敵。在其次的二十五年間，人口變成四千四百萬；對此，生活資料只能養活三千三百萬。在下一時期，人口變成八千八百萬，生活資料只能養活僅其半數。故在最初世紀的末了，人口達到一億七千六百萬；對此，生活資料只能養活五千五百萬，而其餘的一億二千一百萬人口完全得不到食物的供給。

試以全地球代替此一島嶼，則當然無所謂移居。假定現在人口爲十億，人類乃按一、

二、四、八、一六、三二、六四、一二八、二五六的比率增加；對此，生活資料則按一、二、三、四、五、六、七、八、九的比率增加。在兩世紀之後，人口與生活資料的比數爲二五六比九；三世紀之後，則爲四〇九六比十三，二千年之後，這一差額，幾乎無法計算。

這種假定，對於土地生產額，未附任何限制，這是可以永遠而且無限增加的。而且，因爲人口增殖力，在任何時期，都占優勢；所以，人類的增加，只有依靠強大的必然法則的不絕作用（by the constant operation of the strong law of necessity），（這對人口增殖力的優勢，有其障礙作用），始可被抑止於生活資料的水準。

# 第二章　論對人口之一般的障礙，及其作用的方式

由上可知：對於人口的最後障礙，乃是食物的不足（由人口與食物的不同增加率而必然產生的）。但是，此最後的障礙，除了現實饑饉的情況以外，決非直接的障礙。

直接的障礙，可說是在：一切似由生活資料的稀少所產生的風俗與疾病；以及雖與生活資料的稀少無關，但常有使人體衰弱與破壞傾向之一切精神的、肉體的原因。

這些抑止人口於生活資料水準的障礙（雖其程度不同，但對所有社會不斷發生作用），可分別爲兩大項目；即預防的障礙與積極的障礙。

預防的障礙，只要這是自發的，那就爲人類所特有；它的產生，是由於人類推理能力特別優秀（這使可以考慮遼遠的結果）。對於植物及無理性動物的無限增加，它的障礙，不論是積極的，或是預防的，都是無意識的。但是，人類回顧自己的周圍，在他看到具有大家族的人們常爲窮困所襲；又在他計算：現在幾乎由自己一人消費的資產或收入，那時所增爲數極少，而必須分配於七、八人之間的各人所得；此時，他不能不懷疑：如果他聽憑愛好而行動，到底能否扶養恐將來臨的孩子們。如果平等狀態（state of equality）可以存在，則在此狀態之下，這也許是一箇單的問題。但在現在的社會狀態之下，乃發生其他各種的考慮。他的社會地位是否下降？他是否必須大大放棄過去的習慣？他能否找到確有扶養一家希望的某種職業？總之，他是否必須忍受：比較獨身時代更大的困難與更苦的勞動？他能否以與其自身所受同樣程度的教育與上進的便利（advantages of education and improvement）傳給孩子們？即使家族增加，如果盡力勞動，也可保護他們免於襤褸與赤貧，因而免於在社會上墜落；他有此自信麼？而且，不至於自己終於放棄獨立而被迫以糊口之資仰賴於吝嗇的慈善之手（the sparing hand of Charity）麼？

這些考慮，有意阻止而且確實阻止（are calculated to prevent, and certainly do prevent）各文明國家的多數人民，依照自然的引導，及早愛慕一婦女。

如果這種抑制並不產生罪惡，顯然這是由人口原則所能發生的最少弊害。固然，因爲這是承認對於強大自然性向（strong natural inclination）的抑制，所以一定產生一時的不幸（相當程度的）。但是，這比由其他任何對於人口的障礙所生的弊害，顯屬輕微；而且，這只是爲了「長久的滿足」（這是人類經常的義務），而對「一時的滿足」之一犧牲而已。

這種抑制，一旦產生罪惡，則由此帶來的弊害是很顯著的。例如亂交（至妨害生育子女的程度），乃使人類的尊嚴大爲損傷。這雖亦一定影響於男子，但其使婦女的品性墜落，失去其優雅的特質，這種傾向是最明白的。而且，在充滿各大都市的不幸婦女之間，恐可看到：比較人類生活的其他任何方面都更切實的窮困與深刻的悲慘。

性道德的一般頹廢，一旦浸潤於社會的全階級（all the classes of society），則其結果，必然毒害家庭幸福的源泉，削弱夫婦父子的情感，使在對子女的教育與保護上減退父母的協助與熱忱。即：這些結果，最後必使社會的一般安寧與道義大受損害。特別是：爲了私通，或爲了隱蔽私通的結果，其所必需的手段，一定導向其他許多的罪惡。

對於人口積極的障礙，種類極多；不論其由於罪惡或由於窮困，總之，包含一切與縮短人類自然壽命不無關係的原因。故在此項目之下，可有各種不衛生的職業、過激的勞動與向寒暑的暴露（and exposure to the seasons）、極端的貧困、嬰兒的營養不良、大都市，、各色各樣的縱慾、普通的疾病及全部的流行病、戰爭、疫病及饑饉等。

我在檢討這些對於人口增加的妨害（分爲預防的及積極的障礙兩項），可以知道：這些都可分解爲道德的抑制、罪惡及窮困。

在預防的障礙之內，結婚的抑制（同時沒有變態的情慾滿足的），正可稱爲道德的抑制①。

爲了隱蔽亂交、不自然的情慾、通姦及私通的結果，其所有不當的手段，顯然是屬於罪惡項下的預防障礙。

在積極的障礙之內，凡由自然法則而必然發生的，都可稱之爲窮困；而且，那些顯然是

---

① 我在此處使用「道德的」一詞，請注意這是最狹義的。所謂道德的抑制，它的意思是：由戒愼的動機，抑制結婚，而在其抑制期內，則嚴守道德的行跡；我決未故意變更這種意義。在想離開其結果而考察結婚的抑制之時，我是稱此爲戒愼的抑制或部分預防的障礙；事實，這構成預防障礙的主要部分。

在我研究有關社會的各種階級時，受到責難；謂我在過去人口的防遏上輕視了道德抑制的作用。但是，如果此所謂道德的抑制，是像上述狹義的意思，則可知道：在這點上，我恐未有大過。我將極高興相信自己的錯誤（I should be very glad to believe myself mistaken）。

我們自己帶來的，例如戰爭、不節制以及其他種種爲我們的力量可以避免的，是有混合的性質。這些是由罪惡帶給我們，而且，它的結果則爲窮困②。

綜合這些預防的及積極的障礙，形成對於人口的直接障礙；而且，在繁殖力未能發揮其全幅作用的任何國家，預防的障礙與積極的障礙，顯必互相反比例地變動。換句話說：在自然的不健康的國家（或在因某種原因而死亡率高的國家），幾乎沒有預防的障礙。反之，在自然的健康的國家（或在以相當的力量推行預防的障礙的國家），幾乎沒有積極的障礙，即死亡率極低。

②罪惡的一般結果，乃是窮困；而且，正爲這種結果，乃有正確的理由稱此行爲爲惡行（vicious）；因此，也許此處只用窮困一詞，就已足夠，沒有使用兩者（按：指窮困與罪惡）的必要。但是，如果不用罪惡一詞，則在我們的語言及觀念上，可能帶來若干混亂。在直接的或個人的響影上，或許帶來正相反的結果，但都有招致窮困的傾向；所以，凡爲創造主的命令與道德家的戒律所禁止的行爲，都須特別加以區別。所有我們的情慾滿足，在其直接的結果，都是幸福，而非窮困。而且，在個人看來，即使是其遙遠的結果（至少在此一生）可能還是很幸福的。即使是在與婦女的不正當關係中，也有增進男女雙方的幸福，而無害於任何人的。由此可知：這些行爲，不應加在窮困的項下。但是，這些顯然仍是罪惡。因爲這種個人的結果，無論如何，是指破壞明白戒律（一般是爲了有產生罪惡的傾向而設置的）的行爲，乃名爲罪惡；而且，兩性間的私通，其有威脅社會幸福的一般傾向，這是誰都不能懷疑的。

在任何國家，這些障礙之內，有些是在不絕地發揮其作用（雖其強度，多少不同）。但是，幾乎沒有一個國家，因有這些一般的作用，而使人口停止其欲超過生活資料而再增加的不斷努力。這種不斷努力，同樣地不斷使社會的下層階級陷於窮困的深淵，而有妨害對於他們的境遇予以大而且久的改善傾向。

這些結果，在現社會狀態，乃如下述情況而發生。先是假定：某一國家的生活資料，適足容易扶養其住民。不斷的人口增殖力（即使在最惡劣的社會也在發生作用的），乃在生活資料增加之前，使其人口增加。因此，過去曾經扶養一千一百萬人的食物，現在必須分給一千一百五十萬人。於是，貧者愈貧，其多數人必然淪於非常的窮困。因爲工人人數也超過市場上的工作比率，勞動價格必然下跌；同時，食糧品的價格，則告上升。所以，工人要有與過去同樣的收入，就非比過去多做工作不可。這種窮困時期，乃使結婚大受阻礙，一家的扶養大爲困難，所以人口增加的趨勢必然緩慢。但是不久，勞動的低廉、工人的眾多以及在他們之間要有較多的勤勞，乃使農業者在其土地上雇用較多的勞動，開墾新土地，或較完全地改良並施肥既耕地；結果，生活資料增加，其與人口的比率，乃與我們出發的時期相同。此時，工人的地位相當地安樂，對於人口的抑制乃被和緩至某種程度。而且，不久，關於幸福，乃又反覆同樣退步的與進步的運動（the same retrograde and progressive movements）。

這種變動，在普通的觀察上，恐怕是不清楚的。而且，這種期間的計算，即使對於注意最深的觀察家，也難免困難。但是，在一般古老的國家，即使比較我以上所述，大不鮮明，而且大不規則，不過，這種變動的存在，凡是深刻考慮這一問題的反省者（reflecting man），誰都無法懷疑的。

何以這種變動未被充分注意（像我們當然所期待的）？又何以未曾依賴經驗而予以明白的確證？其主要理由之一，是我們所有的歷史，都只是上流階級的歷史。我們對於主要發生這種退步及進步運動的社會的風俗習慣，沒有可靠的許多報導。爲就某一國民及某一時代，纂編這種滿意的歷史，則須許多的有心人，不斷而細心的觀察（地方的、一般的）社會下層階級的情形與其所受影響的各種原因。而且，關於這一問題，爲了引出正確的推論，乃須這種歷史家，數世紀連綿不絕。這一部門的統計知識，近年已爲若干國家所注意③；而

---

③ John Sinclair 爵士在蘇格蘭（Scotland）傳播（circulated）的適切質問（judicious questions），及他在此島該地所蒐集的貴重報導，爲他帶來最高的榮譽；這些報導，將永久被流傳爲：蘇格蘭教徒教養、聰明及博識的異常紀念碑。不過，可惜附近諸教區對此工作，未曾參加；這是因爲：如亦參加，當有助於記憶：對各地區情況的獲得與想起（which would have assisted the memory both in attaining and recollecting the state of particular districts）。其中所有反覆與矛盾的意見，在我以爲：這非十分可以責難的。蓋對這種證明的結果，可以給與深信（這是對於任何個人的證明都不能給與的）。即使由某巨匠之手，以此結果給與我們，但其報導，當不能可以如此滿足；雖然因此定可節約許多貴重的時間，如果加以若干附帶的修正（subordinate

且，跟著這種研究的進步，我們可望更明白地透視人類社會的內部構造。但是，這種科學還在搖籃時代；因此，我們所欲知道的許多事情，或被忽略，或則記述有欠正確。這些例子，大體如下。成人數與婚姻數的比率、由結婚抑制所生惡習的普及程度、社會最悲慘部分與生活較安易部分之嬰兒死亡率的不同、勞動實質價格的變動、下層社會在一定期間內的各種時期對於安易與幸福的認識不同、在本問題最重要的出生死亡及婚姻的極正確紀錄簿。

包括這種細目的忠實歷史，在闡明對於人口的不斷障礙，曾有如何作用上，大有力量；恐怕可以證明上述退步及進步運動的存在。固然，其變動的時間，由於若干遮斷原因的作用（the operation of many interrupting causes），一定難免是不規則的；所謂這些原因，諸如：某種製造業的興廢、農業企業精神的盛衰、年歲的豐凶、戰爭、疾病季節、救貧法、移住及其他同性質的各種原因。

由普通的觀察不易明白這種變動的最有力事情，恐怕是勞動的名目價格與眞實價格的不同。勞動的名目價格，普遍地低落，這幾乎是很少的；但是，在食品的名目價格逐漸上升之時，而勞動的名目價格往往依然如故，這是我們所熟知的。而且，如果因爲工商業的大大發

---

improvements），使此工作容納過去一百五十年正確而且完全的登記簿，則其價值，將是無限的；這將成爲對於一國內情之空前的忠實描寫。但是，此最後的根本改善，不論如何努力，都未能得到。

展而使可以雇用（被投入市場的）新工人、因而工資不因工人的增加而低落，則在此時，上述現象，事實也會一般地發生（indeed, will generally be the case）④。但是，取得同額貨幣工資的增加工人數，由於他們的競爭，必使穀物的貨幣價格上升。這在事實上是勞動價格的眞正低落；因此，在此期間，社會下層階級的境遇乃非逐漸惡化不可。但是，農業者與資本家，則因勞動的眞正低廉而愈富裕。他們逐漸增加的資本，乃使他們可以雇用更多的人手。而且，因爲人口已因一家扶養的困難增加而受到若干障礙，故在一定時期之後，對於勞動的需要乃超過供給；而其價格，如果任其自然，當然上升。這樣，工資以及勞動階級的境遇，即使勞動價格在名目上決不低落，仍有進步的及退步的運動。

即使是在未有「正規的勞動價格」的野蠻生活，幾乎一定也有與此類似的變動發生。如果人口增加到近乎食物的最大限度，則一切預防的及積極的障礙，自然發生有力的作用。關於性的惡習，將更普及；棄嬰將更頻繁；戰爭與流行病，其機會與慘害將更擴大。而且，這些原因，恐將繼續其作用，直至人口低到食物的水準爲止。而其後一旦食物又較豐富，則人

④ 如果每年被投入市場的新工人，不能在農業以外找到任何職業，那末，他們的競爭乃使勞動的貨幣價格大爲下跌；因此，人口即使增加，但對穀物的有效需要並不增加。換句話說，地主及農業者，如果增加農業工人，則其全部的增加收穫都須付作工資，那就不會從事這種擴張。

口又再增殖；又在一定時期之後，其增殖趨勢，再為同樣的原因所阻止⑤。

為了確證各國這些進步的及退步的運動，顯然需要比較現在我們所有的歷史尤為精細的歷史；而且，這些運動，雖然有與文明的進步自相抵消的傾向，但現在不想作此確證，而只想證明以下的命題：

一、人口必然為生活資料所限制。

二、只要人口不為非常有力而且明白的障礙所阻止，則一定是隨生活資料的增加而增加⑥。

三、這些障礙以及抑壓人口的優勢力量而使其結果與生活資料保持同一水準的障礙，都可分解為道德的抑制、罪惡及窮困。

這些命題，第一幾乎是毋須說明的。第二及第三，觀察過去及現在社會狀態對於人口增加的直接障礙，就可充分確證。

而此觀察，即為以下各章的主題。

⑤ James Steuart 爵士曾以生殖能力比作掛著各種重量的發條（《經濟學》第一冊第一篇第四章二〇頁）；這是極適切的比喻。這不用說，乃將帶來正與上述變動同樣性質的變動。他在其大著《經濟學》第一篇，對於人口問題的若干部分，曾有極好的說明。

⑥ 因我相信：乃有若干實例，人口並未達到生活資料的水準，所以我用了這種愼重的言詞。不過，這些都是極端的情形；一般說來，可如下述：

一、人口必爲生活資料所限制。

二、人口必隨生活資料的增加而增加。

三、抑壓人口的優勢力量，使其結果與生活資料保持同一水準的障礙，都可分解爲道德的抑制、罪惡及窮困。

應當注意的是：此處之所謂生活資料的增加，乃指使社會大眾支配較多的食物而言。在特定社會的現狀之下，並不分配於下層階級；因此，對於人口並無任何刺戟的增加，這確實可以發生。

# 第三章　論在人類社會的最低階段、對於人口的障礙

火地（Tierra del Fuego）的可憐的住民們，是被一般航海者視爲最低級的人類①。但是，對於他們日常的風俗習慣，幾乎全不知道。他們荒涼的國土與悲慘的生活狀態，遮斷對他們的交通而使無法得到這樣的報告。不過，外貌的本身，證明他們是在半餓死的境界；他們震於寒冷，滿身汙穢與毒蟲；他們生活在世界上最壞的氣候之下；他們甚至沒有智慧具備可以使其嚴寒和緩、使其生活略爲愉快的便利品。在這樣的野蠻人之間，對於人口有著如何的障礙？這種想像並不特別困難②。

其次是Van Diemen島的土人，他們所有的才能與智慧，幾乎與火地的住民們同樣的低劣③。但是，最近的報導，傳說在東洋的安達曼（Andaman）島，住有更慘的蠻族。航海者們關於蠻人生活所傳的任何故事，到底都不及這一民族的野蠻。他們的全部時間，都爲食物的搜索所消費。森林之間，幾乎或完全沒有動物的棲息；食用植物也極有限，所有他們的主要工作，或則攀登岩石，或則徘徊海邊，探求靠不住的魚類；但在暴風雨的季節，常常連此都無能爲力。身長極少超過五呎，腹部膨脹，肩尖，頭大，而四肢特小。臉色是極端的慘

---

① 庫克（Cook）著《第一航海記》（First Voy.）第二卷五九頁。
② 庫克著《第二航海記》（Second Voy.）第二卷一八七頁。
③ Vancouver 著《航海記》（Voy.）第二卷第三篇第一章一三頁。

苦，刻劃著饑餓與殘忍的可怕混合。他們的病弱的姿態，如實地表示缺乏健全的營養分。在海岸曾看到即將餓死的不幸之輩④。

在人類的次一階段的，我們可以舉出新荷蘭（New Holland）的住民。他們的一部分，長久住在傑克遜（Jackson）港；某人曾有機會時常看到他們的風俗習慣，傳下若干足以憑信的報告。船長庫克第一航海記的筆者，謂在新荷蘭的東海岸，看到的住民人數極少；又由其荒廢的狀態，推察當地顯然無法扶養更多的住民；接著，他說：『當地的住民，到底以何手段，減少至土地所能扶養的人數呢？這未必是容易揣摩的。像新西蘭（New Zealand）的住民，爲了爭奪食物而互相殺害呢？還是被偶發的饑饉所掃蕩呢？或則是有阻害種族增殖的某種原因存在呢？這種斷定，只有俟於將來的探險家』⑤。

叩林斯（Collins）先生就這些蠻人所發表的報導，恐可給與相當滿足的解答。據其所記，他們都身長不高，體軀貧弱。其腕、其脛、其腿都屬瘠細，這是由於他們的生活貧寒。海岸的住民，幾乎全以魚類爲常食；時或在矮小的橡樹幹中，尋覓一種大蛆蟲爲食。森

④ Symes 著《出使 Ava》（Embassy to Ava）第一章一二九頁。《亞洲調查記》（Asiatic Researches）第四卷四〇一頁。

⑤ 庫克著《第一航海記》第三卷二四〇頁。

林內極少動物；它的獵取極爲費力；內陸的土人，與其海岸的同胞，生活同樣地艱苦。他們爲了採捕蜂蜜與鼯鼠、袋鼠之類小動物，必須攀登（樹木的）最高梢。如遇樹幹極高而無樹枝；（這是叢林中一般的情形），則以左手抱住樹幹，同時以石斧刻痕，逐步上升；這是一大工作。這樣，到最高的樹枝止，曾經看到附有刻痕而高達八〇呎的樹木。饑餓的蠻人們，爬到這樣的地方，始可希望對其過去的辛苦獲得某些報酬⑥。

森林，除了偶在其中發現的動物之外，很少提供食物。極少的漿果、山薯、羊齒根及各種灌木花，形成食用植物的總目錄⑦。

在和克灣（Hawksbury）的河邊，有一帶著孩子的土人，看到幾名英國移民，倉皇地駕了獨木舟逃走；但卻遺有他的食物及表示其胃納纖細（the delicacy of his stomach）的標本（specimen）。他是從浸水木片的洞空裡，剔出大蟲來吃的；但是，蟲與其居所的臭氣，都是非常難聞的。這種蟲，當地叫做 Cah-bro；內陸的土人，因其食用這種氣味惡劣的蟲，故被稱爲 Cah-brogal。森林地帶的土人，吃著羊齒根與大小蟻搗碎混成的糰子；至在

⑥ 叩林斯著《關於新南威爾士（New South Wales）的報導》，追補五四九頁，四開本。

⑦ 同上追補五五七頁，四開本。

產卵期，則加上蟻卵⑧。

住民爲了維持生活而必須使用這樣的食物，而動植物的供給非常缺乏，獲得這些動植物非有很激烈的勞動不可——在這樣的國家，其人口的分布，比較其土地的廣闊，當然難免是十分稀薄的；它的極限（utmost bounds）也一定是狹隘的。但是，我們如果注意：這些人民的奇習蠻風、對於婦女的虐待及對其子女的養育困難，則與其奇怪他們的不事增殖（時常突破這些極限的增殖），毋寧應當考慮：這種貧弱的資源，於養活可在上述境遇之下長成的全部人口之外，尚有若干餘力存在。

當地戀愛的序幕，乃是暴力；而且還是極其殘酷的。蠻人是由別的種族（大多是由與其自己種族不和的種族）選擇他想要的妻子（his intended wife）。他乘她的保護者不在，予以襲擊（steals upon）；先用棍棒或木刀打她的頭、背或肩，使她出血至暈倒的程度；再用隻手拖著，經過森林之內（儘管途中橫著石塊與木片），硬將其獲物（按：指這女子），急急忙忙地運到自己的部落。受到這樣處理的女人，成爲他的妻子，編入他的種族；但她絕少捨他而私通其他的男人。女人的親族，並不憤怒這種暴行。只是在有能力的時候，要以類似

⑧ 同上追補五五八頁。

的暴行報復而已⑨。

兩性的結合，在尚年輕的時候，即已有之。我移住民時常看到；極年輕的少女們，受到男人們許多可恥的淩辱⑩。

丈夫對妻子或妻子們（wife or wives）的行爲，似乎與此奇怪而亂暴的求婚方法，具有相似的性質。女性在其頭上留有男性優越的痕跡。此即：男性到了自以爲有腕力打擊的時候，他就用其腕力所造成的傷痕。在這些可憐的女人之內，在其頭髮剪得很短的頭部，留著縱橫無數的傷痕。叩林斯先生感傷地說：『因爲這些女人的運命是這樣地悽慘，所以我每看到母親肩上背著女孩，就想起這女孩將來的運命；時常以爲；不如把她殺了，也許較爲慈悲』⑪。又，他在別的地方，講到 Bennilong 的妻子在分娩中所發生的事情。他說：『我現在在這簿子上找到紀錄；Bennilong 爲了某事生氣，在早上重打分娩中的妻子』⑫。

受到這種虐待的婦女，必然時常難免流產。而且，像上述對極年輕女子的淩辱（這有如

⑨ 同上追補五五九頁。

⑩ 同上追補五六三頁。

⑪ 同上追補五八三頁。

⑫ 同上追補五六二頁。

日常茶飯）與異常的早婚，有使婦女的妊娠力減退的傾向。雖然多妻的例子較多於一妻，但奇怪的是：叩林斯先生未嘗記得曾經看過一妻以外所生的孩子。他曾由部分土人聽說：只有第一夫人獨占閨房的權利，第二夫人只是兩人的奴隸與苦役而已⑬。

所謂第一夫人完全獨占閨房的權利，這雖似非事實；但謂第二夫人不許其哺育自己所生的子女，則是可能的。總之，如果上述觀察大體是正確的，那末，許多婦女的沒有孩子；這一事實，只能解釋為：由於她們忍受激烈的艱難以及叩林斯先生所未嘗注意到的某種特殊習慣。

乳兒的母親，不幸死去，則此無靠的嬰兒乃被活埋在母親的墓裡。父親自己拿活著的嬰兒放在妻的屍體上，從上面投下大石，同時，其他土人們就很快地填埋了這一墓穴。我移住民所熟知的土人 Co-le-be，做過這種蠻行。偶然問他為什麼如此做法？他則辯稱：因在任何地方都找不到可以養育孩子的婦女，故如不加殺害，則孩子的死法一定更加悲慘。叩林斯先生相信：這種風俗是一般通行的；他還說：這種風俗可在某程度說明人口的稀薄⑭。

這種風俗，在其本身，對於一國的人口，雖然也許沒有多大的影響；但此說明：蠻人的

⑬ 同上追補五六〇頁。

⑭ 同上追補六〇七頁。

生活，養育子女是如何地困難。婦女在生活的習慣上，必須不斷地變更住所，而且必須不斷地爲其丈夫做苦工，所以同時養育年齡相似的二、三個孩子，這是絕對不可能的。在一個孩子還不能在母親的後面獨自走路之前，如果又生一個孩子，則由於注意的不周，二個中間，必有一個死亡。即使哺育一個孩子，都已成爲非常的重擔；所以，如非爲了熱烈的母愛，沒有女人會做這種工作；這是絲毫無可驚奇的。

無理抑壓年輕世代的長成，它的原因，除此之外，還有由其結果看來是欲掃蕩他們的各種原因；例如：種族間不絕地戰爭、相互間不斷地鬥爭、不可解的報復與復仇精神（引起深夜殺人而常無辜流血）、陋屋的煤煙（引起可怕的皮膚病）、汙物及陰慘的生活狀態，特別是如天花（喪失無數的生靈）之類可怕的流行病⑮。

一七八九年，他們爲流行病所侵襲；天花的一切現象與惡害，在他們中間，極其猖獗。因此帶來的荒廢，幾乎無法想像。在從前極其熱鬧的港灣上，看不到有一活人。甚至在沙灘上也找不到有一足跡。他們曾讓屍體堆著屍體（they had left the dead to bury the

---

⑮ 參照叩林斯著《新南威爾士英領殖民地報告書》追補。（the Appendix to Collins's Account of the English Colony in New South Wales）。

dead）。岩洞裡充滿了已經腐爛的屍體；在許多地方，路上蓋著骸骨⑯。

叩林斯先生曾經聽說：前述 Co-le-be 的種族，由於這種可怕的疾病，減少到三人；而此三人爲了避免全滅，不得已而參加了其他的種族⑰。

在這種人口減退的有力原因之下，我們當可想像：只有動植物是在人口稀薄的土地增加，此外還可由岸邊採取魚類，這將超過住民的消費量：但就全體看來，則人口大概是接近食物平均供給額的水準；因批，如因氣候不良及其他原因，使食物略爲缺乏，可能立即引起窮困。據說：住民陷於非常的窮乏，不乏其例；此時，部分的土人，骨瘦如柴，幾乎就要餓死⑱。

---

⑯ 同上追補五九七頁。

⑰ 同上追補五九八頁。

⑱ 同上第三章三四頁。追補五五一頁。

# 第四章　論在美洲印第安人間對於人口的障礙

接著我們轉眼看看廣大的美洲大陸。在此大陸，野蠻的小獨立種族占領其大半；已經知道：像新荷蘭的土人，就靠自然的產物而生活。土地則幾乎到處都爲森林所覆蔽；南洋群島盛產的果實與食用植物，當地不多。在部分狩獵種族之間，雖然已有極其粗雜而不完全的農業，但其產額極少；這只能看爲對於獵獲物的若干補充而已。因此，新世界的住民，可說主要是靠漁業與狩獵而生活的①。這種生活方法，不用說，其界限狹隘。能夠利用水產物的，只有靠近湖沼、河川及海邊的人；而且，就是他們，也因無遠慮（improvident）的蠻人所常有的無智與怠惰，未必保存現已到手之物而爲日後之用。對於獵人生活，需要龐大的土地；這曾一再講起，且曾一再承認的②。其社會的人數，必然被限制於：其能達到範圍內野獸的多少及其捕殺這些野獸的難易。因此，狩獵種族，乃像與其生活狀態相似的肉食獸，稀薄地分布於地上。正像肉食獸，他們或則驅逐所有的敵人，否則就被敵人驅逐；必須如此繼續互相鬥爭，而無寧日③。

① 羅伯特生（Robertson）著《美洲史》（History of America）第二卷第四篇一二七頁以下。一七八〇年出版，八開本。
② 佛蘭克林著《論集》（Miscell）二頁。
③ 羅伯特生著同書第四篇一二九頁。

在如此情況之下，美洲此較其地域的廣大，而只有非常稀薄的人口；這一事實，也只是一個例子，表示：「人口沒有可以支持的食物畢竟是不能增加」這一明白的眞理。但是，人口是如何被抑止於此貧乏供給的水準呢？這在研究上頗有趣味，因此，我想特別請讀者注意的，正是這一點。食物的不足，未必對於任何人民都只表現於饑饉的形態。此外，或則成爲比較長久的窮困，或則表現而爲某種風俗的發生（這種風俗，其防止人口未來成長的作用，往往更大於人口成長以後的破壞作用）；這是不能疏於注意的（it cannot escape observation）。

一般所注意的，是美洲婦女決非多產④，部分論者謂其原因：這是男人對於女人缺少熱情；並謂這是美洲蠻人的特色。但是，這種現象，絲毫不是他們所特有的；這在食物缺乏而常受饑饉或外敵威脅的任何蠻族之間，都有若干存在。布魯司（Bruce）時常注意這一事實；特別是關於阿比西尼亞（Abyssinia）國境的野蠻民族（Galla 族及 Shangalla 族）⑤。

---

④ 羅伯特生著同上第四篇一〇六頁。布魯司著《美洲》（America）第一卷一八七頁。沙勒筏（Charlevoix）著《新法國史》（Hist de la Nouvelle France）第三卷三〇四頁。Lafitau 著《蠻人的風俗》（Moeurs des Sauvages）第一卷五九〇頁。本章前後，我雖時常揭載與羅伯特生博士同樣的引用，但是，這種引用，我都曾就原書加以調查與核實（examined and verified）。在沒有這種機會的時候，則只舉羅伯特生的文字。

⑤ 《尼羅河水源發現旅行》（Travels to discover the Source of the Nile）第二卷二二三、五五九頁。

Vaillant 曾謂：Hottentot 族的冷淡氣質是其人口稀薄的主要原因⑥。這種氣質的發生，似因野蠻生活的艱苦與危險，致不注意性慾。而且，這些在美洲土人之間成爲勝過體質上任何絕對缺陷的原因；這些原因，或加去除，或予和緩，則其冷淡氣質也就逐漸稀薄；由此可知：冷淡氣質確非由於美洲土人的體質缺陷。即在美洲各國之內，有些地方，或因地利特別優良，或因已經大有改善；所以蠻人的生活不甚艱苦；兩性間的情慾，遠爲熱烈。住在河邊而有魚類之利的種族，或住在獵獸豐富或農業進步地方的種族，他們的婦女，就大被尊重，就大被讚美。而且，因對情慾的滿足幾無任何抑制，所以風俗的紊亂，時常逸出常軌⑦。

如果美洲人（Americans）的性慾缺乏，不是由於肉體組織的自然缺陷，而只因爲一般的冷淡與所謂性慾發動的稀少（but merely as a general coldness,and an infrequency of the calls of the sexual appetite），那末，我們就不能認爲：每一夫婦的出生率因此大受影響。

---

⑥《美洲內陸旅行記》（Voyage dans I'Interieur de I'Afirque）第一卷一二、一三頁。

⑦羅伯特生著同上第四篇七一頁。《奇異的傳教書信集》（Lettres Edif. et Curieuses）第六篇四八、三二二、三三〇頁。第七篇二〇頁（一七八〇年出版第一二版）沙勒筏著同上第三篇三〇三、四二三頁。痕涅品（Hennepin）著《蠻人的風俗》（Moeurs des Sauvages）三七頁。

我們毋寧應在過著野蠻生活的婦女的境遇及風俗中，求其原因。而且，在此可以發現許多的理由足以說明問題的眞相。

羅伯特生博士說得對：『男性是否已因藝術及文明的進步而有所改善？這曾騷動學者們，引起放肆的爭論（wantonness of disputation）。但是，女性境遇的改善，有賴於風俗的洗鍊；這是沒有懷疑餘地的』[8]。在世界各地，蠻人之一最共通的特徵，是輕蔑、藐視女性[9]。在美洲大部分的種族間，女性特別悲慘；以致奴役（servitude）一詞也不足以形容其窘境。妻與負重的家畜毫無不同。男人過著怠惰與享樂的日子，而女人則經常做著苦役。工作不容情地加在她們身上；但不論如何勞動，男人視爲當然，甚至不肯報以一笑[10]。美洲的部分地方，母親因爲感覺到：這種虐待過於嚴厲，爲要由此注定（doomed）悽慘的奴隸生涯，立予搶救，所以殺害她的女兒[11]。

---

⑧ 羅伯特生：同書第四篇一〇三頁。

⑨ 同上第四篇一〇三頁。《書信集》隨處（passim），沙勒筏著《新法國史》（Hest. Nouv. Fr.）第三篇二八七頁。de Pêrous 著《旅行記》（Voy.）第九章四〇二頁。

⑩ 羅伯特生：同書第四篇一〇五頁。《書信集》第六篇三二九頁。Major Roger 著《北美洲》（North America）二一一頁。Creuxii 著《加拿大史》（Hist. Canad.）五七頁。

⑪ 羅伯特生：同書第四篇一〇六頁。Raynal 著《印度史》（Hist. des Indes）第四篇第七章一一〇頁。

在野蠻生活的不可避免的艱苦之外，再加上這種陰慘的狀態與不斷的勞役，這一定非常阻害妊娠[12]。而且，蔓延於婚前婦女之間的淫佚之風，乃與墮胎的習慣，定使以後的妊娠困難[13]。某傳教師謂：在 Natchez 族間，普遍通行換妻的風俗；他附帶說：這種風俗的實行，乃以其妻無子爲限。這畢竟是許多夫婦沒有子女的證據；至其原因，確是他在前面所述婚前婦女的淫蕩生活[14]。

沙勒筏列舉美洲婦女低出生率（sterility）的原因爲：⑴她們在對其孩子哺乳的數年之內不與其夫同棲，⑵她們在任何狀態之下被迫不絕地做著過激的勞動，⑶在許多地方乃有容許婚前少女賣淫的習慣存在。（按：以上數字爲譯者所加）。他說：此外，當地的住民，往往陷於極端的窮困，因此，完全失去了要有孩子的願望[15]。在較未開化的部分種族之間，有一格言：謂不要養育二個以上的孩子而使自己困難[16]。如果生了雙生兒，則因母親無法養育

---

⑫ 羅伯特生：第四篇一〇六頁。Creuxü 著《加拿大史》五七頁。Lafitau 第一篇五九〇頁。

⑬ 羅伯特生：第四篇七二頁。厄力斯（Ellis）著《旅行記》（Voyage）一九八頁。Burke 著《美洲》（America）第一卷一八七頁。

⑭ 《書信集》第七篇二〇、二二頁。

⑮ 沙勒筏著《新法國》（N.Fr.）第二篇三〇四頁。

⑯ 羅伯特生：第四篇一〇七頁。《書信集》第九篇一四〇頁。

兩人，普通乃去其一。如在哺乳期，母親死亡，則孩子失去了生存的希望；這與新荷蘭的情形一樣，乃與生他的母親（放在母親的胸口）被埋在同一墓裡[17]。

因爲父母本身常在窮乏狀態，所以養育孩子，這有時是非常困難的；於是，被迫必須棄嬰或殺嬰[18]，殘廢的孩子，幾乎全被遺棄；在南美部分種族之間，據說：不能勞動的母親，她的孩子，恐怕遺傳母親的缺點，同樣乃被遺棄[19]。

在美洲人，極少殘廢者，不能不說畢竟是由於這種原因。縱使母親曾經努力想同樣養育全部孩子，但因野蠻生活所難避免的暴亂處理，而致其絕大部分死亡；如以生來虛弱之身從事勞動，恐怕沒有一人可以平安活到成年的。即使不在生下就被謀害，則在其前途等著的激烈磨練之下，也將不久使其死亡[20]。印第安人，在西班牙屬地，過著比較安樂的生活；加以，殺害孩子的行爲是被禁止；所以，很多殘廢者；有的身軀矮小，有的缺手，有的斷足，有的目盲，有的耳聾[21]。

---

⑰ 羅伯特生：第四篇一〇七頁。《書信集》第八篇八六頁。

⑱ 羅伯特生：第四篇一〇八頁。

⑲ Lafitau 著《蠻人的風俗》（Moeurs des Sauv.）第一卷五九二頁。

⑳ 沙勒筏著：第三篇三〇三頁。Raynal 著《印度史》第八篇第一五節二二頁。

㉑ 羅伯特生：第四篇七三頁。d'Ulloa 著《旅行記》（Voyage）第一卷二三二頁。

多妻制度，過去在美洲人之間，似爲一般所容許的；但此特權，除了酋長或在生活豐富的南方各州人們有時使用以外，絕少使用。家族扶養的困難，乃限制多數人於一妻[22]。又因這種困難，誰都可以明白看到，故在父親嫁女之時，乃向對方要求確實證明：到底有無狩獵的手腕；換句話說，即到底有無扶養妻子的能力[23]。據說女人並不早婚[24]；而此事實，乃由傳教師及其他著作者所常指摘：「婚前的女人，瀰漫著淫佚之風」，可以證明[25]。

一面，乃有上述習慣（這主要是由生活困難所發生的），同時，艱難的野蠻生活，雖有父母的努力，但仍常在孩子之間顯示高死亡率[26]；兩者相合，無疑的，這一定最強有力地壓迫新興世代的成長。

年輕的蠻人，即使安全通過幼年期的危險，但在接近成年期的路上，乃有幾乎與此同樣可怕的危險，在等待著。襲擊蠻人的疾病，比較流行於文明社會的，雖然其數不多，但是遠

---

㉒ 羅伯特生：第四篇一〇二頁。《書信集》第八篇八七頁。

㉓ 《書信集》第九篇三六四頁。羅伯特生：第四篇一一五頁。

㉔ 羅伯特生：第四篇一〇七頁。

㉕ 《書信集》隨處。d'Ullon 著《旅行記》第一卷三四三頁。Burke 著《美洲》第一卷一八七頁。沙勒筏：第三卷三〇三、三〇四頁。

㉖ 沙勒筏說：三十人中間，沒有一人能夠達到成年。（《加拿大史》五七頁）。但這當然是十分誇張。

為激烈而致命。蠻人是意想不到的粗心，加以生活資料的常不確定，所以，由於獵運的良否與年歲的豐凶，常由極端的缺乏一躍而至豐富的絕頂[27]。他們有時任意地飽食，有時極端地制慾，這都有害於健康；因此，他們的活力，或則由於營養的缺乏，或則由於因食物過多與消化不良而引起的疾病，而有所損傷[28]。這些事實（這可說是這種生活方法的必然結果），常是奪去許多的人命。他們極易發生肺結核、肋膜炎、喘息、中風等疾病；這些疾病，是由他們在狩獵與戰爭的時候所受非常的艱難與疲勞（以及他們經常暴露於險惡的氣候）而引起的[29]。

傳教師們說：南美洲的印第安人，曾為不知如何治療的絕症所侵犯[30]。許多的病人，連極簡單的藥草用法也不知道，甚而至於沒有智慧稍微改良下等的飲食；乃為此病，送了性命。耶穌教徒 Fauque 曾謂：他在過去幾次探險旅行的時候，還未碰到一位老人[31]。羅伯特

---

㉗ 蘿伯特生：第四篇八五頁。

㉘ 沙勒筏：第三卷三〇二、三〇三頁。

㉙ 羅伯特生：第四篇八六頁。沙勒筏：第三卷三六四頁。Lafilau：第二卷三六〇、三六一頁。

㉚ 《書信集》第八篇八三頁。

㉛ 同上，第七篇三一七頁以下。

生斷言：蠻人的壽命，比較政治完善的勤勉社會，來得短些㉜。Raynal 對於蠻人生活，雖然常爲有利的證言，但他對於加拿大的印第安人，曾謂：他們之間，像我們這樣（過著整齊而平靜的生活的）長生的，幾乎沒有㉝。而船長庫克與 Pérouse，則在其記載住在美洲西北岸的部分居民情形中，確認這些意見㉞。

在南美洲的大平原，火熱的太陽照在廣大的沼澤與雨期後的洪水上，發生作用，往往引致可怕的流行病。傳教師們曾謂：傳染病蔓延於印第安人之間，時在村落產生大死亡率㉟。生了天花，則因看護不周，而且住宅狹隘，復康者極少；它到處猖獗，而爲害甚烈㊱。在巴拉圭（Paraguay），雖有耶穌教徒的努力，也無用處；傳染病在印第安人之間，極爲猖獗。因爲天花與惡性熱病，危害甚烈，故被稱爲疫病（plague）；而此疫病，常使這些盛大的宣教團消滅。如照 d'Ulloa 的說法，宣教團的設立很早，且在其間都很和平，但其人口不

㉜ 同上，第四篇八六頁。
㉝ Raynal：第十五篇二三頁。
㉞ 庫克著《第三航海記》，（Third Voy.）第三卷第二章五二〇頁。de Pérouse 著《航海記》（Voy.）第九章。
㉟ 《書信集》第八篇七九頁、三三九頁。第九篇一一五頁。
㊱ d'Ulloa 著《旅行記》第一卷三四九頁。

大增加，這畢竟是這種疾病的結果[37]。

這些流行病，不限於南方。據說：即在比較北方的各民族之間，這些也不稀奇[38]。船長 Vancouver，在最近試航美洲西北岸的時候，正看到這種疾病的結果、即顯然異常荒廢的跡象，而有如下的記載。他由新丹支內（Dungeness）沿岸航行，在一五〇哩之間，所看到的住民，一哩不及一人。已經荒廢的村落，看到不止一次；這些村落，都足以容納他在航海中所目擊的全部住民。在他作各種探險旅行的時候，特別是在發現港（Port Discovery）附近，散亂著許多頭蓋骨、四肢、肋骨、脊骨及其他人體的遺物。在還活著的印第安人身上，看不到有任何戰鬥的傷痕，也看不到有任何特別恐怖與猜疑的樣子；所以，這種人口減退的原因，認是惡性的傳染病；這是很妥當的[39]。天花流行於此沿岸的印第安人之間，且似帶有危險性。其不能消除的痕跡（indelible marks），可在許多人的身上看到；其中也有因此而失去一隻眼睛的[40]。

---

[37] 同上第一卷五四九頁。

[38] 《書信集》第六篇三三五頁。

[39] Vancouver 著《航海記》第一卷第二篇第五章二五六頁。

[40] 同上，第四章二四二頁。

凡是人口稀薄的國家，比較人口稠密的國家，普通乃有所謂較少惡性流行病的利益；但是，蠻人則可說因其極端的無智、身體的不潔及其住屋的簡陋[41]，而失去了這種利益。在美洲某地方，建造了可以容納許多不同家族的住宅；也有八十至一百人，雜居在同一屋頂之下。家族分別居住時，小屋非常狹隘（the huts are extremely small），黑暗、骯髒、無窗、入口極低；進去的時候，必須用手與膝來爬[42]。美洲西北岸的住宅，一般較大；Meares 曾就 Nootka Lound 附近一酋長所有的極大住宅，有所記述；謂其內部，可供八百人吃、坐、睡[43]。航海者都說：此海岸的蠻人，其住宅汙穢與身體不潔[44]。例如：船長庫克曾謂：他們身上生滿蝨子，他們捉而食之[45]；他又以最大厭惡之情，敘述其住宅的情形[46]。Pérouse

㊶ 沙勒筏極其調強（speaks in the strongest terms）：美洲人的小屋是極端的汙穢與惡臭；他說：『如無傳染惡疫的覺悟，是不能進去的』。又形容食物的不潔說：『使人戰慄』。第三卷三三八頁。

㊷ 羅伯特生：第四篇一八二頁，d'Ulloa 著《航海記》第一卷三四〇頁。

㊸ Meares 著《航海記》第十二章一三八頁。

㊹ 同上第二十三章二五二頁。Vanconver 著《航海記》第三卷第六篇第一章三一三頁。

㊺ 庫克著《第三航海記》（Third Voyage）第二卷三〇五頁。

㊻ 同上：第三章三一六頁。

則更斷言：其陋屋的不潔與臭氣，是不能與世上任何動物的住處相比擬的㊼。

在此情形之下，流行病一經發生，他們將有怎樣程度的慘害；這是可以容易想像的。因爲這種陋屋的空氣比較最雜沓的都市，還大不純潔，故像上述程度的汙穢造成這種疾病，原不稀奇。

平安通過幼年與疾病危險的人，又不絕地遭遇到戰爭。他們儘管對於軍事行爲非常謹愼，但因和平的期間極少，所以戰爭的犧牲者也是很大的㊽。不論是如何未開化的美洲民族，他們也很知道各自社會所有領域的權利㊾。因爲不使其他種族在自己的獵場殺害獲物，這是非常重要的事情，所以他們極度注意保護此民族的財產。於是，相爭的原因，紛紛而起；鄰近的民族，就互相繼續著永久的敵視狀態㊿。一種族的增殖行爲，不能不成爲對鄰近種族的侵略行爲。這是因爲：爲了養活其所增加的人口，故須擴充領土。在此情形之下，所謂鬥爭停止之時，自然或爲由於雙方的死傷而至均勢恢復之時，或爲弱者全被剿滅（或被驅

㊼ Pérouse 著《航海記》第九章四〇三頁。

㊽ 沙勒筏著《新法國史》第三卷二〇二、二〇三、四二九頁。

㊾ 羅伯特生：第四篇一四七頁。

㊿ 同上第四篇一四七頁。《書信集》第八篇四〇、八六頁。其他各處。Cook 著《第三航海記》第二卷三二四頁。Meares 著《航海記》第二十四章二六七頁。

逐出其故鄉）之時。如果遇到敵人的侵略，耕地受其蹂躪，或被由獵場驅逐出來，則本來可以攜帶的儲藏物，一無所有；因此，大多是陷於極度的窮困。被侵略地方的人民，時常非全部逃入林中或山上不可；但在當地，特別缺少食物，所以他們很多就死在那裡[51]。在這樣敗退的時候，誰都只是顧到一身的安全；父母拋棄子女，子女拋棄父母，人情的帶子（the ties of nature）已經失其力量。父親可爲一把刀子、一挺手斧而出賣自己的兒子[52]。即使幸而免於戰死，他也無法逃脫饑饉與無數的艱苦之手。這樣，種族全被掃蕩的，亦不爲奇[53]。

這樣的事情，對發生獰猛的戰鬥精神（在一般蠻人，特別是在美洲人間所能看到的），大有關係。戰鬥目的，不是征服而是破壞[54]。戰勝者生活在敵屍之上。而且，在滿懷兇暴的復仇之心而追擊敵人的時候，似常想起：慘敗時的各種慘苦。在 Iroquoi 族的中間，表明開戰決心的文句，是謂：『讓我們去吃那民族』（Let us go and eat that nation）。在向鄰近的種族求援的時候，乃以去吃敵人的肉湯爲引誘[55]。在 Abnakis 族的中間，當一群鬥士侵入

---

[51] 羅伯特生：第四篇一七二頁。沙勒筏著《新法國史》第三卷二〇三頁。
[52] 《書信集》第八篇三四六頁。
[53] 羅伯特生：第四篇一七二頁。Major Roger 著《北美洲見聞記》（Account of North America）二五〇頁。
[54] 羅伯特生：第四篇一五〇頁。
[55] 同上一六四頁。

敵地之時，常分成三十—四十的部隊；而酋長乃向各部隊謂：『給你們去吃這個村，給你們那個村落』（To you is given such an hamlet to eat, to you such a village）[56]。在已無吃俘（以戰爭捉來的俘虜）習慣的部分種族之間，現還留有這種語言。但是，吃人的習慣，無疑的，已經延蔓新世界的許多地方[57]。而且，以我所信，這種習慣一旦發生，後來即使已被其他動機所持續；但其最初發生的原因，確在極端的窮乏。這是我與羅伯特生博士意見不同的。這種蠻風的起源，歸諸（並非迫於必要的）單純的敵愾心，這是對於人性及野蠻國家的惡劣託辭；即其來源，應當歸諸自己保存（self-preservation）的大法則；這種大法則，即使是在最文明開化的人民之間，有時也會壓倒其他一切的感情。不過，這種習慣，一旦由於上述原因而已普及以後（縱使偶然），則「恐爲敵餌」的恐怖，容易刺戟蠻人的怨恨與復仇心；以致當時雖未必即爲饑餓所迫而仍食其俘虜。

傳教師們曾謂：部分種族在拿到人肉的時候，就像那些珍貴的動物肉一樣，快活讚美[58]。這些傳說，雖然也許是有誇張，但船長 Cook 在其有關最近美洲西北岸的航海及新西蘭南

[56]《書信集》第六篇二〇五頁。

[57] 羅伯特生：第四篇一六四頁。

[58]《書信集》第八篇一〇五、二七一頁。第六篇二六六頁。

部群島社會狀況的報導[59]，多少證明了這種傳說。Nootka Sound 的土人，似乎是食人種（cannibals）[60]。傳說：當地（即 Maquinna）酋長，最愛這種可怕的饗宴；為了滿足其不自然的食慾，悽慘地每月殺死一奴隸[61]。

自己保存的大原則，在蠻人的內心，乃與希望各自種族的安全與強大密切結合；因此，在他們戰爭的時候，到底不能有文明人所有的武士觀念（按：指名譽與勇氣而言）。從警戒著的敵人逃走，藉以迴避可使我自己及我同伴遭受危險的鬥爭，這在美洲人，是光榮的。如與武裝整齊而有防禦準備的敵人對抗，這非在有「十拿九穩」的勝利希望之時不可。即使是在這樣的時候，也是誰都退縮而不願挺身前進[62]。聞名的鬥士，最所希望的，是玩弄狡計策術與戰略奇襲，儘量避免自己方面的損害而使敵人疲憊、失敗。與敵人以同等的條件作

[59] 即像平常謹慎的船長庫克，也對新西蘭人，這樣說：『他們非常歡喜這種食物，這是最明白不過的』。《第二航海記》第一卷二四六頁。又在《第三航海記》，講到他們的不絕鬥爭，曾謂『恐怕對於美食的希望，成為不少的刺激』第一卷一三七頁。

[60] 庫克著《第三航海記》第二卷二七一頁。

[61] Meares 著《航海記》第二十四章二五五頁。

[62] 《書信集》第六篇三六〇頁。

戰，這被認爲「笨到極點」。戰死，不被認爲一種名譽的死亡（an honourable death）[63]；這被認爲一種不幸（misfortune）；這被記憶爲死者的輕率與冒失（使勇士負此汙名）。反之，幾天又幾天地等著機會，在最安全、最少抵抗力的時候，或則深夜偷襲敵人（並在敵人的小屋放火），當敵人裸體、空手由火焰逃出，而予以打殺；這被視爲光榮的功業[64]，而在其（感激的）國人的心中（in the breasts of his grateful countrymen）留下永久的記憶。

這種戰爭方法，它的發生，想是由於自覺：在野蠻生活的艱苦危險之下，新的人員不易養育。這些強大的破壞原因，往往猛烈至使人口遠低於生活資料的水準；但是，美洲人對於人口的略爲減少，都很恐懼（他們熱望人口的增加）；由此事實判斷，則以上所述，不能認爲一般的情形。恐怕，在此國家，沒有力量養活像各種族所渴望的增加人數。但是，一種族，如其勢力擴大，這就是敵人相對地弱化；因此，可以打開新的生活源泉。反之，如果人口減少，則其殘存者（按：指已經減少的人口），不但不能因以豐富地生活，反而爲了強大鄰國的侵略，或被剿滅，或被餓死。

Chiriguane 族本來僅爲 Guarani 族的一小部分，後來離開巴拉圭的故鄉，定住在秘魯

---

[63] 沙勒筏著《新法國史》第三卷三七六頁。

[64] 羅伯特生：第四篇一五五頁。《書信集》第六篇一八二頁、三六〇頁。

（Peru）附近的山中。他們在其新天地發現充分的食物；人口急速增加，曾經攻略鄰國，由於優越的武勇與特別的幸運，逐漸予以剿滅，而使其領土增加。這樣，獲得廣大的領域，不出幾年，人口由三—四千一躍激增爲三萬(65)；但是，鄰近的小種族，則因饑饉與戰禍而趨於滅亡。

這樣的實例，乃是證明：即使是美洲人，如在優良情況之下，也是急激增加的；這又充分說明：縱使在其現有的領域之內並無過剩食物的種族，何以恐懼人口的減少，而頻望其增加(66)。

上述影響美洲人口的各種原因(67)，主要是受食物的多寡所支配；這由下一事情可以明白。即在食物豐富的地方（或爲湖沼或河川的附近，或因地力特別優良，或因土地已有充分的改良），總爲許多的種族所盤踞；且其人口一般都是多的。在奧利諾科（Orinoco）河流域各州的內陸，茫茫數百哩的無人地帶，看不到一家小屋、看不到一個足跡。在氣候更

---

(65)《書信集》第八篇二四三頁，『Chiriguane 族是可怕地激增，僅僅二、三年內，人口達到三萬』。

(66)《書信集》第二篇一六三頁。

(67)這些原因，也許使人口抑止於生活資料的水準而猶有餘；而且，如果印第安的婦女，關於其低出生率的報導，是普通的（不，即使是大體的）事實，那就一定是這樣的。固然，部分的報告，不無誇張，但難說：那一報告是這樣的。即使無一不是誇張，但也不能不說仍可充分證明上述一點。

壞、地力更差的部分北美地方，則其荒廢更甚；茫茫幾百 league（一 league 約三哩），盡是無人的草原與森林(68)。傳教師們曾謂：繼續旅行十二天，未見人影(69)；又謂：龐大的地方，連二、三寒村都難看到(70)。在這樣荒蕪的地方，有些全不見鳥獸(71)，因此，滿目荒涼。但在略有鳥獸棲息的地方，到了獵期，各方的蠻人前來，如有獲物，他們也可張幕住得相當長久；所以，即使是在這種荒蕪地，事實也有與其所藏食物相比例的人口(72)。

美洲其他地方，說是（are described）人口比較稠密。這例如接近五大湖的水邊、密士失必（Mississippi）河沿岸、路易西安那（Louisiana）及南美若干地方等。在這些地方，乃視當地所能採捕鳥獸與魚類的多寡及住民的農業進步程度，而有大小的村莊；而且各村的距離不遠(73)。印第安人在墨西哥及秘魯據有人口稠密的大帝國；他們無疑的，是與野蠻的同胞，同其系統，且曾保持著同樣的風俗。但是，自從由於「運命之神」的恩賜，使其得

(68) 羅伯特生：第四篇一二九、一三〇頁。
(69) 《書信集》第六篇三五七頁。
(70) 羅伯特生：第四篇三二一頁。
(71) 《書信集》第九篇一四五頁。
(72) 同上第六篇六六、八一、三四五頁。第九篇一四五頁。
(73) 《書信集》第九篇九〇、一四二頁。羅伯特生：第四篇一四一頁。

到農業的改良與進步以後，雖然男性缺乏性慾而女性則有墮胎的習慣，但人口迅速激增。其實，這種風俗，也敵不過境遇的變化；加以平靜而安適的生活不絕地取代了放浪而困難的生活；於是，立使婦女變成多產，同時可以養育多數的孩子。

據歷史家所說，在美洲大陸，人口大體乃與各地住民按其產業及進步情形所能獲得的食物量，而幾以同樣的比例，分布各地。而且，除了少數的例外（人口尚未達其食物限度），一般都是極其迫切（按：指已迫近其食物的限度）；這種事實，就是美洲全境常因食物缺乏而發生慘禍的原因。

羅伯特生博士曾有顯著的例子，說明未開化的人民，如何爲饑饉所苦；其中之一，是博士揭載西班牙的探險家 Alvar Nugnez Cabeca de Vaca（他與弗羅里達 Florida 野人共同生活凡九年）的紀錄；大要如下。即：他們全不知道農業，他們以各種植物的根爲主食物；爲了採集植物的根，到處流浪，異常艱難。有時，雖然也會得到獸或魚，但因其量很少，所以過於饑餓，不得不吃蜘蛛（spiders）、蟻卵（the eggs of ants）、蚯蚓（worms）、蜥蜴（lizards）、蛇（serpents），甚而至於油土的一種（a kind of unctuous earth）。萬一當地具有各種石塊（any stones），他們或許也會吞下去的。他們保存著魚骨與蛇骨，粉碎而食。饑餓的恐懼較少的時候，只有在仙人掌（opuntia）或 prickly-pear（按：仙人掌的一種）這種果實成熟的季節；但是，就是這些，也常常非由其平日居住的地方而至遙遠的地方，難以找到。他在別處（in another place）又說：斷食二、三日，毫不稀奇[74]。

厄力斯在其哈得孫灣航海記（Voyage to Hudson's Bay）中，十分同情地說到：附近的印第安人如何爲極度的窮乏所苦。他在敘述氣候的嚴寒之後說：『由嚴寒帶來的這些苦惱，本來是非常的，但比較由食物的缺乏及其獲得困難的苦惱，則毫不足道。在那些商行（factories）聽到的下述眞實故事，乃可充分予以證明；富於同情的讀者，由此可以如實地知道：這種窮民是如何爲窮困所苦』。他轉述著這樣的報導：『有一可憐的印第安人夫婦，由於狩獵失敗，拿纏在身上的皮衣吃完，到了最後，甚至吃了兩個自己的孩子，而始免於死亡』[75]。他在別處，又說：『到了夏天，前來商行從事買賣的印第安人，爲了得不到其所期待的救援，不得不以幾千張的海狸皮，焚其毛而以其皮爲食；這不稀奇』[76]。

修道院院長（Abbé）Raynal 在野蠻生活與文明生活的比較上，常有極爲矛盾的議論。例如：他一面說蠻人確有（as morally sure）充分的衣食，但同時在對加拿大民族的報告上，則謂：他們雖然住在魚獸豐富的土地，惟在某季節（又有時爲若干年），招致不足；且

---

[74] 羅伯特生：第四篇一一七頁，註二八。
[75] 羅伯特生：第四篇一九六頁。
[76] 同上一九四頁。

因他們相距很遠，無法互助，故在這種時候，饑饉的慘重，正是非常的[77]。

沙勒筏在說明傳教師們所受的不便與艱苦之後，講起常為另一災害所侵襲；這種災害，比較以上所說的這些災害更大；相形之下，其他的災害，都不足道。所謂這種災害，即不外為饑饉。他說：蠻人對於饑饉之能忍耐，以及他們對於饑饉的疏忽；這都是事實。但是，他們有時早已陷於難以忍耐的極端窮地[78]。

在美洲若干民族之間，蔓延著一種習慣；到了每年的一定季節，紛紛跑進森林，靠狩獵的獲物，生活幾個月；這種獲物，成為其每年食料的主要部分。這種習慣，在農業已略進步的人們之間，也是有的[79]。如果他們留在部落，必有瀕於饑餓之慮[80]。但是，即使跑進森林，也不一定無此憂慮。縱使是在獲物豐富的地方，頂好的獵師，有時也要失敗[81]。如在森林之內，得不到獲物，則狩獵者與旅行者，都陷於最殘酷的窮乏[82]。印第安人在出去狩獵的

---

[77] Raynal 著《印度史》（Histoire des Indes）第八篇第一五章二二頁。

[78]《新法國史》第三卷三三八頁。

[79]《書信集》第六篇六六、八一、三四五頁。第九篇一四五頁。

[80] 同上第六篇八二、一九六、一九七、二一五頁。第九篇一五一頁。

[81] 沙勒筏著《新法國史》第三卷二〇一頁。Hennepin 著《蠻人的風俗》（Moeurs des Sauv.）七八頁。

[82]《書信集》第六篇一六七、二二〇頁。

時候，有時會三、四日得不到食物[83]。據一傳教師所說：數名 Iroquoi 人，曾經碰到這種困難，雖曾盡力吃其身上的皮衣（skins）、鞋（shoes）以及樹皮等，以維持生命，但因過於絕望，終於吃了部分的同人。所以，十一人之內，只有五人生還[84]。

南美各地的印第安人，生活極端窮乏[85]。往往爲絕對的饑饉（absolute famines）所滅亡[86]。縱在看似富裕的島嶼，其實也是人口充斥，已經達到食物的水準。即使如此，少數的西班牙人，只要在任何地方殖民，則此少數的人口增加，也立刻引起食物的大缺乏[87]。這在盛大的墨西哥帝國，也是一樣；Cortez 爲了尋求糧食以養活其少數的部屬，曾經嘗盡辛酸[88]。巴拉圭布教團，具備耶穌教徒的一切顧慮與先見，且其人口乃因頻發的流行病而減少，但仍沒有完全擺脫窮乏的壓迫。聖 Michael 布教地的印第安人，一時大爲增殖；據說：因

---

[83] 同上第六篇三三頁。

[84] 同上第六篇七一頁。

[85] 《書信集》第七篇三八三頁、第九篇一四〇頁。

[86] 同上第八篇七九頁。

[87] 羅伯特生：第四篇一二一頁，Burke 著《美洲》（America）第一卷三〇頁。

[88] 羅伯特生：第八篇二一二頁。

此，附近的耕地只能出產其人口所必需的半數穀物[89]。長期的旱魃常使家畜死亡[90]，而且帶來歉收。在這樣的時候，部分布教團乃陷於窮迫的深淵；如果沒有鄰朋的援助，恐怕已爲饑饉而滅亡[91]。

最近去美洲西北岸的航海，肯定上述蠻人生活窮困頻頻的報導；又謂：一般認爲自然可以帶來最豐富食物的漁業，其實也頗不可靠。Nootka Sound 近海，其結冰的程度，使住民無法接近；這可說是幾乎或完全沒有的事。但是，住民乃以細心的注意，而爲冬季的準備；凡是耐寒的食物，無不小心儲藏；由此事實，可知冬季的漁業，顯然是絕望的。所以，冬季往往因爲食物的缺乏，而遇到異常的困難[92]。Mackay 先生，從一七八六年至其翌年，他留在 Nootka Sound，曾因長期的嚴寒，引起了饑饉。乾魚的儲藏已盡，同時又完全無法再求食物；因此，據說：土人不得不限制食量，而酋長則每天以七隻乾鯖魚頭（dried herrings' heads）送到英國人的地方，作爲規定的糧食。Meares 先生說：Mackay 先生的這

---

[89] 《書信集》第九篇三八一頁。
[90] 同上第九篇一九一頁。
[91] 同上第九篇二〇六、三八〇頁。
[92] Meares 著《航海記》第二十四章二六六頁。

一旅行記，一定會使稍有惻隱之心者傷心[93]。

**Vancouver** 船長曾謂：住在 **Nootka Sound** 北方的部分住民，他們過著悲慘的生活，他們以松樹的內皮與海扇貝（cockles）做成糰子（paste）而食[94]。在坐小船旅行的途中，船長們曾經遇到：一隊印第安人，帶了一些比目魚，他們雖然願出高價，但終於一條都買不到。誠如 **Vancouver** 船長所說：這是不可思議的現象，這恐怕因爲食物過於缺乏[95]。一七九四年，在 **Nootka Sound**，魚類非常缺乏，出現了法外的價值。或則因爲天氣的作祟，或則因爲大意的關係，總之，冬季糧食不足，曾經經驗到稀有的窮困[96]。

**Pérouse** 曾說：**Francois** 港附近的印第安人，夏天雖靠漁業而過著豐饒的生活，但是，冬天則因缺乏而致死亡[97]。

所以，這不能說：美洲的種族，乃如 **Kaimes** 爵士所想像，未有增殖到需要改良牧畜或

---

[93] 同上第十一章一三二頁。

[94] Vancouver 著《航海記》第二卷第二篇第二章二七三頁。

[95] 同上二八二頁。

[96] 同上第三卷第六篇第一章三〇四頁。

[97] Pérouse 著《航海記》第九章四〇〇頁。

農耕狀態的這一程度(98)。他們由於種種原因，尚未充分採用這種供給豐富衣食的產業，故其人口尚未增殖到所謂稠密的程度。如果僅僅因爲饑餓而能使美洲蠻人的習慣一變，則我不認爲在此世界還會留有任何狩獵與漁撈的民族。誠然，爲使發生這樣的變化，除了上述的刺激以外，顯然還得有一聯串幸運的事情；例如農耕或牧畜的食物取得方法，其被最初發明並改良的地方，畢竟是其最適宜的土地；又如這種土地，因爲自然的生產力豐富，乃使已經增加的人口可以群居，進而對於人類的發明能力可以給與絕好的機會；這是沒有懷疑餘地的。

在上述大部分美洲種族之間，已經實行高度的平等；因此，各社會成員，無不大體均平等負擔著蠻人生活的一般辛酸與時常發生的饑饉壓迫。但是，南方的若干民族，例如波哥大（Bogota）的民族(99)，又如在 Natchez 族(100)，特別是在墨西哥及秘魯的民族之間，實行高度的階級區別；下層人民乃在絕對的隸屬狀態(101)。因此，在食料不足的時候，這些下層人民，是主要的受難者；對於人口的積極障礙，可說幾乎全在這一階級發生作用。

---

(98)《人類史概要》（Sketches of tbe History of Man）第一卷九九、一〇五頁。全八卷，第二版。

(99) 羅伯特生：第四篇一四一頁。

(100)《書信集》第七篇二一頁。羅伯特生：第四篇一三九頁。

(101) 羅伯特生：第七篇一〇九、二四二頁。

在美洲印第安人之間，其所發生的人口的異常減退，對於部分的讀者，也許以爲這與我在本書所欲建立的理論是不相容的。但是，這種急速減退的原因，結局也可分解爲如上所述的三大障礙；這種障礙，由於特殊的事情，以異常的力量發生作用，以致有時超過增殖原理，這原非不可能的。

印第安人嗜酒無厭的情況[102]，據沙勒筏所說，幾乎到了不可名狀的程度[103]。爲了這一原因，往往引起糾紛與爭鬥（終於產生悲慘的結果）；或使其疾病纏綿（這由他們的生活狀態是無法治療的），或使其生殖能力的本源衰弱、破壞；只是這些，也許已可視爲充分的罪惡——在招致今天的人口減退上。而且，印第安人與歐洲人的接觸，任何地方，都使他們的精神墮落，都使他們的努力微弱（或使其努力的方向錯誤）；而其結果，顯然有使其生活資源減少的傾向。在聖多明哥（St. Domingo），印第安人爲要餓死其殘忍的壓迫者，故意怠忽耕作[104]。在秘魯與智利，土人的強制勞動，未被用於地面的耕作，乃被悲慘地用於地底的發

---

[102] Major Rogers 著《北美洲的報告》（Account of North America）二一〇頁。

[103] 沙勒筏：第三卷三〇二頁。

[104] 羅伯特生：第二篇一八五頁。Burke 著《美洲》第一卷三〇〇頁。

掘。在北方種族之間，爲了想買歐洲製的酒，幾乎舉族狂奔於狩獵，希望獲得換酒之資[105]。因此，較有實質的生計資源乃被忽視；同時，狩獵的獲物乃日益減少。這樣，在我們所已知道的美洲任何地方，野獸的數量比人類的數量更爲減少[106]。又因與歐洲人的接觸，不論在什麼地方，農業非但沒有進步，而反退步；這看來似乎矛盾。南美或北美的任何地方，未嘗聽說：印第安民族的生活，已因人口減退，而大爲豐富。雖有上述各種有力的破壞原因，毫不容情地發生作用，但美洲諸民族的平均人口，現猶幾無例外，徘徊於由產業現狀所能獲得的平均食物量水準；這樣說法當無大誤。

[105] 沙勒筏著《新法國史》第三卷二六〇頁。

[106] 印第安人，一般地使用槍枝，似使野獸愈益減少。

# 第五章　論在南洋群島對於人口的障礙

修道院長（Abbé）Raynal曾就婆羅洲（British）群島及島民一般的古代情形，而謂：若干阻害人口增加的奇習，發源於這些島民；此即：吃人、男子的去勢、女子的陰部封鎖、處女的性奉獻、獨身的讚美，對於太年輕而爲母親的少女之懲罰等①。接著，院長說：由島嶼的人口過剩所生的這些風俗，雖然已被傳播到各大陸；但是，大陸的現代哲學者，現在還在努力追究這些風俗的由來。院長似乎沒有注意到：爲敵人所包圍的美洲蠻族（或被在同樣狀態的其他國家所包圍的文明繁華國民），種種地方，是與島民，同其境遇。在大陸，人口增加的障壁，比較島嶼，不甚明顯（且在太普通的觀察上，不易看出），但仍成爲難於克服的妨害；即使因在本國不堪苦惱而出奔的移住民，也未必能夠希望在別國發現安身之所。已經知道的島嶼，其產物無法再行增加的，恐還沒有。此事就地球全體來說，正亦如此。不論海島或大陸，都充滿了像其現在的產物所能支持的人口。而且，這一點，地球全體，也與島嶼一樣。但在島嶼，——特別是在狹小的島嶼，人口的界限，極其狹隘、極其明白；所以任何人看到，都非承認不可。因此，研究島嶼的（這些具有最確實的情報的）人口障礙，對於目前問題的例證，大有用處。在船長Cook《第一航海記》上，對於新荷蘭分布稀薄的蠻人，曾經質問：『這一國家的住民，要用怎樣的手段，使其減少到國土所能扶養的

---

① Raynal著《印度史》第二卷第三章第三頁。全十卷，一七九五年出版。

人數』[2]？這種質問，立刻可以移用在南洋人口最稠密的島嶼或歐洲及亞洲最繁華的各國。這種一般可用的質問，非常引起我的興趣；這才使我去了解在人類社會的歷史上最曖昧、但最重大的若干問題。本書（按：原文爲 present work）最初部分的確實目的，如果最簡單明白地說，畢竟即欲努力答覆曾被如此適用的質問（to answer this question so applied）。

在新幾內亞（Guinea）、新 Britain、新卡利多尼亞 Caledonia 及新 Hebrides 等大島，內情不詳。他們的社會狀態，大概與在美洲若干蠻族間的，十分相像。在這些島嶼上，盤踞著不少不同的種族，互相鬥爭似無寧日。酋長的威令不行，因此，財產也不安定，故在這種地方，幾乎沒有糧食是豐富的[3]。關於新西蘭這一大島，它的情形，已經相當明白；但其住民間的社會狀態，給與我們的印象，仍不良好。船長庫克在其三種不同的《航海記》中所描寫的該島若干情形，比較人類歷史上所能看到的任何暗影，尤爲陰慘。這種人民，在其不同的種族之間，存有不斷的爭執；這比美洲任何蠻族更加嚴重[4]。他們的吃人風俗，甚而至於

---

② 庫克著《第一航海記》第三卷二四〇頁。

③ 請看《Australes 地方的航海史》（*Histoire des Navigations aux terres Australes*）中關於 New Guinea 與新不列顛（New Britain）及庫克著《第二航海記》第二卷第三篇中關於新喀里多尼亞（New Caledonia）與新赫布里（New Hebrides）的各種報導。

④ 庫克著《第一航海記》第二卷三四五頁。《第二航海記》第一卷一〇一頁。《第三航海記》第一卷一六一頁

對於這種食物的嗜好，是沒有懷疑餘地的事實⑤。船長庫克，他決非有意誇張野蠻生活的惡德；但他對沙羅特海峽（Queen Charlotte's Sound）附近的土人，曾經這樣說：『我萬一唯唯諾諾實行自命爲朋友們的勸告，那末，也許剿滅了全種族。這是因爲：每一村落、每一部落的人民，無不勸我征伐他們的敵人（其他村落或部落的人民）。他對當地貧民的互相敵視情形，能夠舉出（could have been assigned）這樣顯著的例子，這恐怕誰都想不到的』⑥。他在同章又說：『據我自己的觀察，又據 Taweiharooa 的報告，新 Zealander 土人彼此都怕敵人的入侵，經常生活於恐懼之下。因爲這正如他們所想的，幾乎沒有種族是不受其他種族侵害的，所以不絕地覬覦著復仇的機會。又對美食的願望（按：指想吃人肉），也是不小的刺戟……他們實行其可怖計劃的方法，先是秘密夜襲敵人；如果看清敵人疏於警戒（雖然這樣的好機會，是不容易得到的），則不論男女老幼，一概殺戮。殺戮一經完畢，或則就在當場開宴大食，或則滿載屍體凱旋，而在自己的家裡，以非筆墨所能形容的殘忍方法，予以吃食。……給與救助（to give quarter）或加以俘虜，這在軍律，是沒有的；因此，戰敗者

及其他。

⑤ 庫克著《第二航海記》第一卷二四六頁。

⑥ 庫克著《第三航海記》第一卷一二四頁。

除逃走外，別無保全生命的方法。這種不斷的戰爭狀態及其破壞的方法，是產生習慣的警戒（habitual circumspection）的有力動因。新 Zealander 人，不分晝夜，不忘防衛⑦。

這些觀察，是記載在最後的航海記——在此最後的航海記中，對於以前報導的錯誤，有所訂正；且在其中記載著：不斷的戰爭狀態，其程度已可視為對於新西蘭人口的主要障礙；因此，關於這一問題，已無再加討論的必要。關於婦女之間有無某些不利於人口增殖的習慣，則不明白。縱使有此習慣，這些非在異常艱苦的時候，恐怕是不會實行的。這是因為：任何種族，為了擴大自己的攻防力量，自然希望其成員的增加。但是，南海婦女所過的放浪生活以及不論旅行或工作都不敢手離武器的經常畏懼狀態⑧，當然十分阻害懷妊；因此，一定大有防止家族大量增加的傾向。

上述對於人口的障礙，不論其如何有力，如果再看饑饉的循環而來，可知這種障礙也很少使人口抑止於生活資料的平均額以下。船長庫克說：『這種貧乏時期的存在，我們的觀察，使無懷疑的餘地』⑨。魚類雖為他們的主食物，但這只在海濱始能獲得，而且限於一定

⑦ 同上第一卷一三七頁。

⑧ 庫克著《第二航海記》第一卷一二七頁。

⑨ 庫克著《第一航海記》第三卷六〇頁。

季節[10]；因此，這不能不視爲靠不住的食料。在常受這種恐怖威脅的社會，像乾藏大量的食糧，是極困難的。何況魚類最豐富的港灣與海口，正如我們所能想像的，同時不免最常成爲執拗鬥爭（與流浪而尋求食物的人們）的目標[11]。蔬菜類則有羊齒的根（fern root）、山薯（yams）、蕃薯（clams）及馬鈴薯（potatoes）[12]。但後三者（按：即山薯、蕃薯及馬鈴薯），因是栽培的產物，故在農業式微的南方群島，幾難找到[13]。萬一氣候不良，這種貧乏的食糧偶告枯竭，則其慘狀是可想而知的。在這時候，對於美食的願望，就對復仇的願望而言，有如「火上加油」；至使他們『除餓死外，唯一的方法，是以暴力不絕地互相殺戮』[14]。

倘使由人煙稀薄的新西蘭，轉眼看看 Otaheite 與社會（Society）群島人口稠密的海岸地方，就可在我們的前面展開不同的風光。這種地方的豐饒，有似 Hesperides 園（按：希

---

⑩ 同上第三卷四五頁。
⑪ 同上《第三航海記》第一卷一五七頁。
⑫ 同上《第一航海記》第三卷四三頁。
⑬ 同上第二卷四〇五頁。
⑭ 同上第三卷四五頁。

臘神話的西方樂園）；看來連貧乏的影子都是沒有的⑮。但是，這種最初的印象，一經考慮，立刻明白是錯誤的。幸福與豐饒，被視爲最有力的增殖原因。果然，則在氣候適宜、疾病稀少，而且婦女絲毫不爲苛刻的勞役所苦的地方，這些原因豈不以極大的威力（爲這些原因較差的地方所不可比擬的）發生作用？這些原因如果發生作用，則人口在這樣狹隘的界限之內，那裡能夠找到餘地與食物（room and food）？船長庫克看到：周圍不過四十 league 的 Otaheite 島，人口多至二十萬四千，曾爲之一驚⑯。現在如果假定：這一人口，二十五年增加一倍，則在僅僅一世紀間，人數將超過三百萬；此時，這許多的人口，能被安置在什麼地方呢⑰？其他島嶼，情形亦復相同。由一島移住別島，這只是變更地方，不能變更艱苦的種類。就島嶼的地位與其住民的航海情形而言，有效的移民或有效的輸入，這完全是不可能的。

此時的困難，是被限定在狹隘的範圍之內；這是十分明白、確實而強制的（so clear,

---

⑮《傳道航海記》（Missionary Voyage）追補三四七頁。

⑯庫克著《第二航海記》第一卷三四九頁。

⑰我以爲：此時的增加率，如果沒有一切的障礙，恐將較此遠爲迅速；這幾乎是無疑問的。如果假定：在Otaheite，其產物是與現在一樣，而其人口只有一百。且男女同數，一男嚴守一女，則其人口，經過五或六的連續期間（successive periods），將致空前的激增，恐怕不到十五年，就要增加一倍。

precise and forcible），所以，我們到底無法逃避。這種困難，如以通常曖昧而輕率的口調高叫「設法移住、改進耕作」，是絲毫不能解決的。在此實例上，不能不承認前者（按：指移住）是不可能的，後者（按：指改進耕作）顯然是不充分的。這些島嶼的人民，其不能繼續每二十五年增加一倍，是毫無疑問的。因此，在研究他們社會狀態之前，我們大可斷言：除非由於不斷的奇蹟，婦女都不懷孕，則在住民的習慣之內，當可找到某種對於人口極有力的障礙。

關於 Otaheite 島及其附近各島，根據多次報導，其有曾使各文明國民大為吃驚的 Eareeoie 結社⑱存在；這在最近，已無懷疑的餘地。關於這種結社，雖有許多的傳說，不過此處只須指摘亂交及殺嬰，似為他們的基本法則（fundamental law）。他們全由上流階級而成；據安得孫先生所說⑲：『這種淫佚的生活方法，是他們衷心所歡喜的；姿容優秀的男女，他們繼續其不埒的行為，度過其青春時代；這種不埒的行為，即使是最野蠻的種族，猶

---

⑱ 庫克著《第一航海記》第二卷二〇七頁以下。《第二航海記》第十卷三五二頁。《第三航海記》第二卷一五七頁以下。《傳道航海記》追補三四七頁。四開本。

⑲ 安得孫先生，是以博物學者及外科醫師的資格，參加了庫克的第三航海。船長庫克及其所屬全部人員，都很佩服他的才能與其觀察犀利。因此，他的報導，可說是最權威的。

以爲恥。……Eareeoie 的婦女，如果分娩，則以濕布擋住嬰兒的鼻子，使其窒息』⑳。船長庫克說：『這種結社，確實大大防遏了上層階級（構成這種結社的）的增殖』㉑。這種觀察的眞實，是沒有懷疑餘地的。

同種的特殊制度，雖在下層階級之間未曾發現，至於形成下層人民最顯著特徵的罪惡，則其瀰漫令人可驚。殺嬰不限於 Eareeoie，它是爲任何人所承認的。而且，這種殺嬰行爲，由其盛行於上流階級，已可知其並非爲了嫌惡貧困，也非貧困的結果；所以，這種蠻行之被採用，與其說是迫於需要，毋寧說往往畢竟似爲一種流行（a fashion）——它的實行，一般視爲常事，不加考慮。

殺嬰的承認，對於一國人口的增殖，一般是有所貢獻；這是休謨的名言㉒。這是因爲：陷於家族過多的顧慮，因被削除；跟著，結婚增加；但是，除了極端的情形，父母由於「子女之愛」，是不能出此殘酷行爲的。在 Otaheite 及其附近島嶼，Eareeoie 結社的流行，對於上述觀察，成一例外；而且這種習慣，在當地多少帶有相反的傾向。

---

⑳ 庫克著《第三航海記》第二卷一五八、一五九頁。

㉑ 同上《第二航海記》第一卷三五二頁。

㉒ 休謨《論文集》（Essays）第一卷，論文第十一，四三一頁。八開本，一七六四出版。

瀰漫於下層階級間的淫蕩與亂交，有時也許會被誇張；但其事實的存在，大部分已由無可懷疑的典故予以確證。船長庫克在其特別努力（即想由十分淫亂的汙名拯救 Otaheite 的婦女）之時，承認上述習慣在當地甚爲猛烈；同時，他下了最決定的批評，謂：出於這種行爲的婦女，她的社會地位，毫不因而降低；而且，其中也有平常行爲最端正的婦女㉓。

在 Otaheite，普通的結婚，除了由男方對女方的父母贈送禮物以外，並無任何儀式；而且這種禮物，與其說是訂婚的絕對契約，毋寧似爲：一種交換條件，得以獲准試試他們的女兒（a bargain with them for permission to try their daughter）。萬一父親不滿意對其女兒所付的代價，則他毫不躊躇地強迫她離開她的朋友，使與比較慷慨的男人同居。男人進行新的選擇（new choice）常是自由的。配偶者如已妊娠，他或則殺死他的孩子而仍與孩子的母親繼續關係，他或則遺棄這女人；這都看他的歡喜。只有在他認養（adopted）孩子而予以撫育的時候，這一對始被視爲夫婦。年輕的妻，在殺了孩子之後而與原來的男人，長期結合；這樣的事恐怕也有。但是，比較更普通的，毋寧是性交的交換（changing of connexions）（按：指暫時的換妻而言）；而且，他們談起來，毫不在乎；可知這是一

---

㉓ 庫克著《第二航海記》第一卷一八七頁。

常事㉔。結婚前的不端行爲，對於這種婚姻，似無任何妨礙。

只是由於這種社會狀態所生對於人口的障礙，已可充分抵消由最適宜的風土與最潤澤的糧食所生的效果。但是，不僅如此而已。不同島嶼住民間的戰爭及同島居民間的內爭，時常引起極端的破壞㉕。除了戰場上的人命浪費以外，征服者大多劫掠敵人的領地，殺死或運走豬隻與家禽，儘量使其未來的生活資料減少。在一七六七及一七六八兩年，豬隻與家禽，雖然充滿了 Otaheite 島，但在數年前的一七六三年，這些禽獸的供給甚爲缺乏，幾乎此任何物品都難由其所有者買到（這些禽獸）。船長庫克謂其主要原因是當時發生的戰爭㉖。一七九一年，在船長 Vancouver 訪問 Otaheite 的時候，知道：他在一七七七年分別的朋友們，大多已成故人；此後又有幾次戰爭，此時 Otaheite 西部的酋長們已爲敵人所降服；此外，皇帝久已完全失去勢力，他的領土全被荒廢。船長庫克遺留下來的動植物，都已爲戰爭所蹂躪㉗。

---

㉔ 庫克著《第三航海記》第二卷一五七頁。

㉕ 波根維爾（Bougainville）著《世界一週》（Voy. authour du Monde）第三章二一七頁。庫克著《第一航海記》第二卷二四四頁。《傳道航海記》二二四頁。

㉖ 庫克著《第二航海記》第一卷一八二、一八三頁。

㉗ Vancouver 著《航海記》第一卷第一篇第六章九八頁。四開本。

Otaheite 所盛行的人身獻祭（human sacrifices），只此，已經充分在土人的特性上留下野蠻的汙點；但是，這種奇習似還未至根本影響該島人口的程度。又，因與歐洲人接觸，疾病曾經大爲增加。在此以前，非常緩和；即在此以後，暫時之間，也未有任何異常的死亡率㉘。

對於人口增加的大障礙，似爲亂交、殺嬰及戰爭的三罪惡；而此三者的作用，都是力量極大的。不過，這些原因，對於生命的防止與破壞（prevention and destruction），雖然大爲有力，猶未必常使人口抑止於生活資料的水準。安得孫先生說：Otaheite 島，雖然地力極好，但常發生饑饉，死亡頗多。它的原因，是由於作物的歉收呢？還是由於人口的過剩呢（這幾乎是必然發生的）？抑是由於戰爭呢？我還不能斷定。但是，土人們即使在有豐富食物的時候，對此仍頗節約；此由事實，不難推測事實的眞相』㉙。船長庫克曾與 Ulietea 的一酋長同食；他曾看到：食完，一經站起，許多的普通人民，像雪崩一樣地前來撿取散在地上的殘屑；到處尋找，連極小的，都不放過。他們中間，有些每天到船上來，爲要得到豬的內臟而幫忙殺豬。大概他們所得到的，只是一些廢物（offals）。船長庫克說：『這必須

㉘ 庫克著《第二航海記》第二卷一四八頁。

㉙ 庫克著《第三航海記》第二卷一五三、一五四頁。

承認：他們對於任何種類的食品，都極注意；凡是人類能吃的，特別是肉與魚，絲毫沒有浪費』[30]。

根據安得孫先生的記錄，下層階級所能獲得的動物質食物，數量極少；這也只是魚、海膽（sea-eggs）及其他海產物而已。他們幾乎或完全沒有吃豬肉的。每天能有這種奢侈食物的，只是王或上級酋長；下級酋長，則視其富裕的程度，每週一次，二週一次或每月一次，有此食物[31]。豬與雞，如因戰爭或消費過多而減少，則被禁止食用；這種禁令，有時連續幾個月或一、二年。在這時候，這些動物迅速繁殖，又告豐富[32]。甚至 Eareeoies 的社員（他們是島上的主要人民），其平常的食物，據安得孫先生所說，至少其十分之九是植物性的[33]。由於階級的差別分得很嚴，下層階級的生殺予奪之權，完全爲酋長所掌握，故在其臣子與奴僕（vassals and servants）饑餓的時候，酋長們仍常過著奢侈的生活；這也是可以想像的。

---

[30] 同上《第二航海記》第一卷一七六頁。

[31] 庫克著《第三航海記》第二卷一五四頁。

[32] 同上一五五頁。

[33] 同上一八四頁。

據《布道航海記》所記 Otaheite 的近況，上述人口減退的原因，自從船長庫克最後訪問以後，它的作用似乎很大。在這期間，慘澹的戰爭，曾經相繼勃發；這是船長 Vancouver 當時訪問該島所目擊的㉞。又，布道師們記載著：女子的比率較少㉟。由此可知：女孩之被殺害的，是比過去還多。此一婦女稀少，自然助長亂交的罪惡；加上歐洲傳來的疾病，對於人口的根源，必予嚴重的打擊㊱。

關於 Otaheite 的人口，船長庫克，由於其計算基礎的材料，也許估計過大；反之，布道團則似估計過少㊲。但是，徵諸各種時期有關一般節約風俗的數次報導，該島的人口，自從船長庫克往訪之後，已大減少；這是無可懷疑的。船長庫克及安得孫先生，一致承認：住民對於各種食物，非常注意。又，安得孫先生，對此問題經過精密調查之後，曾謂：饑饉時常發生。反之，布道團雖曾詳細傳播 Friendly 及馬貴斯（Marquesas）群島的饑饉慘狀；但謂：在 Otaheite物資充斥；在饗宴之時，又在 Eareeoie 結社的內部，雖有可怕的浪費，然

---

㉞ Vancouver 著《航海記》第一卷第七章一三七頁。

㉟《布道航海記》一九二、一八五頁。

㊱ 同上三四七頁。

㊲《布道航海記》第十三章二一二頁。

猶很少窮乏的發生㊳。

由此看來，Otaheite 的人口，現在雖似大被抑止於生活資料的平均額以下，但謂這種現狀，將會長期繼續；這種推斷，未免言之過早。船長庫克每次訪問此島，都承認其狀況的變化；這證明其繁榮與人口都大在變動㊴。而且，我們在理論上也正非如此推定不可。我們不能想像：這些群嶼的人口，過去或曾長久停滯在一定的人數，或曾以一定的速度（不論其如何緩慢）而有規則地增加；這一定曾經繼續大的波動㊵。人口過剩常是助長蠻人的好戰心理。又由這種侵略所形成的怨恨，不絕地擴大慘禍；即在最初的戰爭要因已經消失以後，仍將繼續流血的慘劇。人口稠密的社會，平常已經節約而又節約，而且逐漸迫近食物的界限。因此，如再因一兩次的歉收而受打擊，則殺嬰及亂交的惡風，將愈盛行㊶。這些人口減退的原因，又與上述一樣，即在使其更加深刻的事情停止以後，暫時，仍將繼續其巨大的作用。但是，由於環境的變化，習慣也逐漸變化（至某程度止）；不久，人口又復舊觀。而

㊳ 同上一九五頁。追補三八五頁。

㊴ 庫克著《第二航海記》第一卷一八二頁以及三四六頁。

㊵ 《布道航海記》二一五頁。

㊶ 希望諸位，不要因我只是記載這些結果，而就這些過剩人口的防遏原因（其中的一部分），對我有所誤解；而且不要以爲：我有些須讚美這些原因的意思。防遏某個別罪惡的原因，有時乃比罪惡的本身更壞（壞到不可想像的程度）。

且，除非遭遇極端的暴力，不會長久停滯在其自然的水準以下。在Otaheite，與歐洲人的接觸，使此極端的作用發揮至如何程度，而妨礙人口的恢復；這只有經驗始能決定。但是，如果人口並未恢復，則我相信：其最後的原因，畢竟可在已更深刻的罪惡與窮困上找到。

太平洋上其他島嶼的事情，沒有比Otaheite更清楚的了。但是，其主要島嶼的社會狀態，有些都極相似；這由過去的報導，可以明白。在Friendly及Sandwich兩島人民之間，已被發現：與在Otaheite同樣的封建制度與封建的擾亂、酋長的法外權力（extraordinary power）與下層階級的慘狀；又在大部分的住民之間，瀰漫著大體相同的亂交。

在Friendly群島，據說：王的權力是無限的，人民的生殺予奪之權都在他的掌握之中；但是，事實正是相反，部分的酋長，其囂張有如小元首，時常不服王的節度，而使其嘆息。船長庫克說：『我們已經不只一次地看到：酋長們雖然絲毫不為王的專制權力所拘束，但是下層人民卻受其酋長的虐待，既無財產，也無身體的安全』㊷。酋長時常殘忍地拷打賤民（inferior people）㊹；而且，如有若干賤民因在船上盜竊而被捕，他的主人不但不替他們說項，往往反而慫恿處死㊹；而這些酋長，他們自己對於盜竊的罪惡，並不十分恐怖

---

㊷ 庫克著《第三航海記》第一卷四〇六頁。

㊸ 同上二三二頁。

㊹ 同上二三三頁。

（horror）；由此可知：他們這種作風，只能說是因爲對於賤民的生命，並不承認其有些許的價値；或認爲全無價値。

在船長庫克最初訪問三明治（Sandwich）群島的時候，他看到可視爲土人間時常發生內外戰亂的理由㊺。又，船長 Vancouver 在後來的報導上，特別注意：其中許多島嶼，由於上述原因而遭遇可怕的荒廢。自從船長庫克訪問之後，不斷的鬥爭，乃使許多的領域發生變革；當時的酋長而猶生存者，只有一人。一經調查，多數是在這種不幸的鬥爭時死於非命，僥倖生存者爲數極少㊻。在三明治群島，酋長對於下級人民所有的權力，似爲絕對的。同時，人民對於酋長，唯命是從；唯恐不及。這種隸屬狀態，對於他們的身心，顯然是有很大的不良影響㊼。再由上級酋長對於下級酋長的傲慢態度，可知當地的階級區別，似更嚴於其他各島㊽。

不論在 Friendly 群島或在三明治群島，殺嬰及類似 Otaheite 的 Eareeoie 結社的制度，

---

㊺ 庫克著《第三航海記》第二卷二四七頁。

㊻ Vancouver 著《航海記》第一卷第二篇一八七、一八八頁。

㊼ 庫克著《第三航海記》第三卷一五七頁。

㊽ 同上。

似不存在。但是，依照無可懷疑的典故，賣淫之風，普遍瀰漫；下層階級的婦女，似都不免[49]。這種風俗，常是成為對於人口之最有力的障礙。又，以大半生涯貢獻於酋長的toutous（即僕婢）[50]，每每一生獨身；這本來是極可能的。又為上流階級所許可的多妻制度，在劣等階級之間，顯然大有誘發並助長（encourage and aggravate）亂交罪惡的傾向。

如果太平洋上比較豐饒的各島，事實上幾乎或完全未為食物缺乏所苦，那末，關於這一問題（的理論），當然使我們得到如此的結論；此即罪惡（包括戰爭）乃是這些島嶼的障礙。這是因為：在生活於如此氣候之下的蠻人之間，不可能希望其有很多道德的節制。而且，我們有關於這些島嶼的報導，有力地肯定這種結論。在上述三大群島，罪惡似為最顯著特徵。在伊斯特（Easter）島，徵諸男女比率不大相同的事實[51]，則殺嬰是曾盛行（固然，這種事實，也許尚未為我任何航海者所承認）。Pérouse 似謂：各地的女人，都是當地男人

---

[49] 庫克著《第三航海記》第一卷四〇一頁。第二卷五四三頁。第三卷一三〇頁。《布道航海記》二七〇頁。

[50] 庫克著《第三航海記》第一卷三九四頁。

[51] 庫克著《第二航海記》第一卷二八九頁。Pérouse 著《航海記》第四章三二三頁、第五章三三六頁。八開本，一七九四年出版。

的共有財產[52]。固然，他所目擊的兒童人數[53]，毋寧是與此意見相反的。Easter 島的人口，在 Roggewein 於一七二二年發現該島以後，似乎已有顯著的增減。但是，對此，與歐洲人的接觸，似無很大的影響。據 Pérouse 的記載，在他訪問該島的時候，當地人口，正在恢復——過去由於旱魃、內亂或極度的殺嬰與亂交等，人口的水準頗低。庫克船長，在其第二次訪問該島之時，其人口估計爲六、七百[54]；但 Pérouse 則估計爲二千[55]。如再徵諸他所目擊的兒童數與建築中的房屋數，則人口乃在逐漸增加[56]。

據 Gobien 長老（Pére）所說，在馬里亞納（Marianna）群島，很多青年男子[57]是獨身過著像 Otaheite 島 Eareeoie 結社者的同樣生活；他們又以類似的名稱，而與其他的人民有

---

[52] Pérouse 著：第四章三二六頁、第五章三三六頁。

[53] 同上第五章三三六頁。

[54] 庫克著《第二航海記》第一卷二八九頁。

[55] Pérouse：第五章三三六頁。

[56] 同上。

[57] 無數的青年（Une infinité de jeunns gens）——Australes 地方的航海史（Hist. des. Navigations aux Terres Australes）第二卷五〇七頁。

所區別[58]。據說：在臺灣島，未滿三十五歲的女人是不許生產孩子的；如誤在三十五歲以前妊娠，則由尼姑（priestess）之手而行墮胎（按：這似爲誤傳）；又至丈夫到了四十歲止，其妻住在母家，而只秘密相會[59]。

關於其他部分島嶼，既無長期停留的探險家，而有關的報導也極不完全，因此無法詳細知道他們的風俗。但是，徵諸已有的情報，則可知其風俗大體相同；由此推測，我們在他們中間，雖然看不到如上述猙獰的特色，但是，關於婦女的惡習及戰爭，其爲對於人口的主要障礙，是有理由可以承認的。

---

[58] 庫克著《第三航海記》第二卷一五八頁。編者的腳註。

[59] 赫黎斯（Harris）著《記行集》（Collection of Voyages）全二卷、對開本，一七四四年出版。第一卷七九四頁。此話爲德國旅行家 John Albert de Mandesloe 所說。他的旅行記，雖有「相當可信」的批評，但此報導則似採自孟德斯鳩著《法意》（Esprit des Loix）第二十三卷第十七章所引荷蘭學者的記述。這一典故，雖還不足確證這種奇習的存在，但未必可誣爲虛構的事實。在該報導中，記載著：這些住民之間，並無任何條件的差別存在；又，他們的戰爭，流血極少；一般只要一人被殺，勝負即已決定。氣候是非常健康的；一般的習慣有利於人口的增殖；此外，在已實行財產共有的地方，任何人都無慮由於子女的增加而陷於特別的貧困；所以，當局必須藉法律來抑壓人口。而且，這種抑壓，就被認爲：對於一切自然感情的最大冒瀆，故就對於財產共有的反對論據而言，無出其右。

不過，這些並非全部。世謂南洋土人鼓腹擊壤的極樂生活，這畢竟是：世人被那些描寫失實的故事所眩惑，而致想像過分的結果。而且，我們在船長庫克的最後航海記上發現：即使是在 Otaheite，也常爲缺乏所壓迫；這使我們了解：即使是南洋最豐饒的島嶼，也非如我們所想像的快樂世界。據《布道航海記》，在麵包樹（bread-fruit）不結實的季節，誰都會爲一時的窮乏所苦。（在馬貴斯（Marquesas）群島的 Oheitahoo 島，這種窮乏，達到饑饉的境界；甚至動物都苦於食物的缺乏）。在 Tongataboo（這是 Friendly 群島的中心），爲了追求豐富的食物，酋長們乃以其住宅（abodes）移至其他島嶼[60]；許多土人，時常因爲缺乏而大爲苦惱[61]。在三明治群島，往往發生長期的旱魃[62]；每每豬隻與山薯都極稀少[63]；而且，訪問者們受到嚴肅的冷遇（unwelcome austerity），這與在 Otaheite 所受豐富的款待（profuse benevolence），大不相同。在新 Caledonia，島民們是吃蜘蛛（spiders）[64]；

---

[60] 《布道航海記》追補三八五頁。

[61] 同上二七〇頁。

[62] Vancouver 著《航海記》第二卷第三篇第八章二三〇頁。

[63] 同上第七章及第八章。

[64] 同上第三篇第一三章四〇〇頁。

有時過於饑餓，甚至吞食大塊的滑石[65]。

這些島嶼的產物，雖然有時頗爲豐富，有時則因無智、戰爭及其他原因而頗減少；但由上述事實推測，其平均人口，一般是十分迫近平均食物的界限；這是無疑的。在賤民的生命被上流階級視爲草芥的社會，我們容易被表面上的富裕所欺騙。在富者正以家畜與蔬菜慷慨交換歐洲商品的時候，他們的屬下（vassals）與奴隸也許正在彷徨於饑餓的邊緣。

在此社會概論（總括於野蠻生活這一名稱之下的）終了之時，我不能不說：野蠻生活優於文明生活的，只是民眾較多閒暇而已。因爲可做的工作不多，所以勞動也少。如果想到：在文明生活之下，下層階級註定的不斷苦役，則此乃是大可羨慕的優點。但事實是：恐怕更大的缺點抵消這種優點而尚有餘。在能容易獲得食物的這些國家，乃有十分壓制的階級差別；財產之被爭奪與侵害，這是當然之事；下層階級，比較在文明國民之間，更受階級的歧視。即使是在似已實行高度平等的野蠻生活，由於食物獲得的困難與不斷戰亂的慘苦，其所需苛酷的勞動也毫不亞於文明社會的下層人民。只在文明社會，其苦役的分配，遠不平等而已。

不過，我們雖然可以比較：在人類社會，這兩種階級的勞動；至於兩者的困難與苦痛

[65] Pérouse 著《航海記》第十三章四二〇頁。英譯，八開本。

（privations and sufferings），我們就無法比較。使我明白此點的，莫如美洲劣等蠻族間所行的全部教育方針（whole tenor of education）。在極端苦痛及不幸的時候，一切足以涵養鐵石心腸的，又一切可使心情冷漠及所有同情心減少的，這些都被諄諄灌輸於蠻人。反之，文明人在一旦不幸發生的時候，雖可教以：應處以忍耐，但對野蠻人則不能教以：預期這種不幸。除了剛毅之外，尚須實踐許多的道德。他被教以：對於不快活的鄰人（不，甚而至於敵人），也應寄以憐憫；且應涵養並擴大社會的感情；此外，還應擴大一般愉快情緒的範圍。由這兩種不同教育方法可以得到的明白推論，是文明人期待快樂，而野蠻人只是期待苦難。

斯巴達（Spartan）式的不合理的訓練方法及其以一切私情爲公共犧牲（concern for the public）之不自然的熱中（unnatural absorption），雖然過去常被不合理地讚美，但是，這些如非「因爲不斷的戰爭而被暴露於永遠的艱苦與窮困的人民」及「始終有可怖的不幸降臨的國家」，是決不能存在的。因此，我不以爲：這種現象，表示在 Spartan 人的性質之內存有某些（特殊的）剛毅與愛國的傾向；我以爲：這是表示斯巴達及當時希臘一般的陰慘而近乎野蠻的狀態。這些美德，正如市場的貨物；其需要最多的，可以最多生產。而且，在苦痛與艱難之下的忍耐及非凡的愛國的犧牲，在被要求最多的地方，畢竟就是人民窮困與國家不安的陰鬱象徵。

# 第六章　論在北歐古代住民間對於人口的障礙

人類初期的移住及殖民的歷史，乃與驅使他們出於此舉（按：指移住及殖民）的動機，相俟而使人類的增殖致有超過生活資料的不斷傾向；這有事實顯可證明。關於這些，如果沒有任何一般法則的存在，則住民畢竟不會分布於此世界。人類的自然狀態，顯爲懶惰，而非勤勉與活動；而且，後者即在一旦發生之後，雖然或由於習慣，或由於因此而形成的新結合（the new associations that were formed from it），或由於戰勝的渴望（the spirit of enterprise），也可繼續，但如開始未有必需的強烈刺激，是決不會發生的。

傳說：Abraham 與 Lot，雖有極多的家畜，但因土地不足，以致無法都能生活。在兩牧羊者間，發生爭執；Abraham 向 Lot 提議分離。他說：『土地不是在你的前面麼？你如向左，我就向右；你如向右，我就向左』①。

這一單純的意見與提議，對使住民瀰漫於全地球的那種偉大動機，成爲顯著的例證；這種作用，跟著時間的推移，致使地球上不幸的部分住民由於不可抵抗的壓力，被迫或至亞洲及非洲火熱的沙漠，或至西伯利亞及北美結冰的窮鄉，尋求貧乏的糊口之資。最初的移住，除了國土的性質以外，似未遇到任何障礙；但是，到了地球的大部分都已有人口分布（雖然是稀薄地），這些地方的所有者，就不會不經鬥爭而屈服於別人；又，住在任何比較

---

①《創世紀》（Genesis）第十三章。

中心地的人口，其過剩部分，如不驅逐其最近的鄰人，或則至少不經過鄰人的領域，就無法爲其自己尋找餘地（could not find room for themselves），這一定引起頻繁的鬥爭。

在歐洲及亞洲的中部，向有遊牧人占據的形跡。修昔的底斯（Thucydides）推斷：當時歐洲及亞洲的文明狀態，已不足以對抗「團結的Scythian人」（the Scythians united）。而且，牧畜的國家，當然不能像農業的國家，養活許多的人口。但是，何以使牧畜的人民成爲如此可怕呢？這就因爲他們具有大舉移動的能力；而且，爲了探求新的牧場，時常感覺必須行使這種能力。擁有多量家畜的種族，當有隨時可用的豐富食料。在絕對必要的時候，也可殺食老的家畜（parent stock）。它的婦女，比較狩獵種族（的婦女），過著遠爲安逸的生活；因此，是比較多產的。又，男人由於協力而變勇敢（the men, bold in their united strength），自信移動可以自由獲得牧場；因此，對於家族扶養，無大恐懼。這些原因，互相配合，不久，產生其自然的不變的結果，這就是人口的增加。這樣，必須更加頻繁地移動，終於順次占領更廣闊的地域，而在他們的周圍展開更廣大的荒野。缺乏壓迫社會成員中比較不幸的人們；使其終於十分明白：同時扶養這些人們是不可能的。於是，年輕的子孫，爲其母族所排擠（pushed out）；他們得到教訓：要用刀劍（swords）自行開拓新的天地，尋求比較幸福的安居之所。

「世界全讓他們選擇」。

這些勇敢的冒險者，他們對於現在的苦痛感到焦急，他們被未來許多美麗的希望所激勵，且爲不怕困難的企業精神所驅使；對其反對者，常是成爲可怕的敵人。長期定居而從事和平職業（如農商業）的住民，對於他們驅馳於這種強大的活動動機之下的勢力（energy），時常無法抵抗。又，與在同樣境遇的其他種族不時鬥爭，這畢竟是生存競爭；因爲他們深刻知道：「敗則死，勝則生」，所以勢必演出決死的狠鬥。

在這些野蠻的鬥爭上，定有不少的種族是被殲滅了的。由於艱苦與饑饉而致自滅的種族，也屬不少。又在另一方面，也有由於幸運而成爲強大的種族的；後者，此次乃使自己成爲新的冒險者而出發至其他地方。而且，這些分枝，最初，誓言效忠於其母族，但是，不久，聯繫兩者的紐帶乃告弛緩；全視權力、野心及便利如何，或仍繼續友誼，或則變成敵人。

這種不斷的鬥爭（它以爭奪土地與食物爲目的），以致浪費莫大的生命；這以強大的人口增加力（由不斷移住的習慣而始有相當解放作用的），而猶未能充分補充。所謂「由移動以求較好生活」的一般希望、對於掠奪的不斷危懼、或甚至打算在窮困的時候出賣子女爲奴隸，這些乃與蠻人天性的輕率，雖然相俟都使人口增殖；但是，如此增殖的人口，到了後來，仍爲饑饉與戰爭所壓制。

占有肥沃地區的種族，在其獲得與保持這些地區的時候，雖然需要不斷的鬥爭，但在一旦占據之後，由於生活資料的豐富，人口激增；終於，從中國國境到波羅的海的海岸，全部土地都為勇猛果敢、耐苦好戰的若干蠻族所占有②。在歐亞各國的定住政府（fixed governments），能夠靠其優越的人口與優越的熟練，對於這種破壞的遊牧人民，構築無法突破的障壁之時，他們雖因彼此的鬥爭而浪費其過剩的人口；但是，一旦由於定住政府的式微，或這些漂浪種族的偶然結合，乃使他們的勢力擴大；於是，世界最美的地方，也立即成為暴風雨襲擊之所；中國、波斯、埃及及義大利，各在不同的時代，曾為這種蠻族的洪水所蹂躪。

以上所述，它的顯著例證，乃是羅馬帝國的沒落。北歐的遊牧民族，很久，曾為羅馬強大的武力與羅馬名稱的恐怖所鎮伏。在 Cimbri 人追求新天地而入寇的時候，雖然擊敗了五執政官的軍隊（five consular armies）（這是一著名的故事），但其勝利的前途，最後乃為美立阿斯（Marius）所攔斷；蠻族看到這一強大的遠征軍幾乎全被殲滅，乃不得不後悔自己的暴舉③。凱薩（Julius Caesar）、杜魯薩（Drusus）、提庇留（Tiberius）、澤

② 大韃靼人的種種分支、區分及鬥爭，在 Khan Abul Ghazi 著《韃靼系譜史》（Genealogical History of the Tartars）（由法文英譯，附增補，全二卷；八開本）中，曾有有趣的記述。但是，所有歷史的不幸，是對少數君主與首領各種野心的每一動機，常是明細而無誤，至於在他們的旗幟之下，使無數追隨者集合的一般原因，則遺憾地常被完全忽視。

③ 塔西陀（Tacitus）著《日耳曼風土記》（de Moribus Germanorum）第三七節。

曼尼卡斯（Germanicus）之名，乃被他們深深地記著，是其同胞的虐殺者；不斷地使其知道：侵入羅馬領土的如何可怕。但是，他們只是敗退而非被征服④。而且，他們所派的軍隊或殖民軍，雖然或被截斷（cut off），或被趕回故鄉，可是，大日耳曼民族的活力絲毫未受阻礙；因此，他們已經準備可以陸續入侵的少壯而果敢的鬥士，前去他們能以其刀劍開拓的地方（wherever they could force an opening for themselves by their swords）。乘Decius、Gallus、AEmilianus、發利立安（Valerian）與加力伊那斯（Gallienus）等朝代的疲弊，蠻族忽然來寇，恣意劫掠。幾年之間，從斯堪的那維亞（Scandinavia）到尤克辛（Euxine），雖有Goth人移轉前來的形跡，然受年貢（annual tribute）的誘惑，撤退了戰勝軍（victorious troops）。但是，羅馬帝國財富與衰弱的危險秘密，遂被暴露於世界；於是，新的蠻人立即蜂起，蹂躪邊境諸州，直至羅馬城邊，均受威脅⑤。法蘭克人（Franks）、Allemanni人、Goth人及被包括在這些一般名稱之下比較弱小的冒險者，有如潮湧，殺到帝國各地，擅行掠奪與壓迫；現在的收穫，不用說了，甚至將來的收穫，

④ 同上。

⑤ 吉本（Gibbon）著《羅罵衰亡史》（Decline and Fall of the Roman Empire）第一卷第十章四〇七頁以下。八開本，一七八三年出版。

亦爲所奪。在長期的大饑饉之後，可怕的鼠疫流行，十五年間，在羅馬帝國的每市、每州（every city and province），極爲猖獗。如由某一地方的死亡率判斷，則有形跡：僅在幾年之內，戰爭、流行病及饑饉乃使人口喪失半數⑥。而且，移住的浪潮，仍由北方，不時來襲；歷代武勇的皇子們，爲了修復先代的不幸，支持帝國的厄運（falling fate），必須盡超人的苦難，由這種野蠻的侵入者保全羅馬的領土。紀元二五〇年及其後若干年，Goth 人由海陸兩方，威脅帝國；雖然獲得相當的成績，但最後幾乎完全失去了其果敢的遠征隊⑦。但在二六九年，他們乃以殖民的目的，送出了莫大的移住隊（帶有家族）⑧。這一可怕的大集團（最初號稱三十二萬人）⑨，乃爲喀勞狄（Claudius）皇帝的武勇與智謀所粉碎、所驅散。此後的奧里力安（Aurelian），遇到同名（the same name）的新敵（他們出發至烏克蘭 Ukraine 殖民地），予以擊破；但是，在媾和的默契之內，包含著從 Dacia 撤退羅馬軍，而以此大領域割讓於 Goth 人及 Vandal 人⑩。不久，Allemanni 人極可怕的新侵略，

⑥同上第一卷第十章四五五、四五六頁。
⑦同上第一卷第一章四三一頁。
⑧同上第二卷第十一章一三頁。
⑨同上一一一頁。
⑩同上九頁。追補二七〇頁。

進迫世界的霸者（the mistress of the world）；奧里力安經過三次悽慘的大戰，始漸殲滅這一破壞的大群（this destroying host），而使義大利得免荒廢[11]。

奧里立安的武力，曾在四周粉碎了（crushed）羅馬的敵人。在他死後，他們似以狂暴與人口的增加而告恢復（After his death they seemed to revive with an increase of fury and numbers）。但是，由於 Probus 的勇氣（active vigour），又在各處潰散。據說：只由日耳曼的侵入者奪回 Gaul，就斷送了四十萬蠻人的生靈[12]。皇帝乘勝一舉追擊至日耳曼本國；當地的君主們，乃爲皇帝的出現而驚愕（astonished），並爲其最近移住的失敗而沮喪、疲弊（dismayed and exhausted），終於完全接受征服者所加的條件[13]。Probus 及其後來的戴克里先（Diocletian）[14]，對於逃走及捕虜的蠻人，給以土地，藉圖恢復帝國的荒廢地方，並使其過剩人口分散在對國家最少危險的地方。但是；這種殖民，就北方人口的出路來說，有欠充分；而且，蠻人的果敢氣質，常是未必滿足於諸如農業的緩慢作業[15]，

---

⑪ 同上二六頁。

⑫ 吉本著《羅馬衰亡史》第二卷第十二章七五頁。

⑬ 同上七九頁。追補二七七頁。

⑭ 同上第十三章第一三二頁，追補二九六頁。

⑮ 同上第十二章八四頁。

在戴克里先盛世，幾乎未能插手於羅馬國境；因此，Goth 人、Vandal 人、Gepidae 人、Burgundian 人、Allemanni 人等，乃因互相鬥爭而徒然消耗彼此的力量。同時，因為任何一方的勝利，畢竟都是對於羅馬敵人的勝利，所以這種血腥的光景，也是帝國的臣民所樂於看到的⑯。

在君士坦丁（Constantine）治世，Goth 人又復擡頭。他們的勢力，由於長期的和平而恢復舊觀；新生子孫興起；他們已記不得昔日的悲運⑰。所以，連續兩次的戰爭，很多人是被殺戮。他們雖向四邊潰散而逃入山內；但據估計：在困難的一戰役中：為了饑寒而死去十萬人以上⑱。君士坦丁沿襲 Probus 及其後繼者的計畫；對於被自故鄉逐出而求救的蠻人，給與土地。在其治世的末期，乃於 Pannonia、色雷斯（Thrace）、馬其頓（Macedonia）及義大利，劃出充分的土地，分給三十萬的 Sarmatian 人，為其居住與生活之用⑲。

好戰的朱里安（Julian），不能不與 Frank 人及 Allemanni 人的新集團會戰而予以征服。這一集團，在君士坦丁治世的內亂中，由祖國日耳曼（German）的森林出發，定居於

⑯ 同上第十三章一三〇頁。
⑰ 吉本著《羅馬衰亡史》第二卷第十四章二五四頁。追補三二二頁。
⑱ 同上第三卷第十八章一二五頁。追補三三二頁。
⑲ 同上一二七頁。

Gaul 各地；騷擾地域之廣，三倍於其占領的土地⑳。他們到處遭到撲滅與擊敗（destroyed and repulsed）；五次的遠征，都被追擊回至故鄉㉑。但是，朱里安進入 Germany，一舉而予以征服。在此大巢窟（mighty hive）的——送出大軍而使全羅馬感到不斷恐怖的中央，乃於皇帝的進路，橫著主要的障礙；這就是幾乎難於通過的道路與無人的大森林㉒。

這一不死的怪物，雖因朱里安的強大武力而受到如此的痛擊，但在幾年之後，又復擡頭；發楞廷尼安（Valentinian），爲了防衛其領土，免受 Allemanni 人、Burgundian 人、Saxon 人、Goth 人、Quadi 人及 Sarmatian 人的不時侵入，不得不發揮剛毅（firmness）、警戒（vigilance）及非凡的天才（powerful genius）㉓。

羅馬的命運，遂被匈奴這由東北而難於抵抗的移住（irresistible emigration）所決定；這種移住，乃使全 Goths 人像雪崩一樣地侵入（羅馬）帝國的北部㉔。而且，Germany 諸族無法忍受這種強有力的壓迫，乃以森林及沼地，讓諸已經竄入的 Sarmatia 人；或則，至

⑳ 吉本著《羅馬衰亡史》第三卷第十九章二一五頁。追補三五六頁。

㉑ 同上二二八頁。第四卷第二十二章一七頁。追補三五七—三五九頁。

㉒ 同上第四卷第二十二章一七頁。第三卷第十九章第二二九頁。

㉓ 吉本：第四卷第二十五章。追補三六四—三七五頁。

㉔ 吉本著《羅馬衰亡史》第四卷第二十六章三八二頁以下。追補三七六頁。

少似已決心以其過剩人口安置於羅馬帝國各州㉕。曾在共和國的全盛時期，送出無數 Cimbri 人與 Teutone 人的波羅的（Baltic）海沿岸；現由同一地方，有四十萬人出發遠征㉖。等到這一大群爲戰爭及饑饉所消滅，別的冒險家們忽又跟著出現。Suevi 人、Vandal 人、Alani 人、Burgundian 人等，渡過萊因（Rhine）河，遂不再回故鄉㉗。最初占據的征服者，由於這新侵入者：或被驅逐，或被殺戮。蠻人的雲（clouds of barbarians），像由北半球的全土集合；而此集團；在其進軍途中，加上了新的黑暗與恐怖；遂使義大利的太陽爲之昏暗，西方世界終爲夜幕所包圍。

自 Goth 人退過多瑙（Danube）河起，在二世紀之內，乃有各種名稱的及各種系統的蠻族，劫掠並占領了 Thrace、Pannonia、Gaul、Britain、西班牙、非洲及義大利㉘。最可怕的荒廢與難以相信的人命破壞，跟隨著這種急激的征服；又在極其悽慘的這種戰爭之時，爲其隨員（train）的饑饉與流行病，蔓延於歐洲全土。當時目睹這些荒廢光景的歷史

---

㉕ 同上第五卷第三十章二一三頁。

㉖ 同上第五卷第三十章二一四頁。追補四〇六頁。

㉗ 同上二二四頁。

㉘ 羅伯特生著《查理士五世》（Charles V.）第一卷第一節七頁。八開本，一七八二年出版。

家，苦於沒有適切的文字，來描寫這種情形。但是，這些野蠻的侵入者，其人數之多，又其破壞之烈，這由歐洲情況的完全改觀，勝過千言萬語，如實說明㉙。所有世界上最美麗的地方，遭受到如此長久、如此深刻的這些悽慘影響，但其大部分畢竟發源於一單純的原因；此即所謂：「人口的力量優於生活資料」。

Machiavel 在其所著《Florence 史》的開頭說：『盤據於北方、萊因河與多瑙河間的人民，生活在適於健康而且多產的氣候（prolific climate）裡，每每過分增殖，致使極大的人數必須離開故鄉而求新的住所。這些地方，不久，人口稠密，因須減輕負擔；於是，乃採用下述方法。第一：以該地方分為三組，每組包含同樣比例的貴族與平民、富者與貧者。於是，抽籤；抽到的一組，離開放鄉，自去開拓命運；其他兩組，留在祖國，可以享受較多的地方與自由。這些移住，結局成為羅馬沒落的原因』㉚。吉本批評 Machiavel：他對這些移住之規則的與協議的手段（regular and concerted measures），言過其實㉛。但我以為：關

---

㉙同上一〇、一一、一二頁。

㉚馬雅弗利（Machiavelli）著《Florentine 史》第一卷一、二頁。

㉛吉本著《羅馬衰亡史》第一卷第九章三六〇頁註。Paul Diaconus 想像：上述意見出於 Machiavel 的以下一節。『北部地方，因為遠離太陽的熱力，多雪而嚴寒，所以更有助於人體的健康，愈促進民族的增殖。反之，南方各國，愈近太陽的熱力，疾病愈多，阻礙增殖。……這些國家，大多人類愈繁殖，則扶養愈困難；

於此點，他無大錯；而且日耳曼人的法律，不許同一人私有同一耕地超過一年（這是凱薩與塔西佗所記載的），定是因爲預料到必須時常這樣處分過剩人口，所以設置的[32]。凱薩所舉這種習慣的發生原因，恐怕是不充分的；但是，如果我們對於這些原因，加上 Machiavel 所說對於移住的期望，則此習慣，似就成爲非常有用；而且，凱薩所舉的一理由——一旦定住在一地方，則可能丟去武器而執農具[33]，這將給與二倍的重量（a double weight will be given）。

休謨及羅伯特生曾謂：北方人口，過去遠多於現在；吉本在排斥這種奇怪的假定上，是

---

因此，常有殖民；不僅是亞洲地方，即其鄰近的歐洲，也受到很大的壓迫』。（De Gestis Longobardorum 第一卷第一章）。

不久，這一民族成立；終於出現莫大的人口；因此，現已幾乎無法養活。據傳說，這民族分爲三個集團，抽籤決定其中那一集團離開故鄉，去求新殖民地。中籤的集團（他們要離開故鄉而在別國尋求土地），由 Ibore、Agio 兩指揮官（兩者都是年輕活潑的日耳曼人，比較別人來得優秀）率領，爲了尋求居住地與殖民地，告別他們的親族，朋友及故鄉，而踏上遼遠的旅途』。（第二章）。

㉜《Gallico 戰記》（De Bello Gallico）第六章第二二節。《German 風土記》（De Moribus German）第二十六節。

㉝《Gallico 戰記》第六章第二十二節。

極正確的[34]。但他同時以爲：必須否定北方諸民族的強大增殖力。如果由此推測：則他的解釋[35]，在「過多的人口」（redundant population）與「現大的人口」（population actually great）之間，似有必然的關係；但在事實上，此兩者常應愼重區別。蘇格蘭高原地方，其人口過多，恐在大英帝國的任何地方之上。北歐地方，過去乃爲廣大的森林所覆蓋，它主要是爲經營牧畜生活的種族所占據[36]；如果承認當時人口多於現在，那顯然是荒誕無稽的；但是，像在《羅馬帝國衰亡史》上所詳述的事實（不，即使是此處所轉載的概略大要），如欲予以合理的說明，則我們必須假定；這些民族具有最強大的增殖力；而且，由於自然的多產力（prolific power of nature），具有最強大的傾向，足以恢復其頻繁的損失。

從 Cimbri 人的最初侵入，到西羅馬帝國的最後消滅；其間，German 諸民族，不絕地奔走於殖民或掠奪[37]。當時，因戰爭及饑饉而喪命者，不知其數；如果這一河流，沒有非常有力的源泉，不斷地供給，則在人口如此稀薄的國家，到底是無法維持其活力的。

---

[34] 吉本著《羅馬衰亡史》第一卷第九章三六一頁。

[35] 同上三四八頁。

[36] 搭西佗著《German 風土記》（de Moribus German）第五節。Caesar 著《Gall 戰記》第六章二二頁。

[37] 凱薩曾在 Gaul 發現：由 Ariovistus 所統率的最可怕殖民地；他還承認：一種恐怖，普遍瀰漫，此即 German 族，將於數年之內，渡過萊因河而入侵。《Gall 戰記》第一章三一頁。

吉本對於發楞廷尼安在 Gallic 國境如何努力防止 German 人侵入的事蹟，有所記述。據此，這一敵人，常由北方極遠的種族，供給勇敢的義勇兵，以爲新陳代謝㊳。部分 German 人，在其慘敗以後，得以如此迅速恢復勢力，畢竟恐與容易採用異國人，大有關係㊴。不過，這種說明僅只以困難之點，略移遠些而已（按：意謂並未根本解決問題）。即此等於說：地球係由龜背所支持，但此龜係由何所支持，則未講到。因此，北方怎樣的儲水池，曾經供給這種勇敢冒險者的水流？這一問題並未解決。孟德斯鳩對此問題的解釋，我以爲是難於承認的。他說：過去從北方出來的蠻族群，現在早已無法看到；而其理由則爲：被羅馬人的暴力驅逐至北方的南方人民，在羅馬強盛之時，雖然雌伏在此，但是，羅馬一經衰微，他們又再散布各國。

同樣的現象，在查理曼（Charlemagne）的征服、暴政及其帝國瓦解之後，亦曾出現。孟德斯鳩說：如果今天某國在歐洲發揮同樣的暴虐，則被驅逐至北方而盤踞於宇宙一角（limits of the universe）的民族㊵，將留在當地，直至第三次淹沒或征服（inundate or

---

㊳ 吉本著《羅馬衰亡史》第四卷第二十五章二八三頁。

㊴ 同上同頁註。

㊵ 『被驅逐至宇宙一角的民族，將固守此處』。《羅馬衰亡史》第十六章一八七頁。

conquer）歐洲時止。又在附註中，他說：『我們知道：這一著名的問題，——何以北部早已不像過去這樣人口稠密？——畢竟如何歸納（reduced）呢？』

如果這著名的問題（或毋寧是對這問題的解答），結果可使如上歸納，那末，這是歸納於奇蹟（If the famous question……be reduced to this, it is reduced to a miracle）。因爲：如果沒有任何神秘的食物獲得方法，這些集團民族（collected nation），在這樣荒涼的土地，如何能繼續生活？（在像羅馬帝國這樣長期隆盛之時）；這是有點難於想像的。而且，這些有如雲霞的大集團，幾百年間（至其回到故鄉，而恢復過去豐富的生活時止），在宇宙的一角，建築最後的立腳點，以堅忍不拔的精神，幾乎只靠空氣與冰塊繼續生活；如果想起這種勇敢的情形，誰能不自微笑呢？

但是，我們如以曾在美洲發現而爲一般所周知的事實，適用於當時的 German 民族，而不藉戰爭與饑饉阻止人口的增加，那末，他們的人數，也將於二十五年至三十年增加一倍；如果想像到這樣的事情，則上述難題立即冰釋。古代 Germany 族，適用這種增殖率的妥當與必然（the propriety, and even the necessity），這由搭西佗留給我們之最有價值的描寫（關於他們的風俗的），當可明白。即據搭西佗；他們不但不住在都市，而且不許密集居住。各人在其住所的周圍，擁有廣大的空地[41]。這除有防火的效果以外，而且非常適於防止流行病的發生與蔓延。『他們幾乎都滿足於一妻；夫婦關係十分嚴格；關於他們的這一風俗，是大大值得讚許的[42]。他們嚴守貞操；並無引誘的景象或歡樂的誘惑（seducing spectacles or convivial incitements），使其墮落，絕少通姦，也無宿娼的風氣。女人不能以美貌、青春或財產，獲得丈夫。這是因爲：當地沒有人以微笑（smile）視爲罪惡（vice）的，又沒有人以男女間的誘惑名爲世道（way of the world）的。限制孩子的人數，或使任何繼承丈夫血統者致死，都被視爲不名譽。而且，淳良的風俗，比較其他任何地方的優良法律，大有效力[43]。母親必自哺育子女，決不委諸侍婢與保姆之手。青年開始與異性交往，爲時頗晚；因此，在青春時代，毋慮消耗精力。處女也沒有在成熟前結婚的。結婚，得有同程度的成熟與同程度的發育；同樣均衡、同樣強壯（equally matched and robust）的男女，結爲夫婦，生下來的孩子繼承兩親的健康。一家親族愈多，則其晚年愈爲

---

㊶ 搭西佗著《日耳曼風土記》第十六節。

㊷ 同上第十八節。

㊸ 同上第十九節。

快樂；反之，沒有孩子，則無絲毫好處』㊹。

這種風俗，加上勇敢與移住的習慣，足使一家扶養，毫無困難；因此，他們難於想像：會有社會，其增殖原則的作用，比在他們之間，尤爲強大的。於是，立刻可以了解：在這樣的長期間，與羅馬帝國苦戰，終於使其覆沒，其前後軍隊及殖民的滾滾源泉，乃在於此。固然，Germany 領土上的人口，全部兩時期（不，雖只一時期），曾於二十五年內，繼續增加一倍；這很難說。他們不斷地戰爭、粗放的農業狀態，特別是大部分種族所採用的那種奇怪的習慣㊺（以廣大的荒野爲障壁的習慣），當曾阻害人口之事實上的大增加（would prevent any very great actual increase of numbers）。該國人口過剩的事例，雖屬常見；但非任何時期都是稠密的。他們放棄大森林，而只讓鳥獸在內追逐；他們以大半的國土，用爲牧場；而以其餘有限的土地，用於粗笨而蕪雜的農耕；一旦饑饉重來，使其痛感資源的缺乏；他們就抱怨國土的貧瘠而未對許多的住民給與衣食㊻；但是，他們並不進而開拓森林，塡涸沼澤，使土地得以扶養增加人口；他們毋寧從事更適於其好戰習慣與急燥氣質

㊹ 同上第二十節。
㊺ 凱薩著《Gall 戰記》第六章二三頁。
㊻ 吉本著《羅馬衰亡史》第一卷第九章三六〇頁。

的事業；此即，爲了『追求食物、追求掠奪物、又追求光榮（plunder）』[47]，而出沒於別國。這些冒險者，或用刀劍獲得其領土，或因戰爭的各種事變而被殺（or were cut off by various accidents of war）；或爲羅馬的軍隊所收容；或被分散在羅馬領地；又或攜帶掠奪物而回到（他們不在的時候已經恢復活力的）故鄉，補充缺額，準備再出遠征。人類的新陳代謝，似乎非常迅速；一部分剛剛出去殖民，或被戰爭與饑饉的大鐮刀（scythe）所割倒（mowed down），但立刻就有更大的人口湧出（rose），塡補其空隙（to supply their place）。

這樣說來，北部決未嘗枯竭；而且，羅伯特生博士描寫這些侵略的災害，而謂：直至北部因陸續送出大群的人、早已人口枯竭、無法供給破壞的工具時止，這種侵略未嘗休止[48]；這是陷於他自努力否定的這種誤謬。這好比說：北方民族，事實是極稠密的。這是因爲：儘管是有戰爭的殺戮，但陸續在色雷斯、Pannonia、Gaul、西班牙、非洲、義大利及英格蘭殖民；有些地方，一時充滿了人口，因使先住民的痕跡幾無殘存；可知上述解釋是很正確的（按：指其人口實際是很多的）；但是，他自己說：要使這些國家的人口稠密，需要二百年

[47] 同上第一卷第十章四一七頁。

[48] 羅伯特生著《查理士五世》第一卷第一節一一頁。

的歲月㊾。在這樣的長時間，當已有新的子孫（new generations）出現，除了充滿所有的空隙而尚有餘。

繼續來自北方的移住，使其停止的眞正原因，是他們已無法由歐洲最富裕的各國有所收穫。這些國家，當時的住民是最勇猛而果敢的German族的子孫。由此可知：他們不會在這樣短的時期，喪失其祖先傳下的活力，而甘心就其領土爲北方民族所奪去；——那些北方民族，不論人數與伎倆都較差，雖然也許較爲大膽（though perhaps superior hardihood）。

斯堪的那維亞民族，雖在陸上方面，暫時爲鄰國人民的勇悍與貧困所阻，但是，由於他們這敢爲的精神與洋溢的人口，不久乃在海上方面找到出口。他們在查理曼大帝的治世之前，雖然已使世人震驚，但因此偉大君主的謹愼與武勇，勉予擊退。但是，大帝死後，他們乃趁帝國在其惰弱後繼者之下的糾紛，有如燎原之火，擴展到下薩克森（Lower Saxony）、夫里斯薩（Friezeland）、荷蘭、法蘭德斯（Flanders）而達Mentz的萊因河兩岸。

在長期掠奪沿岸地方之後，他們侵入法國的中部，劫掠並燒毀最華麗的都市；對君主們課以龐大的朝貢，終使割讓法國內最美的一州。他們更長驅而蹂躪西班牙、義大利及希

㊾ 同上七頁。

臘；乃使各地受到荒廢與恐怖；有時，他們好像熱中於相互的殺戮，轉而互相打鬥；又有時，好像要在別的地方修補其可怕的人命損失（這是由其狂暴的侵略所引起的），而在未知的國家或無人的地方，實行殖民[50]。

英格蘭薩克森諸王的惡政與內亂，產生了與查理曼大帝歿後的衰微對於法國的同樣結果[51]；二百年間，英國各島常被這些北方的侵略者所掠奪；其一部分常被征服。在第八、九、十世紀間，歐洲的海洋，到處（from one end Europe to the other）都是他們的船隊[52]。即使今天在世界誇稱富強的各國，當時也爲他們不絕掠奪的目的物。但是，由於這些國家的逐漸強大，這種侵入，遂至全無成功希望[53]。北方民族，不得已，乃逐漸退回到原來的地域；於是，放棄遊牧生活及爲牧畜生活所特有的各種方便（peculiar facilities）、即劫掠與移住，而轉向於商業及農業的耐性勞動與緩慢收穫。但是，這些收穫的緩慢，乃使人民的風

---

[50] Mallet 著《丹麥史緒論》（Intord. á I’Histoire de Dannemarc）第一卷第十章二二一、二二三、二二四頁。一二開本，一七六六年出版。

[51] Mallet 著《丹麥史緒論》第一卷第十章二二六頁。

[52] 同上二二一頁。

[53] 只要文明世界，不因火藥的使用而使戰術爲之一變（使熟練與知識，絕對勝於體力），則由北方及東方的人口橫溢（inundation），就無法完全安心。

俗不得不爲之一變。

在過去，即在經常實行戰爭與移住時代的斯堪的那維亞，恐怕未嘗有人，因爲顧慮家族扶養的困難而迴避結婚的。反之，在近代的斯堪的那維亞，因爲這種最緊迫而且極正當的顧慮（the most imperious and justly-founded），致其婚姻率常受阻止。此事，在挪威尤爲顯著；至其詳情容後敘述。但是，同樣的危懼，乃在歐洲到處，以很強的力量，發生作用（雖其程度略有差別）。幸而，近代世界這比較靜止的狀態（the more tranquil state of the modern world），毋須如此急速的人口供給；因此，自然的多產力（prolific powers of nature），也不至如此一般地發現。

Mallet 在其《丹麥史》的開頭，載有關於北方諸民族的卓越研究；其中，他說：找不到絲毫證據，證明他們的移住，是由於故鄉缺乏餘地[54]。他說：理由之一，是北方各國在一度實行大規模的移住之後，時常長期繼續荒廢而無居民的狀態[55]。但是，在我看來，這種實例，偶或有之恐不甚多。當時一般流行的冒險及移住的習慣，有時也可舉族移動，以求更肥沃的地域的。此時，他們過去所占據的國土，暫時之間，必非讓其荒廢不可；而且，人民決

---

54 《丹麥史》第一卷第九章二〇六頁。

55 同上二〇五、二〇六頁。

定大舉移住，可知在其地力或地位上，當有何特殊的缺點；因此，附近的蠻族，與其立即占領這種被遺棄的土地，不如用自己的刀劍開拓更好的運命，遠適於周圍蠻人們的氣質（the temper of the surrounding barbarians）。這種大移住，雖爲不欲使其社會分散的證據，但不足以證明：在他們的故鄉並不缺乏餘地與食物。

Mallet 所舉的另一理由，是在薩克森，像在斯堪的那維亞一樣，因爲廣大的地域未嘗翻除或開墾（grubbed up or cleared），而仍在自然的未耕狀態；又據當時丹麥的紀錄，只有海岸是人們居住的地方，至於內地則似爲一大森林(56)。他在這裡，顯然陷於一般的錯誤；即以住民的過剩與事實上的大人口相混淆。人民的遊牧風俗與其好戰、敢爲的習慣，阻礙了土地的開拓與耕作(57)。所以，這些森林乃使食物的源泉限於極狹的界限；因此，引起了人口的過剩；換句話說，由於國土的貧乏供給，引起了超過其能扶養的人口。

何以貧、寒而人口稀薄的國家，一般都是人口過剩，而有大大促進移住的傾向呢？關於

(56)《丹麥史》第一卷第九章二〇六頁。

(57)『諸位勸他們種地待時，比勸他們招敵求傷，當更困難。而且，他們以爲：諸位能以血獲得的物品，以汗獲得，這是怠惰；不，毋寧是怯懦』。搭西佗著《丹麥風土記》。

實際在人類的歷史上，變更習慣的極度困難，沒有比這更明白的。所以，未曾適當使用土地的人民，推測其未嘗苦於缺乏；這是最大的錯誤。

此點，除上述外，還有一原因而常爲人們所忽視的。在氣候溫暖而人口稠密的國家（特別在有許多大都市及工場的國家），如果食物的不足，長期繼續，那末，一定或則以猛烈疫病的形態，或則以比較緩慢疾病（這比較經常）的形態，發生流行病。反之，在貧、寒而人口稀薄的國家，由於空氣具有防腐性質，所以，由食物不足或食物惡劣所發生的窮困，即使繼續很久，也不會發生上述的結果；因此，這種促進移住的強烈刺激，乃更長期地繼續其作用[58]。

但是，這不是說：北方民族如非迫於故鄉的食糧不足（或其他不便），決不希望遠征。據 Mallet 說：——這恐爲事實——，他們之間有種普通的習慣；就是每年春天，召集會議，決定應向如何的地方挑戰[59]。而且，這些人民熱愛戰爭，又以爲最強者的權利（right of the strongest）就是神聖權利（right divine）；在這樣的人民之間，戰爭的機會是常有的。除了對於戰爭及冒險的精誠歡喜之外，還有內亂、戰捷軍的壓迫、對溫和風土的憧憬及

---

[58] 流行病的循環發生，乃因當地土質、地勢及空氣等的不同，或迅速，或緩慢。例如：在埃及及君士坦丁堡（Constantinople），年來一次；而在 Tripoli 與阿勒坡（Aleppo）附近，則每四、五年來一次；在英國，則每十、十二年或十三年只來一次；在挪威及北方群島，則二十年來僅一次。Short 著《天氣、季節及其他的歷史》（History of Air, Seasons, etc）第二卷三四四頁。

[59] 《丹麥史》第九章二〇九頁。

其他原因，也常促進移住。但在鳥瞰這一問題之時，我不得不以爲；當時的歷史，是人口原則之極顯著的例證。我相信：這種原則是對那陸續而冒險的入寇（這曾使羅馬帝國崩潰）及移住，給與最初的刺激與動力；這是對此供給不盡的源泉，而且常爲其直接的原因；在帝國崩潰以後，使由人口稀薄的丹麥及挪威出而劫掠、蹂躪（ravaged and overran）歐洲的大部分凡二百年。如對北美合眾國的情形，並不假定幾乎同樣強大的增殖力，則上述事實，對我是無法說明的[60]。而且如果承認這一假定，那末，我們讀到關於這種不斷戰爭與莫大人命浪費（都是那些野蠻時代的特徵）的不愉快敘述，就絲毫不難舉出何爲對於實際人口的障礙。

即使是比較微弱的障礙，也當是互相爲用的；但在北歐的牧人之間，我們不妨斷言：戰爭與饑饉兩者，是使人口抑止於其貧乏生活資料水準的主要障礙。

---

[60] 吉本、羅伯特生及 Mallet 似都認爲：Jornandes 在下節的用語，即所謂「民族的盒子」（*vaginâ nationum*），是不確實的，而且是誇大的。但我則反之，認爲這是大可適用的（exactly applicable）。固然，另一用語所謂 officina gentium，至少其譯語「民族倉庫」（*storehouse of nations*）是不正確的。『這樣，他們乃從此 Scanziá 島出發。此處，恰似民族的工作場（officina gentium）；說更適切些，是「民族的盒子」（Jornandes de Rebus Geticis, P.38.）』。

# 第七章　論在近代牧畜民族間對於人口的障礙

亞洲的牧畜種族，並無一定住所，而生活在帳蓬（tents）或可移動的小屋（huts）之內；他們與其領土的關係，比較北歐的牧人（shepherds），更爲微弱。對於純粹的韃靼人，其故鄉不是土地（soil）乃是野營（camp）。一定地方的牧草，一旦告盡，種族就有規則地向新的牧場移動。夏則向北，冬又回南。這樣，在最太平無事的時候，對於戰爭上一最困難的作業學得了實際的、普通的知識。這種習慣，常有大力，使在這些流浪種族之間，普及移民與征略的精神。掠奪的渴望、對於過強鄰人的恐怖，又如貧瘦牧場的不便，在任何時代，都是驅使 Scythia 的人群，大膽地向未知各地（在此，食物豐富或少強敵）出發的充分原因①。

Scythian 遊牧人民，其每次入寇（其中特別是在他們殺到南方的文明帝國之時）一定發揮最野蠻的、最破壞的精神。蒙古人在征服中國北部的時候，曾於平靜而愼重的會議席上，提議根絕人口密集的該地住民，而以其空虛的土地爲牧場。這種可怕的計劃，被一中國官吏的智慧與剛毅而阻止實行②。但是，即此提議一事，不僅說明：征服者的權利是被如何濫用；而且大可表示：牧畜民族間的習慣是如何固陋；因此，由牧畜狀態轉變爲農業狀態是

① 吉本：第四卷第二十八章三四八頁。

② 吉本：第六卷第三十四章第五四頁。

如何困難。

在亞洲，如果追究其移住與征服的歷史，以及若干種族急增與全滅的遺跡，則不論如何簡單地記載，都得有很多的篇幅。匈奴的可怖入侵（formidable irruptions）、蒙古人及韃靼人的大入寇（wide extended invasions）、Attile、成吉思汗與 Tamerlane 的血腥征服（sanguinary conquests）以及在隨這些帝國的興亡而發生的動亂時代，對於人口的障礙，是極明白的。我們閱讀當時的人類殺戮史，時常爲了任性或便利（caprice or convenience）的微細動機而引起一種族的鏖殺③；此時，我們就毋須再進而探究阻止人口增加的原因，而只驚嘆人口原則的力量強大；它能向接踵而起的征服者的大鐮刀，不斷地提供新的人類收穫（furnish fresh harvests of human）。所以我們的研究，毋寧趨向於韃靼人的現狀以及他們不在這種狂瀾下時的普通障礙，較爲有益。

蒙古人與韃靼人的子孫（他們今猶幾乎踏襲其祖先的習俗；他們現在所占據的廣大國土，包含亞洲中部的大部分，而且享有氣候極其良好而溫和的利益（and possesses the advantage of a very fine and temperate climate）。土壤的自然沃度，一般都很豐富；純粹的沙漠比較不多。連灌木的影子都沒有的大草原（plains）——常被如此稱呼；又，俄國人

③ 吉本：第六卷第三十四章五五頁。

名爲 steppes，——牧草繁茂，眞是絕好的大牧場。此大領域的主要缺點，則爲水的缺乏；但是，有水地方，如予適當耕作，據說已經大可扶養現在人口的四倍④。各 Orda、即種族（tribe），都自有領域（has a particular canton belonging to it），包含夏冬的牧場。而且，此廣大領域的人們，不論種族如何，似乎都與各地的現在沃度略成比例，而分布於其表面。

Volney 在論敘利亞的 Bedoween 人時，對於這種必然的分布，曾有巧妙的說明。他說：『在像蘇伊士（Suez）的沙漠、紅海的沙漠及大沙漠內部缺乏植物的不毛之地，種族衰弱而且相互距離很遠。反之，在像大馬士革（Damascus）與幼發拉底（Euphrates）河間植物繁茂的地方，種族強大而相互距離亦近。在像阿勒坡（Aleppo）的 Pachalic、Hauran 及加拉（Gaza）等的可耕地，無數的部落，彼此連接』⑤。人口與其在現在的產業及習慣之下所能求得的食物量，如此比例地分布；這一事實，不僅適合於敘利亞及阿拉伯，而亦適合於大韃靼國。不，這也適合於全世界。唯在文明國民之間，由於商業的關係，致使這種原則不像在低級社會表現得明白。

---

④《韃靼人系譜史》第二卷第一節。八開本，一七三〇年出版。

⑤ Volney 著《旅行記》第一卷第二十二章三五一頁。八開本，一七八七年出版。

占據大韃靼國西部的回教韃靼人，雖然耕作小部分的土地，但因其方法十分粗笨，故不足爲其生活的主要源泉⑥。蠻人的懶惰與好戰的精神，瀰漫各地；可由掠奪而獲得的物品，他們不太願意由勞動而取得。翻開韃靼的年誌，即使是在無法發現某些顯著戰爭及革命的時代，其內部的和平與產業，也因以掠奪爲目的的小鬥爭與相互的侵略，而不絕地受到威脅。回教韃靼人，據說：不分平時與戰時，幾乎全靠掠奪（robbing and preying）其鄰國而生活⑦。

掌握 Chowarasm 王國的 Usbeck 人，雖以國內頂好的牧場給與 Sart 人及土庫曼人（Turkmans）（兩者都是其納貢人民）；至其理由，只因當地的鄰國人民，或則過分貧困，或則過分警戒，都是到底無望實行「成功的掠奪」（successful plunder）。掠奪實是他們的第一資源。他們常想侵略波斯人（Persians）或大 Bucharia 的 Usbeck 人的領域；和平與休戰都無力加以阻止。這是因爲：他們掠奪所得的奴隸及其他貴重品，形成其全部財富。Usbeck 人與其隸屬下的土庫曼人，不絕地衝突；兩者的嫉妒，往往爲國王們所教唆，

⑥《韃靼人系譜史》第二卷三八二頁。

⑦ 同上三九〇頁。

使國土陷於長期的內亂狀態[⑧]。土庫曼人不斷地與 Curd 人及 Arab 人相爭；後者時常入侵，折其家畜之角，並奪其妻女[⑨]。

大 Bucharia 的 Usbeck 人，在所有的回教韃靼人中，被稱爲最文明的；但是，在掠奪的精神上，較之其他，無大遜色[⑩]：他們常與波斯人打仗，而讓 Chorasan 地方的豐饒平原荒廢。其所占據的國土，是自然的肥沃最好的；在古代住民的子孫中，雖然也有從事像商業及農業的穩健工作的，但是，不論地方的豐饒；或目前的範例，都無力使其更改固習；他們依舊爲對鄰人的刧掠與殺害而奔走，而置這樣豐富的天惠於不顧[⑪]。

土耳其斯坦（Turkestan）的 Casatshia Orda，乃與北部及東部的鄰國人民，繼續其不斷的交戰狀態；到了冬季，他們試向 Kalmuck 人侵略；此時，Kalmuck 人是出沒於大 Bucharia 國境及其南部。同時，他們不絕地威脅 Yaik 的 Cosack 人及 Nogai 韃靼人。到了夏季，則越 Nogai 山脈，而侵入西伯利亞（Siberia）。在這些侵略的時候，他們時常受到

---

⑧《韃靼人系譜史》第二卷四三〇、四三一頁。
⑨ 同上四二七頁。
⑩《韃靼人系譜史》第二卷四五九頁。
⑪ 同上四五五頁。

難以名狀的辛酸；而且，掠奪的所得，即使全部合計，也不及「在自己的土地，加以稍許努力，就可獲得」的程度；但是，儘管如此，他們仍願自冒許多的疲勞與危險（這是像上述生活所必有的），而不願認眞從事農業⑫。

其他回教韃靼種族的生活方式，也與上述相同；反覆敘述徒招煩雜。有心的讀者，可參考上述《韃靼人系譜史》及其貴重的腳註。這一歷史的著者Chowarasm汗（Chan），其本身的行爲，是一適當例子，表示：這些國家所有政治、復仇及掠奪的戰爭，是如何地殘忍。他常侵入大Bucharia，每次一定蹂躪各州，而使村鎭完全破壞、荒廢。在任何情形之下，如果俘虜妨礙他的行動，則毫不躊躇，當場予以殺害。又，他爲了消滅土庫曼人（是素來屬於其自己的）的勢力，乃以盛宴，招待全部的有力人物，而虐殺其二千人；他恣意燒毀並破壞他們的村落；過分殘虐的報酬，終於落到其自己的身上；使勝利者的軍勢，大爲窮困所苦⑬。

回教韃靼人大多嫌惡商業；陷落（fall into）他們手裡的商人，都被盡量劫掠⑭。被推

⑫《韃靼人系譜史》第二卷五七三頁以下。
⑬《韃靼人系譜史》第一卷第十二章。
⑭《韃靼人系譜史》第二卷四一二頁。

獎的唯一商業，乃是奴隸買賣。奴隸也是他們在掠奪遠征時奪得勝利品的主要部分，而被視爲財富的主要源泉。除了可以招呼他們的家畜或可爲他們的妻妾者，留置手邊以外，其餘全被出賣⑮。Circassian 韃靼人及 Daghestan 韃靼人，又住在 Caucasus 附近的其他種族，因爲生活在貧瘦的山國，所以少受侵略的恐懼，大多人口擴溢。在他們不能以通常的手段獲得奴隸之時，那就互相盜竊，甚而至於出賣妻子⑯。在回教韃靼人間，如此普及的奴隸買賣，可視爲他們不斷發生爭鬥的一原因。這是因爲：只要對於這種交易是有豐富供給的希望，則不論和平與同盟，都無法加以阻止⑰。

非回教韃靼人、Kalmuck 人及蒙古人，不用奴隸，他們大體過著遠爲和平而無害的生活；他們滿足於其家畜的所產；這種家畜，是他們唯一的財產。他們很少爲掠奪而戰爭；他們除對過去受到攻擊的復仇以外，很少侵犯鄰人的領土。但是，他們也非絕對沒有破壞的戰

---

⑮ 同上四一三頁。

⑯ 同上四一三、四一四頁，第十二章。

⑰ 他們認爲多妻制度是合法的。因爲他們說：因此，得到許多的子女，且可以子女交換現金或必需品。而且，在無力養育的時候，他們認爲：殺死嬰兒，像殺死絕望的病人一樣，毋寧是一片慈悲。他們說：因爲這樣可由很大的窮困救濟這種不幸的犧牲者。John Chardin 爵士的旅行記，赫黎斯（Harris）著《紀行集》第三篇第二章八六五頁。

爭。回教韃靼人的入寇，使他們不得不爲不斷的防禦與復仇。又，在 Kalmuck 人與蒙古人的同血族間，常有爭執；這是被中國皇帝的策術所煽動，而使兩民族的敵意發展到「要使對方全滅」的程度⑱。

阿拉伯及敘利亞的 Bedoween 人，其生活遠不及大韃靼國的住民平穩。似乎，牧畜狀態的性質，其本身對於戰爭，供給不斷的機會。一種族在某一期間所用的牧場，雖只其領土的一小部分（它雖一年一次輪流巡迴其龐大的領域），但此全部領地，既爲該種族的一年生活所絕對必需，而且承認爲其專有，所以，對此領土的侵害，即使該種族當時是在很遠的遠方，一定也被解釋爲開戰的正當理由⑲。同盟國及血族，乃使這些戰爭更加擴大。一經流血，則其抵贖，得用更多的血；而且，因爲這種事故，年有增加，所以大部分的種族，互相鬥爭，生活在不斷的敵對狀態⑳。據說：在穆罕默德（Mahomet）以前的時代，已有一千七百次的戰鬥。又，如照吉本的正確解釋：兩個月間的部分休戰（這被虔誠地遵守

⑱《韃靼人系譜史》第二卷五四五頁。

⑲『他們互爭未耕地，恰似我們今天的互爭遺產。這樣，他們爲了家畜的飼料及其他，而找出戰爭的許多機會。……在他們之間，可由民法解決的事件很少；反之，可由國際法判決的事件很多』。孟德斯鳩著《法意》第十八篇第十二章。

⑳ Volney 著《旅行記》第一卷第二十二章三六一、三六二、三六三頁。

which was religiously kept），這可說是更有力的證明：在他們之間，瀰漫著無政府狀態及戰爭的一般習慣㉑。

僅僅由這種習慣所發生的生命浪費，似乎充分足以抑壓他們的人口；但是，它的影響，對於各種產業（特別是對於其中以增加生活資料爲目的的產業）的致命障礙，恐怕更爲重大。掘一水井，或設一儲水池，也須預先投下一些資本與勞動；但戰爭可以一旦破壞幾多月日的成果或整整一年的資源㉒。這些惡害乃互爲因果；食物的不足，最初招來戰爭的習慣；接著，戰爭的習慣，成爲招來生活資料缺乏的原動力。

部分種族，由其住在沙漠的性質，似被注定得過牧畜生活㉓。但是，即使棲息在適於農業土地的種族，既被以劫奪爲事的鄰國人民所圍繞，恐也不想努力於土地的耕耘。敘利亞、波斯及西伯利亞等國境地方的農民，是被暴露於殘忍敵人的不斷侵略，故其生活，決非流浪的韃靼人及阿拉伯人所羨慕的。爲了獎勵由牧畜狀態轉向農業狀態，某程度的安定，確比地力的肥沃，尤爲必要；在得不到這種安定的地方，定住勞動者（sedentary

---

㉑ 吉本：第九卷第一章二三八、二三九頁。

㉒ Volney 著《旅行記》第一篇第二十三章三五〇頁。

㉓ Volney 著《旅行記》第一卷第三十三章三五〇頁。

labourer），比較攜帶全部財產而過漂浪生活的人，更被暴露於運命的轉變㉔。在無力而壓制的土耳其政府之下，農民放棄村落而趨於牧畜，希望藉以略爲避免土耳其支配者及鄰國阿拉伯人的掠奪；這樣的事並不稀奇㉕。

但是，可說牧畜人民也與狩獵人民一樣；即如「缺乏」可以單獨更改風俗，則牧畜種族，今天應當幾乎不復存在。Bedoween 阿拉伯人雖有不斷的戰爭，及其由於生活艱苦的其他障礙，但是，他們的人口仍是逼近於其食物的界限；他們的窮困，如果沒有幼年不斷養成的習慣，則其所需節約的程度，不是肉體所能支持的。據 Volney 說：阿拉伯的下層人民是習慣地生活在窮困與饑餓的狀態。沙漠的種族，謂回教不是爲他們所倡導的。他們說：『沒有水㉖，怎能沐浴？沒有財富，怎能施與？而且，整年都在斷食之中，怎能有在 Ramadan 月（按：回教曆的第九月，爲白天齋戒的月份）斷食的機會』㉗。

Chaik 的富強，是在其種族的人數；因此，他不注意扶養能力的有無，而只腐心於人

---

㉔ 同上三五四頁。

㉕ 同上三五〇頁。

㉖ Volney 著《旅行記》第一卷第二十三章三五九頁。

㉗ 同上三八〇頁。

口的增加。他自己的勢力（consequence），與其許多的子孫及血族大有關係㉘；又在一般以力量獲得生活資料的社會：每一家族的權力與地位，是取決於其人數的。這種觀念，成爲人口增殖的強大獎勵；這與幾乎招致財產共有（which almost produces a community of goods）的寬大精神（spirit of generosity）㉙，互相爲用，而使人口推進至極端的限度，因陷全體人民於赤貧如洗的深淵。

在因戰爭而喪失許多人類的地方，多妻主義的習慣恐有產生與上述同樣結果的傾向。尼布爾（Niebuhr）說：多妻主義使家族激增，終於使其分枝淪於極貧㉚。穆罕默德的後裔，在東方各處（all over the east），雖然爲數可觀，但是，他們大多過著極苦的生活。回教徒由於對教主服從的原則，乃被強迫實行相當程度的多妻主義。因爲教主曾謂：人類的最大義務之一，是爲了報答創造主而生產子女。但是，幸而，像與其他許多的情形一樣，個人的利己心，在某程度，阻撓立法者的不合理；所以，窮困的阿拉伯人，不得不使宗教的服從，與其資力的貧乏相比例。而且，直接的人口增加獎勵，尚甚有力；但是，這種獎勵，

㉘ Voleny 著《旅行記》第一卷第三十三章三六六頁。

㉙ 同上三七八頁。

㉚ 尼布爾著《旅行記》第二卷第五章二〇七頁。

其如何無效與虛妄，則由這些國家的現狀，最可明白說明。縱使他們的人口，不比過去減少，但不比過去增加，這無疑地是一般所承認的；而其直接結果，是某家族的激增，定使別家族不得不完全消滅。吉本講到阿拉伯的事情，曾謂：『人口的限度，乃由生活資料所規制。因此，此大半島的住民，在其數量上，也許超過肥沃而勤勉的一州』㉛。事實是，無論如何獎勵結婚，都不能突破這一限度。只要阿拉伯人墨守現在的習慣，又只要阿拉伯保持現在的耕耘狀態，則雖約定：凡有十個孩子的人，使至極樂世界（the promise of Paradise to every man who had ten children），但是，這只會使窮困大爲加重，而幾難希望人口增加。直接的人口增加獎勵，絲毫沒有改變這種習俗而促進耕耘的力量。不，毋寧具有相反的傾向。這是因爲：由此所產生的窮困與缺乏，招來不斷的不安；這種不安，鞭撻掠奪的精神㉜，非使戰爭的機會增加不可。

住在比較肥沃土地的韃靼人，比較富於家畜；故在他們之間，由掠奪侵略（predatory

㉛ 爲許多學者所敘述、所承認，而如此重要的眞理，其很少有追究到最後的，這眞可說是一怪事。人未必每天都在餓死。那末，人口如何能受規制於生活資料的限度呢？

㉜ 『這樣，每天是有事變與家畜的掠奪；這種掠奪戰，是阿拉伯人最用力的工作之一』。Volney 著《旅行記》第一篇第二十三章三六四頁。

incursions）所得的獲物（plunder），也此阿拉伯人豐富。又因各種族，其勢力強大，所以鬥爭更爲悽慘；而且，因爲製造奴隸（making slaves）的習慣是一般的，故爲戰爭而損失的人數就更多。此兩件事情聯在一起，因使幸運的盜賊們（fortunate robbers），乃比不及他們冒險的鄰國人，生活較爲豐富。Pallas 教授對於俄羅斯的兩個漂浪種族，會有詳細的報導。其一幾乎全靠掠奪爲生；另一，只要不受多事的鄰國人所威脅，就勉強過著和平的生活。研究這種不同的習慣對於人口的不同障礙，是一有趣的事情。

據 Pallas 說[33]：Kirgisien 人，比較俄羅斯其他漂浪種族，生活安易。他們中間，瀰漫著自由與獨立的精神，加以容易獲得足夠生活的家畜，所以誰都不願爲別人服役。他們希望彼此有如兄弟；因此，富者只好使用奴隸。於是，發生一疑問；即妨礙下層人民（至陷他們於貧困止）增殖的各種原因是什麼？

Pallas 雖未說起：關於婦女的惡習或由家族的危懼所生的結婚抑制，對此結果的貢獻，其程度如何；但是，只憑 Pallas 就其集團組織與放肆的的掠奪精神所述，對於上一問題，

---

[33] 因我未能獲得 Pallas 關於蒙古民族史的著作，故在此處，引用了俄羅斯旅行家著作的一般節略（general abridgement）。此書共四卷，一七八一年及一七八四年出版於伯恩（Berne）及洛桑（Lausanne）：題爲《俄羅斯人的各種發現》（Découvertes Russes），同書三卷三九九頁。

幾乎可以充分解答。汗（Chan）未經議會（由人民選舉的代表組成的）通過，不能行使其權威，而且，即使已被如此承認的法令，也常被公然侵犯。在 Kirgisien 人之間，對於威脅其鄰國人 Kazalpac 人、Bucharian 人、波斯人、Truchemen 人、Kalmuck 人及俄羅斯人，劫掠並拿捕（plunder and capture）人身、家畜及商品，雖爲法律所禁止，然不但誰都不怕違反這些法律㉞，他們毋寧以這種行爲的成功，誇耀爲最榮譽的事業。有時，他們單身越過國境，尋求幸運；有時，他們在有能的首領之下，大舉襲擊隊商，悉予剝奪。就在這種掠奪的時候，許多的 Kirgisien 人，或則被殺，或則被捕而爲奴隸；但是，這一民族對此，幾乎毫不關心。在由私人冒險者（private adventurers）進行這種劫掠的時候，則其獲物，不論家畜或婦孺，悉爲其所有。男奴隸與商品，則被賣給富者或外國商人㉟。

在 Kirgisien 人之間，除了這些習慣之外，加以極其頻繁的民族戰爭（這是由於其種族輕薄浮躁的性癖）㊱，所以，我們可以容易想像：基於暴力原因的障礙，其猛烈的程度，乃

㉞《俄羅斯的各種發現》第三十三卷三八九頁。

㉟同上三九六、三九七、三九八頁。

㊱《俄羅斯的各種發現》第三卷三七八頁。

使其他一切障礙全不足道。偶發的饑饉，常在其破壞的戰爭[37]、掠奪的侵略、長期的旱魃或家畜的死亡之時發生，而使他們受苦。但是，大體貧困的來臨，是可開始新掠奪遠征的烽火；困憊的 Kirgisien 人，或則帶回豐富的獲物，或則在其遠征中喪失自己的生命或自由。一個人，決心不爲富者即爲死亡（he who determines to be rich or die），而不擇手段，他不會永遠生活於貧困的。

在俄羅斯保護之下，至一七七一年止，住在 Wolga 豐饒草原的 Kalmuck 人，大體過著不同的生活方式。他們很少從事極其悽慘的鬥爭[38]。汗（Chan）的權力是絕對的[39]，內政遠較 Kirgisien 人爲整飭；因此，個人冒險者的掠奪遠征是被禁止的。Kalmuck 的婦女是極多產的。很少沒有孩子的夫婦；在任何小屋的周圍，大概都可看到三、四個孩子在遊戲。Pallas 說：『由此可知：他們在 Wolga 草原，過著一百五十年平穩無事的生活，所以人口大爲繁殖；這是必然的結論』。但是，他們未曾有如預想的激增；至其理由，Pallas 認是：

---

㊲ 這一群眾，乃使路上的一切荒廢。他們帶回自己消費不了的所有家畜；而且，他們以未曾虐殺的男女老幼爲奴隸。《俄羅斯的各種發現》第三卷三九〇頁。

㊳ 《俄羅斯的各種發現》第三卷二二一頁。在此處，這一種族乃被記於其本來的稱呼、即土耳其的名稱之下。俄羅斯人，是以更一般的名稱，即 Kalmuck 人，稱呼他們。

㊴ 同上三二七頁。

由於墜馬所生的許多事故（the many accidents occasioned by falls from horses）、在不同王族間或與鄰國人間所生的很多小鬥爭；特別是在下層人民之間，由饑饉與窮困所生的許多死亡者及最常襲擊幼童的各種災厄[40]。

這一種族，當其投到俄羅斯的保護之下時，乃與 Soongare 人分離；而且，可以想像：當時的人口一定不多。但自一經占據 Wolga 的肥沃草原，而更進入平穩的生活，人口立即增加；在一六六二年，已達五萬家族[41]。從這時期起，至一七七一年的移住時止，它的增殖似甚緩慢。其所有牧場面積，已遠不足以包容更大的人口。這是因爲：他們撤離這一地方的理由，不僅是在汗（Chan）對俄羅斯領導的憤怒，同時是在人民的訴苦——謂牧場不足以飼養許多的家畜。撤離當時，這一部落，有五萬五千至六萬家族。在這一奇怪的移住上，他們可由牧場的不足及其他不滿而恢復了許多漂浪種族所有的運命——要求新天地。他們的出發，始於冬季；很多人，在此辛苦的途中，乃因饑寒與窮困而告死亡。一大部分是爲

---

⑩ 同上三一九、三二〇、三二一頁。

㊶《俄羅斯的各種發現》第三卷二二一頁。Tooke 著《俄羅斯帝國觀》（View of the Russian Empire）第二卷第三篇三〇頁。急激增殖的另一例子，見於基督教 Kalmuck 人的一殖民地；他們曾由俄羅斯給與肥沃的居住地。即一七五四年的人口爲八千六百九十五人；至一七七一年：增加到一萬四千。Tooke 著《俄羅斯帝國觀》第二卷第三篇三二一、三三三頁。

Kirgisien 人所殺、所捕；幸而達到目的地的人，最初雖曾受中國人的歡迎，但後來則遭到極端的虐待[42]。

在此移住以前，下層 Kalmuck 人，其生活十分貧困與悽慘，養成了凡可攝取養分的任何動物、植物（或草木的根），都慣於食用[43]。他們除了偷來的以外，幾乎未曾殺過健康的家畜；這些偷來的家畜，恐被發覺，立即吃了。傷馬、廢馬，又因傳染病以外的疾病而死亡的獸類，是他們垂涎不已的食物。部分最貧的 Kalmuck 人，是吃腐爛已達極點的肉類，甚而至於還吃家畜的尿糞[44]。許多小孩，當然曾因營養不良而死亡[45]。到了冬季，下層階級，都大爲饑寒所苦[46]。不論如何努力，他們的羊群，三分之一（往往還不止此數）死去。如在雨雪末期降霜，家畜得不到食草；此時，其獸群的死亡是很多的；下層階級就被暴露（exposed）於無可避免的饑饉[47]。

---

㊷同上二九、三〇、三一頁。《俄羅斯的各種發現》第三卷二二一頁。

㊸《俄羅斯的各種發現》第三卷二七五、二七六頁。

㊹同上二七二、二七三、二七四頁。

㊺同上三二四頁。

㊻同上三一〇頁。

㊼同上二七〇頁。

主要由腐敗食物及周圍腐敗瘴氣所發生的惡性熱病，與像鼠疫這樣可怕的天花，常使他們的人口稀薄㊽。但在大體上，他們的人口，是有猛烈地迫近生活資料界限的形跡；因此，可說：缺乏與由缺乏而生的疾病，互相爲用，成爲妨害他們增殖的主要障礙。

在夏季旅行韃靼國者，看到：廣大無人的平原上，大量牧草徒任糟蹋（因爲缺乏可以吃食牧草的家畜）。他也許推想：當地的住民，縱使仍舊繼續牧畜生活，猶可扶養很多的人口；不過，這恐是一輕率而不確實的結論。不論馬或其他任何役用動物，只有與其最弱部分的力量相稱，始可說是強健（is said to be strong only in proportion to the strength of his weakest part）。如果其腳細長而纖弱，則其體軀的力量就幾乎全無用處；又如其背及腰無力，則其四肢的力量不論如何強大，都不能發揮其全力。扶養生物（living creatures）的大地力量，也得適用這一理論。在豐年所湧出的大量滋養分，由經過荒年而能生存的少數人口，是不能完全消費的。人類的努力與先見，在得到最好指導的時候，則大地所能扶養的人口，雖由一年的平均生產額所規制；但在動物之間，又在人類的未開狀態之下，上述的人口，將遠低於此平均額。韃靼人在一冬季要收集並帶走（collect and carry）足以充分飼養其全部家畜的許多枯草，是極困難的。這也許妨礙他的行動，使他暴露於敵人的攻擊，或不

㊽《俄羅斯的各種發現》第三卷三三一、三一二、三一三頁。

幸使一夏季的勞苦一旦歸於烏有。這是因爲：一般的習慣，在互相侵略的時候，凡是無法運走的糧秣及食料，概予燒毀、破壞⑲。因此，韃靼人在冬季只對家畜中最優良的給與飼料，其餘則任自食貧乏的枯草。這種不如意的生活，加上凜冽的寒氣，一大部分的家畜，當然死亡⑳。種族的人口，是與其家畜的頭數相比例。所以，韃靼人的平均數，乃與荒野裡的野馬一樣，爲每年循環而來的冬季寒氣與缺乏所抑制，從無超出極低的水準；因此，不能完全消費夏季的豐富禮物（offerings）。

旱魃及不順的季節，每次帶來與冬季同樣的影響㉑。在 Arabia 及韃靼各地㉒，旱魃毫不稀奇。如其週期不出六或七年，則平均人口不會過分超過大地在這種不順時期所能扶養的人數。這在任何地方，都是如此，尤其是在牧畜狀態，人類特別易受氣候的影響，母家畜死亡者多；此時，它的損害，比較穀物的歉收更爲重要，且有長久的影響。Pallas 及其他的俄羅

⑲「麥堆及糧堆都被放火……一五〇村落，化爲烏有」。Toot 男爵的《回顧錄》（Mémoires du Baron）第一卷二七二頁。他對韃靼軍隊的蹂躪及其冬季遠征的辛苦，曾有好奇的報導。「這一天，軍隊失去了三千人命與三萬馬匹。這些部是被寒氣凍死的」。二六七頁。

⑳《俄羅斯的各種發現》第三卷二六一頁。

㉑ Volney 著《旅行記》第一卷第二十三章三五三頁。

㉒《俄羅斯的各種發現》第一卷四六七頁。第二卷一〇、一一、一二頁等。

斯旅行家，曾謂：家畜傳染病，在此地方，極爲猖獗[53]。

在韃靼人間，家族常被尊重；而且，婦女對於家畜的處理及家事的安排很有本領；所以，擔心家族扶養的能力而迴避結婚者，則不太多[54]。同時，因爲妻都是向其父母購買的，所以下層階級一定是無力及此。修道士（Monk）Rubruquis，講到這種習慣；曾謂：女孩至能被父母出賣時止，都在家裡；這些姑娘，有時在結婚以前已因過勞而弄垮了（sometimes very stale before they are married）[55]。在回教韃靼人之間，曾有習慣以女俘虜爲妻[56]。但在異教韃靼人之間（他們很少使用奴隸），不能購妻；這對窮人的結婚，必常有障礙的作用。這在由於富人的多妻習慣而致妻的價格提高時，尤其如此[57]。

據說：Kalmuck 人嫉妒不深[58]。故在他們之間，花柳病頗多[59]，我們由此可以推定：亂

---

[53] 同上第一卷二九〇頁等。第二卷十一頁。第四卷三〇四頁。

[54] Geneal 著《韃靼民族史》（Hist. of Tartars）第二卷四〇七頁。

[55] Rubruquis 著《旅行記》，一二五三年版。赫黎斯著《旅行記》第一篇第二章五六一頁。

[56] 《俄羅斯的各種發現》第三卷四一三頁。

[57] Pallas 曾謂：在 Kulmuck 人之間，男子比較女子，雖常被暴露於各種事故，但仍女子不足，即男子過剩。

[58] 《俄羅斯的各種發現》第三卷二三九頁。

[59] 同上三二四頁。

交相當盛行。

由上可知：在本章所考察的牧畜生活上，抑制人口於生活資料的水準，其主要的障礙，是由不能娶妻所生的抑制，關於婦女的陋習、流行病、戰爭、饑饉及由赤貧所生的疾病。此最初的三種障礙及最後的障礙，在北歐的牧畜人民之間，其作用似乎大爲微弱。

# 第八章　論在非洲各地對於人口的障礙

帕克（Park）謂其訪問過的非洲各地，都是耕作不充分而人煙稀少。他發現：許多秀麗的廣大地域，完全沒有住民；又，各王國的邊境地方，或則人口稀薄，或則完全荒蕪。岡比亞（Gambia）、塞內加爾（Senegal）及其他近海河川的潤濕流域，似因不健康而不適於人口的增殖①。但是別的地方，則就不然。他說：如果看到可驚的豐饒土壤與許多食役都可利用的家畜群，又如想起自己應急的（presented themselves）內地舟楫之便，則不能不痛惜：這樣天惠豐富的國土，而繼續著現在野蠻與荒廢狀態②。

但是，這種荒廢狀態它的原因，在帕克有關黑人種（negro nations）一般風習的記述中，說得很明白。他說：在被分爲許多小國而互相嫉視的國土，即使是極其微細的刺戟，當然也常成爲戰爭的原因。非洲的戰爭分爲兩種。其一是名爲 Killi 的公開宣戰，另一是名爲 Tegria 的掠奪或盜竊。後者極爲普通；特別盛行於旱魃的初期，即在收穫終了而糧食豐富之時。——這些掠奪的遠征（plundering excursions），時常很快地受到報復③。

這種對於掠奪的不斷的危懼，其所引起的財產的不安，對於產業，定有最有害的影響。

---

① 帕克著《非洲內地》（Interior of Africa）第二十章二六一頁。四開本。

② 同上第二十三章三一二頁。

③ 帕克著《非洲內地》第二十二章二九一頁以下。

任何國境地方的荒廢狀態，都眞實地證明其影響的如何巨大。氣候的性質，不利於黑人的勞動；而且可以利用勞動剩餘生產物的機會不多，所以黑人一般滿足於僅僅耕種其自己生活所必需的土地；這是無可驚奇的④。這些原因，充分說明非洲的荒蕪狀態。

這種不斷的戰亂與掠奪的侵入，其所損失的生命爲數很大。而且，帕克贊成蒲豐（Buffon）的說法；謂：暴力的原因，即使不說，在黑人之間長命的很少。他說：一般的黑人到了四十歲，已經髮白面皺；活到五十五—六十歲的，幾乎沒有⑤。蒲豐認爲：這種短命的原因，是成熟前的性交與少年時的過分放蕩⑥。關於此點，他也許多少有點誇張；但是，即使並不過於重視這種原因，而黑人因此比寒帶居民遠爲早熟，故其死期亦早；這種判斷當無錯誤。

---

④ 帕克著《非洲》（Africa）第二十一章二八四頁。

⑤ 『過早的性交，恐怕是他們短命的原因。因爲幼年行爲極其不檢，而且小受父母拘束。所以尙未成年，就已一切任情妄動。在此人民之間，最困難的，莫過於尋找那些還能記得何時初次性交的婦女』。《人類自然史》（Histoire Naturelle de l'Homme）第六卷二三五頁。第五版，十二卷，全三十一冊。

⑥ 帕克著《非洲》第二十章二六五頁。帕克、蒲豐兩先生的報導，恐怕是對不同的民族與不同的時期而言的；所以我們不能因爲兩者並不一致，而推斷何者是錯誤的。但是，帕克的報導，在其程度上，確比其以前任何旅行者的報導都可信任。

照蒲豐的說法，黑人的婦女是非常多產的；反之，如照帕克的說法，則她們對其自己的嬰兒是有二年或三年哺乳的習慣；在此期間，因爲丈夫完全注意於別的老婆，所以任何老婆都很少有許多的孩子⑦。多妻制度，在黑人間是一般所承認的⑧；因此，只要女子並不遠多於男子，那末，很多的男子就得獨身。這種災難主要落在奴隸的身上。而此奴隸，據帕克說，其對自由人的比率爲三比一（按：即一自由人、三奴隸）⑨。除在饑饉的時候以外，主人爲了一家的生活，而出賣奴隸（自己家庭所使役的奴隸，或自己家庭所生的奴隸）是被禁止的。因此，主人也不會增殖奴隸至超過工作所必需的程度。買來的奴隸或戰爭的俘虜，全聽主人的吩咐。他們每每受到非常的虐待；因爲自由人多妻制度的結果，如果婦女不夠，則在此時，當然毫不客氣地要奪取他們的女人。在嚴格獨身狀態的女人，可說幾乎或完全沒有；但是，在結婚人數的比例上（in proportion to the number married），這種社會狀態似不適於人口的增殖。

非洲在任何時代都是奴隸的中心市場。因此而流出的人口，特別自向歐洲人殖民地輸出

⑦ 同上第二十章二六七頁。

⑧ 同上第二十二章二八七頁。

⑨ 同上二八八頁。

以後，大而且常（great and constant）。不過，正如佛蘭克林（Franklin）博士所指摘：恐怕很難發現：由於黑人的輸出（百年之內，使美國一半黑化），而在非洲人口所生的空隙⑩。這是因爲：儘管是有這種不絕的移出、由於不絕戰爭的無數犧牲以及由於罪惡與其他原因的增殖障礙，但人口常有逐漸迫近生活資料界限的傾向。據 Park 所說，荒年（scarce years）與饑饉，時常發生。他以爲：在非洲奴隸制度的四大原因中，次於戰爭的，乃是饑饉⑪；而且，雖說限於緊急缺乏（less）的時候，始可明白允許主人爲了扶養一家而出賣自用的奴隸，但這是說：激烈的缺乏是常循環發生的。在岡比亞各國，曾有三年之久的大饑饉；當時，很多的住民淪爲奴隸。Laidley 博士曾使帕克確信（assured）：當時許多的自由人爲了免於餓死，而自己哀懇願爲奴隸⑫。帕克停留在 Manding 的時候，可由下述慘狀證明的糧食缺乏，使貧民大爲苦惱。即在此時，每夜有五、六位婦女，來到 Mansa 的地方，乞取一些穀物。Mansa 指著一位五歲左右的可愛孩子說：『看那孩子！他的母親，爲其一家四十

---

⑩ 佛蘭克林著《論集》（Miscell）九頁。

⑪ 帕克著《非洲》第二十二章二九五頁。

⑫ 同上二八八頁註。

日的食料，已拿他賣給我。我同樣還買了一孩子』⑬。Jallonka 的一部落，名爲 Sooseeta；在這裡，帕克先生曾聽酋長說：近來當地因有非常的饑饉，糧食無法調度⑭。在現有的穀物還未收穫之前，Kullo 的全部住民，二十九日無法吃到穀物；每天是吃一種含羞草（土人名爲 nitta）莢內的黃粉與竹蔗種子（seeds of the bamboo cane），勉繫露命；這種「竹蔗種子」，如經適當地搗碎與調理（properly pounded and dressed），很有米的味道⑮。

據帕克的報導，在非洲還有許多肥沃的未耕地，所以，也許有人以爲：饑饉的原因是在人口的缺乏。但是，如其果然，則如此大量的人口，每年向外國輸出，這理由是無法想像的。黑人眞正缺乏的，確是財產的安全與勤勉（勤勉一般是跟著財產的安全而來的）；如果少此兩者，則人口的增加，只有使窮困深刻化。如果爲了塡滿似乎人煙稀薄的地方，而給以巨額的生育獎勵金，則其結果，恐怕只是戰亂的頻發、奴隸輸出的增加及貧困的加重；眞正的人口增加是幾乎或完全難以希望的⑯。

---

⑬ 同上二九五頁。

⑭ 同上第十九章二四八頁。

⑮ 同上第二十五章三三六頁。

⑯ 眞正使人口增加的上述兩大條件，即財產的安全與爲其自然隨伴物的勤勉，在沿岸的奴隸買賣不斷地刺激像帕克所說掠奪的遠征時，到底是無法在黑人間出現的。如果這種買賣一旦停止，則不遠將來的旅行家，對於

有些民族的習慣與所有民族的偏見，在某程度，乃與這種獎勵金發生相似的作用。據布魯司（Bruce）說：Shangalla 的黑人，其四周乃被活潑而強大的敵人所包圍，因為繼續著激烈勞動與不斷危懼的生活，所以對於女人的欲望幾乎沒有。在他們，多妻制度的原因是妻，不是夫。他們雖然生活於各別的種族或民族之中，但是這些民族則又被細分於家族。在戰鬥的時候，各家族是各自攻擊、各自防禦，故掠奪品（spoil and plunder）也為其自己所有。因此，母親們痛感小家族的不利，乃盡全力以謀家族的增加。而且，夫則由於妻的固執，不得不遂其所願⑰。據說：Galla 族間的多妻制度，它的動機也是如此；在此兩種族之間，都是第一妻向第二妻要求造成對夫的同盟。此時的主要理由（principal argument）；是糾合她們的家族，涵養實力，在戰鬥的時候，使孩子們不因人數的不足而為敵人所消滅⑱。但是，這種要有大家族的極端願望，恐將無法達成其目的；這是因為：由此所引起的窮困，比較假使父母自始專心扶養少數的家族，其孩子長大成人的恐怕更少。

布魯司很左袒多妻制度；他為多妻制度辯護，謂在這一風俗蔓延的國家，女孩對男孩的

---

非洲人的社會狀態，將有較好的描寫（favourable picture）（較好於帕克所描寫的），傳給我們。

⑰ 布魯司著《萊因河水源的發現旅行》（Travels to discover the Source of the Nile）第二卷五五六頁。四開本。

⑱ 同上第二卷二二三頁。

出生比例爲二或三對一。但除此以外，不能再有辯護的方法。不過，這樣異常的事實，不能根據含糊的調查（爲其言論基礎的），予以承認。當地婦女現在的人數，遠多於男子，這是極有可能的。即在已經知道男子出生數多於女子出生數的歐洲，一般也是女多於男。何況是在苦熱瘴癘的蠻邦，男子所遭遇的事故遠大於文明國家。反之，女子過著遠比男子平靜的生活；因此，也少受酷熱瘴氣的侵害；又，女子由放蕩（debauchery）而生的疾病，一般不多；而最重要的，是女子大大免受戰禍的影響。因此，在爭執不絕的社會，僅僅由於戰爭的男子缺乏，也使產生男女比率的大不均衡。特別是如上阿比西尼亞的 Galla 族所述⑲，他們的習慣是；所有男子概予殺戮，惟有妙齡的女子可免一般的破壞（general destruction）；——在這樣的地方，自必更甚。由於這種原因所生男女實際的不均衡，恐怕是：對於「最初允許多妻制度」，「接著，使我們容易相信熱帶的男女兒童比率與溫帶大不相同」，大有關係。

布魯司對此問題，常有偏見；他以爲：部分婦女的獨身，對於一國的人口，是致命的。他就吉達（Jidda）而謂：在生活必需品幾乎沒有的地方，密集著異常的人口，則其結果，由於食物的大爲缺乏，幾乎沒有住民可以利用穆罕默德所許可的特權。即：他們不可能與

⑲ 布魯司著《萊因河水源的發現旅行》第四卷四一一頁。

二人或更多的女人結婚；因此，人口缺乏，而未婚婦女增加⑳。但是，在此荒蕪地的人口不足，顯然完全由於食料的缺乏而發生的；於是，即使一男四妻，人口也不會因而長久增加。

據布魯司所說，在阿拉伯的 Felix，各種糧食的價格都很便宜；土地的果實（這是人類的普通食物）是天然產生的；在這樣的地方，多娶幾位老婆，它的費用無異於多置同數的奴隸或僕婢。他們的食物是一樣的。女人一般習慣的服裝，都是藍色的木棉襯衣；這種襯衣的價格，無分上下。他說：而其結果，由於多妻制度，婦女的獨身更受阻礙（比較一妻制度的國家）；而人口增殖四倍㉑。而且，儘管增加四倍，但在阿拉伯的任何地方，似乎沒有眞是人口極爲稠密的。

多妻制度使有夫之婦的人數增加；其有阻止獨身的作用，是無議論餘地的。但是，它可使現實的人口增加至如何程度？這完全是另一問題。這恐將繼續使人口增至迫近食物的界限。不過，由此所生的赤貧（悽慘而無法挽救的），對於產業決非有利的。而且，在似有許多釀成疾病原因存在的氣候之下，這種窮狀，無疑的，是在這些國家所能看到的異常死亡率

⑳ 布魯司：第一卷第十一章二八〇頁。
㉑ 布魯司：第一卷第十一章二八一頁。

的一大原因。

據布魯司所說，由蘇伊士至 Babelmandel 的紅海沿岸，是極不健康的地帶，其中尤以在回歸線之間爲然。當地有所謂 Nedad 的猛烈熱病，其被害最甚；患者普通三天死亡[22]。外國人一來，立即看到其死亡者太多，常懷恐怖。

在近 Jidda 紅海東海岸所有阿拉伯的地域，也是同樣極不健康的[23]。

在岡達（Gondar）熱病經常流行，住民全是面現屍色（the colour of a corpse）[24]。Siré 是世界之一最美國家；但在當地，最惡性的發疹熱病，幾乎時常發生[25]；在亞比西尼亞的低地，一般惡性的間歇熱，奪去許多的人命[26]。又到處天花猖獗；特別是在亞比西尼亞國境的諸民族間，往往使全種族滅亡[27]。

貧困乃與粗食及其隨伴者的不潔，相俟有使惡疾增進的傾向；這是周知的事實；這種慘

---

㉒ 布魯司：第三卷三三頁。

㉓ 布魯司：第一卷二七九頁。

㉔ 布魯司：第三卷一七八頁。

㉕ 布魯司：第三卷一五二頁。

㉖ 同上第四卷二二頁。

㉗ 同上第三卷第三章六八頁。第七章一七八頁。第一卷第十三章三五三頁。

禍大體是普遍的。接近 Gondar 的 Tchagassa，布魯司曾謂：當地雖有三倍的收穫，但住民仍赤貧如洗[28]。又對 Tigré 的首府阿多瓦（Adowa），他也有同樣的敘述；而此還適用到亞比西尼亞的全體農民。土地每年租給最高的投標者（highest bidder）；一般是地主負擔種子，而收取產物的半數。但是據說：對其所冒危險的代價，不再要求四分之一的地主，是極寬大的主人。因此，農民的所得，只夠勉強維持可憐的一家[29]。

Agow 人，在人口的一點上，是亞比西尼亞有數的民族；據布魯司所說，他們生活的窮困，幾乎是不能想像的。他說：許多女人，（皮膚）生皺而且曬焦（wrinkled and sunburnt），看來不像是人；他們背著一個孩子（有時爲兩個），徘徊在炎陽之下，拾取葦草的種子（the seeds of bent grass）。此草可做一種麵包的材料[30]。Agow 的女人，由十一歲開始生育。她們大概都在此時結婚；又在她們之間，不知道有所謂「不妊」（barrenness）的[31]。在 Dixan（亞比西尼亞國境的一都市），販賣孩子是唯一的商業。布

㉘ 布魯司著：第三卷第七章一九五頁。

㉙ 同上第五章一二四頁。

㉚ 布魯司著：第三卷第十九章七三八頁。

㉛ 同上第十九章七三九頁。

魯司說：每年有五百人向阿拉伯輸出；如在饑饉的時候，則其數量增至四倍㉜。

在亞比西尼亞，多妻制度未曾有規則地流行（does not regularly prevail）㉝。布魯司對於此點的所論，稍稍有些奇怪；他說：耶穌教徒雖有許多關於結婚及多妻制度的記述，但是，最確實的，莫過於在亞比西尼亞並無結婚的存在。不過，總之，這顯然是：在亞比西尼亞，幾乎完全沒有獨身的婦女；除受亂交所阻礙的範圍以外，自然的增殖力，幾乎發揮其全副的作用。固然，如由布魯司所述的生活狀態推測，則亂交的結果，一定發生極有力的作用㉞。

由於戰爭的人口障礙，表現得格外厲害。據布魯司所說，這一不幸的國土，在過去四百年間，常爲戰爭所荒廢㉟；而且，野蠻的戰鬥作風，乃使戰禍深刻十倍。布魯司初到亞比西尼亞的時候，曾在各處目擊：曾因 Ras Michael 的進軍岡達而被破壞的村落廢墟（破壞至最低的地基）㊱。他留在當地的時候，曾經發生內亂；當時，『叛徒先化 Dembea 爲荒

㉜同上第三章八八頁。
㉝布魯司著：第三卷第十一章三〇六頁。
㉞同上二九二頁。
㉟布魯司著：第四卷一一九頁。
㊱同上第三卷第七章一九二頁。

地，燒毀了由南至北的平原村落；使由 Michael 至 Fasil，其荒廢有如沙漠。……國王時常登上宮殿的塔頂，感傷地看著其在 Dembea 許多富裕村莊之被焚燒』[37]。在別處又說：『Degwessa 全境，都被蹂躪；住民不分男女老幼，全被殺害；房屋倒地，附近一帶的慘狀，有如洪水之後。國王所有的村落，也陷於同樣的命運；雖然到處聽到求救之聲，但無一人曾經提出任何救濟辦法』[38]。在亞比西尼亞的一州 Maitsha，他曾聽說：因爲本地人民都已在年輕的時候戰死，故如偶然遇到老人，都可視爲外國人（stranger）[39]。

如果布魯司所繪亞比西尼亞的圖畫，多少有點近於眞實，這就有力指示：增殖原則的力量，即在戰爭、疾病及亂交等障礙之下（這些都有過度的作用），而人口猶完全保持於生活資料的水準。

亞比西尼亞附近各民族，都是短命的。據布魯司所說，二十二歲的 Shangalla 女人，比六十歲的歐洲婦女，還要衰老而多皺紋[40]。因此在這些國家，乃與經常移動時代的北方牧畜

---

㊲ 同上第四卷第五章一一二頁。

㊳ 同上第四卷二五八頁。

㊴ 同上第一章一四頁。

㊵ 布魯司著：第二卷五五九頁。

人民一樣，人類的新陳代謝，想是非常迅速的。兩者的不同，只是：我們北方的祖先是死在異鄉，而亞比西尼亞附近的土人是死在故鄉。如在這些民族之間，存有正確的死亡登記簿，則年死亡率——如使包含戰亂犧牲者——不是一般歐洲各國的三四、三六或四〇分之一，至少爲一七或一八分之一；這是無疑的。

布魯司就其歸途所經過的部分地方，他的描寫是：有比亞比西尼亞的狀態更爲可怕的；而且表示：人口與出生數的關係，比較食物的生產（及影響此生產之自然的、政治的諸條件），是如何地稀少。

布魯司說：『六時半，我們到了 Garigana。此處是年前住民已爲饑餓而全滅的村落。他們的枯骨，也無人埋葬；而散亂在過去村落的所在地。我們曾在屍骨之間野營（we encamped among the bones of the dead）。找不到無骨的空地』㊶。

他就其途中所經另一街道或村莊，這樣記載著：『Teawa 的勢力，只有二十五騎兵（horse）。此外的住民一千二百人，乃與其他各村的住民一樣；都是裸體、可憐而且可鄙（naked miserable and despicable）的阿拉伯人。……這是 Teawa 的情形。但是，它的地位，也隨 Daveina Arab 人的决心攻掠而迅速沒落；麥田乃於一夜之間，被那有如雲霞的

---

㊶ 布魯司著：第四卷三四九頁。

騎兵所焚毀、所蹂躪；跡象正與 Garigana 的悲慘村莊一樣；遺留下來的，只有住民的骸骨』[42]。

『從 Teawa 利 Beyla，其間沒有水。曾有一時，在 Indedidema 及其他若干村落，得到井水的給供；他們的所在地，出產了不少的玉蜀黍。但是，入寇的 Daveina 阿拉伯人，破壞了 Indedidema 及其附近的全部村莊，塡埋了他們的水井，燒毀了他們的穀物，曾使所有住民陷於餓死的境界』[43]。

『我們離開孫納（Sennaar）不久，就已開始看到旱魃的影響。穀物未嘗大量播種，而且發育頗遲，剛在地上逐漸發芽。愈向北方走；似乎雨期開始愈遲。當地許多住民，爲做極劣的麵包，而曾撿集草種（grass-seeds）。他們全像骷髏；其食物如此，事所必然。增加旅行的危險與對外國人的反感的，莫過於旅行地食物的缺乏』[44]。

『離開尼羅河約半哩，到了 Eltic（這是在茫茫荒野的北方，爲一偏僻的村莊）。除了河堤覆著樹木以外，全是牧場。在這裡，早已看不到穀物的蒔種。當地住民，乃與上述住民

---

[42] 布魯司：第四卷三五三頁。

[43] 布魯司：第四卷四一一頁。

[44] 布魯司：第四卷五一一頁。

一樣，在悲慘地撿集草種』㊺。

即使是在這種氣候及政治組織之下，如能增加先見、勤勉與安全的程度，那末，他們的境遇，本來仍可大大改善，人口也可大大增殖；但是，如果沒有這些要件，而只出生數增加，則徒加重貧困，難望人口的增加。

曾經極爲繁榮而人口稠密的埃及，情形也是如此。其現在的沉滯狀態，決非由於增殖力的衰退；事實是由於：因爲失去了財產的安全（這是政治極度暴虐的結果），以致勤勉與先見的要素衰落。埃及的增殖力，現在發揮其全幅的作用，使人口達到生活資料的最大水準。因此，即使其力量比較現在增加十倍，人口也已沒有再行增殖的餘地。

諸如大湖、運河及大排水渠等（支配尼羅河；在旱魃的時候，則利用爲供水用的儲水池；在多水的時候，則利用爲防水用的排水渠）古代土木工事的遺蹟，充分表示：過去的埃及人，曾經傾其技術與努力，利用河水的氾濫，使比今天尤爲廣泛的區域，化爲沃地；又在某程度，曾經設法防止由溢水的過多或過少所生的災害（這是目前所常經驗到的）㊻。相傳統治者 **Petronius**，曾以人力補自然的不足（**denied by nature**），使過去氾濫的缺乏的

---

㊺ 布魯司：第四卷五一一頁。

㊻ 布魯司：第三卷第十七章七一〇頁。

不利處境（the disadvantages of such a deficient inundation）（這常成爲饑饉的原因），猶能在埃及全境得到豐收㊼。過度的氾濫，與過度的不足一樣，對於農民是致命的。因此，古代人乃設排水渠，以過剩的水，放流於 Lybia 的乾燥沙地，使沙漠也可爲人類的住所。不過，這些工事，目前完全無法修改，而其利用方法也頗拙劣，所以時常害多於利。這種疏忽（neglect）以及因而產生之生活資料的減少，它的原因，顯然是在政府的極端無智與殘忍以及人民的慘狀。成爲中心勢力的 Mameluke 人，只是想到本身的利益；爲要達到這一目的，他們認爲最簡單的手段，是看到財富，就以暴力，由其所有者予以強奪，此外，則不斷地徵收新而強制的租稅㊽。他們的無智、殘忍與在生活上的不斷危懼，乃使他們絲毫不會想到：國家富裕，是爲其掠奪的良好準備（the better to prepare it for their plunder）。所以，任何土木工事都不能期諸政府；又，任何個人資產家，都避免進行任何「足以暗示資本所有」（might imply the possession of capital）的改良。因爲這將立刻成爲招致一身破滅的原因。在這種情形之下，古代工事之被輕視、土地耕耘的退步，引起生活資料與人口的激減，這是不足爲奇的。但是，三角洲（Delta）受惠於尼羅河的氾濫，它的肥沃是可驚

㊼ Volney 著《旅行記》第一卷第三章三三頁。八開本。

㊽ 同上第十二章一七〇頁。

的。因此，對於土地未嘗投下任何資本，沒有繼承權（因此，幾乎沒有財產權），而比較其面積，猶可支持莫大的人口。故如財產安定而產業的指導得宜，則逐漸改良並發展國內的農業，終於恢復舊日的繁榮，也不是太困難的。對於埃及，我們可以安心地斷言：人口的不足未曾妨礙其產業，實是產業的不足妨礙其人口的增加。

抑制人口於現在稀少的生活資料水準，其直接原因是極明白的。農民所得的生活資料，僅僅足以維持露命（alive）㊾。乏味的麵包〔不用酵素與香料而以 doura（按：麥的一種）製成的麵包〕、生水、生蔥，構成（make up）他們的全部食物。他們最歡喜的肉與脂肪，除非是大節日（great occasions）及比較富裕的人們，是無法吃到的。他們的住所是土造的小屋；外國人進入屋內，將為熱與煙所窒息。而且，由於不潔、濕氣及粗食而發生的疾病，頻繁而猖獗。除了這些肉體的弊害之外，還有不斷的危懼狀態，即對阿拉伯人入寇的憂慮、Mameluke 人的侵襲、家族相傳的復仇精神以及不斷的內亂——這些慘害㊿。

---

㊾ Volney 著《旅行記》第一卷第十二章第一七二頁。

㊿ 同上一七三頁。Volney 對於埃及農民所描寫的這種情形，大體可由關於同一問題的其他所有論著，得到確證。其中，特別是在 Reynier 題為《埃及農業概觀》（*considérations générales sur L'Agriculture de L'Egypte*）（埃及回顧錄第四卷一頁）的好論文上。

一七八三年，鼠疫蔓延；在一七八四年及一七八五年，由於尼羅河的溢水不足，在埃及發生可怕的饑饉。Volney 講到當時窮困的慘狀。開羅（Cairo）街頭開始是充滿了乞丐，不久，他們完全消聲匿跡；他們或已餓死，或已逃亡。許多貧民爲了逃死，而四散於近鄰；因此，敘利亞各地，充滿了埃及人。在街頭及公共場所（public places），全是饑渴瀕死而骨瘦如柴的人；凡可醫療饑餓苦痛的所有極端手段，都被採用；最難吃的食物也被狼吞虎嚥。又，Volney 說曾看到：在舊亞歷山大（Alexandria）的城下，有兩餓鬼，坐在已死的駱駝上面，與狗爭奪腐肉。在此兩年間的人口減退，計爲全住民的六分之一[51]。

---

(51) Volney 著《旅行記》第一卷第十二章第二節。

# 第九章　論在南北西伯利亞對於人口的障礙

亞洲極北部的住民，主要是靠漁業與狩獵爲生。因此，他們之間對於人口的障礙，比較美洲溫帶地方，除了「由於戰爭的障礙很少，由於饑饉的障礙略大」以外，它的性質，與美洲印第安人間一般的情形，是一樣的；這，我們是可容易想像的。de Lesseps 先生，帶了不幸的 Pérouse 的著作，由 Kamtschatka 旅行到彼得斯堡（Petersburg）；他對當地由於糧食的缺乏而常遇到的陰慘光景，有所描繪。他住在 Bolcheretsk（Kamtschatka 的一部落）的時候，曾有如下的記載。『豪雨在當地，爲害甚大。因爲因此引起洪水，而由河川沖走魚類。最使 Kamtschatka 窮人苦惱的饑饉就是這種結果；剛在去年還困擾了沿半島西海岸的全部村落。當地住民，因怕這種災難的一再發生，不得不拋棄故鄉，而舉家遷居於 Kamtschatka 河畔。幸而，這一流域，魚類非常豐富，故有希望進入略爲寬裕的生活。Kasloff 先生（引導 de Lesseps 先生的俄國官吏），雖想沿著西海岸前進，但因得到這種饑饉的報告，乃不得已決定：『與其陷在中途或餓死，不如退回』①。歸途雖取不同的路程，但在途中撬狗幾全餓死；一經倒斃即被其同伴吃光（devoured）②。

Okotsk 是一相當的商業都市，但其住民，也是焦急地（impatience）等待春天 Okhota

---

① 《Kamtschatka 旅行》，第一卷第一四七頁。一七九〇年出版，英譯，八開本。

② 同上二六四頁。

河的解凍。de Lesseps 先生留在當地的時候，乾魚的儲藏幾乎已盡；粗麥（meal）暴漲，一般人無法購買。在汲乾河水捉到許多小魚的時候，看到的住民都大爲歡喜，而且叫喊（and the joy and clamour redoubled at the sight.；按：redoubled，直譯爲增加一倍）。最餓的人，首先分派（the most famished were first served）。de Lesseps 先生嘆息著說：『我看到這些可憐的人們，像餓鬼一樣貪吃的樣子，不禁淚下。……全家族互爭魚肉（fish）；在我們的眼前，生的吃光』（devoured raw before my eyes）③。

全北部西伯利亞，天花甚爲猖獗；據 de Lesseps 先生所說，在 Kamtschatka，土人的四分之三因此死亡④。

Pallas 肯定這種報導；在他講到 Ostiack 人（住在 Obi 河畔，過著與上述相似的生活）時，曾謂：天花在他們之間頗爲蔓延，成爲妨礙他們增殖的主要障礙⑤。在這些種族之間，其異常的天花死亡率，以其住在地面下（underground）的悶熱、汙穢及腐敗的空氣，是毫不稀奇的。Ostiack 人是三、四家族同住在一小屋（hut）；他們悽慘的生活情形，是

---

③《Kamtschatka 旅行》第二卷第二五二、二五三頁。

④《Kamtschatka 旅行》第一卷第一二八頁。

⑤ Pallas 著《旅行記》，第四卷六八頁，四開本，全五卷，一七八八年巴黎出版。

世界上少有的。他們決不洗手，也決不清掃腐敗的殘魚與孩子的糞便。Pallas 說：由此推測，他們小屋的如何惡臭、瘴氣及潮濕，是不難想像的⑥。他們很少是有許多孩子的，很少看到一家有三、四個孩子的。Pallas 認爲這原因是在：營養粗劣，夭折者多⑦。此外，恐怕還有別的原因，那就是，婦女所受慘澹而勞苦的生活。這種生活確是妨礙多產的⑧。

Pallas 認爲：Samoyede 人，比較 Ostiack 人，因在冬天，遠爲活動（對於狩獵），故雖並不這樣齷齪，但其婦女的境遇，則更悲慘。因此，由於這種原因的人口障礙，定亦較大⑨。

棲息於這種冷酷天地的大部分土人，繼續著與上述略相類似的悲慘生活。因此，記之亦徒重複而已。由上所述，對於抑制（keep）這些陰慘地方的現在人口（於其貧乏生活資料的水準），其主要障礙爲何？也已不難揣摩。

據俄國旅行家所述：西伯利亞南部的一部分及 Wolga 流域地方，土壤異常肥沃。土地

---

⑥ 同上六〇頁。
⑦ 同上七二頁。
⑧ 同上六〇頁。
⑨ Pallas：前揭書九二頁。

全由豐沃的黑土所構成；這種黑土，不但沒有施肥的必要，毋寧是肥到不能施肥。即如施肥，則穀物的生長過於繁茂，以致伏地腐敗。爲了恢復這種土地的肥度，唯一的方法，是每三年一次的休耕。據說：如果反覆使用這一方法，有些土地的地力決不枯竭[10]。而且，雖然是有這樣可以獲得豐富食料的便利，但是這些地方，很多是人口稀薄；沒有一個地方，其人口稠密，有如土地的性質所能期待的。

如此各國，正如 James Steuart 先生所說，是一所謂『增殖精神不可能』（moral impossibility of increasing）的例子[11]。如果由於政府的性質或人民的習慣，使新農地的開拓或舊農場的細分受到困難，那末，即使正在似乎物質充沛的時候，也可使部分社會苦於缺乏。一國並非只須具有豐富的食物生產力，而且必須其社會狀態，使此食糧得以適當分配。因此，在這些國家，其人口增加的趨勢，所以不免遲緩，畢竟因爲；對於勞動需要的稀少，妨礙土地生產物的分配；確是，只要土地的分割不變，則在下層人民均霑土地的豐富產物上，除了參加上述的分配以外，別無方法。農業方法非常簡單，它不需要太多的勞動者。在某些地方，只在休耕地上散布種子[12]。蕎麥是一般的作物；雖其蒔植是極稀疏，但一

---

⑩ Pallas：第四卷第五頁。

⑪《經濟學》（Polit Econ.）第一篇第五章三〇頁。四開本。

⑫ Pallas 著《旅行記》第一卷二五〇頁。

次播種，猶可保持五、六年的效力，每年生產最初量（original quantity）的十二倍至十五倍。在收穫時落下的種子，已夠明年之用，只須到了春天，平地一次，就已足夠。而且，這種方法，可以續繼至地力開始減退時止。因此，對於西伯利亞平原的怠惰住民，沒有能比這種穀物的栽培更適當的⑬；這種說法是不錯的。

農業組織如此，而製造工業又幾乎或完全沒有，所以對於勞動的需要，一定是極容易充足的。穀物的價格雖很低廉，但勞動的價格當更低廉。即：農業者對其子女們，雖可給與充分的食物，但他所使用的工人，他們的工資就不足以使其家族安樂地生活。

如果我們顧慮所謂「比較土地的豐饒而人口不足」，對於孩子給與補助金，使勞動者能夠養育許多的家族，而努力予以矯正，則其結果如何？這樣，恐怕沒有一人，會需要出現於市場的過剩勞動者。即使一 penny 已夠每人每天的生活費，但是對於他們，恐怕誰都不會出一 farthing（四分之一 penny）的。農業者靠其家族以及過去使用的一、二勞動者，可以做他所要做的一切事情（在耕作上，他認爲必要的一切事情）。此即：過剩勞動者，對於農業者全無用處。因此，農業者不會只是爲對他們給與食物，而克服其天性的怠惰，進行更大的困難事業。在此情況之下，對於工業勞動的有限需要滿足以後，其餘的命運，則將如

⑬《俄羅斯的各種發現》第四卷三三九頁。八開本，全四卷，伯恩出版。

何？實際是：他們仍像生活在不毛的沙漠一樣，無法獲得衣食。因此，他們或則移住於有其勞動需要的別國，或則在窮困之下悲慘地滅亡。即使幸而獲得有限的食物得免餓死，但因可以使用其勞動的機會，缺乏而且不多（scanty and only），故其自己的生活雖可解決，但顯然無力結婚，使其人口繼續增加。

即使是在耕作最進步、人口最稠密的歐洲各國，如果土地與農場是像現在地分割，而同時未有商工的發達，那就完全沒有發展耕作的動機；因此，由於勞動的需要並不存在，故恐人口將在很久以前就已停滯；而且，此處所述地方的過度肥沃，顯然不使生活的困難減輕，而反使其惡化。

也許可以這樣說：如果尚有廣大而未墾的肥沃土地存在，那末，像在美洲一樣，必有新的殖民與新的分割；過剩的人口會出產（raise）自己的食物，而且創造（generate）對此食物的需要。

無疑的，它的發生要在有利的條件之下。例如，第一：土地的性質，不但能提供穀物，且能提供其他各種資本的材料。第二：這種土地，得以小額購買；又，財產是在自由政府的保護之下。而且，第三：須在一般人民之間，盛行勤勉與儲蓄的風氣。如果其中缺一，則人口增加的趨勢，根本受到阻礙，或全被停止。例如：任何可以得到豐富收穫的土地，要是缺乏森林或水，對於大規模的殖民，也有全不相宜的。要是農場借地權（the tenures on which farms），是不確實的，或是退步的，則個人的儲蓄，就不容易投在土地上。最後，任何生產的便利（facility of production），在怠惰與短視的積習（under inveterate habits of indolence and want of foresight）之下，也有不能帶來生活必需品的長久增加及其適當的分配的。

上述有利的條件，在西伯利亞未曾具備；這是顯然的。而且，即使在地質上，沒有需要改良的物質缺點，但在急速的人口增加的途上所有政治及精神的困難，雖以最善的努力（the best-directed efforts），也非容易可以征服。在美洲，農業資本的急激增加，不少是靠儲蓄（由於普通勞動的高工資的）。一血氣方剛的青年，如去內地自行經營農場，至少要有三、四十萬鎊的現金。這點金額，像在勞動需要多、而工資高的美洲，二、三年內是容易儲蓄的。反之，對於西伯利亞的過剩勞動者，直至建造住宅、購買家畜及工具、而且整理新地、使其能有充分的收穫止，要積集可以充當生活費用等的資本，是極困難的。即使是農家的孩子，長成的時候，要獲得這些必需的資本，也不容易。在穀物市場非常狹隘、穀物價格非常低廉的社會，耕作者常是窮困的；他們即使可以簡單的食物充分養活其家族，但是，他們要儲蓄這樣的資本（分給孩子們，使其著手處女地的開拓），是不可能的。這一必需的資本雖然實在不多，但是，恐怕農業者連此不多的金額，都難獲得。這是因爲：即使穀物非常豐收，也不能找到買主⑭；因此，無法使其收穫物轉變爲某種長久的物資（使其孩子們今後可以獲得與此等價的食物或勞動）⑮。這樣，他們大多滿足於生產少數的穀物（僅夠對付一家目前的需要與平常交易的狹隘市場）。家族多的時候，一般的孩子們恐要淪爲勞動者，與上述勞動者一樣，由於生活資料的不足，致其增殖受到阻礙。

因爲這種關係，故在這些地方，使其人口增殖所缺乏的，不是對於生產及養育的直接獎勵，實爲改善土地生產物的分配方法，藉以創造對於土地生產物的有效需要。而且，爲要達到這種目的，只有賴於：移入製造業、喚起農民對於製造業的興趣，藉以擴大國內市場。

已經去世的俄國女皇，對於工農業者一體獎勵；對於從事該兩業的外國人，在一定期間，完全無息借給資本⑯。過去 Peter 一世的績業，加上這些妥當的努力，當然收到了很大的效果；過去數世紀，人口停滯或增殖極慢而在睡眠狀態的俄國領土，其中特別是亞洲方

---

⑭「因爲大部分的住民都是農民，自養家畜，故在國內的銷路甚狹」。——Pallas 著《旅行記》第四章四頁。

⑮除了此處所述的原因之外，最近我還聽說：『當地這一肥沃而廣漠的土地，其被置於未耕狀態的主要原因，乃是蝗蟲的災害。蝗群在一定的時候，充滿了這一地方，無法保護穀物的被害』。

⑯ Tooke 著《俄羅斯帝國觀》（View of the Russian Empire）第二卷二四二頁。這種吸引外人的主要結果，是以自由民代替了奴隸，以德國的勤勉代替了俄國的懶惰。但是，以機械的形態而被輸入的資本，也有很大的效果；此外，工業生產物的廉價，多少乃使農民對此發生興趣。

面，最近忽然開始活動。西伯利亞的肥沃地方，比較其地力的良好，似乎人口今猶不足，但在其中的某些地方，農業頗爲繁榮，出產許多穀物。在一七九六年大荒的時候，Isetsk縣儘管收穫減少，但仍一方使鄰近各州都能免於饑饉的恐怖，同時，還能對烏拉（Ural）的鑄造所（founderies）與鐵工場（forges），供給穀物（像與平常一樣）⑰。又在葉尼塞（Yenissey）河畔的克拉斯諾雅斯克（Krasnoyarsk）地方，儘管住民有怠惰與好酒的習慣，但是穀物豐富，未有發生大饑饉的紀錄⑱。Pallas說：西伯利亞在不足二百年以前，是全不知道的荒野；在人口的一點上，還遠劣於北美的沙漠地方；現在，如此地被開墾，俄人的數量逐漸遠多於土人；這一光景大可一驚⑲；這話是不錯的。

Pallas留在西伯利亞的時候，這些肥沃的地方，特別是在克拉斯諾雅斯克附近，糧食格外便宜。例如：一pood、即四十鎊的小麥，約賣二辨士半；一頭牡牛是賣五、六先令，一頭牝牛是賣三、四先令⑳。這種不自然的廉價，畢竟因爲土地生產物的銷路狹隘；產業不振

⑰ Pallas著《旅行記》第三卷一〇頁。

⑱ 同上第四卷第三頁。

⑲ 同上第六頁。

⑳ Pallas著《旅行記》第四卷第三頁。

的主要原因，恐即在此。但是，此後價格大爲上升[21]。所以，由此推測可以斷言：過去的缺陷，已經大爲彌補，人口也已急速增加。

但是，Pallas 表示不滿；即：女皇想在西伯利亞殖民的意志，時常不爲其官吏所執行，而且，應該首當其衝的地主們，其所送出的殖民者，在年齡、疾病及勤勉的習慣上，不論由任何一點看來，都是與其目的不相稱的[22]。據 Pallas 所說，即使是在 Wolga 地方殖民的德國人，也缺乏最後的一點（按：指勤勉的習慣）[23]。但此一點，是殖民最不可缺的一要素。實在可以斷言：勤勉的輸入，比較只是輸入許多男女，對於一國的人口，是無限地重要。如果能於一瞬之間，改變全部人民的習慣，可以隨意指導其勤勞，則沒有政府會出於吸收外國移民。但要改變爲時已久的習慣，這是難之又難。西伯利亞的農奴，要有英國勞動者的勤勉與活動，即使在最有利的條件之下，也得有多年的歲月。俄國政府雖然不斷地努力，想使西伯利亞的遊牧民族趨向於農業，但是，他們大多是頑強地繼續反抗（對於一切計劃想使他們

[21] Tooke 著《俄羅斯帝國觀》第三卷二三九頁。

[22] Pallas 著《旅行記》第五卷五頁。

[23] 同上二五三頁。

脫離其有害的懶惰）[24]。

此外還有一些障礙，阻止俄國殖民地人口的急激增加，使人口增殖力無法發揮其全幅的作用。西伯利亞的部分低地，是潮濕、瘴癘的不健康地[25]；家畜病的爲害也很大[26]。Wolga附近，雖然土地（自然的）肥沃，但因旱魃頻繁，以致每三年很少有一次以上是豐收的[27]。薩拉多夫（Saratof）的殖民者，由此原因，不得不在此住了幾年後再尋求其他地方；超過百萬盧布的房屋建築費，完全變成了女皇的負擔[28]。爲了安全或便利，各殖民地的房屋，

---

㉔ Tooke 著《俄羅斯帝國觀》第三卷三一三頁。

㉕ Pallas 著《旅行記》第三卷一六頁。在增殖力沒有發揮全幅作用的各國，不良的氣候及流行病，對於平均人口，雖無太大的影響；但是，在情況不同的新殖民地，這些是由根本阻礙人口增殖的趨勢。此事，未經充分了解，在人口停滯或增加極慢的各國，如果上述直接障礙，都繼續其作用，則不論以如何豐富的糧食，也難望使人口根本地增加。但是，這些豐富糧食所發生的確實作用，它的進行，是靠減少過去所有的直接障礙。不過，由於變更習慣的困難，或由於土地上或風土上的不利條件，其所殘存的障礙，仍舊繼續其作用，阻止增殖力發揮全幅的作用。

㉖ Pallas 著《旅行記》第三卷一七頁。第五卷四一一頁。

㉗ 同上第五卷二五二頁以下。

㉘ Tooke 著《俄羅斯帝國觀》第二卷二四五頁。

都以密集的（或近於密集的）方法建築，並不散布在各處的農場。因此，村落的附近立刻土地不足；但遠處則仍不免耕作有欠完全。Pallas 在 Kotschesnaia 殖民地，看到這種現象；女皇曾經提議：以部分殖民者移居於其他地方，可使殘留者的生活比較好些（the remainder might be left more at their ease）[29]。這種提議似已證明：這種自發的分割（that spontaneous divisions of this king）極少實行；而且，對於殖民地的青年，使其自思殖民以扶養新的家族，這未必容易。在 Sarepta 的 Moravian 宗教團的盛大殖民地，青年男女們，未得牧師的許可不能結婚；而且據說：這種許可，非達相當的年齡，是得不到的[30]。由此可知：即在這些新殖民地，在對人口增殖的妨礙之內，預防的障礙，也有部分的作用。的確，人口之能急激增加，只有是在普通勞動的眞實工資極高的地方（像在美洲一樣）。如由俄領西伯利亞的社會狀態，又由生產物的銷路缺乏（此爲其社會狀態的結果）判斷，則上述結果（通常是隨伴於新殖民，且爲其人口急激增殖的原動力），它的發生，其程度是不大的（does not take place in any considerable degree）[31]。

---

[29] Pallas 著《旅行記》，第五卷二五三頁。

[30] 同上一七五頁。

[31] 抑壓西伯利亞人口的原因，當還有爲 Pallas 所未講到的。一般，對於人口的所有直接障礙（對此，雖然我

已講過；但在後章，還會講起），是有可注意的。此即：關於人口現狀的正確推定，決不能求之於過去的經驗。因爲：這些障礙的作用範圍及其阻礙生殖力的程度，顯然是無法確定的。在兩個不同國家所有的障礙，即使其種類看來完全相同，但如其程度有所不同，則兩國的增殖率，當然完全兩樣。因此，我們除了採取與物理研究同樣的方法以外，別無他途。換句話說，最初是觀察事實，其次是按照所能蒐集的最善根據而加以說明；只有如此而已。

# 第十章　論在土耳其領地及波斯對於人口的障礙

在土耳其領土的亞洲部分，根據旅行者的報告，尋求對當地人口的障礙及其目前衰微的跡象，並不困難。而且，土耳其人，不論其住在亞洲與住在歐洲，他們的習俗，幾無差別；所以，對於兩者也無分題討論的必要。

土耳其的人口，就其領土的廣闊來說，比率是很低的；其主要原因，無疑的，是在政治的性質。其政府的專橫、低能、各種惡法及其更惡的運用（its bad laws and worse administration of them），乃與財產的不安（這是其當然的結果）互相爲用，而予農業以絕大的障礙；因此，生活資料逐年減少；同時，人口也非隨以減少不可。miri，即向國王繳納的一般地稅，其本身並不苛重[1]。但是，由於土耳其政府向來的弊竇（abuses inherent），都督及其部屬們，想出了化 miri 爲誅斂的手段。固然，他們不能（根本的）改變國王設置的租稅，但是，引進許多的改變（changes）；雖無增稅之名，而事實則有增稅的各種結果[2]。據 Volney 所說，他們在敘利亞，掌握大半的土地，而在出租的時候，附以苛酷的條件；搾取收穫的半數，有時爲其三分之二。收穫一經完畢，他們羅列任意的理由，主張自己的損失；靠著手中的權力，徵收其自以爲適當的（數額）。即在荒年，仍舊搾取同

① Volney 著《旅行記》第二卷第三十七章三七三頁。八開本，一七八七年出版。

② 同上三七三頁。

樣的數額，又使貧民不得不完全出賣其所有物。除了這種不斷的壓迫之外，還有許多臨時的誅求。有時，爲了事實上的違反；有時，只是爲了違反的嫌疑，可向全村處以罰金。每逢爲了治者交替，任意強取禮物；爲了他的馬，而要求牧草、大麥及麥稈（grass，barley and straw are demanded for his horses）；此外，因使執行命令的士兵們，取食於（live upon）快要餓死的農民，所以手續費特別多（commissions are multiplied）；而士兵對付農民的態度，確是極其傲慢而不法（insolence and injustice）的③。

這種掠奪的結果，平民破產；早已無力繳納 miri；或則淪爲村落之一負擔（a burden to the village），或則乃向都市逃亡（or fly into the cities）。但是，因爲 miri 是不可變動的（unalterable），故非於何處找到所定的數額不可。因此，這樣被迫離開故鄉的平民，他們的負擔額，都落在殘留住民（remaining inhabitants）的身上；他們的負擔，最初雖然輕微，現也變爲難堪的重荷，如果旱魃與饑饉繼續兩年，則一村完全破滅與荒廢；其應繳的稅金，則徵諸附近的土地④。

與上述同樣的作風，也行於對基督教徒的租稅；即由上述手段，乃使最初所定的三、

③ 同上三七四頁。

④ Volney 著《旅行記》第二卷第三十七章三七五頁。

五、一一 piastre 提高到三五及四〇 piastre；因此，負擔者淪於赤貧如洗的深淵，終於不得不離開這一國家。這些誅求，據說在過去四十年間，曾經急激擴大。農業的衰頹、人口的減少，輸向君士坦丁堡（Constantinople）現金數量的減退，就從這一時候開始⑤。

農民的食物，逐漸粗劣；終至任何地方，幾乎都淪爲大麥製的小煎餅，即 doura 及蔥、扁豆與水。爲了不使喪失一粒穀物，乃讓各種野生穀物（wild grain）留在穀物之內；因此，時常產生不良的結果。荒年的時候，他們是在黎巴嫩（Lebanon）與那布勒斯（Nablous）山上，採集堅果（gather the acorns from the oaks），煮而（或在灰中燒而）食之⑥。

這種窮困的自然結果，是耕作技術迄今猶在最可悲觀的狀態。農民幾乎沒有工具；偶而有之也很簡陋。犁，往往只是切取其叉向下的樹枝；且其使用，並無輪車（wheels）。在耕耘時，是用驢馬與牝牛；雖然間或使用牡牛，但這表示非常的富裕。在像巴力斯坦（Palestine）般受阿拉伯人威脅的地方，農民必須手帶小槍播種。因此，穀物在尚未成熟的時候，就已割取；而以此藏匿在地洞之內。播種的穀物則儘量少用；這是因爲：農民所

---

⑤ Volney 著《旅行記》第二卷第三十七章三七六頁。

⑥ Volney 著《旅行記》第二卷第三十七章三七七頁。

栽植的，只是眞正爲維持其生活所必需的。他們的勞動，只是爲了滿足其目前的需要。而且，爲了獲得有限的麵包、蔥、一件藍色的襯衫及少量的毛織物，毋需很多的勞動。『因此，農民的生活是悽慘的。但是，即使如此，他們絲毫未曾使其暴君富裕；而且，這種虐政的貪婪，終於自受處罰』（and the avarice of despotism is its own punishment）⑦。

上述情形，雖爲 Volney 對敘利亞農民狀態的描寫，但是，凡曾遍歷這些國家的旅行家，都可予以肯定；而且，照 Eton 的說法，這種描寫，對於土耳其各領地大部分的農民狀態，都是極近於事實⑧。各種官職，都被公開出賣（the offices of every denomination are set up to public sale）；又，所有地位的配置，則取決於宮廷的謀略；一切事情都取決於賄賂。因此，派在地方的都督，極度發揮誅求的權力。但是，他們常被其直屬的官吏所推翻；而後者則又爲其屬下保留掠奪的餘地⑨。

都督爲了支付貢品（tribute），又爲了彌補其購買官職的費用與保持威嚴，更爲了以備萬一，所以不得不徵集金錢。而且，他文武（both military and civil）全權，集於一身

---

⑦ Volney 著《旅行記》第二卷第三十七章三七九頁。

⑧ Eton 著《土耳其帝國》（Turkish Emp.）第八章。第二版，一七九九年出版。

⑨ 同上第二章五五頁。

（因爲他是國王的代表）；他可自由採用任何手段，總以爲愈快愈好（the quickest are invariably considered as the best）⑩。因爲明天的事不易預料，所以，他以其管區視爲一時的所有物；如屬可能，他要在一天割取幾年的果實；對其繼任者的麻煩或對永久財源的傷害，毫不介意⑪。

農民，定比都市住民容易多受這種掠奪。農民，在其職業的性質上，定住在一處，而且土地生產物不易隱蔽。加以，借地權及繼承權有欠安定；父親死了，遺產歸於國王，孩子們非出許多的金錢不能取回。這樣的考慮（considerations），自然對於土地財產不感興趣。田園荒蕪，誰都爭趨都市。因在都市，普通不僅得到較好的待遇，且有希望逃出貪婪主人的注意，而獲得比較容易隱藏的某類財產⑫。

促成農業毀滅（to complete the ruin of agriculture）的，是就各種情況，規定最高價格；使農民以一定的價格向都市提供穀物。在全國的主要都市，經常保持穀價低廉，這是土耳其政策的方針；它的起因，則爲政府的力量薄弱，憂慮民眾的騷擾。在荒年的時候，稍微

⑩ Volney 著《旅行記》第三十三章三四七頁。

⑪ 同上三五〇頁。

⑫ Volney 著《旅行記》第二卷第三十六章三六九頁。

藏有穀物的人，乃使以一定的價格出賣，違者處死（under pain of death）。如其近鄰都無穀物，則向別的地方掠奪⑬。這樣，一旦君士坦丁堡食料不足，爲了對其供給這種食料，恐怕要使十州饑饉⑭。在大馬士革（Damascus），當一七八四年的饑饉之時，市民對於一磅麵包，只付一 penny 的銅幣，但各村的農民則全餓死⑮。

上述政府的方針，對於農業的結果如何？這毋須多說。生活資料減少的各種原因，是很明白的。而且，抑止人口於已如如此減少的資源水準，它的障礙，也幾乎與其原因一樣，可以同等的確實性而探知的；恐怕可說：這包含幾爲人們所知的一切罪惡及貧困。

據說：一般基督教徒的家庭，其孩子的人數，反多於實行多妻主義之回教徒的家庭⑯。這不能不說是異常的事實。因爲：多妻主義由於婦女的不平等分配，對於全國的人口雖然是不利的；但是，多妻的男人，比較一妻的男人，可有較多的孩子；這是理所當然的。Volney 認爲：這原因，主要是在由於多妻主義的實行與過度的早婚，乃使土耳其人早衰，

⑬ Volney 著《旅行記》第二卷第三十八章三八頁。
⑭ 同上第三十三章三四五頁。
⑮ 同上第三十八章三八一頁。
⑯ Eton 著《土耳其帝國》第七章二七五頁。

很多人到了三十歲就已喪失生殖能力[17]。Eton 指摘：一違反自然的罪惡瀰漫於不少的民眾之間；他以此爲對於人口的一種障礙[18]。但是，他所舉人口減退的五大原因，則如下述：

(1)帝國一定無法肅清的鼠疫。

(2)鼠疫之後——至少在亞洲——幾乎是常發生的可怕混亂。

(3)時常襲擊帝國亞洲部分的流行病與風土病；它的慘害，不亞於鼠疫。

(4)饑饉。

(5)而最後是常隨饑饉而發生，且其死亡率遠高於饑饉的各種疾病[19]。

後來，他評述帝國各地鼠疫的慘禍，而結論謂：如果回教徒的人口已經減少，那末，這種結果的產生，僅此一原因，已經足夠[20]；又如事態繼續現在的趨勢發展，則土耳其的人口，今後不出一世紀就要消滅[21]。但是，這種推定與其有關的計算，無疑是錯誤的。在高死亡率的時期與時期之間（in the intervals of these periods of mortality），人口的增加率，

---

⑰ Volney 著《旅行記》第二卷第十一章四四五頁。

⑱ Eton 著《土耳其帝國》第七章二七五頁。

⑲ 同上二六四頁。

⑳ Eton 著《土耳其帝國》第七章二九一頁。

㉑ 同上二八〇頁。

恐還大於他所看到的。同時應當注意的：農民的勞動，僅止於爲滿足其本身必需的程度；他只爲防止一身的饑餓而蒔種，他無法積蓄任何剩餘生產物；在這樣的國家，多數人命的損失，是不能容易恢復的。這是因爲：由人口減退所生的自然結果，比較產業普及而財產安固的各國，其能感覺的程度不大。

據波斯的立法者瑣羅亞斯德（Zoroaster）所說：植樹、耕耘、生殖，這是可以讚賞的行爲。但由旅行家的報導看來，多數的下層人民，要獲得此最後所舉的各種名譽，是不容易的。而且，即在這種情形之下，也與在其他無數情形之下一樣，個人的私利修正著立法者的迷妄（and in this instance, as in numberless others, the private interest of the individual corrects errors of the legislator）。John Chardin 爵士說：在波斯，結婚需要許多的費用；除了資產家，都怕破產而不願結婚[22]。俄國的旅行家們，似亦承認這一記事；有謂：下層階級難免晚婚；早婚只限於富人之間[23]。

這種可怕的動亂，幾百年間，不絕地發生於波斯；它對該國的農業，一定給與了致命傷。沒有內憂外患的期間，眞是短而且少；即使是在太平的時候，國境各州也不絕地受到韃

---

㉒ John Chardin 爵士的旅行記。赫黎斯編著《紀行集》（Collect）第三卷第二章八七〇頁。

㉓ 《俄羅斯的各種發現》第二卷第二九三頁。

靼人的掠奪。

這種狀態的結果，與我們的預料正相一致。據 John Chardin 爵士所說：在波斯，未耕地與既耕地的比例，是十對一㉔。而且，國王屬下的官吏及個人的地主，其對農民出借土地的方法，由產業復興政策的立場看來，是有遺憾的。加以波斯的穀物，頗受降雹、旱魃、蝗蟲及其他昆蟲的侵害㉕；這對資本投於土地耕作，恐有妨礙的傾向。

鼠疫未在波斯發生。但是，據俄國的旅行家們所說，天花極爲猖獗，它造成了致命的荒廢㉖。

關於對波斯人口的障礙，沒有更加詳論的必要。這是因爲：這些乃與上述關於土耳其領土的障礙，幾乎是一樣的。在土耳其，鼠疫慘害之烈；這可以說：與波斯的內亂頻仍，略相平均。

---

㉔ Chardin 著《旅行記》。赫黎斯編著《紀行集》第三卷第二章九〇二頁。

㉕ 同上。

㉖《俄羅斯的各種發現》第二卷三七七頁。

# 第十一章　論在印度斯坦及西藏對於人口的障礙

在 W. Jones 爵士所譯、印度的立法者 Menu 所著的印度法典（*Institutes of Hindu Law*）中，結婚大受獎勵，男系繼承人被解釋爲最重要的目的物（an object of the first importance）。

『人因兒子，而勝於全人民（by a son a man obtains victory over all people）；人因兒子的兒子而享受不死（by a son's son he enjoys immortality）；而且，人因孫子的兒子而死後升天（and afterwards by the son of that grandson he reaches the solar abode）』。

『兒子因從名爲 Put 的地獄拯救父親，故被 Brahma 親自稱爲 puttra』（since the son delivers his father from the hell, named Put, he was therefore called puttra, by Brahma himself）①。

關於各種不同的婚禮，Menu 曾各給與特定的品級（has as cribed particular qualities to each）。

---

① William Jones 爵士的《全集》（Works）第三卷第九章三五四頁。修道院長 Raynal 在論印度法典時曾謂：『人口是極神聖的，最原始的義務；換句話說，是自然的秩序；所以，爲了促成結婚而有欺瞞、虛言或僞誓，乃是法律所許可的』。《印度史》（Hist des Indes）第一卷第一章八一頁。八開本，全一〇冊，巴黎一七九五年出版。

『*Bárhmi* 或第一位婚禮的妻，她生的兒子，如有德行，則超度十位祖先、十位子孫及第二十一位的他自己』。

『*Daiva* 婚禮的妻，她生的兒子，超度尊親族與卑親族各七位；*Arsha* 婚禮的妻，她生的兒子，超度各三位；*Prájápatya* 婚禮的妻，她生的兒子，超度各六位』[②]。

家事管理者（housekeeper），被認是在最高的地位。

『聖僧、靈魂、諸神、妖精及賓客都爲家長祈禱福祉』[③]。兄結婚在弟之後，特別被算入可忌的人類[④]。

這種法典，必然視結婚爲一宗教的義務。而其如此熱心追求的目的物，與其說是子孫眾多，毋寧似爲男系繼承者的連續。

『父親有一兒子，是已償清其對祖先的負債』。

『父親，只有一個兒子（他由這個兒子的出生而償清負債；經過這個兒子得到不死）的出生，是由於義務的觀念；其他一切的兒子，都是賢者由快樂之心（from love of

---

② William Jones 爵士的《全集》第三卷第三章一二四頁。

③ William Jones 爵士的《全集》第三卷第三章一三〇頁。

④ 同上一四一頁。

pleasure）而使出生的』⑤。

寡婦，有時可由亡夫的兄弟或其所指定的親族扶養一個兒子；但在任何情形之下，不許扶養第二個兒子。『指定的第一目的，因爲是根據法律可以獲得的，故此兄弟姊妹都得和睦，有如父女住在一起』（the first object of the appointment being obtained according to law, both the brother and sister must live together like a father and daughter by affinity）⑥。

Menu 法典，幾乎到處都在極力排斥各種的淫慾（sensuality）；而對貞操，則被誨爲宗教的義務。

『凡沉溺於肉體快樂的人，定招罪業；反之，凡能克服肉體快樂的人，則享上天的祝福』。

『任何人，即使獲得這些一切的滿足；又，任何人，即使完全拋棄這些；一切快樂的拋棄，遠勝於一切快樂的獲得』⑦。

---

⑤ William Jones 爵士的《全集》第三卷第九章三四〇頁。

⑥ William Jones 爵士的《全集》第三卷第九章三四三頁。

⑦ William jones 爵士的《全集》第三卷第二章九六頁。

這種文句，對於上述的增殖獎勵，具有相當程度的抵消傾向；使部分宗教心濃厚的人士，在有了一個兒子之後，不想再有兒子；或則，比較沒有這些禁令的時候，更滿足於停留在獨身狀態；這是我們可以當然想像的。嚴格的、絕對的貞操，似乎確可壓倒具有子孫的義務。

『無數的婆羅門（Brahmins），從少避免肉慾；雖然全家不留一子孫，但已升天』。

『又與這些禁慾男子一樣，貞淑的妻，即使不生孩子，丈夫死後，如果持身虔敬而嚴格，則亦升天』[8]。

雖如上述，可爲亡夫扶養兄弟或其他親族爲嗣子，但此只適用於隸屬階級（servile class）的婦女[9]。比較上流階級的婦女，除了丈夫以外，不但不能提起其他男人的名字，而且『直至死亡時止，應當不斷地寬恕一切的罪障，履行嚴格的義務，避免一切肉慾的娛樂，快活地實踐無比的德行』（cheerfully practising the incomparable rules of virtue）[10]。

關於情慾的支配，除了這些嚴格的教訓以外，恐怕還有其他事情，是以妨礙獎勵結婚的

---

⑧ William Jones 爵士的《全集》第三卷第五章二二一頁。
⑨ William Jones 爵士的《全集》第三卷第九章三四三頁。
⑩ 同上第五章二二一頁。

法令發生全幅的作用。

人民的階級區別與同一家族對同一職業的世襲，乃向各人明白而截然地（clear and distinct）指示：其未來生活的希望；而且，由父親的收入可以容易判斷：他以同一職業是否果能支持一家。固然，一個人在與其階級相當的職業上無法謀生的時候，在某種限制之下，可於其他職業尋求生計；但是，在此權宜的方法上，似乎附帶著某種的恥辱；這樣由自己的階級墜落（thus to fall from their class），這樣使生活狀態降低，在此顯然的情況之下，多數人就不會冒此危險而結婚。

加以，妻的選擇似很困難。男子如不暫緩結婚，將不可能找到與立法者的規定正相符合的配偶。十種特殊家族，不論其如何豪華，又不論其如何富於牡牛、山羊、羊、黃金及穀物，都得特別迴避。頭髮過少或過多的姑娘、歡喜饒舌的姑娘、眼睛不好的姑娘、名字不好或有何疾病的姑娘、沒有兄弟或父親在社會上無名的姑娘，其他還有幾種姑娘，都被排斥。所以，如果必須選擇『姿態沒有缺點、具有好的名字、走路優美有如 phenicopteros（按：爲鳥之一種）或小象、毛髮適量而齒牙端正、體軀纖細而柔軟的姑娘』，則此選擇，就受某種程度的限制⑪。

⑪ William Jones 爵士的《全集》第三卷第三章一二○頁。

不論尋求適當的配偶如何困難，但像婆羅門或 Cshatriya 娶奴隸階級的婦女爲妻，這樣的實例，在任何古代的傳說中都未存在；此似暗示這種困難曾經時常發生[12]。

由 Hindoo 的習慣所發生，對結婚的另一障礙，是未婚之兄，置其全部之弟於同樣的未婚狀態，即所謂幽禁（confine）。這是因爲：在兄以前結婚的弟，是招致汙名，是被列爲應受排斥之人（who ought to be shunned）[13]。

立法者對於印度婦女的習慣與性癖（manners and dispositions），其所描寫的特徵，是極不利的。他以嚴峻的口調敘述，其中，乃有如下的一節。『由於她們對男子的情慾、浮動、輕薄以及乖張的性質，致在現世，不論如何嚴重地監視她們，而仍轉瞬之間爲其丈夫所疏遠』[14]。

如果這種特性是事實，則其發生，恐是由於：她們未有絲毫的自由[15]及因多妻制度對於她們的輕賤。但無論如何，上述文句，雖是禁止通姦的法典，然爲男女之間盛行私通的明白

⑫ William Jones 爵士的《全集》第三卷第三章一二一頁。
⑬ William Jones 爵士的《全集》第三卷第三章一四一頁。
⑭ William Jones 爵士的《全集》第三卷第九章三三七頁。
⑮ William Jones 爵士的《全集》第三卷第五章二一九頁。

證據。這種法典註明：對於舞蹈者與歌唱者（或靠妻的賣淫而生活的下賤者）的妻，並不適用⑯。由此可知：這種特徵是普通的，它在某程度已被承認。此外，富者之間的多妻習慣⑰，時使下層人民娶妻困難；這種困難，恐怕主要激烈地落在已墜於奴隸狀態者的頭上。

綜合這種事情，似乎在印度對於人口的障礙之內，確是含有預防的障礙。但是，如由一般的風俗及輿論推察，則早婚之風，還常盛行；有理由可以相信：任何人，如有極少的機會可以扶養一家，無不想即結婚。而其自然的結果，乃使下層階級沉淪於極端的窮困，不得不採用最節儉而貧乏的生活方法。這種節約的風氣更加擴大，也就相當地傳播至上流階級。因爲這被視爲一最高的道德⑱。這樣，人口乃有力地迫近生活資料的界限；大部分的人民，其所得的食物，只夠勉強維持生命。在此狀態之下，每逢荒年人民就有塗炭之苦；印度，終於在任何時代，都不免有最可怕的饑饉。

Menu 法典，特別以其一部分，討論窮困時的問題；它告訴各階級，在這種時候應如何

⑯ 同上第八章三二五頁。
⑰ 同上第九章三四六—三四七頁。
⑱ William Jones 爵士的《全集》第三卷第三章一三三頁。

處置。對於爲饑饉與缺乏所苦的婆羅門事件，常有記載⑲。又，古代某有德之士（virtuous characters），雖有不淨與不法的行爲（impure and unfawful acts），但 Menu 認此爲窮困的結果，竟不以爲罪。

『Ajigarta 瀕於餓死，爲了幾頭家畜，而出賣兒子。但是，他不犯任何罪。這是因爲：他只是爲欲免於饑餓而已』。

『善辨善惡的 Vámadéva，迫於饑餓想吃狗肉，但非不淨（impure）』。

『Viśvāmitra 了解善惡的區別，勝過任何人；他在將要餓死的時候，也曾決心要吃犬腰（取自 *Chaudála*）』⑳。

這些最高階級的偉大而有德之士（任何人對於他們都有扶助義務），而尚陷於如此窮迫，則最低階級的苦痛如何？就可容易想像。

這種文章，證明：在此法典編纂之時，曾有最激烈的窮困季節存在；而且，我們有理由可以相信：這種季節，此後曾經不規則地不時發生。一耶穌教士曾謂：在一七三七年及

---

⑲ William Jones 爵士的《全集》第三卷第四章一六五頁、第十章三九七頁。

⑳ William Jones 爵士的《全集》第三卷第十章第三九七—三九八頁。

一七三八年的饑饉之時，他所目睹的窮狀，是難以盡述的[21]。但是，他的描寫與由於饑饉的死亡率，只此，已經足夠使人膽寒。另一耶穌教士，更廣泛地說：『每年，我們雖對一千名子女施行洗禮，他們或則其雙親早已無法養育，或則因爲就要死亡，爲求解脫，乃由其母親賣給我們』[22]。

對於人口的積極障礙，當然主要落在 Sudrá 階級及比較悲慘的人們的頭上；他們是被各階級所放逐，甚至不許其住在都市之內[23]。

此外，流行病（赤貧及營養不良的結果）與幼童的死亡率，在此社會，必然逞威（make great ravages）。而且，在社會的中流階級尚未遭遇特別的生活困難以前，上述的貧民，恐怕已有無數爲饑饉所掃蕩。修道院院長 Raynal 說：（雖然我不知道此說的出典）在稻作不良的時候，地主爲了不使住在其所有地的外姓流浪者（poor outcasts）消費極少的糧食，乃向其小屋放火，在其逃走中加以射擊[24]。

---

㉑《奇異的傳教書信集》第十四卷一七八頁。

㉒同上二八四頁。

㉓William Jones 爵士的《全集》第三卷第十章三九〇頁。

㉔《印度史》第一卷第十四章第一節九七頁。八開本，全十冊。巴黎，一七九五年出版。

在印度的某地方，即使是屬於中流及上流的人民，也有由於一家扶養的困難，此外，還怕由自己所屬的族級（caste）墜落，而以極殘酷的手段，努力防止孩子的增加。貝那拉斯（Benares）州的一地方、Junapore 國境的一種族，其有殺害女孩的習慣，這已完全證明。母親們不能不使女孩餓死。對此慘酷的習慣，人們所說的理由是：女兒尋求適當的配偶，要有很大的費用。只有一村是有例外；但在此村內，住著許多年老的未婚女人。

如果依照這種原則，種族自將無法維持；但是，由於一般原則的特殊例外及與其他種族的雜婚，乃使種族維持的目的，可以充分達到。東印度公司曾使這些人民發誓：將來不再繼續這種非人道的習慣㉕。

住在馬拉巴（Malabar）海岸的 Nayr 族，並無正規的結婚；而且，繼承權（the right of inheritance and succession），或則在兄弟的母親（the mother of the brother）之手，否則轉移於姊妹的兒子，因爲孩子的父親，常被視爲不確實的。

在婆羅門之間，如有兄弟一人以上，則只有兄或長兄（elder or eldest）結婚。於是，過著獨身生活的兄弟們，不行 Nayr 族式的結婚，而與 Nayr 族婦女同居。如果長兄沒有兒子，次兄始可結婚。

---

㉕《亞洲研究》（Asiatic Researches）第四卷三五四頁。

在Nayr族之間，婦女有與二或四（或更多）男性結合的習慣。

木匠、鐵匠等劣等族級（castes），雖曾模倣優等族級，但是，爲了防止血統的混亂，與一婦女的共同關係，乃以兄弟及血緣男子爲限；這是兩者所不同的㉖。

孟德斯鳩留意馬拉巴海岸Nayr族的這種習慣，而以這樣的假定，加以說明；他說：這種習慣的採用，目的恐在削弱這一族級的家族紐帶，使能比較自由地完成其所謂天職（profession），例如充當士兵㉗。但我以爲：這種習慣，它的發生恐怕是因對於由大家族所生貧困的危懼。特別因爲這種習慣，即在其他階級，也有曾被採用的形跡，尤其如此。

在西藏，根據忒涅（Turner）對於當地的報導，這種習慣廣泛通行。至其起源，忒涅先生雖未有確實的斷語，但傾向於想像：它的發生，恐怕是對於不毛的國土，憂慮人口過多。他遍歷東洋，看到了由人口過剩而必然發生的結果。因此，他是了解這些結果眞相的少數著者之一。他極有力地敘述對於這一問題的意見；關於上述習慣，他說：『不毛地方的過剩人口，是所有災害中之最甚的；它確使發生長久的戰爭或長久的缺乏。其社會最活動的與最有能的人士，只有或則成爲出國追求幸運的兵士，或則成爲出國尋找機會的商人。否

㉖《亞洲研究》第五卷一四頁。

㉗《法意》第十六卷第五章。

則，如果留在本國，那末，在偶然由其貧乏的收穫而招致歉荒之時，可能成爲饑饉的戰利品（按：意即餓死）。因此，全家族（whole families）都爲婚姻所束縛；恐怕，這阻止了過度迅速的人口增殖。而且，那種「過剩人口的恐怖」——它瀰漫於地上最豐饒的地域，使在世界最富裕、出產多而人口密的國家發生最殘忍的不自然習慣——也可因而預防。我所指的國家是中華帝國。在這一國家，因爲母親無望獲得可以養育許多子女的手段，故將嬰兒遺棄原野，使其死亡。固然，這可說是可恨的罪惡，但我確信：這決不稀奇[28]。

在地球上的幾乎任何國家，個人考慮一身的利害，不能不趨向於一種習慣；這種習慣，是有阻止人口自然增加的傾向。但是，西藏恐怕是唯一的國家；這些習慣是由政府廣爲獎勵；它似以抑壓人口的增加（不是獎勵人口的增加）爲公共的目的（public object）。

Bootea 人，在其一生的開始（in the first career of life），就得到教訓：要繼續獨身，以立身處世。這因任何婚姻，幾常妨礙其身分的高升或高官的獲得。這樣，人口乃爲野心及宗教的兩大障礙所阻止；上流人士，傾其全力於政治的或宗教的義務；種族繁殖的任務，完全委諸農民與工人（即靠耕田與勤勞而生活的人們）[29]。

---

㉘ 忒涅著《出使西藏》第二篇第十章三五一頁。

㉙ 忒涅著《出使西藏》第二篇第一章一七二頁。

因此，宗教的隱退（religious retirement）盛行㉚，僧寺與尼庵爲數極多。有極嚴厲的法律存在可用以禁止：或婦女偶然在僧寺的境內過了一夜，或男子偶然在尼庵的境內住了一晚；又設一規定，嚴戒犯瀆，而使尊重男女的神聖秩序（and a regulation is framed completery to obviate abuse, and establish respect towards the sacred orders of both sexes）。

西藏人被分爲截然不同的兩階級；一則司現世的工作，一則掌管與天的交通。俗界的任何干涉，都不能紊亂僧侶的聖務；後者互相結合，掌管一切精神界的事務；前者則藉其勤勞，以增加國富繁殖人口㉛。

但是，即在俗人之間，對於增殖的工作也極冷淡。一家兄弟，並無年齡與人數的限制，都與一女人（爲其長兄所選擇的）共其運命；他們以此女人爲其一家的主婦；他們的工作所得，不論多少，結果都流入此共同財產之內㉜。

夫的人數，並無明白規定；也不限於幾人以內。有時，也可看到只有一男人的小家庭。

㉚ 忒涅著《出使西藏》第二篇第一章一七二頁。

㉛ 忒涅著《出使西藏》第二篇第八章三一二頁。

㉜ 忒涅著《出使西藏》第五章三四五、三五〇頁。

忒涅先生說：Teshoo Loomboo 的某上流土人，曾向他說：當地有五兄弟，都與一婦女形成夫婦組織（connubial compact），過著極太平的生活；但在附近，一家丈夫的人數，很少超過於此的。而這種盟約（league），未必限於下層人民之間，即在最富裕的家庭，也常看到[33]。

這種習慣，加以許多僧侶的獨身生活，對於人口的預防障礙，一定發生最有力的作用；這是顯然的，但是，由忒涅的所說判斷（關於地力的自然枯瘦 account of the natural sterility of the soil），可知儘管是有這種特別的障礙，人口似乎已被推進到生活資料的水準；這由 Teshoo Loomboo 的乞丐數量，可以確認。忒涅先生對於這些乞丐（與養活他們的慈善）的言論，雖說陳舊，但極正確而且重要，所以，即使一再重複也不爲過。

忒涅先生說：『在我一心以爲每日的生活平穩無事的地方，發現了一群乞食與懶怠的人；其人數之多做夢也未嘗想到。但是，無差別的慈善（indiscriminate charity），在其存在之處，不是可以施與這種恩惠的對手不足，而常吸引更多（超過施與額所許可的）的希望者；我想起這一事實，則對上述人群，就不以爲奇。在 Teshoo Loomboo，沒有一人是苦於缺乏的。大群的 Mussulman 人，他們具有世界上最大、最強的體格，其賴以支持貧弱生

---

[33] 忒涅著《出使西藏》第二篇第十章三四九頁。

活的，就是這種慈悲心（humane disposition）。此外，我還聽說，多至三百的 Hindoo 人、Gosein 人與 Sunniasse 人，每天在這地方，被養於喇嘛的恩惠（Lama's bounty）[34]。』

---

[34] 忒涅著《出使西藏》第二篇第九章三三〇頁。

# 第十二章　論在中國及日本對於人口的障礙

關於中國的人口，最近所發表的報告，是大可驚異的；這很足使多數讀者產生疑惑。因此，這可能使讀者想像：或則因爲語言的生疏而於計算中滲進了某種偶然的誤謬，或則因爲對George Satunton爵士傳達報導的中國官吏，由於「國家的自尊」（national pride）（雖然這在任何地方都所不免，但以在中國爲甚），而誇張了本國的國力及資源。這些事情，雖然不能說：都是絕無可能，但是同時，George Satunton爵士的記述，與其他可以信任的報導，在本質上顯非不能相容；而且，這種記述，其無何矛盾而近於事實，徵諸到過中國的著述家們所一致承認的、有關中國地力肥沃的敘述，是大體不錯的。

據Duhalde所說，康熙初期的人頭稅，顯示：戶口數爲一千一百〇五萬二千八百七十二，可服兵役的男子數爲五千九百七十八萬八千三百六十四人。而在其中，並不包含王族、宮廷的執事、官吏、現役及退役的士兵、讀書人（literati）、有功名的（licentiates）、醫師、僧侶、二十歲以下的青年以及許多水上生活者①。

一國兵役年齡者對總人口的比率，一般都被推定爲一比四。現以四乘五千九百七十八萬八千三百六十四，則其結果爲二億三千九百一十五萬三千四百五十六。但是，關於這一問題的一般推定，青年未滿二十歲，認爲已能揹負（bearing）武器（按：意謂可以當兵）。因

---

① Duhalde著《中國史》（Hist. of China），全二卷，最大版，一七三八年出版。第一卷二四四頁。

此，我們非乘以四以上的數字不可。人頭稅的免除者，包含幾乎全部的上流階級及許多的下層階級。斟酌凡此一切事情，則 Duhalde 所說的總人口，與 George Staunton 爵士所舉的三億三千三百萬，當無甚差別②。

在 Duhalde 的記述中，有一顯著之點，即戶數對兵役能力者數的比例很低；這可由 George Satunton 爵士認在中國普遍通行的一習慣加以說明。他說：在一住宅的範圍（enclosure）之內，父子孫三代的全家族（whole family），各帶妻兒（wives and children）住在一起，並不稀奇。每一家族（each family）有一小房間；其中擺著各人的床鋪；床鋪與床鋪之間，從天花板垂下草蓆，聊以區別。另有一共同的房間，以為吃飯之用③。在中國，此外還有許多奴隸④。他們當然被視為其所屬家庭的一部分。以上兩事，當可說明：在 Duhalde 的報導上看似矛盾的一點。

在說明中國的人口上，當無依賴孟德斯鳩所設假定（supposition）的必要；他的假定是：中國的風土，對於孩子的出生似乎特別有利，而且中國婦女的多產，是世界無比

② 《出使中國》第二卷補遺六一五頁。四開本。

③ 《出使中國》第二卷補遺一五五頁。

④ Duhalde 著《中國史》第一卷二七八頁。

的⑤。產生這種結果的主要原因，當如下述：

第一是：在天然地力優秀及在溫帶最暖地方占據有利地位；換句話說，是對土地的生產最有利的地位。Duhalde 曾以一章長文，敘述中國的豐饒；他說：在中國幾乎可以找到其他王國所能提供的任何物品；中國生產而爲其他任何地方都無法找到的物品，則不勝枚舉。他說：這種豐饒，可以歸功於居民的勤勉與土壤的深厚，再則爲灌溉國土的湖水、河川與運河的眾多⑥。

第二是：自建國開始，即大獎勵農業；人民的勞動，儘可能地用以大量生產生活資料。Duhalde 曾謂：使這些人民，在土地的耕作上，如此耐苦（至難以相信的程度）努力，不但是由於他們的私利，毋寧是對於農業的尊敬以及自從往昔建國開始，皇帝對於農業所抱的敬意。最有名望的一皇帝，就是由農民而擢登皇位的。另一皇帝，他開運河，排水於海（由當時尚爲大水所淹的低窪地方）；他還發明：利用這些運河以改良耕作的方法（按：前者指舜，後者指禹）⑦。這一皇帝，他還著了幾卷書，是關於如何施肥、耕作、灌溉以開墾土地

---

⑤ 孟德斯鳩著《法意》第八篇第二十一章。

⑥ Duhalde 著《中國史》第一卷三一四頁。

⑦ Duhalde 著《中國史》第一卷二七四頁。

的。其他許多皇帝，也表示對於農業的熱心；制定法律，與以獎勵。但其熱度之高，莫過於西曆紀元前一七九年即位的文帝（Ven-ti）。他看到國土爲戰亂所荒廢，乃在宮殿的附屬土地，躬耕垂範；決心使其臣民趨向於土地的耕作；因此，宮內所有大臣與高官，無不景從⑧。

在中國各都市每年於太陽進入寶瓶宮第十五度（the fifteenth degree of Aquarius）的當天（中國人所謂立春），舉行大祭；這種祭典，似即起源於上述故事。皇帝爲了垂範而鼓勵農民，乃以莊嚴的態度，躬耕一些土地。各都市的長官，也舉行同樣的祭典⑨。皇族及顯要，乃倣皇帝執犁；又在儀式之前，皇帝自爲大司祭，而以春贄（spring sacrifice）奉獻上蒼，代百姓祈禱豐穰。

Duhalde當時的皇帝（the reigning emperor in the time of Duhalde），特別嚴格執行這種儀式，又在其他各點，對於農民也深爲軫念（uncommon regard）。爲了勉勵農民的努力，皇帝命令各都市的長官，在當地的農民中，凡勤於農事、身家清白、一家和合、與人和

⑧ 同上二七五頁。

⑨ Duhalde著《中國史》第一卷二七五頁。

睦、節儉而不浪費——就其特別傑出者，每年奏聞[10]。各地官吏，則在當地，對於勤勉的農民，給與褒賞以資激勵；對於怠惰的農民，乃設刑罰而示警戒[11]。

在全領土都帶有家長制度的性質，而皇帝被尊為蒼生之父或教化之源的國家，這種對於農業的極大尊敬，其有有力的結果，是當然可想而知的。這種重農的制度，在規定階級的順序時，乃使農民歸於商人或工人之上[12]；下層人民的最大願望是持有土地（即使數量極少）。在中國，製造業者的人數，比較農民，微不足道[13]。而且，除了極少的例外，帝國的土地，全都用以生產僅供人用的食物。草地完全沒有，牧場也極少；更不會為了飼養某些家畜而栽培燕麥、豆類及蕪菁。主要的交通，是靠水路；道路少而狹，所占面積不多。荒廢的公地與耕地（為了懶怠、任性或用為大地主的娛樂），完全沒有。凡可耕作的土地，沒有讓其休閒的。土壤由於炎熱的陽光，大體每年給與二次的收穫；當然，因此，為使作物適於地力起見，曾以其他土壤的混和、肥料、灌溉及各種慎重而巧妙的勤勞，彌補土地的缺陷。

⑩ Duhalde 著《中國史》第一卷二七六頁。

⑪《奇怪的傳教書信集》第十九篇一三二頁。

⑫ Duhalde 著《中國史》第一卷二七二頁。

⑬ Staunton 著《出使中國》第二卷五四四頁。

爲了服役於富家或權門的奢侈（又或爲了從事無益的職業）而離開農業的勞動極少。即使是中國軍隊的士兵，除了服役於短期的守衛勤務（或從事訓練及其他應時的勤務），大多是從事農業的。此外，在中國，因爲飼養並栽培多種的動植物（這遠多於其他國家），以充食用，所以食物豐富⑭。

George Staunton 爵士的這種報導，曾爲 Duhalde 及其他的耶穌教士所證實。他們一致地記載：中國人對於土地的施肥、耕作與灌溉是如何地勤勉；又，如何成功地生產了人類的大量食物⑮。這種農業組織，對於人口的影響，原是顯然的。

最後，是異常的結婚獎勵。因此，國內莫大的生產物，被分成極少的數額；它的結果，乃使中國成爲：就生活資料的比率來說，幾乎是世界上人口最稠密的國家。

中國人認爲結婚有兩目的⑯。第一是使祖先的供養不絕，第二是使種族繁殖。Duhalde 說：孩子對於父母的尊敬與服從，這是中國政治的要諦；這種尊敬與服從，即使是在父母死後，也像對活人般，盡其同樣義務。這種教訓的結果，如果父親尚未使其孩子完全結婚，那

⑭ 同上五四五頁。

⑮ Duhalde 著關於農業章，第一卷二七二頁；關於豐饒章，三一四頁。

⑯ 《傳教書信集》第二十三篇四四八頁。

就感覺到這是一種不名譽，而於心不安。又如，長兄，即使沒有父親的任何遺產，也得養育弟妹，使其結婚。這是因爲：一家的血脈斷絕，是斷絕了祖先當然可由子孫享受的光榮與供奉⑰。

George Staunton 爵士說：不論什麼，如被大力推獎而且廣泛實行，則終被視爲一種宗教的義務。在中國，如果稍有可以扶養未來家族的希望，則結婚就被當作這種宗教的義務。但是，這種希望未必常可實現。在這時候，孩子乃被其可憐的父母所遺棄⑱。不過，這種允許父母遺棄自己的孩子，無疑的，也有使結婚容易、使人口增殖的傾向。這是因爲：既已預想到這種最後的手段，所以，結婚的危懼減少；而且，除非陷於生死的窮境，父母之情（parental feelings），總是阻止向此方面進行的。何況，結婚對於貧民，還是爲其將來著想的一種手段（besides a measure of prudence）；這是因爲：孩子，特別是男孩，是有扶養父母的義務⑲。

在富人之間，這些結婚獎勵的影響，形成財產的細分；此事本身有使人口增殖的強大傾

⑰ Duhalde 著《中國史》第一卷三〇三頁。

⑱ 《出使中國》第二卷一五七頁。

⑲ 同上一五七頁。

向。在中國，財產的不平等，不像人們地位的不平等來得顯著。因爲自古任何父親都以所有土地平均分配於其兒子，所以，土地財產分得非常零細。只由一個兒子取得亡父全部的財產，這是很少的。而且，因有早婚的普遍風氣，所以財產由旁系繼承而增加的，也是不多[20]。這種原因，不絕地有使財富平均的傾向。因此，繼承巨富（而毋須自己致力於財產的增加）的人，幾乎沒有。同一家庭，繼續三代以上而有很大的財產，是很少的；這是中國人間的普通意見（common remark）[21]。

結婚獎勵對於貧民的影響，乃使勞動報酬降低至最低限度；因此，乃使他們淪落於赤貧如洗的深淵。George Staunton 爵士說：由於到處的勞動價格都很低廉，所以普通人的食物確實極差。而且，他們像兵營裡的士兵一樣，群居在大家族之內，調理既非常節約，而食物則常以植物性者爲限；他們很少吃到動物性食物，而且爲量極少[22]。

Duhalde 在記述中國人的辛苦勞役（painful industry）與其生活的特殊方法與計劃（shifts and contrivances）（這是別的國家所不知道的）之後，他說：『中國人是頗爲節

[20]《出使中國》第二卷一五一頁。

[21] 同上第二卷一五二頁。

[22] 同上第二卷一五六頁。

制而勤勉的，但多數仍苦於窮困；這是不能否認的。在貧民之間，有些爲了無法對其孩子給與普通的衣食，而棄之街頭。……在像北京、廣東的大都市，這種可恐的情形，是常見的』㉓。

耶穌教士 Premare，在寄給一教友的信上說：『我想告訴你一事實。這一事實，初看起來，似乎亂說，但完全是眞確的。這是說：這一世界上最富裕、最繁榮的帝國，在某種意義上，實在是最貧困、最可憐的帝國。中國，雖其領土龐大、地力肥沃，但不足以養活其住民。要給他們以安樂的生活，得有四倍的領土。單是廣東，沒有誇張（without exaggeration），就有一百萬以上的市民；又在相距三、四 league（一 league 約三哩）的一都市，人口更多（按：此段自然說得不甚清楚）。由此看來，誰能計算該省的人口呢？但是，如果比較包含十五大省的（同樣人口稠密的）全帝國，則如廣東一省，將不足道。那末，全部人口究有若干呢？此無限人口的三分之一，幾乎無法找到可以養活其本身的充分稻米』㉔。

『人到了極度窮困，甚至採取最可怕的手段；這是眾所周知的。在中國，母親殺死或拋

---

㉓ Duhalde 著《中國史》第一卷二七七頁。

㉔《傳教書信集》第十六篇三九四頁。

棄其孩子、父母以極少的身價出賣其女兒，人們的自私以及盜賊的多至異常；這些情形，對於精細的觀察者，不會特別奇怪。不，毋寧是奇怪：何以沒有更慘的事情發生；又在當地，於如此頻繁的饑饉之時，幾百萬的窮民，並不訴諸悽慘的最後手段（像在歐洲歷史上所看到的），而束手待斃；這是不可思議的』。

『歐洲有一俗語，說窮人是懶惰的，他們如想勞動，就可生活；這在中國，未必妥當。這些貧民的勞役與努力，眞是出於想像以外的。中國人，有時浸水及膝，整日掘土；到了晚上，快活地去吃一小調羹的飯（is happy to eat a little spoonful of rice）、去飲煮過飯而乏味的湯（to drink the insipid water in which it was boiled）（按：這正如著者所說，不無誇張）。他們的飲食，一般只是如此』㉕。

這種報導，大部分也爲 Duhalde 所反覆敘述；而且，這即使不無誇張，但可充分想像：中國的人口是在如何地增殖，而其結果，生活是如何地困苦。由地力的豐沃與農業的獎勵所自然增殖的人口，這可說是自然的，是值得想望的（genuine and desirable）。但是，由結婚的獎勵所增殖的人口，這不僅其本身就使單純的窮困（pure misery）相應增加，而且完全剝奪了別人應享的幸福。

---

㉕《傳教書信集》第十六篇三九四頁以下。

中國的領土，估計約爲法國的八倍[26]。即使假定法國的人口只有二千六百萬，則其八倍爲二億〇八百萬。而如考慮上述人口增殖的三大原因，則謂兩國人口密度的比例，爲三三比二〇八（即略多於三比二），也不爲過。

因爲人口增加的自然傾向，在任何地方，都是很大的，所以，說明在任何國家所能發現的人口高度（the height at which the population），一般是不難的。在研究上較爲困難的，同時也是較有趣味的，是探尋阻止人口更爲增加的直接原因。如果繁殖力是與美洲各地的人口一樣，則中國的人口，在二十五年間可使增加一倍；但是，事實並非如此。這是因爲：中國的土壤，恐怕不足以養活這種增加人口。果然，則此強大的繁殖力，在中國，結果如何呢？還有使其人口抑制於生活資料的水準，其種類如何？又其夭折的形態如何？

在中國，對於結婚雖有異常的獎勵，但如我們以爲：這對人口並無預防障礙的作用，那恐怕是錯誤的。Duhalde 說：僧侶的人數遠超過一百萬；只在北京，就有二千未婚僧侶；此外，還有三十五萬住在各地的寺院（由歷代皇帝所勅建的）。只是獨身的文人，就有九萬左右[27]。

---

㉖ Staunton 著《出使中國》第二卷五四六頁。

㉗ Duhalde 著《中國史》第一卷二四四頁。

貧民稍有可以扶養一家的希望，恐怕立即結婚；又因可以殺害嬰兒，所以關於此點（按：指結婚），他們也許大可放心；但是，如果確實是：所有的孩子都得遺棄，或其本身及家族都得出賣爲奴隸，那末，他們也一定不願結婚。而且，看那下層人們的極窮情形，可知這種確實的事情（such a certainty）定常出現。但是，對於人口的障礙，其主要作用，如照 Duhalde 所說，是在奴隸本身之間；因在中國，奴隸是窮困的產物，其數極大。人們往往不僅出賣其孩子，有時，甚至以很低的價格出賣其自己及其妻。但是，普通的方法，是附有贖身的條件，以他們爲抵押；因此，乃使許多的男僕與女婢被束縛於一家之內㉘。休謨對於古代人們的奴隸風氣，曾謂：一般與其由孩子養育奴隸，不如購買成熟的奴隸，來得便宜；這確是如此。而且，這似特別適合於中國人。在中國常有饑饉發生，這是一切的論者（all writers）所一致記述的；但在這種時期，恐怕就有許多的奴隸是被以只能維持生命的代價而出賣。因此，對於一家的主人，獎勵奴隸的出產，大多是不利的。所以，我們可以想像：像在歐洲一樣，即在中國，大部分的婢僕都是未婚的。

由男女間的不正交往所發生的人口障礙，這在中國似不特別顯著。據說：婦女貞淑而謹

㉘ Duhalde 著《中國史》第一卷二七八頁。『中華帝國的窮困與其人口的眾多，乃使當地產生大量的奴隸，一家幾乎所有的男僕及一般所有的女婢，都是奴隸』。《傳教書信集》第十九章一四五頁。

愼，甚少通姦。但是蓄妾之風盛行；在大都市，娼妓是公開的。不過，據 George Staunton 爵士所說，這種娼妓人數大體不多，而相當於未婚者及少數離開自己家族而獨居的丈夫㉙。

人口的積極障礙，其由於疾病的，雖說是很顯著的；但不如人們推測之甚。氣候大體是非常健康的。一傳教師甚至於說：鼠疫或傳染病，一世紀沒有發生㉚。但是，這一定是錯誤的。因爲另一傳教師曾謂：這種疾病決非如此之少。貧民，一般是沒有正式的墓地的；在官吏所得的訓令中（關於這些貧民的埋葬的），曾謂：傳染病蔓延的時候，路上充滿了屍體，汙毒的空氣傳至遠方㉛。而且，接著就用傳染病的年頭這種文字（and the expression of years of contagion occurs soon after），這正表示這種年頭是不少的㉜。每月初一與十五，官吏召集人民，諄諄訓誨。此時，各長官所做的工作，有似父親教訓家族㉝。Duhalde 所載的這些訓示，其中之一是：『時疫加以歉收，乃使各地荒廢；如此年頭雖屬常

㉙《出使中國》第二卷一五七頁。

㉚《傳教書信集》第二十二卷一八七頁。

㉛同上第十九卷一二六頁。

㉜同上一二七頁。

㉝Duhalde 著《中國史》第一卷二五四頁。

有，但須注意。此時，務必同情同胞之不幸，而盡力予以援助』㉞。

傳染病常是十分困擾兒童。有一耶穌教士，講到由於父母貧困而於出生之時即被殺害的嬰兒人數；他說：『在北京的教會，這些受過洗禮的嬰兒，每年很少不到五、六千的。這種收穫，乃與我們所能維持的傳教師人數比例增減。我們如有充分的傳教師，也就毋須只爲照顧瀕死的棄嬰而忙碌。他們當有其他許多機會可以運用其熱忱。特別是在天花或其他傳染病奪去難以置信的許多小孩之時』㉟。下層人們的赤貧釀成疾病；這些疾病，乃使許多的嬰兒——爲父母忍受各種困難所欲養育的——喪生；這是不用說的。

實際被遺棄的嬰兒人數，這是很難臆測的。不過，如果中國著作家的話是可信的，則此風俗一定是極普遍的。政府雖曾一再計劃予以撲滅，但常失敗。在前述訓導書（book of instructions）中，有的是成於以仁愛智慧著稱的一官吏之手；他於其間，提議在其轄地，設一育嬰堂；他還講到，與此同類的古代制度（這些制度，目前已被廢棄）㊱。此外，此書對於棄嬰的頻繁及（爲其原因的）可怖窮困，講得特別詳細。他說：『有些人民，窮到無法

㉞ 同上二五六頁。
㉟《傳教書信集》第十九卷一〇〇頁。
㊱《傳教書信集》第十九卷一一〇頁。

對其孩子給與必要的食物。他們所以遺棄許多的嬰兒，實由於此。在京城、在省會，又或在最繁華的地方，棄嬰的人數最多。但是，即使在小的市鎮，不，甚而至於鄉村，也有不少的棄嬰；因爲都市的房屋密集，所以這種風俗更加觸目；不過，不論在什麼地方，這些不幸的嬰兒，都是需要救助的』[37]。

同書載有禁止溺嬰的布告，其中一節說：（按：當年布告，譯成文言，比較親切，但恐走樣，而未出此）『剛生的嬰兒，被毫無憐惜地投入河內（按：原文爲 is thrown without pity into the waves）；生命一經開始，即被剝奪；這能說母親已給其嬰兒以生命或嬰兒已被授以生命麼？父母的窮困，正是這種犯罪的原因。他們維持自己的生命都是困難，如何能夠爲了幼兒僱用保姆，而籌劃必要的費用？這使他們趨於絕望。而且，爲了救活一人而以兩人的生命供犧牲，這到底是難以辦到的；因此，母親爲要保全丈夫的生命而同意犧牲她的孩子。固然，這樣雖使父母的情感十分痛苦，但是，最後覺悟：爲要延續自己的生命而斷送孩子的生命，這也是不得已的。不過，如果棄之於秘密的地方，則嬰兒的哀泣會使父母難過。那怎麼辦呢？他們就把嬰兒投入河內。這樣，可使立刻隨波消逝，即時失去生命的一切

---

[37] 同上一一一頁。

機會（all chance of life）』[38]。

這種文章，似爲關於一般殺嬰風氣之最可憑信的文獻。

George Staunton 爵士根據他所能收集的最善報導，曾謂北京每年的棄嬰約計二千名。但是，這一數字，不用說，每年是有很大的變動；而此變動，則顯受年歲豐歉的影響。在某種大傳染病或破壞的（destructive）饑饉之後，其數甚少。而且，如果人口又告稠密，其數逐漸增加；這是當然的。此外，在平均產物已不足以養活橫溢的人口之時（already insufficient to support the overflowing mulititude），一旦發生歉收，其數可以立即大增；這是無疑的[39]。

這樣的荒年似乎不少；又由此而生的饑饉，在對中國人口的所有積極障礙上，恐怕是最大的。固然，在某時代，由戰爭及內亂所生的障礙，也是可觀的[40]。在《中華帝國年史》中，饑饉之事，常有記述[41]。如果這些饑饉，不是非常荒廢的、破壞的（desolating and

---

㊳《傳教書信集》第十九卷一二四頁。

㊴《出使中國》第二卷一五九頁。

㊵《中華帝國年史》（Annals of the Chinese Monarchs）。Duhalde 著《中國史》第一卷一三六頁。

㊶同上。

destructive），則沒有理由：以此與帝國的大事及革命記在一起。

某耶穌教士說：官吏對人民似乎表現最大的同情，是在：或則爲了大旱、或則爲了大水、有時或則爲了像蝗蟲席捲幾省的異變，而怕歉收的時候㊷。此處列舉的各種原因，是在中國招致歉收的主要原因。而且，由其記載的情形判斷，這種原因並不稀奇。

Meares 曾就猛烈的颱風（它掃滅了全部收穫而招來饑饉）而謂：颱風之後繼以大旱，一七八七年，中國南方各省，發生空前的饑饉，奪去了難以置信的許多人命。在廣東，時常看到快要斷氣的窮民。同時認爲：爲了免除這種拖死（dilatory death）的苦痛，母親殺害嬰兒、青年人撲殺老年人，這是義務㊸。

耶穌教士 Parennim 寫信給皇家科學學會（Royal Academy of Sciences）的會員說：『現在還有一事，幾乎爲足下無法相信的；此即在中國，饑饉的發生，多至異常』㊹。在這信上的末尾，他說：『如非饑饉時常使中國所有的莫大住民減少，則中國要有和平的生

---

㊷《傳教書信集》第十九卷一五四頁。

㊸ Meares 著《旅行記》第七卷九二頁。

㊹《傳教書信集》第二十二卷一七四頁。

活，到底是不可能的』㊺。他努力研究這些時常發生饑饉的原因；而謂：先是，因在饑饉的時候，中國得不到近鄰的絲毫援助，所以非由本國各省徵發所有的資源不可；這觀察是不錯的。接著，他說：皇帝雖想打開公家的倉廩、救恤被害最甚的地方，但往往因為遲滯與詭計，而終於徒勞。即在一省發生饑荒的時候（由於過度的旱魃或急激的洪水），大官雖想以公家的倉廩來救恤，但常因管理倉庫的下級官吏的奸詐，而打開一看早已空無所有。於是，雖然進行調查與搜索，但一般的情形是不願使宮廷知道這種不愉快的消息。不過，最後終於提出陳情書（Memorials）。當然，這經過許多人的手，在好多日子之後，皇帝才可看到。於是，乃命大官們集合審議「賑濟民困的方法」㊻。不久，乃向全國發表：對人民充滿同情的布告。接著，公開發表中央政府的決議；但是，此外無數的繁文縟節，乃使實行遲延。這樣，窮民在得到救助之前已經餓死。尚未饑死的人們，則出死力，匐行他鄉求救，但其大部分都枉死在路上㊼。

在饑饉發生的時候，如果宮廷不想什麼方法救恤人民，則小群的掠奪者，不久集合，逐

㊺　同上一八六頁。

㊻　同上一七五頁。

㊼　同上一八〇頁。

漸人數增加，終於擾亂地方的和平。因而時常發布許多的命令；至饑饉終了時止，連續地進行慰撫人民的運動。但是，救恤人民的動機，都非由於憐憫的眞情，毋寧是由於政略；因此，窮民未能在必要的時期（且以必要的方法）得到救恤[48]。

在此研究之內，著者最後所舉的饑饉原因（而且含有幾分意義的），是因酒類釀造而消費了大量穀物的這一事實[49]。但是，他說這是饑饉的原因，大爲誤謬。而且這種誤謬，在修道院院長 Grosier 對於中國的概括記述中，也被轉載；認爲上述原因是罪惡的一大源泉[50]。不過，事實不然；這種原因的整個趨勢，是在相反的方面（the whole tendency of this cause is in a contrary direction）。那些非必需食物的穀物消費，是在尚未達到食物的最大限度之前，已經阻礙人口的增殖。而且，因在窮迫的時候，可由此特殊的用途，轉用穀物；所以，這畢竟比用其他任何手段，都可打開更爲豐富的公共倉庫。這種消費，一經確立，而且變成永久的，則其結果，恰似部分的國土，連同住在上面的人民，全被從此遷移（its effect is exactly as if a piece of land, with all the people upon it, were removed

[48]《傳教書信集》第二十二章一八七頁。

[49]《傳教書信集》第二十二卷一八四頁。

[50]同上第一卷第四篇第三章三九六頁。英譯八開本。

from the country）。此外的人民，在平年的時候，其情形正與過去一樣，既不較好，也不較壞。但在荒年的時候，則該地的產物，又回到他們手裡，而沒有嘴巴幫忙他們去吃（returned to them, without the mouths to help them to eat it）。如果中國沒有了釀造所，則人口將更稠密。但是，在荒年的時候，則其資源當遠少於現在的所有。而且，只要這種原因發生大的作用，則上述結果，饑饉之憂，將更頻繁；同時，這些饑饉將更激烈。

日本的情形，許多地方類似中國；詳細研究，徒成重複。孟德斯鳩曾謂：日本人口的稠密，是因女人比較多產[51]，但此人口稠密的主要原因，顯然是與中國一樣，由於人民的忍耐勤勞（persevering industry），過去一直主要從事於農業。

讀了 Thunberg 所著日本記事的序文，似乎以為：像日本這樣的國家，它的住民確實是在幸福與富裕中生活，如欲探究該國對於人口的障礙，這是極度困難的。但是，繼續看該書的內容，則其序文的印象乃被推翻。而且，在 Koempfer 的貴重的日本史上，這些障礙是充分明白的。他曾由兩種日本出版的編年史（historical chronicles）有所摘述；在此摘述之內，對於自從這種紀錄開始以來所發生的各種死亡率、疫病，戰亂及其他破壞的原因，乃有極可奇怪的報導。日本人是好戰的、擾亂的、放恣的、野心的；這些乃與中國人不同。且據

[51] 第二十三篇第十二章。有時似乎了解人口問題的孟德斯鳩，有時又說這樣的話；這是想不到的。

Koempfer 的報導，中國由殺嬰所生對於人口的障礙，與日本性道德的頹廢及瀰漫該國的戰爭與內亂之多，可相平均。關於因疫病及饑饉所生對於人口的積極障礙，兩國略在同樣的水準[52]。

[52] 第二篇。

# 第十三章　論在希臘人間對於人口的障礙

在其歷史的初期，希臘人及羅馬人間，曾有比較平等的財產分配；又因他們的努力，主要用於農業；所以一定大有使人口增殖的傾向；這是一般所承認的，當毫無懷疑的餘地。正如休謨所說①，農業不僅在民眾的生存上是最必要的產業項目；而實爲使民眾生存的唯一項目。初看起來，近代世界的技術及製造業，似乎是養活了不少的人口；但事實是：這除非使農產物的數量增加，且使其分配便利，否則，是毫無力量可使人口增加的。

在因特殊原因的作用，使土地財產被分割成非常大塊的國家，這些技術及製造業對於相當大的人口生存，是絕對必要的。如果沒有這些，則近代歐洲也就難免人口稀薄。但是，在財產被分割成小塊的國家，技術及製造業，就無如此的必要。分割的本身，立即達到一大目的、即分配的目的；而且，如果爲了從事戰鬥以支持國家的威力與尊嚴而需要一定的兵力，則此動機乃與對於家族的自然愛好（natural love of a family），互相爲用，而激勵土地所有者，足使他們注其全力於所有地的耕作，俾能養活最大多數的子孫。

希臘及羅馬初期的各國分立，乃使這種動機更爲有力。在自由市民的人數未嘗超過一萬至二萬的地方，各人自然會感覺到其本身努力的價值。而且因爲市民知道：其被虎視眈眈的敵國所包圍的國家，主要防衛與保全的手段，非賴本國的人口不可；所以，他們了解：自己

---

①《論文集》第十一章四六七頁，四開本。

被分配到的土地，如果放棄不耕，這畢竟是未盡其爲市民的義務。我想：這些原因，毋待人爲的獎勵，對於農業，引起了很大的注意。而且，人口的增加快過土地生產物；故此橫溢的人口，如果不爲戰爭或疾病所掃蕩，則在頻繁而連續的殖民上，已經找到出路。這種頻繁的殖民，它的必要，加上國土的狹小——因此，乃使人口問題立即爲有識之士所注意——，對於當時的立法者及哲學者，必然指示：人口的增殖乃有超過生活資料的強大傾向。因此，他們乃與近代的政治家及設計者（projector）不同，不會忽視如此深刻影響社會的幸福及安寧的人口問題。他們爲了解決這種困難，其所採用的野蠻手段，固然正是値得我們責難的；但是，我們對其了解之深，不得不給與相當的尊敬。確是，他們充分了解：這種困難如果任其自然，則有關於共和國的平等與幸福的最善計劃，自將成爲畫餅。

殖民的能力，本來是有限度的。在其地位並非特別適宜於殖民目的的國家，經過某時期之後，要發現適當的空地（適合於被本國放逐出來的市民居住的），雖非絕不可能，但不免十分困難。因此，就得於殖民以外，另求其他手段。

殺嬰行爲，這在希臘，似自很早的時代已經流行。在有這種行爲存在的美洲各地，它的發生，似乎因爲：在常暴露於饑饉與不絕戰爭的野蠻流浪生活之下，非常難於養育許多的孩子。而且，我們容易承認：即在希臘人的祖先或該國的土著之間，它的起源，也是如此。即梭倫（Solon）允許棄嬰行爲，恐怕只是對於早已普及的習慣，給與法律的許可而已。

在這種許可上，梭倫確有兩種目的。第一，這是最明白的；爲了防止過多的人口（多到足以引起一般貧困與不滿的程度）；第二，除去家族過多的恐怖，因而除去對於結婚的主要障礙，藉以保持人口於國土所能保持的水準。但是，徵諸這在中國實行的結果，有理由可以知道：毋寧是第二目的比較第一目的容易實現。不過，縱使立法者對此並不了解，又縱使當時的蠻風同樣驅使父母毋寧選擇殺嬰（與其貧困），而殺嬰行爲對於上述兩種目的，都是極可適應的。而且，這特別適應下述目的；即：只要爲事物的本性所許可（as the nature of the thing would permit），對於完全地與不斷地保持食物與其消費者的人數所必需的比例。

希臘的政論家力謂：注意這種比例是極重要的，同時，對於由此而必然產生的弊害（即由人口的不足或過剩所產生的一方弱小與他方貧困）加以考慮，是很必要的；而其結果，提出了若干可以保持其（適當的）相互比率的方案。

柏拉圖（Plato）在其有關法律的著作中，對其所考察的共和國，限定其自由市民與住宅數爲五千〇四十（five thousand and forty，按：有謂此爲五千與四十，即五千自由市民，四十住宅，似不盡然）。如果各家的父親，選擇其一兒子，爲自己所有地的繼承人，並依照法律，將女兒出嫁；要是還有別的孩子，則給沒有孩子的市民爲養子；他以爲：如此可以維持上述數量。不過，全部的孩子人數，如果失之過多或過少，則有司必須特別加以考慮，設法使仍維持上述五千〇四十的戶數。柏拉圖認爲：爲了達到這種目的，這有許多的方法。生殖的遲速，則視情形如何，或依懲獎的制度，或由長者的訓誡，可以適宜調節②。

他在其《哲學的共和國》（Philosophical Republic）③，更詳細地講到這一問題，而曾提議：最優秀的男子應與最優秀的女子結婚；劣等的市民應與劣等的婦女結婚；而且，前者的孩子使其長成，後者的孩子不可使其長成。在法律指定的紀念日，召集允許結婚的青年男女，使在嚴肅的儀式之下，舉行婚禮。但是，結婚數則應由有司決定；有司一面考慮由戰爭、疾病及其他原因所生的人口減少，同時考慮國家資源與必要人口，藉以決定結婚數，儘可能保持適當的市民數。而且，這樣由最優秀的市民所生的孩子，則由專門的保姆養育，另住在離開都市的地方。反之，由劣等市民或四肢殘廢者所生的孩子，則被埋葬（be buried）在無人知道的秘密地方。

柏拉圖進而研究適於結婚的年齡，而決定：女子二十歲，男子三十歲。女子從二十歲到四十歲，應爲國家生育孩子，男子在從三十歲到五十五歲之間，應在此點盡其義務。如果在上述期間以前或以後，生育孩子，則此行爲，恰似未有結婚儀式而只由野合所生的孩子一樣，必須加以違法瀆神之罪。又如適於生殖年齡的男子，即使是與適齡女子結婚，萬一未經

---

② 柏拉圖著《法律論》（de Legibus）第五篇。

③ 柏拉圖著《國家論》（de Repub.）第五篇。

有司舉行婚禮，則同樣適用上述規定；畢竟被視爲：這一男子乃對國家提供了私生的、瀆神的、血族相奸的孩子。柏拉圖雖然允許：不問男女，如已經過指定（應當向國家提供孩子）的年限，他們可以極端放肆地性交，但是嚴禁生育孩子（甚而至於只是一個）。如果誤而孩子活著生下，那末，父母無論如何，要以不能養育時的同樣方法，將其遺棄④。

由這些詞句推測，顯然，柏拉圖已經看到：人口的增殖有超過生活資料的傾向。他所提議的防遏手段，確是不法之極的（execrable）。但此手段的本身及此手段的適用範圍，表示：他曾如何重視這種困難。他一面考察：因戰爭而喪失的許多生命——在狹小的共和國，當然也有此情形——他同時提議：殺害所有劣等以及殘廢的市民孩子（還有，未達法定年齡者與未具法定形式者所生的孩子，悉予殺害），並規定晚婚的年齡，結果用以調節這些結婚的數量，——他之所以提議這些政策，畢竟由於他的經驗與推理，使他痛切地感覺到：增殖原理的偉大力量及予以阻止的必要。

亞里斯多德（Aristotle）似乎對此必要，看得更加明瞭。他指定結婚適齡，男子爲三十七歲，女子爲十八歲。因此，當然許多的婦女就注定獨身。這是因爲：三十七歲的男子數不及十八歲的女子數。而且，他一面這樣提高男子的結婚年齡，同時又還擔心孩子的出生

---

④ 柏拉圖著《國家論》第五篇。

過多，而提議：應當規定各夫婦的孩子人數，如果婦女在生育所定孩子數之後而猶妊娠，則當實行墮胎，以防止胎兒的出生於未然。

爲國家生育孩子的期限，在男子則以五十四歲或五十五歲爲止。這是因爲：老人的孩子，乃與太年輕者的孩子一樣，未免身心都不健全。男女已過所定的年齡，而尚繼續過去的關係，雖屬無妨；但像在柏拉圖的共和國一樣，不許生育其結果也許會有的孩子⑤。

柏拉圖在有關法律的著書中所提倡的共和國，亞理斯多德論其功績，而謂：柏拉圖決不能說對於人口問題已有充分的注意；而且責難：他不限制孩子的人數而主張財產均分的矛盾。亞理斯多德揭破：關於這種問題的法律，在財產被均分的國家，比較其他的國家，需要更爲確實、更爲精細。確是，在普通的國家，人口的增加只是促成土地財產的細分；但在這種共和國，過剩人口將一無所有。這是因爲：土地已被均分，這已成爲不許再行分割的單位⑥。

⑤ 亞理斯多德《全集》（Opera）中的《國家論》第七篇第十六章。

⑥ 《國家論》第二篇第六章。Gillies 著《亞理斯多德論》第二卷第二篇八七頁。爲謀讀者（不願參照原文的讀者）的便利，我同時也引用 Gillies 的翻譯。但是，Gillies 先生的目的，是在「意譯」（free version），所以有些文句全被省略，有些文句失去原意。

他接著說：在任何情況之下，都須對於產兒的比率，加以調節，使不超過適當的人數。因此，當然必須考慮死亡數與不妊數。不過，如果像在一般的國家，誰都有養育許多孩子的自由，則其必然的結果乃是窮困。而窮困更成爲罪惡與動亂之母。最早的一政論家科林斯（Corinth）的 Pheidon，曾由此見地，而與柏拉圖的提議相反，謂應不使財產均分而限制人口⑦。

亞理斯多德在討論 Chalcedon（他曾提議：以市民間的財產均分爲最健全的制度）的 Phaleas 時，他又講到柏拉圖的財產規制論；他說：這樣，想規制財產限度的人，同時不能忘記：絕對必須規制孩子的人數。這是因爲：如果孩子的人數增加而超過可以支持他們的食物，則法律必被蹂躪；家族立刻將由富裕而墜落於赤貧——這對一般的安寧，常是危險的革命⑧。

由這些文句可以知道：亞理斯多德已經明白看到，人類的強大增殖力，非爲嚴格的人爲法律所阻止，則一切建基於財產均分的組織，將被根本推翻。而且，否定一切這種組織的論據，恐怕沒有能勝過亞理斯多德所自提議的法律的必要的（the necessity of such laws）。

⑦《國家論》第二篇第七章。Gillies 著《亞理斯多德論》第二篇八七頁。

⑧《國家論》第二篇第七章。Gillies 著《亞理斯多德論》第二卷第二篇九一頁。

由他在此後對於斯巴達（Sparta）所述看來，更可明白：他已完全理解人口原則。由於繼承法的不完全，所以斯巴達的土地財產乃爲少數人所壟斷；而其結果，國內的人口大爲減退。爲欲矯正這種弊害，使對不斷的戰爭供給鬥士，所以來喀古士（Lycurgus）以前的國王，常是歡迎外人的歸化。但是，如照亞理斯多德的說法，則使財產更加均分，藉以增加市民；這遠爲得策。不過，關於孩子的法律，與此政策，完全背馳。立法者爲使增加市民，曾盡全力獎勵孩子的出生。有三男孩的人，乃被免除値夜的義務；有四男的人，則可免除所有的租稅負擔。但是，正如亞理斯多德所說，如果土地的分配仍是一樣，而只孩子增加，這顯然惟使貧困加重而已⑨。

他正在此處發現來喀古士及其他若干立法者所有的誤謬；似乎他已充分了解：沒有適當給與衣食的方法而徒獎勵孩子的出生，這只是格外加重貧困，不可能使一國的人口略爲增加。

克里特（Crete）的立法者⑩，也與梭倫、Pheidon、柏拉圖與亞理斯多德一樣，爲了防止一般的貧困，認有限制人口的必要。他們的意見以及根據這種意見所制定的法律，當可想

⑨《國家論》第一篇第九章。Gillies 著《亞理斯多德論》第二卷第二篇一〇七頁。

⑩ 亞理斯多德《國家論》第二篇第十章。Gillies 著《亞理斯多德論》第二卷第二篇一一三頁。

像：一定帶來了很大的影響；因此，預防的人口障礙（由於晚婚及其他原因的），這在希臘自由市民之間，恐怕曾有顯著的作用。

對於人口的積極障礙，如一回顧這些小國幾無寧日的戰爭，即已足夠。固然，至少在雅典（Athens）曾有猛烈鼠疫發生的歷史；又，柏拉圖曾經想像：他的共和國，爲了疾病而使人口大爲減少⑪。總之，希臘人的戰爭，不僅幾乎是經常的，而且是極悽慘的。由少數人組成的軍隊，在其全體從事肉搏戰的時候，比較近代的軍隊（其大部分，往往始終沒有碰到敵人），戰死者的比率是極大的⑫。而且這些共和國的自由市民，常是每逢戰爭無不參加，故其損害是極深刻的；它的恢復，恐怕是不容易的。

---

⑪《法律論》第五篇。

⑫休謨《論文集》（Essay）第十一章四五一頁。

# 第十四章　論在羅馬人間對於人口的障礙

在義大利的各小國，戰禍的遺跡，比較希臘，似更悽慘；其中尤其是在羅馬人為了爭奪權力而進行的最初鬥爭時代。窩雷斯（Wallace）在其所著《關於人類數量的考察》（Dissertation on the Numbers of Mankind）上，講到當時斃於劍戟（fell by sword）的無數生靈，而謂：『如果精讀當時的義大利史，我們不能不奇怪：至該國全被平定時止，如何弄到那許多從事這種連續戰爭的人員』①？又，Livy 也瞠目驚異：Volsci 人與 *AE*qui 人，雖然這樣常被征服，而仍能使新的戰士出征②。但是，這種驚異，得由這樣的假定，給與充分的說明；此即假定：如果在因戰爭而不絕損失人口的時候，產生一種習慣（這種習慣，是使人口增殖力幾乎發揮其全幅的作用）；而且，如果比較情形不同的其他國家，乃有較大比率的出生人口與健康的兒童長成而適於作戰（這種假定是極可能的）。使他們像古代日耳曼人一樣，業經一敗塗地，半數已歸全滅的軍隊，得以奇蹟地恢復，而使後世歷史家吃驚的；這實在也是這種急速的供給洪流（the rapid influx of these supplies）。

這有理由可以相信：在義大利也與在希臘一樣，殺嬰之風，從太古（earliest times）起

① 《考察》六二頁。八開本。愛丁堡。一七六三年。

② 第六篇第十二章。

早已流行。Romulus 的一法律，雖然禁止未滿三歲子女的遺棄③；但這意思是：過去曾有遺棄產後嬰兒的習慣。不過，他們的棄嬰行爲，當然限於：由於戰爭的人口減少，對於新興世代，還未能給與充分餘地的情況。因此，這在一面，雖然可以視爲對於全幅增殖力的一種積極障礙，但是事實，這顯然不但沒有阻礙人口增殖，而反曾助其增殖。

在羅馬人之間，從共和制度開始至其終了，不絕地從事戰爭；而且這些戰爭，大多是悽慘的；即使只是由於這種原因，積極的障礙也是極其強大的。不過，如果只是這種原因（即如沒有其他人口減退的更有力原因），則不論其如何強大，也不致於使帝政時代的羅馬市民激急減少；馴至奧古斯都（Augustus）及圖拉眞（Trajan）發布那獎勵結婚與出生的法律。

曾經普及於羅馬領土的財產均分制度，逐漸崩潰，土地歸於少數大地主之手；此時，由於這種變化而逐漸失去自活之途的市民，像在近代各國一樣，除以自己的勞動賣給富人以外，已經無法免於饑餓。但是，跟著羅馬奢侈的增長而陸續流入的奴隸，塡滿了農工業上的所有職位，使市民出賣勞力之路完全斷絕。在這種情形之下，自由市民的減少，不僅絲毫不足驚奇；可以驚奇的，反是他們能與地主同時存在（雖其人數不多）。如果沒有羅馬奇

③《Dionysius Halicarn》第二篇一五頁。

怪而不自然的狀態所要求的那種奇怪而不合理的習慣（即以大量的穀物施與貧困市民的習慣），則許多市民，恐怕已經無法維持生命；在奧古斯都時代，曾有二十萬人，得到這種施與。而且，其大部分極有可能，除此以外，幾乎無法找到衣食。所有的成年者，似乎都得到這種施與，但其分量，對於一個人則過多，對於一家族則不足④。因此，他們不可能靠此而增殖。而且，由皮盧塔克（Plutarch）的態度（他論貧民間棄嬰的風俗）推斷⑤，則有充分的理由可以相信，儘管是有 *jus trium liberorum*——對有三個孩子的父親所給的特權——，仍有許多的嬰兒曾被殺害。又，搭西佗（Tacitus）在論日耳曼人的時候，講到羅馬的這種習慣；似乎得到同樣的結論⑥。誠然，除了依賴於慈善以外，全無衣食的方法；連自己一身

---

④ 休謨《論文集》第十一章，四八八頁。

⑤ 《論對於子孫之愛》（De Amore Prolis）。

⑥ 《日耳曼風土記》（De Moribus Germanorum）第十九節。關於獎勵結婚及出生的各種法律，其曾被如何完全蔑視，這由《Minucius Felix 對 Octavio 的演說》第三十節，也可知道。（*Vas enim vidoe procreatos filios nunc feris et avibus exponere, nunc adstrangulatos misero mortis genere elidere; sunt quae in ipsis viscerivus medicaminibus epotis originen futuro hominis extinguant, et parricidum faciunt antequam pariant*）。按大意爲：『我看到：諸位以自己的孩子，或作爲鳥獸的食料，或殘忍地予以絞殺。世上也有這樣的婦女，使用墮胎藥，消滅將要來臨的人類；這是分娩前的殺人行爲』。

的生活都無法支持；何況扶養一妻與二、三個孩子，這到底是難於想望的——在這樣的貧民之間，這種法律能有如何的效果呢？如果驅逐半數的奴隸至國外，而讓這些市民從事農工業，則使羅馬市民的人數，正確而迅速地增加；這恐遠勝於無數獎勵生育的法律。

*jus trium liberorum* 及與此具有同樣傾向的其他法律，在羅馬上流市民之間，似曾給與若干效果。又在事實上，這些法律，是由一些特權而成；它的性質，主要是以上流社會爲目的。不過，因爲當時普遍講究人口限制的各種手段⑦，以致任何矯正的法律，都未有其應有的效果。孟德斯鳩一言道破；他說：『本來爲了矯正風俗頹廢而設置的監察局（the office of censor），反爲風俗頹廢所破壞。但是，風俗的頹廢一經普及，早已無力取締』⑧。奧古

---

這種犯罪，在羅馬，逐漸變本加厲，終於成爲一種習慣；甚至普林尼（Pling）都曾爲之辯護。他說：『Quoniam aliquarum fecunditas plena liberis tali veniâ indiget』。按大意爲：『所有婦女的充實妊娠力，乃使這種許可，也有必要』。同書第二十九篇第四章。

⑦ Juvenal 的諷詩第六篇五九三頁，原文爲：『Sed jacet aurato vix ulla puerpera lecto; Tantum artes hujus, tantum medicamina possunt; *QuAE*：steriles facit, atque homines in ventre necandos Conducit.』大意爲：『但是，鑲金的床上，很少睡著產婦。（按：謂上流階級的婦女生育不多）。引起不妊症，而在子宮之內殺人的各種手段與藥品，極爲流行』。

⑧《法意》第二十三篇第二十一章。

斯都的婚姻法律制定以後，經過三十四年，羅馬的騎士要求廢止。如對既婚者與未婚者加以區別，則後者遠多於前者。這就充分證明：法律的無效⑨。

在大部分的國家，防止增殖的惡習，與其說是結婚率低的原因，毋寧說爲其結果。但在羅馬，道德的頹廢似爲妨礙結婚——至少似爲妨礙上流階級結婚的直接原因。讀到Metellus Nomidicus在其任檢查官時所發表之言論，不能沒有憤慨與嫌惡之感。他說：『如果都能獨身生活，我們現在立刻可以免去這種惡害。但是，自然的法則教訓我們：結婚而過幸福生活與不結婚而使子孫永續，都不可能；因此，我們與其追求頃刻的快樂，不如尋找永久的安定』⑩。

在緊急的時候所制定（enacted on the urgency of the occasion），而以獎勵結婚及出生爲目的的成文法（positive laws）（像在中國及其他各國一樣，不含宗教的要素），其能達到預期的目的者極少。因此，普通這只表明（提議這種法律的）立法者的愚暗；不過，這種法律，其有顯然的必要，幾乎常是表示：該國道德及政治的十分頹廢。而且，在這種法律被最強力推行的各國，不但發現其陋習瀰漫，而其政治組織對於產業（又對於人口增殖）也

---

⑨ 同上第二十一章。

⑩ 《Aulus Gellius》第一篇第六章。

極不利。

由於上述見地，我認爲：休謨的想像（即謂羅馬的世界，在圖拉眞及兩安托奈那（Antonines）統治之下的長期和平，人口最爲稠密）[11]是錯誤的；我不能不贊成窩雷斯[12]。我們熟知：在產業仍舊興盛的時候，確是戰爭也不致使人口十分減少；反之，在人們無法找到生活資料的時候，確是和平也不會使人口增加。在圖拉眞時代，婚姻法的更新（renewal），這是證明：陋習依然盛行與產業仍舊不振，這與人口已大增加的想像，似不相容。

也許有人會這樣說，亦未可知；即：許多的奴隸，乃於塡補羅馬市民的不足以外而尚有餘；但是，這些奴隸的勞動，似未充分用於農業（可以維持大量人口的農業）。除了若干地方的例外，義大利農業的衰退，這是周知的事實。輸入大量的穀物，施與人民——這種有害的習慣，乃給農業以打擊；而其創傷，後來終於無法醫治。休謨說：『羅馬的論者，嘆息著世事的滄桑；謂一向輸出穀物的義大利，現在則每天的麵包，仰給於四鄰；此時，他們不認

[11]《考察》補遺二四七頁。

[12]《論文集》第十一章五〇五頁。

爲：這是由於人口的增加，而完全歸咎於耕耘與農事（tillage and agriculture）的疏忽』[13]。休謨在別的地方，又說：『古代的論者，無不告訴我們；奴隸雖由較遠的各國，其中特別是由敘利亞、西里西亞（Cilicia）、Cappadocia、小亞細亞、色雷斯（Thrace）及埃及陸續流入；但義大利的人口，遂未增加。著述家們慨嘆著農工業的繼續衰微』[14]。圖拉眞及兩安托奈那統治時代的和平，曾使人民的習慣，突然一變（致使上述情形，根本有所改變），這是難於相信的。

關於奴隸制度的情形，其不利於實行這種制度國家的人口增殖；這由需要不斷地輸入奴隸這一事實，最可證明。窩雷斯雖謂[15]：古代的奴隸，比較近代的下層人民，對於人口增殖較有貢獻；其非事實，這由上述，立刻可以完全證明。固然，正如窩雷斯所說：現代的工人，不是誰都結婚的，而且他們的多數孩子，因爲父母的貧困與疏忽，或則死亡，或則疾病纏身而一無用處（sickly and useless）[16]。不過，對於人口的增殖，儘管是有這種障礙，一

---

⑬《論文集》第十一章五〇四頁。

⑭ 同上四三三頁。

⑮《考察》九一頁。

⑯ 同上八八頁。

國的下層階級，在其自由的時候，不能養育可以充分滿足對其勞動需要的人口——這樣的實例是難於找到的。

奴隸制度，附帶有防止人口增殖的特殊障礙；而且，因此，不斷地需要許多的人口補充；在此說明上，有須以奴隸比作家畜。這種譬喻；曾爲窩雷斯與休謨所試用；不過，窩雷斯的目的，是欲藉以表示：保護奴隸、養育他們的孩子，乃是主人的利益[17]；至於休謨，則欲藉以表示：與其獎勵奴隸的生殖、不如加以防止，對於主人遠爲有利[18]。如果窩雷斯的說法是正確的，則奴隸由其生殖，應可容易保持自己的人數。但是，因爲大家承認其未能保持，所以顯然證明：休謨的說法是正確的。『在倫敦，一個孩子養育到可以做工的年齡止，它的費用，遠多於由蘇格蘭或愛爾蘭購買一同年輩孩子的費用——在蘇格蘭或愛爾蘭，孩子穿的是破衣，吃的是燕麥與馬鈴薯，住的是茅屋。因此，在任何富裕而人口稠密的國家，奴隸的所有者，乃有習慣，或則阻止奴隸的妊娠，或則勵行墮胎或殺嬰』[19]。男奴隸遠多於女奴隸；這是窩雷斯所承認的[20]。因此，他們的增殖必更困難。果然，則在希臘、羅

⑰《考察》八九頁。

⑱休謨《論文集》第十一章四三三頁。

⑲同上四三三頁。

⑳《考察》補遺一八二頁。

馬的奴隸之間，預防的障礙，當有很大的。而且，他們常被虐待，食物缺乏，又有時則許多人被一起關閉在狹隘而齷齪的 *ergastula*（即土牢）之內[21]，所以由於疾病的積極障礙，也是很大的；一旦流行病發生，這一階級受害最烈；這是不難想像的。

但是，在實行奴隸制度的國家，奴隸不利於其人口增殖；這一事實，對於該國絕對人口的問題（或則對於古代與近代國民間人口疏密的問題），不能成爲可以解決的關鍵。某些國家，自己的人口毫不減少，而得以許多的奴隸不斷地供給別國。因此，如果這種供給，與接受這種供給的國民間的勞動需要，是以完全相同的比例繼續——恐怕事實是如此的——那末，關於這一國民人口稠密的問題，乃與近代各國正是站在同樣的根據上；即其決定，乃視該國所能使用與支持的人口如何。因此，不論是否通行家庭奴隸（domestic slavery）制度，都得承認下述無可爭辯的命題。即如領域廣大（其內部包含輸出及輸入），那末，即使奢侈及節約的風氣有所變動，這些國家的人口，它的增減是常與其土地生產的食物量成正比例的。而且，任何原因，不論是肉體的或精神的，只要沒有過度異常的作用[22]，則超過對於

---

[21] 休謨《論文集》第十一章四三〇頁。

[22] 像巴達維亞（Batavia）的極不健康狀態及有些國家的鼠疫，可說是作用極大的肉體原因。羅馬人對於罪惡的獨身生活，其極端異常的固執，又如 Otaheite 的男女亂交，可以說是同樣性質的道德原因。這種實例（以及恐怕還可找到的同種現象），對於本文所載一般的命題，使有附帶條件的必要。

生活資料的生產及分配所予影響的範圍，這在人口上，不會有何顯著而長久的影響。

在有關古代國民與近代國民之人口疏密的論爭上，對於此點未有充分的注意。而且，雖由兩方論者提出肉體的及道德的原因，但不可能由此得到對任何一方有利的推論。一國的現狀，如果生育愈多、人口愈密，則愈使今後增加生產物的力量減少；因此，爲使人口抑止於這種生產物的水準（這種停滯的或頗爲緩慢的增加水準），須有更多的障礙作用；這一事實，似都爲兩方論者所忽視。所以，即使在古代或近代的國民，發現這種障礙，也不能因此推論：否定這些國民都是人口絕對稠密的。休謨[23]、窩雷斯[24]兩先生，雖然重視天花及古代人未嘗知道的疾病，但由上述見地，我以爲：不能因爲這種肉體的原因存在於近代國民之間，而斷定近代國民比較古代國民，人口稀薄。

他們在其所舉道德的原因之內，也陷於同樣的誤謬。窩雷斯解釋：古代人們之積極的獎勵結婚，是使古代世界人口密度擴大的主要原因[25]。但是，爲了獎勵結婚而必須設置成文法，這與其說是表示人口的過剩，實不如說表示人口的不足。例如：他特別講到的斯巴達情形，這由前章所述亞理斯多德的文章看來，可知結婚獎勵的法律，其當前的目的，在欲救濟

---

㉓《論文集》第十一章四二五頁。

㉔《考察》八〇頁。

㉕《考察》九三頁。

人口的十分缺乏。在有稠密過剩人口的國家，立法者爲什麼要：制定法律明文，獎勵結婚及生育呢？窩雷斯的其他各種議論，如果加以仔細檢討，就可發現：對於他的目的，也與上述議論一樣，幾乎都是沒有效力的。

休謨所舉的有些原因，也同樣是不完全的（unsatisfactory）；這沒有支持其所求的推論，而反加以推翻。他認爲：在近代各國，婢僕及其他未婚者的人數是否定人口稠密的論據㉖。但我以爲：其實，與此完全相反的結論，毋寧是正確的。在家族的扶養十分困難、因而多數男女並不結婚的情形之下，我們由此推論：「人口停滯」，這本來是自然的；但是決不能推論：「人口絕對不大」。這是因爲：一家扶養的困難，它的發生，可能由於人口絕對大（因而，生計之途，悉被斷絕）。但是，當然，同樣的困難，即在人口稀薄（且在停滯狀態）的國家，也可存在的。總之，獨身者對總人口的比率，雖然略可用爲判斷人口是在增加、停滯或減退的標準，但欲由此求得有關絕對人口密度的任何結論，那是不可能的。而且，即此標準我們也易受欺騙。例如：在南方的有些國家，早婚之風盛行，獨身的婦女極少；但其人口，不但沒有增加，而其實在數也恐很少（the actual number is perhaps small）。在此情況之下，預防障礙的排除，乃被積極障礙的異常作用所抵消。預防的障礙

㉖《論文集》第十一章。

與積極的障礙，兩者的總和，立即成爲人口抑壓的直接原因；但是，不論在任何國家，全無希望求得這種總和而下正確的推論。因此，在這些障礙之內，單獨採取其一部分，加以檢討，而由此誘導安全的結論，這本來是難於希望的。這是因爲：一種障礙的過度，往往是被別種障礙的不足相抵消。影響出生或死亡數的原因，由於當時的情形，有影響於平均人口的，也有不影響於平均人口的。但是，對於生活資料的生產及分配，其影響的原因，一定影響於人口。因此，我們可以放心相信的，除了現實的調查以外，只有此後一原因。

在人類社會的這一研究上，以上所考察的一切障礙，顯然可分解爲道德的抑制（moral restraint）、罪惡（vice）與貧困（misery）。

在預防的障礙之內，我名爲道德的抑制的，雖然本來是有若干抑壓人口自然增殖力的作用，但如加以嚴格的解釋，則不能不承認：它的作用，比較別的障礙是微弱的。預防的障礙之內，其可包含於罪惡項下的部分，在羅馬時代的後期及部分其他國家，雖然曾有很大的影響，但就全體看來，它的作用似乎不及積極的障礙。大部分的增殖力，雖似都曾發生作用（a large portion of the procreative power appears to have been called into action），但是，由此而引起的過剩人口，乃被凶暴的原因所阻止。在這些原因之內，最有力的，而且最顯著的，乃是戰爭；其次可說是饑饉與激烈的疾病。在我們所已考察的一般國家，很少其人口是與其平均的、長久的生活資料正相一致的；普通是上下於兩極端之間。因此，缺乏與豐富之間的振動，像我們在文化程度低劣的國民之間所可當然期待地一樣，是極其明顯的。

# 第二篇 論在近代歐洲各國對於人口的障礙

# 第一章　論在挪威對於人口的障礙

在考察近代歐洲各國的時候，出生、死亡及婚姻的登記簿，當有助於我們的研究。如果這些登記是完全正確的，那末，現在所有對於人口的障礙，不論其爲積極的，或預防的，都會稍稍確實地對我們有所指示。本來，大部分歐洲國民的習慣，因其周圍情況的大體相同，所以頗爲相像；因此，他們的登記簿往往表示同樣的結果；這是可以想像的。但是，因爲過分相信這種偶然相同的結果，統計學者以爲各國大體是有不變的死亡率；——他們陷入了這種錯誤。事實是與此相反，各國的死亡率是極度可變的；即在同一國家，也因地方的不同而大有差別；又在某一限度以內，這種死亡率乃被可以人力影響的各種事情所支配。

挪威，幾乎在整個十八世紀，不可思議地，人口未因戰爭而減少（按：原文爲得免由於戰爭的枯竭）。氣候對於傳染病具有可驚的抵抗力；因此，平年的死亡率，低於歐洲其他的任何國家（其登記簿被認爲正確的）①。年死亡對總人口的比率，全國平均僅爲一比四八②。儘管如此，挪威的人口決未急速增加。其開始急速增加，是最近十至十五年以後的事情；在此以前，它的速度一定是極慢的。這是因爲：該國雖在很早的時代，人們已經定

---

① 俄國的登記簿，雖然表示其死亡率更低，但其數字，相信是不完全的。不過，在英格蘭及威爾斯（Wales），至一八二〇年止的十年間，其死亡率更低於挪威。

② Thaarup 著《丹麥王國統計》（Statistik der Danischen Monarchie）第二卷四頁。

居，但至一七六九年，人口還只七十二萬三千一百四十一而已③。

我們在研究挪威國內經濟之前，必須承認：該國因爲很少積極的障礙，所以預防的障礙定占很大的比率。事實上，挪威年婚姻對總人口的比率，根據登記簿，爲一比一三〇④；這種低比率，除了瑞士，在任何國家的登記簿上都找不到的。

這種低婚姻率，其原因之一，是實施至最近而始停止的徵兵制度。在丹麥及挪威，每一生在農民及工人家裡的男子都是兵士⑤。在過去，地方的司令官，有權由上述農民中徵用他們所歡喜的（就年齡而言）男子；通常，他討厭年輕的人，他毋寧選擇二十五歲至三十歲的壯年人。男人一被徵用，如欲結婚，不僅必須提出由牧師署名的保證書（證明其已有資力可

---

③同上第二卷第五頁，第二表。

④前揭書第四頁。年婚姻對總人口的比率，雖爲判別預防障礙作用最明瞭的標準之一，但未必可說是：安全的標準。大體說來，預防的障礙，通常更大於此標準之所示。這是因爲：在婚姻率低的歐洲健康國家，這些已達結婚時期的年長者數，遠多於未達結婚年齡的人數。在像挪威這樣的國家，從二十歲到五十歲的人（即在最易結婚年齡的人），對總人口所占的比率，幾乎大於歐洲的任何國家；因此，挪威婚姻的實際比率，比較其他國家，當非表示預防障礙的全部作用（will not express the full extent in which the preventive check operates）。

⑤以下所載挪威的若干詳細事項，是我在一七九九年夏季旅行該國時所蒐集的。

以扶養一家），而且還須得到司令官的許可。除了境遇極好的人，獲得這種保證書與許可是很困難的，有時還需一些費用；所以通常大多延至十年任務完畢之後而始結婚。三十六歲以下的男子，是有隨時應召的義務；因爲司令官常是先選最年長者，所以往往直至很大的年齡，都不能安心組織家庭。

在法律上，牧師雖然沒有禁止未有軍籍男子結婚的權利，但在事實上，習慣似乎相當承認這種任意權（discretionary power）；牧師時常拒絕被認爲沒有家族扶養資力的男女結婚。

但是，現在這種障礙，不論是起源於法律的，或起源於習慣的，都已完全消滅。即：幾歲結婚，全屬自由，也毋須司令官與牧師的許可；在徵兵制度上，則最初召集全部二十歲的壯丁，而後召集全部二十二歲的壯丁，這樣繼續至已達必要的人數爲止。

士官們大多不贊成這種改革。他們說：年輕的挪威人，至二十歲發育尚欠充分，不能成爲優秀的士兵。又，他們大多認爲：農民現已趨向早婚，因此，其所生的孩子勢將多過國家所能扶養的。

但是，在挪威，還有特殊的事情大大阻害早婚；而此則與關於徵兵的任何規定，都無關係。在挪威，沒有收容鄉村過剩人口的工業都市；因爲各村落的勞動者，一向超過其本身的需要，所以，即使到別處尋求工作，也是沒有成功希望的。因此，只要沒有國外移民的機會，挪威的農民普通是留在故鄉的。而且，因爲死亡率低，故在住宅與職業上，不易產生空隙；他們終於自覺：至獲得可以扶養家族的地位，常是必須等待很久的歲月。

普通在挪威的農場，乃按其大小，而有若干既婚勞動者，而名之爲家人（housemen）。他們由主人取得住宅與略足支持一家的土地；對此，他們的義務是：在任何時候，都得聽主人的命令，以一定的低廉工資而替主人工作。除了都市附近及海岸地方，如果對於這種地位沒有空隙發生，那就完全不能獲得家族扶養的途徑。因爲人口稀少而工作的種類不多，所以，此點誰都容易了解；他們不能不感覺到：絕對必須壓制結婚的希望，直至這種空隙發生爲止。縱使因爲已有充分的材料而想自建住宅，但如主人已有充分的勞動者，也難給與適當的土地。而且，在夏季三、四個月的中間，即使是有工作，但是，足以長年扶養家族的工作機會，可以說是沒有的。由此可知：牧師行使拒絕結婚的任意權（discretionary power），大體是在他們於焦慮之餘，自建住宅（或計劃自建）而決心依靠自己的收入以生活之時。

因此，年輕男女，至「家人」的地位有了空隙時止（till a houseman's place becomes vacant），都得以未婚的僕役（servants）留在主人的身邊。而且，這種僕役，在任何農場，任何府邸，都是過剩的。在挪威，分工不甚發達。家庭經濟的必需品，概由各家自行供給。不但像釀造、製麵包及洗濯這類普通的工作，是在家庭進行；許多的家庭，乃自製乾酪與牛油，或自行輸入（import）；他們自宰牛羊取肉；自行輸入雜貨（grocery stores）；至於農民與其他村民，大多自紡亞麻與羊毛，自織亞麻布與毛織物。即在像 Christiania 與 Drontheim 的大都會，也無可以名爲市場的（there is nothing that can be called a market）。要得一塊鮮肉都極困難；即使是在盛夏，也無法購買一磅新鮮牛油。定期市只在每年的一定季節開張，凡可保存的食糧品，都在此時購買。否則，因在以後的零賣上幾乎買不到任何物品，故得忍受非常的不便。暫時住在鄉村的人與沒有農場的小商人，他們深感這種不便。又，擁有廣大地產的商人家族們，由於挪威家庭的家內經濟（the domestic economy of a Norway family）過於廣泛而且複雜，因須完全注意於其必要的監督，致更無暇他顧。

這種制度，顯然需要許多的僕役。而且，他們不很勤勉；據說做同量的工作，比較別國需要更多的人手。而其結果，任何地方的家庭，較諸英國，需要二、三倍的僕役。例如鄉村的農業者，表面看來，與其任何工人沒有兩樣，他加上自己的眷屬（family），往往是有二十人的家族（household）。

因此，既婚者的生活資料，也較獨身者遠受限制；在此情況之下，直至商業資本的增加或耕地的分割改良對既婚勞動提供比過去更多的工作時止，下層階級是無法大量增加的。在人口比較稠密的國家，此點常極曖昧。誰都以為：當然可以得到不亞於鄰人的就業機會；又以為：如在甲地失敗，則可在乙地成功。因此，他們結婚，希求僥倖。而且，其過分頻繁的結果，這樣所生的過剩人口，乃為貧困與疾病（積極的障礙）所壓迫。這在挪威，結果是顯然的。蓋在挪威，對於勞動的需要增加、其可扶養的家族增加數（the number of additional families, which the increasing demand for labour will support），是比較明白的。這因人口甚爲稀薄，即在都市，對於此點，也不會有很大的誤算。又在鄉村，耕地的分割與改良，如使「家人」大爲增加，定爲世所周知。有人如能獲得這種地位，就可結婚而扶養家族；如果不能獲得這種地位，則仍過獨身生活。這樣，過剩人口非在出現之後而被掃蕩，乃被預防於未然。

由挪威的地方與風土推測，下層階級的境遇應該是極惡劣的。但是，事實則不然；普遍的預防障礙（由於上述社會狀況而發生的）與防止早婚的軍事上的障礙，互相爲用，在使下層階級的地位比較良好上，無疑的，大有關係。在海邊，因爲可望由漁業獲得充分的食物，所以預防的障礙，很難進行至上述程度。因此，他們是極貧困的，其情況的悲慘，與內地農民無法比擬。

挪威大部分的土地，全不適於穀物的栽培；氣候的變化是最急烈而致命的（the climate is subject to the most sudden and fatal changes）。在八月下旬，有那著名的三天，特稱爲鐵夜（iron night）。所謂「鐵夜」，意思是：即使是大豐收的希望也常被澈底摧毀。此時，下層階級，雖然原是生活困難；但因除了上述飼養家畜的「家人」以外，幾乎沒有獨立的勞動者，所以，即使生活困難到了極點（必須食那混有松樹內皮的麵包），但一般仍可靠那預爲冬季儲藏的乳酪、牛酪、鹽肉、鹽魚、燻肉等而使其和緩。最感穀物不足的時期，大概是在收穫前的兩個月；但是，幸而到了這個時候，因爲牝牛（即使最窮的人們，普通也有二頭至三頭、大多爲五至六頭）開始出乳，所以這對一家（特別是對有孩子的家庭），大有幫助。一七九九年夏，挪威人面現滿足之色，但是同時，鄰國的瑞典人則全瀕於饑饉。特別引我注意的，是挪威「家人」及農民的男孩，比較英國同一階級、同一年齡的男孩，發育遠爲肥壯，且有健美的小腿（had better calves）。

此外，挪威的死亡率如此之低；這無疑的，是由於預防障礙的普及，特別是由於健康的風土。在氣候與土地之內，雖然都無特別有利於住民的一般健康的，但是，因在任何國家，主要的死亡率都發生在極幼的嬰兒之間，故在挪威，由於嬰兒不多（比較總人口而言），所以，假使氣候的健康是一樣的，則其死亡率當然低於其他各國。

挪威的死亡率較低，其一主要原因，可說是在都市小而且少，而且，在不健康的工場工作的工人不多。在其他國家的許多農村，因爲對於人口的預防障礙，並不如此旺盛，所以死亡率之低，不亞於挪威。但是，不能忘記：此時的計算，前者只以個別的農村爲限，而後者的一對四八數字，是全國的。而且，上述農村的過剩人口，乃被不絕地向都市移居所處分，同時，大部分生在教區的人們，其死亡並未表現在登記簿上。但在挪威，因爲死亡都被計算，所以，如果出生的增加超過了國家所能扶養的範圍，顯然定以某種形式引起高死亡率。人民不死於疾病就死於饑饉。即使在最清潔的空氣與快適的氣候之下，而粗劣與不足的食物，引起疾病與死亡，這是周知的事實。因此，如果沒有國外的大移民（國家的資源也無異常的增加），則不論挪威的空氣如何清潔、人民的職業如何健康，畢竟除了普及預防的障礙以外，無法表示低於別國的死亡率。

挪威，古來，似被分爲大所有地——即所謂 Gores 或農場。而且，因爲根據繼承法，兄弟都是平均分配財產的，所以這些所有地未被逐漸更加細分，毋寧是不可思議的；這是人口增加遲緩的證據。固然，現在，其大部分的所有地，已被分割成半 Gores、四分之一 Gores 或不及四分之一 Gores。不過，過去一般的習慣是：在父親死亡的時候，委員是從低評估其農場；如果長子以其農場爲抵押，或用其他某種方法，能按上述評價，支付弟弟與妹妹的份額⑥，那末，他可繼承全部的農場。而且，他因習慣的力量與生來的怠惰，常是只照上代的經管方法，而很少或全不努力改良。

另一阻害挪威農場改良的大障礙，是所謂 Odel 權的法律；根據這種法律，以前家族出賣的農場，其直系子孫，不論何人，都得按當時所付的價値而買回之。過去，不僅直系，旁系也有此權利；而且，它的期限完全沒有限制，所以買主不知道什麼時候要被買回。後來，期限定爲二十年，一七七一年，更縮短爲十年；而且，所有旁系全被除外。但是，這非爲十年間的連續所有不可。因爲：在上述期間終了以前，在法律上有請求權的人，如果通告所有者並不放棄自己的權利，縱使其當時的境遇無法買回，所有者也得再等六年，始能完全爲其所有。而且，因爲直系子孫的長兄，還可要求弟弟已經買回的土地；所以，這種法

---

⑥ 女孩的份額爲男孩的一半。

律，即在現在已經改正的狀態之下，不能不說還是對於改良的一大障礙。何況是在過去的狀態（即沒有期限，而這種所有地的買賣比較頻繁的狀態）之下，這種法律對於農場改良，一定是最大的障礙；因此，挪威的人口增加，在幾世紀間甚爲緩慢；它的原因，顯然也就在這一點上。

阻害土地開拓與耕作的另一原因，是因大木材商對於森林所有的一種顧慮。因在一農場分給子孫的時候，各所有者對森林都有一定的權利，所以，誰都爭相採伐；於是，樹木尚未充分發育已遭伐倒，森林乃被糟蹋。爲了防止這種弊害，木材商乃由農業者購買廣大的森林地帶；此時，農業者一定相約：以後不再分割農場、不再增加「家人」；至少，相約：即使家族增加，但對森林不能有何權利。購買森林的商人，只要小農業者與「家人」不因自用而採伐木材，這不應說是特別嚴厲。又，已經出賣這種森林地的農業者，根據法律，可在當地保留放牧自己家畜的權利；而且還可採伐房屋用、修理用及薪炭用的充分木材。

「家人」住宅的四圍，如欲圈地耕作，先得向森林所有者，說明該地不適於植樹，而請求其許可；此外，還須得到地方長官的許可。後者的目的，大概在欲確定是否已由所有者得到合法的許可。

如上所述，可以說是妨礙耕作改良的人爲障礙；此外，該國的自然環境對於耕作及人口，引起（presnts）不可超越的障礙；這在任何方面，都與其土地面積相比例。此即：挪威人雖說不在遊牧狀態（nomadic state），但仍相當地是在牧畜狀態（past oral state），依賴於家畜者甚大。圍繞山脈的高原地方，絕對不適於穀物的栽培；這只能在夏季的三、四個月內，用以放牧家畜。因此，在此季節，農業者就以全部家畜送到這裡；而以部分的家族，從事監理；而且，就在當地，製造販賣用或自家用的全部牛酪與乾酪。但是，非常的困難，是在漫長的冬季，飼養他們的家畜；爲了割取這些家畜所需的枯草，要有面積相當大而又極肥的山谷土地。如果過分擴張耕地，則家畜的數量，必然減少。馴致大部分的高原，變成完全無用（would become absolutely useless）。在此情況之下，由全體看來，該國能否扶養比過去更多的人口，將是疑問。

但是，儘管是有這些妨礙，挪威仍是充分具有改良的可能性；這至近年乃始實現。哥本哈根（Copenhagan）的一教授雖謂：挪威農業的進步，其所以遲緩，是因該國沒有有爲的鄉紳，去打破有關農業之傳統的無智與偏見，而對農事改良示範；但是，據我在挪威所看到的，這種缺點，現在已有相當的補救。現有許多聰明的商人與通情的官吏，正在經營農業。在Christiania附近的農村，農業方法已大改善。即在Drontheim附近，牧草的人工栽培也已開始；在像威挪這樣爲了家畜而需要大量冬季食糧的國家，這是有很大意義的。馬鈴薯的栽培幾乎到處都已成功；雖在邊僻的地方，它還未爲一般人民所愛好，但其用途，一般是在逐漸擴大。

農場分割的習慣，這與其說是過去的，毋寧說是近年的。且在挪威，因爲貨物的銷路狹小，還不足以獎勵完全的大農制度，所以，這種農場的分割，毋寧是有助長土地改良的傾向。凡有資格正確判斷的人們，無不認爲：挪威的農業一般已大進步；此外，登記簿表示：人口乃以更快的步調追隨而來。即從一七七五年到一七八四年，十年間平均，出生對死亡的比率，爲一四一對一〇〇[7]。但此增加似乎稍稍失之過速。這是因爲：接著的一七八五年，是饑饉與流行病的年頭，死亡遠多於出生；此後四年間，特別是一七八九年，出生的超過有限。但從一七八九年到一七九四年，在此五年間，出生對死亡的比率，高達約一五〇對一〇〇[8]。

若干有識之士，對於此點，又對於新徵兵令的未來希望，更對於丹麥王室千方百計以謀人口增加的明白企圖，表示各自的憂慮。在挪威，自一七八五年以來，未嘗有過非常的歉收，但是，萬一這樣的時候一旦來臨，則由於近年急激的人口增加，也許會感覺到十分窮困。

---

⑦ Thaarupt 著《丹麥王國統計》（Statistik der Danischen Monarchie）第二卷四頁。

⑧ 同上四頁，第一表。根據後來出版的《丹麥統計表》（Tobleau Statistique des Etats Danois），一七九四年以後五年間的出生總數爲十三萬八千七百九十九，死亡爲九萬四千〇三十，婚姻爲三萬四千三百一十三。如由這些數字計算比率，則出生對死亡的比率爲一四六對一〇〇；出生對婚姻的比率爲四對一；死亡對婚姻的比率爲二七五對一〇〇。年出生對總人口的比率爲三五分之一，年死亡的比率爲四九分之一。第二卷第八章。

聽到旅行家對於過剩人口的那些憂慮之言，又對「下層階級的幸福」因此所受的危險相當注意與了解（some degree seen and understood）的國家，這在歐洲，我想挪威是唯一的國家。這顯然是由於：全人口的稀少及其問題的範圍狹小。現在假定：我們的注意限於一教區，而且完全沒有由此教區的移出力量（and there were no power of emigrating from it），那末，即使是最輕率的觀察者，也會注意到：如果任何人都在二十五歲結婚，則不論農業者如何認眞地改良土地，都完全不可能對於孩子們，給以充分的職業與食物。但在人口稠密的國家，如果綜合許多的這種教區，則因問題的廣泛與移住的容易，會使我們的觀察曖昧而混亂。這樣，我們終於忽視一向「明如觀火」的眞理，而奇怪地以爲：一國的全土地，其所有支持人口的力量，遠大於其（按一國的土地）各部分的總和。

# 第二章　論在瑞典對於人口的障礙

瑞典，許多地方，類似挪威。即；大部分的人口，同樣從事農業；又，替農業者工作的既婚勞動者，幾乎全國，都像挪威的「家人」（**housemen**）一樣，擁有若干土地，主要藉此爲生；同時，未婚的青年男女，則在農家的家庭，爲其僕役而生活。不過，這種情形，不像挪威這樣普遍而完全；此外，又因瑞典比較挪威，國土大，人口多，都市發達，職業分歧，所以，對於人口的預防障礙，也不如挪威來得盛行；結果，積極障礙的作用較大，即死亡率較高。

據 **Wargentin** 先生在《斯德哥爾摩皇家學士院論文概要》（*Mémories abrégés de l'Académie Royale des Sciences de Stockholm*）①所發表的一論文，至一六六三年止的九年間，全瑞典的年平均死亡率，對總人口的比率爲一對三四又四分之三②。**Wargentin** 先生，曾向蒲徠斯博士提供這些統計表的續篇（**continuation**）；據此，其二十一年間的平均率，爲一對三四又五分之三；結果幾乎相同③。如果想起：瑞典人口的極大部分是從事農業，則此無疑是非常高的死亡率。根據 **Cantzlaer** 在其《瑞典報告》內所載的某計算，都市

---

① 第一卷，四開本，一七七二年，巴黎出版。

② 同上二七頁。

③ 蒲徠斯著《觀察》第二卷一二六頁。第四版。

人口對鄉村人口的比率，僅爲一對一三④；在人口稠密的各國，這種比率常爲一對三，或其以上⑤。因此，瑞典的一般死亡率，其受都市高死亡率的影響不大。

據 Sussmilch 所說，農村的平均死亡率爲四〇對一⑥。在普魯士及波美拉尼亞（Pomerania），雖有許多健康不良的大都市，而且鄉村與都市的住民比率爲一對四，但死亡率則不出三七對一⑦。在挪威，都市住民對鄉村住民的比率，雖然遠大於瑞典；但如前章所述，挪威的死亡率爲四八對一，這一數字，則遠低於瑞典⑧。瑞典的都市，雖比挪威大而不健康，但是，毫無理由可說：該國的鄉村，在人類的壽命上，也自然較爲不利。挪威的山岳，一般不適於住人；國內住人的地方，只限於山谷。這些山谷，大多是在狹而且深的山

---

④《關於瑞典王國政治經濟事情的參考資料》（Mémoires pour servir á la connoisissance des affaires politiques et économiques du Royaume de Suéde）一七七六年出版。四開本，第六章一八七頁。這論文被認其記事非常正確；在斯德哥爾摩，博得很大的信用。

⑤ Sussmilch 著《神的調整》（Göttliche Ordnung）第一卷第二章第三十四節。一七九八年出版。

⑥ Sussmilch 著《神的調整》第一卷第二章第三十五節九一頁。

⑦同上第三卷六〇頁。

⑧ Thaarup 著《丹麥王國統計》第二卷五頁第二表。一七六五年出版。

中；谷底的耕地，四周都是近乎垂直的高山絕壁⑨；由於日光長被遮蔽，所以不能說：像瑞典空闊而乾燥的土地適於健康。

因此，瑞典的高死亡率，如無以下的假定，到底無法充分說明。即：國民的習慣及政府對於人口的不斷獎勵，有使人口大大迫近生活資料限界的傾向；接著，乃有誘發疾病（這是貧困與營養不良的必然結果）的傾向。而且，此事由觀察的結果推察，似乎是不錯的。

瑞典，並不出產足以養活其人口的食料。據一七六八年與一七七二年的計算，穀物的年不足額爲四十四萬大桶（tun）⑩。這一分量（或近乎此的分量），通常乃與大量的豬肉、牛酪與乾酪之類，一起從各外國輸入⑪。

瑞典的造酒，據說消費四十萬大桶以上的穀物。在政府禁止這種釀造的時候，輸入額雖

---

⑨ 這些溪谷，有的風光絕佳。由 Christiania 至 Drontheim 凡一百八十英里的幹線，蜿蜒於這些溪谷之間，沿途則有美麗的清流。這種河川，一部分展開而成廣闊的 Miosen 湖。我認爲：歐洲任何地方，都沒有河川，在我們的眼前，不斷地展開這樣華麗而富於幻想的風光。這一河川，乃在各種名稱之下，流經各種地方。挪威溪谷的新綠，特別柔和（peculiarly soft），樹葉繁茂，到了夏天，絲毫沒有北地的形影。

⑩《關於瑞典王國政治經濟諸事情的參考資料》第一七表一七四頁。

⑪ 同上第六章一九八頁。

然減少[12]，但是，即在周知的頻發的（which it is well known occur frequently）荒年，也未有多大的（至足以彌補其不足額的）增加輸入。據說：在造酒自由的時候，即於異常的豐年，也曾輸入三十八萬八千大桶[13]。因此，結果是：瑞典人除了消費最豐年時的全部生產額以外，還消費了四十萬大桶；在最荒年的時候，則其消費，幾乎不能不減少穀物不足額的全部。因爲大部分的人民都很貧困，故如穀價上升，就無力購買與過去同樣的分量。因此，不足以刺激穀物商人，計劃大量輸入；如果收穫減少四分之一（乃至三分之一），則勞動者就得滿足於「幾乎」（nearly）爲過去所消費的穀物四分之三（乃至三分之二）；不足的部分，則非使用某些代用物不可；這可暗示；這種需要乃是「發明之母」（which Necessity, the mother of Invention, may suggest）。我說「幾乎」，乃是因爲：荒年的輸入，不比平年增加一些，這是難於想像的。固然，在 Cantzlaer 所發表的各表上，並無這種顯著的不同。根據這些表，最大輸入量，是一七六八年的五十九萬〇二百六十五大桶[14]。不過，即此

---

⑫《關於瑞典王國的參考資料》第四一八頁第四二表。第四章二一〇頁。我無法正確地找到瑞典大桶的標準。恐怕略少於美國的一 sack 或半 quarter。

⑬ 同上第六章二〇一頁。

⑭ 同上四一八頁。

最大輸入量，超過該國的平均不足額，也只十五萬大桶而已。由此可知：這對收穫的四分之一（乃至三分之一）的不足，究能彌補至如何程度？從這一點看來，則其輸入總額也確是不多的。

在 Cantzlaer 執筆的當時，瑞典人口約二百五十萬⑮。他估計每人需要穀物四大桶⑯。據此假定，則瑞典的年需要額為一千萬大桶；四、五十萬的小額，用以彌補二百五十萬（乃至三百萬）大桶的不足，是沒有多大效果的。因此，如果我們只是採取與平均輸入額的差額，那就可知：瑞典人在荒年由輸入所得的援助，完全是無效的。

這種狀態的結果，是瑞典的人口，常因年歲的豐凶而大受影響。因此，我們對於 Wargentin 先生這極有趣而富於教訓的所說，也絲毫無須驚奇。他說：瑞典的登記簿表示：出生、婚姻及死亡乃按收穫的狀態而增減。他由其所載九年間的統計表，引用如下的例子⑰。

| 年次 | | 婚姻 | 出生 | 死亡 |
|---|---|---|---|---|
| 荒年 | 1757年 | 18,799 | 81,878 | 68,054 |
| | 1758年 | 19,584 | 83,299 | 74,370 |
| 豐年 | 1759年 | 23,210 | 85,579 | 62,662 |
| | 1760年 | 23,383 | 90,635 | 60,038 |

⑮ 前揭書一八四頁。
⑯ 前揭書一九六頁。
⑰ 《斯德哥爾摩皇家學士院論文概要》二九頁。

據此，一七六〇年，出生對死亡的比率爲一五對一〇；但在一七五八年，則僅爲一一對一〇。又就 Wargentin 先生所計算的一七五六年及一七七〇年的人口來說⑱，則一七六〇年婚姻數對總人口的比率爲一對一〇一；但在一七五六年，僅約一對一二四。又，一七六〇年死亡數對總人口的比率爲一對三九；一七五七年則爲一對三二，一七五八年則爲一對三一。

在有關瑞典登記簿的研究中，Wargentin 先生曾謂，死亡率在健康不良的年頭，每年約爲二九對一；在健康良好的年頭，則爲三九對一；如果兩者平均，則可說死亡率爲三六對一⑲。但是，這種推論，似不正確。這是因爲：二九與三九的平均，應是三四；事實上，看他自己所發表的各表，證明：平均死亡率不是三六對一，乃是約三四又四分之三對一。

年婚姻對總人口的比率，平均約爲一對一一二；似乎：視在家族扶養上當時的希望如何，而上下於一對一〇一與一對一二四之間。但在實際上，變動的上下兩極端，恐有更大的距離；這是因爲：這種計算的期間只有九年而已。

又，Wargentin 先生在同書的另一論文上，則謂：瑞典穀物收穫最多之年，同時也是孩

⑱ 前揭書二一、二二頁。

⑲ 前揭書二九頁。

子出生最多之時[20]。

即在其他各國，如果實施正確的調查，一定也可看到這種差異（縱使其程度不同）。就瑞典來說，這是證明：其人口乃有強大的增加傾向；而且，這種傾向，不僅緊緊追隨著生活資料的平均增加，即使食物只有一時的或偶發的增加，也立即擡頭；因此，人口的增加，常是超過食物的增加，結果，乃被（激烈的）窮困的週期來襲及由此而產生的疾病所抑壓。[21]

人口雖有如此不斷氾濫的顯著傾向，但是瑞典的政府及經濟學者，常是喊著「人口」、「人口」而力求其增加，這是不可思議的。Cantzlaer 說：政府因爲既無能力引誘外人至國內移住，又無能力使出生數任意增加，故自一七四八年以來，用盡被認爲適當的手段，以謀增加國內的人口[22]。但是，如果假定：政府實際是有招致外人移住或任意增加出生的能力，則其結果如何呢？是要移住的外人，他們並無優秀的耕作方法，則最後或則他們自己餓死，或則使更多的瑞典人餓死。又如每年的出生數（yearly number of births）激增，則其

---

⑳ 前揭書三二一頁。

㉑ 此事，乃由最近所發表的《教區登記簿概要》，在英格蘭，得到確證。一七九五年與一八〇〇年，是以結婚及出生的減少與死亡的增加爲其特徵。

㉒ 《關於瑞典王國參考資料》第六章一八八頁。

主要的結果，徒使死亡率激增而已；這是 **Wargentin** 先生的各表所已證明的。不，因此，現在的人口，也許反會減少。這是因爲：由於營養不良與住宅密集，一旦發生流行病，這一定不僅掃蕩過剩人口，而且同時奪去一國可以適當扶養的部分人口（往往還是其很大的部分）。

凡在極北的氣候之下，農業的主要工作，必然須於夏季的短短幾月之內有所成就，所以到了這一期間，總是感到人手不足。不過，這種一時的不足，與眞實而有效的勞動需要，得有嚴密的區別。後者，不僅是二、三個月，必須經年可以給與衣食之途。瑞典的人口，在其增加的自然趨勢上，常有餘裕可以應付這種有效需要。因此，超過這種需要的供給，不問其原因是在外來人口或在出生增加，而只帶來窮困而已。

據瑞典的著作家斷言，在瑞典，一定人數在一定日數內所做的工作分量，只及若干其他國家同樣人數在同樣期間內所做的工作分量三分之一[23]；因此，對於國民的勤惰，乃有嚴酷的責難。關於這種責難的一般基礎，雖然別國人是不能有完全的判斷的；不過，就這一例子來說，我以爲：這與其說確是由於瑞典人的缺乏勤勉，毋寧說是由於氣候與土地的關係。一年內，大部分的時期，由於苛酷的氣候，乃使他們的勞作必然受到妨礙；在可從事農事的時

---

[23]《關於瑞典王國的參考資料》第六章一九一頁。

期，由於地力的有欠肥沃（因此，要有一定的收穫，得有廣大的面積），非用更多的勞動不可。貧弱而廣大的農場，比較肥沃而狹小的農場，如非投下更大的費用，乃難獲得同量的產物；這在英國，是已周知的事實。一般說來，瑞典的地力，不能否定其自然的貧弱㉔。

我曾歷訪瑞典的西部，而後由挪威直達斯德哥爾摩，轉沿東海岸北上而至芬蘭（Finland）；在這旅行中，我未嘗看到：其國民似像預期般缺乏勤勉。在我所能判斷的，如在英國當已開墾的土地很少是未嘗開墾的；不，如在英國則尚未耕作的土地卻不少確已耕作。在這些土地上，每隔五碼或十碼，乃有巨大的石或岩（stones or rocks）散在；視其岩石的大小，或則在其周圍繞過，或則拿犂提起，在其上面越過。犂很輕，用一馬拉著；在犂樹椿之類的時候，如果樹椿不高，通常是在其上而越過。執犂的男人，工作非常敏捷，幾乎或完全沒有使馬停住的。

現在廣大的森林地帶，改作耕地，其價值如何？對此，我雖不能下何斷語；但是，不論挪威人或瑞典人，對於採伐這種森林，無不過於輕率；化此土地爲耕地，果眞有幾何價值，他們事先都無考慮，而受到批評。以燒樹的灰爲肥料，雖然曾使燕麥的收穫增加，但其

---

㉔ Cantzlaer 謂：『即使在有效種植（*effectivement ensemencé*）的土地，它的收穫也只是三粒對一粒而已』。第六章一九六頁。

結果，許多的小樹，往往受到損害；致其土地，此後幾乎全歸荒廢。燕麥收穫以後，通常是在偶然成長的草上，放牧家畜。如果是天然肥沃的土地，則家畜妨礙了松柏類的發生；如果地力是惡劣的，則家畜當然不能長久留在此處；被風吹來的種子，又使它成為松柏類叢生之地。

我在挪威與瑞典兩國，看到許多這種地方，由此不能不作如此想（固然，如由其他理由，則當別論）。即：此兩國，過去的人口不比現在稠密麼？今天全是森林的土地，在一千年前，不也出產穀物麼？此後的戰爭、疫病或比此兩者尤使人口激減的虐政，不是突然殺害或放逐了大部分的住民而使人口減少麼？又在瑞典與挪威，土地只要荒棄二、三十年，不是國土的形狀就要大有變化麼？這只是我不能不說的一種感想而已；我想，讀者也已知道：本來，這對我不是一重大問題（像在相當的程度，非認此為事實不可）。

現在，回到瑞典的農業。這一國家，國民的怠慢，即使不說，而在其政治規制之內，確有阻礙耕作自然進步的某種事情存在。煩雜的夫役今尚殘存；有些土地的所有者，對於國王的領地，仍負有義務㉕。該國的傳驛，費用確實低廉，對於旅行者雖然方便，但是，因此，乃使農業者非常浪費人手與馬匹。據瑞典經濟學者的計算，僅由廢止這種制度所能節約的勞

㉕《關於瑞典王國的參考資料》第六章二〇二頁。

動，每年就可生產三十萬大桶的穀物㉖。又在該國，市場的距離很遠；其幾乎不可避免的結果，是分工的不完全；因此，浪費了很多的時間與勞力。所以，在瑞典的農民之間，雖非特別缺乏勤勉與努力的風氣，但在有關穀物輪耕方法上（及在對於土地改良與施肥的最好方法上），確是缺乏知識㉗。

故如政府努力除去這種障害，獎勵並指導農業者的勤勉，而且普及關於農業的必須知識，則其可以收到的效果——使該國的人口增加，恐遠甚於設立五百個棄嬰收容所。

據 Cantzlaer 說，過去政府對人口獎勵所採取的主要政策，是設立診療所、產科病院及棄嬰收容所㉘。為貧民設立免費的診療所，這大多是很有益的；而在瑞典的特殊情形之下，大體正是如此。但是，如就具有同樣目的之法國病院的實況而言，即使是這種機關，是否還值得廣泛地推獎，是一疑問。產科病院，如果只就其影響來說，不但無益反而有害。這是因其一般的經營方針，確有助長罪惡的傾向。至於棄嬰收容所，不論其所標榜的直接目的是否達到，由任何見地看來，都是對國家有害的。至其以如何的形式，發生有害的作用，我在另

㉖ 同上二〇四頁。

㉗ 同上第四章。

㉘ 《關於瑞典王國的參考資料》第六章一八八頁。

章將有詳論的機會。

但是，瑞典政府也未必只是（exclusively）訴諸這種手段。根據一七七六年的布告，穀物的交易全國完全自由；就生產超過本州消費量的 Scania 而言，一切輸出稅均已撤消[29]。到本年爲止，南部各州的農業，乃受穀物的銷路缺乏所妨礙；這是因爲：一方面是運輸困難，而同時則完全禁止以此賣給外人（不論價格如何）。關於此點，北部各州，迄今猶有多少困難。固然，因其生產量決不及消費量，故此困難也不甚嚴重[30]。不過，就一般來說，生產物銷路上的困難，對於耕作的改良，是最致命的；因此，乃使農業者遇到豐年，就不能不以遠低於一般平均價格的價格出賣其穀物。

但是，限制過去各 henman 或農場人員的法律，其在一七四八年的撤廢，對於瑞典人口增加的貢獻，恐較大於其他任何原因[31]。這種法律的目的，是使地主的子弟自行開墾或耕作新的土地；意欲藉以在短時期內改善國土。但是，徵諸經驗的結果，因爲這些子弟，對於這種工作沒有充分的資力，而必須在其他方面尋求幸福（fortune）；故其結果據說多數是

---

㉙ 前揭書二〇四頁。

㉚ 同上同頁。

㉛ 《關於瑞典王國的參考資料》第六章一七七頁。

向外移住。但在今天，父親不僅可以分割所有地（照他認爲適當的數量），而且，這種分割，特別受到政府的推獎。如果想到：瑞典 henman 的廣大及以一家族之力難望完全耕作，則由任何見地看來，不能不說：這種分割是極有益的。

一七五一年瑞典的人口爲二百二十二萬九千六百六十一㉜。一七九九年，據由 Nicander 教授（他是 Wargentin 先生的後繼者）所手交的報告書——我是在斯德哥爾摩得到的——，則增爲三百〇四萬三千七百三十一。這是對該國永久人口的絕大增加。因爲：這使土地生產物也有比例的增加；即：穀物的輸入既不多於過去，而人民的生活平均並無壞於過去的形跡。

但是，這種增加，並非沒有週期的障礙而順利地進行；這種障礙，縱使未嘗完全阻止其進行（即使是暫時的）；但常使其速度遲緩。過去五十年間，這樣的障礙，如何時常發生？對此，我雖沒有可以如此說明的充分資料，但對其中的一部分，是可指摘的。根據本章曾經引用的 Wargentin 先生的報告書㉝，一七五七年與一七五八年兩年，因爲歉收，死

㉜ 前揭書一八四頁。

㉝《斯德哥爾摩學士院論文概要》（Mémoires de I'Académie de Stockholm）二九頁。

亡較多。又由一七六八年的輸入增加判斷，同年也似收穫不多的㉞。根據 Wargentin 先生提供給蒲徠斯博士的附加表，則一七七一、一七七二及一七七三這三年，死亡率特別高㉟。一七八九則似特別顯著，因爲根據我所得 Nicander 教授的報告書，僅只爲了這一年，乃使至一七九五年止的二十年間，其出生對死亡的平均比率，大受影響。即此比率，如果算入一七八九年，則爲一〇〇對七七；如果除去一七八九年，則爲一〇〇對七五；這就二十年間的平均、由於一年的有無而所生的差異來說，不能不說極大的。最後，我住在瑞典的一七九九年，似爲極致命的一年。接近挪威的地方，農民說本年是空前的荒年。家畜由於去年的旱魃，本年冬季都極困憊；在七月間（即收穫前約一個月），多數住民，乃以（以松柏類內皮與乾酸模 sorrel 做的）粗劣的麵包苟延殘喘。這種麵包，絲毫沒有摻入麥片（without any mixture of meal）（可以增加美味與營養的）。農民蒼白而憂鬱的臉色，充分表示食物的惡劣。許多人早已死亡。不過，此種粗劣的食物，其全部的結果，當時尙未暴露；這恐怕今後要以某些流行病的形態暴露。

瑞典的下層人民，忍受這些苛酷的壓迫，其忍耐力之強，眞是値得驚嘆的。而且，這

---

㉞《關於瑞典王國的參考資料》第四二表。

㉟ 蒲徠斯著《觀察》第二卷一二五頁。

種忍耐力的發生，他們全靠其自己的機智（resources）；他們相信：支配他們的，乃是必然的大法則，而非統治者的任性（caprices）。如前所述，大部分的既婚勞動者，耕作著極少的土地。因此，如因偶然的氣候不調而引起歉收，或在家畜死亡的時候，他們理解其窮困的原因，而認爲這是天災（Providence）予以忍耐。對於自信是由普遍的自然法所發生的災難，誰都以相當的忍耐力而服從。但是，政府及上流階級，如果由於虛榮與錯誤的慈善心，而不絕地干涉下層階級的事務；努力向下層階級說明：謂其所享受的一切福利都是統治者及富裕慈善家的恩惠；那末，這些下層階級，自亦認爲：其所受一切的災害，也出於同一源泉；在此情形之下，忍耐原是無可期待的。如果這種焦躁表現爲明白的行爲，那末，當然我們爲了避免較大的惡害而須強迫地加以抑壓；但是，此時，焦躁本身，顯然應被視爲正當的；因此，有些人的態度，顯然是在助長焦躁；他們對其結果，是應負許多責任的。

瑞典人雖以異常的忍耐，對付一七九九年的歉收；但在後來政府頒布法令禁止造酒之時，據說曾在國內引起很大的糾紛。這種法令的制定，原是爲了人民的福利；但是，人民對於這種法令的態度，則被視爲一意義深長的例子；即：他們對由自然法則所產生的災害與由政府法令所產生的困難，其忍耐的精神未必相同。

在瑞典，緩和人口增加趨勢的流行病期，一般似起因於粗食（由於過度的貧困）。而且，這種貧困，是在絲毫沒有儲藏的國家（這些國家，或則由於普遍的輸出，或則由於平年（common years）分配給勞動者的食物較多），——因此，在歉收發生之前人口已經增殖到生產物最大限度的國家，而一旦遭逢氣候不調時所發生的。故如瑞典部分經濟學者所主張，要是該國應有九百萬至一千萬的人口㊱，那末，顯然，他們只對此一程度的人口，生產充分的食物，就已足夠；果然，他們很可放心：即使沒有產科病院及棄嬰收容所的援助，可吃這種食物的嘴巴，是絕對不會不夠的。

一七八九年雖是死亡率高的一年，但據我由 Nicander 教授所得的報告，國內一般的健康情形，毋寧似已大為增進。至一七九五年止，二十年間的平均死亡率為三七對一；比較前此二十年間的平均死亡率三五弱對一為少。至一七九五年止，二十年間的增加率，並無特別增加，所以死亡率的減少，畢竟是由於預防障礙的普及。由該教授給我的另一計算書，似可確證這種推定。像 Sussmilch 所引用的㊲，如照 Wargentin 先生的說法，則現在五對夫婦，年可生育一孩子。但是，到了後期，則現在夫婦數與每年的出生率為五又十分之一對一；如果除開私生子，則為五又十分之三對一。這是證明：後期的結婚比較晚些，又生育也比較少些。

㊱《關於瑞典王國的參考資料》第六章一九六頁。

㊲《神的調整》（Göttliche Ordnung）第一卷第六章一二〇節二三一頁。

一八二五年

根據後來的報導，瑞典的健康情形，顯然是在繼續增進；由此推測，而謂該國大部分人民的生活情形是在逐漸改善；這應當是不錯的。

至一八〇五年止的五年間，包括全瑞典與芬蘭各年齡的生存者平均數，爲男子一百五十六萬四千六百一十一，女子一百六十八萬三千四百五十七，合計三百二十四萬八千〇六十八。年平均死亡數爲男子四萬〇一百四十七，女子三萬九千二百六十六；即每年死亡率，男子爲三八・九七對一，女子爲四二・八七對一，兩者的平均爲四〇・九二對一㊳。

年平均出生數爲男子五萬五千一百一十九，女子五萬二千七百六十二，合計十萬七千八百八十一；即男子出生數對男子總人口的比率爲二八・三八對一，女子出生數對女子總人口的比率爲三一・九二對一；平均比率爲三〇・一五對一。

Milne 先生根據這些及其他材料，製成一貴重的表；據此，至一八〇五年止的五年間，由曾支配瑞典的死亡法則推測，出生時的平均餘命，男子爲三七・八二〇，女子爲四一・〇

---

㊳ 請參照斯德哥爾摩皇家協會一八〇九年度會報及由 Sun 生命保險協會統計技師 Milne 先生執筆的《大英百科辭典》追補〈死亡率〉條。此處所述的五年間，未有顯著的流行病。又，種痘開始於一八〇四年。

一九，兩者平均爲三九・三八五；又，男子的半數活到約四十三歲，女子的半數活到約四十八歲；即男女全出生數的一半，活到四十五歲。

在出生率爲一對三〇・一五、死亡率爲一對四〇・九二之時，每年的出生超過數對於人口爲一對一一四・五；這如繼續，則不到八十年，將使人口增加一倍（依據本書第二篇第十章末尾的第二表）。

在一八二五年三月的《百科辭典評論雜誌》（Revue Encyclopédique）上，載有曾經調查自一七四八年以降瑞典人口增加的委員會報告概要；據此，除了芬蘭，所謂瑞典本土的人口，一七四八年爲一百七十三萬六千四百八十三；一七七三年爲一百九十五萬八千七百九十七；一七九八年爲二百三十五萬二千二百九十八；一八二三年爲二百六十八萬七千四百五十。在一八二三年，死亡爲五萬六千〇五十四，出生爲九萬八千二百八十七。即僅同年的出生超過數，爲四萬二千二百〇五；如果假定翌年（一八二四年）也有同樣的超過，則過去十五年間的年平均超過數，將爲二萬三千三百三十三。如以此平均超過數，與平均人口比較，則爲一對一〇八；如此超過率繼續不變，則約七十五年，人口將增加一倍。如由上述數字推測，則一八二三年的出生對人口的比率爲一對二七・三，死亡對人口的比率爲一對四七・九。因此，瑞典的健康情形與人口增加率，一八〇五年以後繼續增進。這種進步，歸因於農工業的發展與種痘的實施。

十九世紀中葉以降，死亡率的漸減是極顯著的。

# 第三章 論在俄羅斯對於人口的障礙

俄羅斯的出生、死亡及婚姻表，表示著十分非常的結果，所以，不能毫無疑問地予以接受。但是，同時，其蒐集的方法，是有規則的，是累年一致的；這值得我們的注意。

一七六八年，B. F. Herman提出於彼德斯堡（Petersburg）學士院，而且發表於學士院新報（*Nova Acta Academiae*）第四卷的一報告，曾就帝國各地方與各都市（provinces and towns）的出生、死亡及婚姻，加以比較，其比率如下。

這些比率，其中若干看來是很高的。例如在 Veronesch，出生對死亡，幾爲三對三一；我相

| | 出生 | 埋葬（burial） |
|---|---|---|
| 彼德斯堡 | 13 | 10 |
| 莫斯科縣 | 21 | 10 |
| 莫斯科區（除了市區） | 21 | 10 |
| Tver | 26 | 10 |
| Novogorod | 20 | 10 |
| Pskovsk | 22 | 10 |
| Resan | 20 | 10 |
| Veronesch | 29 | 10 |
| 弗勒達（Vologda）修道院院長轄區 | 23 | 10 |
| 柯斯屈馬（Kostroma） | 20 | 10 |
| 阿干折（Archangel） | 13 | 10 |
| 托波斯克（Tobolsk） | 21 | 10 |
| 托波斯克市 | 13 | 10 |
| Reval | 11 | 10 |
| 弗勒達 | 12 | 10 |

信：這等於曾在美國出現的最高比率。但是，這些比率的平均結果，乃由此後的觀察，得到相當程度的確證。Tooke 先生在其《俄羅斯帝國觀》（View of the Russian Empire）中，曾謂全國出生對埋葬的一般比率爲二二五對一〇〇[①]，即二又四分之一對一[②]。這種比率，是根據一七九三年的表的。

Herman 先生，從每年的婚姻數及出生數，得出如下的結論。

① 第二卷第三篇一六二頁。

② 同上一四五頁。

婚姻的兒童數

| | |
|---|---|
| 彼得斯堡 | 4 |
| 莫斯科縣（約） | 3 |
| Tver | 3 |
| Novogorod | 3 |
| Pskovsk | 3 |
| Resan | 3 |
| Veronesch | 4 |
| 弗勒達 | 4 |
| 柯斯屈馬 | 3 |
| 阿干折 | 4 |
| Reval | 4 |
| 托波斯克縣 | 4 |
| 托波斯克市（自1768年至1778年） | 3 |
| 同（自1779年至1783年） | 5 |
| 同（1783年） | 6 |

Herman 先生說，俄羅斯的婚姻生育率，雖不高於別國，但其死亡率也很低；這由各縣住民數的概算，得到如下的比率。

Herman 先生說：由此推測，可以得到這樣的結論；即在俄羅斯，大多數地方的年死亡率，爲六〇對一③。

這平均數太高，而且，有些地方的比率，則過分異常，所以，不可能相信這些是正確的。但是，此後的諸表幾都承認其正確；後者，據 Tooke 先

| 彼得斯堡的死亡率 | 28對1 |
|---|---|
| 莫斯科縣的死亡率 | 32對1 |
| 莫斯科區的死亡率 | 74對1 |
| Tver 的死亡率 | 75對1 |
| Novogorod 的死亡率 | 68又6/7對1 |
| Rskovsk 的死亡率 | 70又4/5對1 |
| Resan 的死亡率 | 50對1 |
| Veronesch 的死亡率 | 79對1 |
| 弗勒達修道院院長轄區的死亡率 | 65對1 |
| 柯斯屈馬修道院院長轄區的死亡率 | 59對1 |
| 阿干折修道院院長轄區的死亡率 | 28又3/5對1 |
| Reval 修道院院長轄區的死亡率 | 29對1 |
| 托波斯克縣修道院院長轄區的死亡率 | 44對1 |
| 托波斯克市修道院院長轄區的死亡率 | 32對1 |
| 同（1783年）修道院院長轄區的死亡率 | 22又1/4對1 |

③《學士院新報》（Nova Acta Academiae）第四卷。

生所說，全俄羅斯的一般死亡率爲五八對一④。所以，Tooke 先生本人，對於登記簿這一部分的眞僞，似有懷疑；而且，後來，據我由可靠方面聽說：在任何地方，埋葬數的脫漏遠甚於出生數的脫漏；因此，乃有理由可以相信：表面上的出生大超過與極低的死亡率，都大於實際。許多的小孩，特別是在烏克蘭，由其父親秘密埋葬，而不給教士（priest）知道。多而且繁的徵兵，奪去了莫大的人數，而其死亡未被記錄。頻繁的國內移住與罪犯的西伯利亞放逐，一定很多是在路上，或在未有正式記錄的地方死亡。此外，部分的脫漏責任，是在教區教士的疏忽；他們雖熱心於記錄出生，但不熱心於記錄死亡。

對於這些理由，我還得加上一點；即：各省（province）的人口，恐怕是由其中各領地所屬的農奴數推定的；但是，這些農奴大部分已被許可移住都市；這是世所周知的。所以，他們的出生，雖表現於「省」，但死亡則不然（their births therefore appear in the province, but their deaths do not）。都市的表面死亡率是根據實測推定的，故不與這種移住，比例增加。都市的死亡表，是表示確實現住於該都市的（一定人數中的）死亡數；反之，「省」的死亡表，它的目的，是在表示該省推定人口中的死亡數，實際只是表示極小人口中的死亡數。這是因爲：推定人口的不少部分，並不住在當地。

④《俄羅斯帝國觀》第二卷第三篇一四八頁。

據一七八四年的調查，彼得斯堡的人口，男子爲十二萬六千八百二十七，女子僅爲六萬五千六百一十九⑤。即男子幾爲女子的二倍。這種原因：⑴在多數男子爲了賺得（earn）人頭稅，乃以家族留在鄉村，而自來都市；⑵在貴族，由於習慣，以其極大的農奴留在彼得斯堡及莫斯科，作爲家庭僕役。（按：以上數字爲譯者所加。）

俄國出生數對總人口的比率，約爲二六對一，故與其他各國的一般平均並無不同⑥。

根據上述 **Herman** 先生的報告書，零歲（按：即生後一年內）死亡的男孩比率，在彼得斯堡爲五分之一，在 **Tobolsk** 縣爲一〇分之一，在 **Tobolsk** 市爲三分之一，在弗勒達大修院院長轄區爲一四分之一，在 **Novogorod** 爲三二分之一，在 **Veronesch** 爲二四分之一，在阿干折爲五分之一。在這些地方，有的嬰兒死亡率很低；特別是因爲在其計算上似無很大的錯誤，所以更可確認：一般死亡率不高。在瑞典，全國零歲死亡的嬰兒比率，則占五分之一，或超過之⑦。

據 **Herman** 先生，俄國年婚姻對總人口的比率，在都市爲約一〇〇對一，在省區約爲七

---

⑤《學士院新報》第四卷。W. L. Krafft 的報告。

⑥ Tooke 著《俄羅斯帝國觀》第二卷第三篇一四七頁。

⑦《斯德哥爾摩學士院論文概要》二八頁。

○至八○對一。但據 Tooke 先生，則在他曾有記錄的十五縣，其比率九二對一⑧。

這一數字，與其他各國並無大異。固然，彼得斯堡的比率爲一四○對一⑨，但如前述，這由男子數比較女子數多至異常的事實，可以充分說明。

雖可想像：彼得斯堡市的登記簿是完全可靠的；但是這些登記簿，乃有證明氣候一般適於健康的傾向。故在其中，有一事實的記載，與在其他任何國家觀察所得的事實，全不相容。這就是：在死亡嬰孩中，女孩遠大於男孩；在由一七八一年至一七八五年的期間，出生男孩一千人中，零歲死亡的只有一四七，但女孩則多至三一○。換句話說，兩者的比率是一○對二一；這種比率是想像不到的；而且，相當程度，一定是偶發的。這是因爲：前數年間，只是繼續著一○對一四的比率。但是，如果除開懷孕期，則在任何年齡，女子的死亡率，以比男子常低爲原則；因此，上述比率，不能不說：還是十分異常的。瑞典的氣候，與俄羅斯的氣候，沒有很大不同的形跡。**Wargentin** 先生曾就瑞典的各表而謂：由此可知：女子死亡率之低，這一事實，不僅由於較有規則而又容易的生活，而且是一自然的法則；這種自然的法則，是從幼年到老年，經常地發生作用。⑩

---

⑧《俄羅斯帝國觀》第二卷第三篇一四六頁。

⑨《學士院新報》第四卷，Krafft 的報告。

⑩《斯德哥爾摩學士院論文概要》二一八頁。

根據 **Krafft** 先生[11]，彼得斯堡的出生總數，其中一半活到二十五歲；這是表示：在這種大都市，少年人的健康，是異常良好的。但是，一過二十歲，其死亡率則遠大於歐洲其他的任何都市；至其原因，則在烈酒（brandy）的暴飲[12]。在十歲到十五歲之間，死亡率很低，男子爲四七對一，女子只是二九對一；但至二十歲到二十五歲，死亡率很高，男子爲九對一，女子爲一三對一。根據統計表：這種異常的死亡率，主要是肋膜炎、高熱病及肺結核的結果。肋膜炎減少總人口的四分之一，高熱病減少總人口的三分之一，肺結核減少總人口的六分之一；三種合計占死亡總數的七分之五。

從一七八一年到一七八五年，其間的一般死亡率，據 **Krafft** 先生估計，爲三七對一；在其前期，爲三五對一；在其後期，因爲流行病蔓延，爲二九對一。上述平均死亡率，在大都市，不能不說是低的；但是，根據 **Krafft** 先生論文中的一節，因在病院、拘留所及棄嬰收容所內的死亡，或則全未計入，或則記錄不確，故如算入這些死亡，則與表面上的都市健康狀態，定有很大的不同。

只在棄嬰收容所（*Maison des Enfans trouvés*）死亡率已特別大。但是，正式的統計未

---

⑪ Tooke 著《俄羅斯帝國觀》第二卷第三篇一五一頁。

⑫ 同上一五〇頁註。

有發表，而口頭所傳的報告，則常易有相當錯誤。所以，我自所收有關這一問題的材料，也無法信任。不過，我曾與彼得斯堡收容所的人員（attendants）有過詳細的交談；由此結果判斷，則每月一百人，這是一般的平均數。去年（一七八八年）冬季，一天埋葬十八人，不算稀奇。每天的平均收容數約十人。他們都在收容後的第三天，被送到鄉村去養育；但因大多來的時候已在瀕死狀態，所以死亡率勢必很大。傳說的收容數，雖然幾乎是不可相信的；不過，由我的實際所見，這種數字與上述死亡率，似乎都離事實不遠。我於中午訪問收容所的時候，雖剛收容了四個孩子，但是，其中一個顯將死亡，另外一個也不會活得太久。

棄嬰收容所的一部分，被用爲產科病院；來訪的婦女，可以不受任何詢問而予住院。這樣生下的孩子，則在院內，由保姆養育，不像棄嬰，被送到鄉村去。母親如果想在院內對其自己的孩子而爲保姆的工作，這是可以的，但不許帶回孩子。收容的孩子，如經證明父母是有養育的能力，隨時都可交還；又，所有的孩子，在被收容的時候，都附以標識與番號；這是因爲：父母即使不能帶回孩子，但也許其訪問，故對孩子加以分別，俾在其父母要求訪問的時候，可拿孩子送到父母的面前。

住在鄉村的保姆，每月只給兩盧布（rouble）的津貼；但因紙盧布大體不値半 crown（一 crown 等於英銀幣五先令），所以每週所得，結局僅約十五辨士。即使如此，據說這一費用的總額每月高達十萬盧布。收容所的正常收入，雖遠不及這一數額；但政府自行管理一切事務，因而負擔其全部的不足數額。孩子的收容，既無限制，費用也就絕對需要沒有限制。如果一方面無限制地收容嬰孩，而同時扶養基金是有限制的，則其結果，當然產生可怕的弊害。所以，這種制度，如果正當經營（換句話說，如果異常的死亡率並不阻止費用的急速增加），則非在十分富裕的政府保護之下，是不能長久存在的；而且，即使是在這種保護之下，它的失敗也是相當快的。

被送到鄉村的孩子，到了六、七歲，回到收容所，而教以各種的職業與手藝。普通的勞動時間爲六時至十二時與二時至四時。少女到了十八歲，少年到了二十—二十一歲，告別收容所。在收容所人員過多之時，也有被送到鄉村去的孩子，不帶回來的。

最高的死亡率，當然見於剛被收容的嬰兒與尚在所中養育的小孩；但由鄉村回來的（他們雖在最頑健的年齡），也有可觀的死亡率。我在親自參觀收容所，看到到處充滿清潔、爽快的氣氛之後而不勝佩服的時候，聽到這話，深有意外之感。建築物本身，因是過去的大邸宅，所以任何房間都大而通風而且優雅。我去參觀的時候，有一百八十位孩子正在吃飯；但是，他們都穿著十分整潔的衣服，檯布美觀，各人都有餐巾。小菜看來很好；又在餐廳之內，毫無不愉快的氣味。宿舍之內，各有寢床；床架是鐵製的，並無天蓋或帳幕（without tester or curtains）；而被單與床單（coverlids and sheets）則特別清潔。

這樣清爽，在大規模的收容所是幾難置信的；這主要是託庇於現皇太后陛下；陛下對於經營上的任何細節（all the details of the management）都有興趣；她在彼得斯堡的時候，幾乎常是每週親臨視察。雖然如此注意，而仍有上述的死亡率，這乃證明：嬰兒的體格不能忍受每天八小時的蟄居與工作。孩子們無不相當蒼白而有病容，故如根據收容所內的少年少女判斷國民的美醜，這恐是最不利的。

如果屬於收容所的死亡數除外，則彼得斯堡的死亡表，顯然絲毫不能表示該市實際的健康狀態。同時還應注意：可以判別這種健康狀態的某種觀察，例如千人中的死亡數，由於上述事情，致無影響。固然，此時，如果對於孩子的養育多少感到困難的人，幾乎都以其子女送至棄嬰收容所（這在事實，恐怕也是可能的），則當別論。而且，過著安樂的生活、住在舒適的房屋與通風良好地方的市民，其子女的死亡率，當然遠低於由出生總數計算的一般平均。

莫斯科的棄嬰收容所，是與彼得斯堡的棄嬰收容所，完全在同一原則下經營。Tooke 先生對於該所自成立時起，至一七八六年止的二十年間所有極大的嬰兒死亡數，有所報告。同時，他說：如果我們能夠正確知道「收容之後死亡的人數」及「已有死因而被收容的人數」，那末，當然應由收容所負責的死亡數，恐怕只是全體中的一部分。這是因爲：如此終須死亡的人們，——他們的死亡，也由慈善團體（philanthropic institution）（它逐年累進地對國家提供健康、活潑而勤勉的市民）負責，這是最不合理的⑬。

但我認爲：這種夭折，其大部分，是這些誤名爲「慈善」的制度之當然的責任。如果關於俄羅斯城鄉嬰兒死亡率的報告，是有幾分可以相信的，則當承認其死亡率是很低的。因此，收容所的高死亡率，不能不歸罪於這種制度；因爲這種制度，在嬰兒需要母親愛撫的重要時期，使其母親敢於遺棄。嬰兒的脆弱生命，即使是若干小時，也不許疏於注意的。

彼得斯堡與莫斯科的兩收容所，其經營已盡最大的注意，這是參觀者一致承認的；但仍不免有此可驚的死亡率；這乃證明：這種制度的本質不足以適應其所標榜的直接目的。但我相信：它的目的，在爲國家而保護一定的市民；這些市民，如果沒有這種制度，也許由於貧困或無謂的廉恥心而已滅亡。要是這些收容所的孩子們，能在父母的身邊養育，那末，即使其可能遭遇的一切危機計算在內，一定將有更多的人長大成人，而爲國家的有用之材。

如再稍深研究這一問題，那末，這種制度，不但不能達到其直接的目的，而且實在助長放肆的風氣；因而妨礙結婚；終於削弱人口的主要源泉。關於這一問題，我曾在彼得斯堡，與若干有識之士交換意見；他們無不同樣承認：上述制度已經大大產生這種結果。少女（girl）生產孩子，被視爲一最小的過失（在其所能犯的過失中）。據住在彼得斯堡的一英

⑬《俄羅斯帝國觀》第二卷第三篇二〇一頁。

國商人告訴我，他家有一俄羅斯少女，雖在一以非常嚴格聞名的主婦之下，但已送了六個孩子至收容所，而未失去自己的地位。

但是，此處應當注意的，在這種性交之下生產六個孩子，這並不普通。在淫風旺盛的地方，出生對於人民人數的比率，與有配偶者間的情形，決不相同。因此，基於這種淫風的結婚阻止，又爲其結果的出生數減少，乃抵消這種結婚獎勵——即對難於養育子女的父母，給與處分的方法（按：指上述收容所制度而言），——尚大有餘。

要是想到：在這些制度的內部所生的異常高死亡率，以及由此而必然產生的淫風，則如有人想限制人口而又決心不擇手段，那可斷言：最有效的手段，莫過於設立無數的棄嬰收容所而可儘量收容孩子。而且，一國民的道德感（the moral feelings of a nation），勢必因而有所頹廢；因爲這使母親進而遺棄嬰兒；這教訓母親：對於嬰兒的母愛，只是一種偏見，加以根除（eradicate），毋寧爲國家的利益。爲了防止出於錯誤的恥辱心而偶然發生的殺嬰，如果必須犧牲某種最好而且最有用的感情（潛在於大部分國民的內心的），那不能不說是特殊的代價。

假定收容所達到其所標榜的目的，則俄羅斯的奴隸狀態，將使這種設施在該國正當化（比較其他任何國家）。這是因爲：在收容所長大的孩子都是自由市民；由於這種資格，其對國家的貢獻，恐將遠大於增加僅屬於每一地主的奴隸人數。但在情形不同的其他國家，這種設施如果完全成功，那畢竟是在社會的其他方面，帶來絕大的弊害。對於結婚的眞正獎勵，乃是高昂的勞動價格與可由適當工人擔任的各種職業的增加（the true encouragement to marriage is the high price of labour, and an increase of employments which require to be supplied with proper hands）。但是，這些職業及徒弟的主要部分，如爲棄兒（foundling）所占領，則對社會正當部分的勞動需要，就必因而減少，結果是家族扶養的困難增加，對於結婚的最好獎勵（best encouragement）只有消滅。

俄羅斯擁有莫大的天賦資源。因其生產額現在超過消費額，所以，只要產業上的活動更加自由，貨物在國內的銷路更加擴大，則人口將以驚人的速度而增加。對此的主要障礙，乃是農民的從屬制度（或毋寧是奴隸制度）與這種制度幾乎必然帶來的無智及怠惰。俄羅斯貴族的財產，是按所有農奴的人數計算的。而且，這些農奴，都被與家畜同樣買賣；他們不是定居農民（*adscripti gleboe*）。貴族的收入，乃由徵自全部男子的人頭稅所構成。在一領域內的農奴逐漸增加之時，則每按一定的期間，重新分割土地；或則增加耕地，或則使舊有的土地再行細分。各家族都被給與（is awarded）一定程度的土地，使能適當耕作，且可繳納租稅。對於農奴，努力於其土地的改良（或使人看來，其土地收穫，除了支付家計費與人頭稅以外，尚有相當的餘裕），這當然是不利的。因其必然的結果，是在下一次分割的時候，乃被視爲：其過去占有的農場可以扶養兩個家族，致其一半遭受沒收。在這種情形之下，當然不會勤勉地耕作。農奴過去使用的土地，如被大量沒收，他們就抱怨無力繳納人頭稅，而申請讓其自己或其兒子前去都市工作。而且，他們大多是一再央求這種許可；領主以提高若干人頭稅爲條件，也就比較容易給與許可。而其結果，鄉間的土地，是被放棄在半耕狀態；人口的眞正源泉乃由根本而受損害。

我曾對彼得斯堡的一貴族，就其領地的管理方法，有所請教；對此，他說：其領地到底是否耕作適當，從未想過；似乎這是別人的事情。他說：『這對我是一樣；既無特別好處，也無特別壞處』（*Cela m'est égal, cela me fait in bien in mal*）。他向其農奴說：爲了賺得（earn）人頭稅，不論去任何地方，做任何工作；他只要收到人頭稅就已滿足。不過這種行爲，顯然是他爲怠惰與目前的利益而犧牲領地的未來人口及收入的未來增加。

不過，近來許多貴族，確是大大注意領地的改良與人口；這主要受了喀德鄰（Catharine）女皇（她對國土的耕作及改良，盡了最大的努力）的教示與垂範。女皇不僅由德國招引了很多的移住民，使國內的自由民增加（用以代替奴隸）；而更重要的，恐怕是對過去俄國農民全不知道的勤勞及其勤勞的指導方法示範。

在大體上，這些努力已大成功；故在女皇治世及其以後，幾乎全俄羅斯帝國，農業與人口大爲增進；這是無可懷疑的。

一七六三年，由人頭稅推定的人口概算，爲一千四百七十二萬六千六百九十六；根據同樣的計算法，一七八三年的人口爲二千五百六十七萬七千；如果這種數字沒有錯誤，確是非常的增加。但是，一七八三年的調查，據說比較一七六三年的，尤爲正確而完全。若再加上未收人頭稅的地方，則一七六三年的概算爲二千萬，一七九六年爲三千六百萬⑭。

在 Tooke 先生的《俄羅斯帝國觀》第二版上，載有希臘教會一七九九年的出生、死亡及婚姻表。此表錄自一可信的德國定期刊物；是由宗教會議所得的一般報告書忠實摘出的。它的內容，包含所有的主教管區，而只 Bruzlaw 除外（該區因對製作正確的死亡表具有特殊的困難，做未被記入）。其大略的結果如下：

| | 男 | 女 | 合計 |
|---|---|---|---|
| 出生 | 531,015 | 460,900 | 991,915 |
| 死亡 | 275,582 | 264,807 | 540,389 |
| 婚姻 | — | — | 257,513 |
| 超過出生 | 255,432 | 196,093 | 451,525 |

Tooke 先生在推定人口的時候，乃以五八乘死亡數。但是，此表似較過去各表正確；又因此表死亡對出生的比率也大於其他各表，所以，上述倍數，恐怕過大。根據此表，出生對死亡的比率約爲一八三對一〇〇，出生對婚姻的比率爲三八五對一〇〇，死亡對結婚的比率爲二一〇對一〇〇。

這種比率，似乎都比過去各表的結果，較爲妥當。

⑭ Tooke 著《俄羅斯帝國觀》第二卷第三篇第一章一二六頁以下。

一八二五年

俄國的人口，如果也以漂泊種族與占領地計算在內，則在一八二二年，曾被推定五千四百四十六萬七千九百三十一。但是，在研究上最有趣味的人口部分，乃是出生、死亡及婚姻各表所能得到的人口（but the most interesting part of the populaion to examine is that where lists of the births, deaths, and marriages can be obtained）。

下表載在大英百科辭典中「俄羅斯」項下，是採自宗教會議所發表的報告書的，只是包含俄國國民的最大團體，即正統希臘教（Orthodox Greek Church）的信徒。

希臘教會所屬的人口，被推定爲四千〇三十五萬一千。

如以出生對死亡的平均超過數，適用於迄一八二〇年止的十四年間，則僅由此超過數，在該期間，人口已經增加八百〇六萬四千六百一十六。因此，如以一八二〇年的人口爲四千〇三十五萬一千，則一八〇六年的人口爲三千二百二十八萬六千三百四十四。如以此十四年間的平均出生超過與平均人口對比，則爲一對六三。

| | 婚姻 | 出生 | 死亡 |
|---|---|---|---|
| 1806年 | 299,057 | 1,361,286 | 818,585 |
| 1810年 | 320,389 | 1,374,926 | 903,380 |
| 1816年 | 329,683 | 1,457,606 | 820,383 |
| 1820年 | 317,805 | 1,570,399 | 917,680 |

這種比率（如果根據本篇第十一章末的第二表），不到四十四年，乃使人口增加一倍；這是最急速的增加率。

出生與結婚的比率，爲四・五強對一；出生與死亡的比率爲五對三；婚姻與人口的比率爲一對一一四，出生與人口的比率爲一對二五・二，死亡與人口的比率（即死亡率）爲一對四一・九。

這些比率，大多是與本章開頭部分所說的，根本不同；有理由可以充分相信：前者遠較正確；這與現在俄羅斯正在進行的急速人口增加，確較一致。

表面死亡率的增加，與其說是由於健康的低落，毋寧說是由於過去登記簿的不正確。今天，已經知道：一七九六年以前的登記簿，其記載是極不完全的。

# 第四章　論在中部歐洲對於人口的障礙

對北歐各國，我以上所述，由這些國家的相對重要性看來，部分的讀者也許認爲太長；但是，這些國家的國內經濟，有些地方乃與我們的本質不同；而且，因我自己實地考察這些國家（雖然所知不多），所以能講若干尚未爲世人所知的詳細事項。在中歐，分工、職業的分布以及城鄉住民的比率，都與在英國所見的頗爲相似；因此，對於人口的障礙，即使是在足以大書特書的奇風異俗之內，也是無法找到的。所以，我主要是使讀者的注意轉向於由各國的出生、死亡及婚姻各表所能求得的若干推論。而且，這種材料，關於其國內經濟，在若干重要點上，可以說得更加詳細（比較觀察力最強的旅行者所說的）。

我們雖然可由許多的見地，考察這種表；但是，最有興趣而且有啓發意義的一見地，是婚姻對於死亡的倚賴關係。孟德斯鳩已經道破（justly observed）：兩人如有可以安樂生活的餘地，則必結婚①。但在歐洲大部分的國家，這已由經驗證明：如以現在的人口狀態，則對家族扶養的資料，不能希望有何急激而大量的增加。因此，大體如無舊婚姻的解體，就沒有新婚姻的餘地；所以，不問其原因如何，除非在高死亡率出現之後（或在政策發生特別有利於農商業的急變之後），則年婚姻數，主要是受年死亡數的規制。兩者互相影響。一般人民充分具有先見之明，延期結婚而至認有可以適當養育自己全部孩子的充分曙光時止；這

① 《法意》第二十二篇第十章。

樣的國家幾乎沒有。即幾乎在任何國家，部分的死亡率，是由過分頻繁的婚姻而無理創造的；又在任何國家，高死亡率（不論其原因主要是由上述高婚姻率，或由許多大都市及工場或自然環境的不健康所產生的），必使婚姻的頻度激增。

此說一最顯著的例證，出現於荷蘭的部分村落。據 Sussmilch 的計算，在未因疫病或戰爭而致人口減少的國家（或在生活資料未有急激增加的國家）②，年婚姻數對住民的平均比率，乃在一〇七對一與一一三對一之間。後來的統計學者 Crome，採取九二對一與一二二對一的平均，而推定婚姻對人口的平均比率爲一對一〇八③。但是，在荷蘭二十二村落的登記簿（Sussmilch 認其正確是沒有理由可以懷疑的）上，爲每年六十四人有一結婚④。這是由平均比率的最大偏差（this is a most extraordinary deviation from the mean proportion）。我最初不知道這些村落的死亡率，在看到這一數字的時候，不禁愕然。

---

② Sussmilch 著《神的調整》（Göttliche Ordnung）第一卷第四章第五十六節一二六頁。

③ Crome 著《論歐洲各國的面積與人口》（ueber die Grösse und Devölkerung der Europ. Staaten）八八頁。一七八五年，Leips。

④ Sussmilch 著《神的調整》第一卷第四章第五十八節一二七頁。但是，在像荷蘭這樣的國家，這種結婚率，只靠國內的出生是不可能的，這主要是外國人流入的結果。事實，在革命前，這種流入之曾不絕地進行，是人所周知的。宜乎！荷蘭被稱爲德國的墓地。

Sussmilch 雖以荷蘭職業種類的繁多與生計獲得手段的分歧，爲此異常比率的原因；但我對此說明絲毫不能滿足⑤。這是因爲：該國長期繼續同一狀態，全無理由可以希望新的職業及生計資料的激增；而且原來的職業與生活資料，當然都已爲人所占有。但是，在婚姻率爲一〇八對一的時候，死亡率通常是三六對一；現在知道：這是在二二對一與二三對一之間⑥；所以，上述困難，大部分已被解決。出生與死亡約略相等。異常的婚姻數，它的發生，並非由於某種新生活資源的發現。因此，絲毫未使人口增加。它的發生只是由於：舊婚姻乃因死亡而急激解體，於是，乃在可以扶養一家的若干職業上產生空隙（vacancy）。

此時，有一問題；過度的高婚姻率（即過度迫近糧食界限的人口壓力），是高死亡率的主要原因？還是高死亡率（因人民的職業及國土的不健康而自發生的）是高婚姻率的主要原因？但在上述例子，無疑的，乃是後者。這是因爲：特別是革命以前荷蘭的一般人民，大體都承認其在良好的狀態（按：謂其生活優裕）。死亡率，恐怕一部分是由於土地的自然潮濕而且運河眾多，另一部分則因從事坐業（engaged in sedentary occupations）者多，而從事健康的職業（農業）者少。

⑤ 前揭書一二八頁。

⑥ 前揭書第三十六節九二頁。

想起與荷蘭的這些村落，形成極顯著的對照，而可例證這一問題的，乃是前就挪威的情形所述的事情。即在挪威，死亡率為四八對一，婚姻率為一三〇對一。但在荷蘭的村落，死亡率為二三對一，婚姻率為六四對一。不論死亡與婚姻，相差都在二倍以上。他們極正確地保持其相對比率，這⑴表示死亡與婚姻，其關係是如何密切；⑵表示：除非一國的農業忽然開始活動，而使生活資料增加，則婚姻增加是如何帶來死亡增加，又死亡增加是如何必然帶來結婚增加（按：以上數字為譯者所加）。

在俄羅斯，農業上這種急激的活動，它的開始是顯然的。因此，死亡率雖然很低，但婚姻率則不很低。不過，在今後俄國的人口增殖上，如果婚姻率依舊保持目前的狀態，則死亡率的增加恐將難免；或則，如果死亡率依舊約略相同，則婚姻率就將減少。

Sussmilch 曾經提出若干顯著的例子；一國的清潔、健康及人口等愈增進；又，所有生計獲得手段的占有愈完全，則婚姻率因而逐漸減低。

在哈勒（Halle）市，一七〇〇年，其婚姻數對住民的比率為一對七七；但此比率，在此後的五十年間，逐漸變化；據 Sussmilch 的計算，減少為一對一六七⑦。這是極不尋常的變化；如果這種計算是完全正確的，那就證明：對於婚姻的障礙，其作用是如何有力，又這

---

⑦ Sussmilch 著《神的調整》第一卷第四章第六十二節一三二頁。

如何完全追隨於新生活資料。但是，因爲這種人口是由計算而推定的，不是由實測而求得的，所以這種極大的比率變化，也許或則全不正確，或則部分是由其他原因而產生，亦未可知。

在Leipsic市，一六二〇年，年婚姻對人口的比率爲一對八二；自一七四一年至一七五六年，爲一對一二〇⑧。

在奧根斯堡（Augsburg），一五一〇年。婚姻對人口的比率爲一對八六；在一七五〇年，則爲一對一二三⑨。

在Dantzic，一七〇五年，上述比率爲一對八九；在一七四五年，爲一對一一八⑩。

在馬德堡（Magdeburgh）公國，一七〇〇年，上述比率爲一對八七；從一七五二年到一七五五年，爲一對一二五。

在哈柏城（Halberstedt）侯國，一六九〇年，上述比率爲一對八八；在一七五六年，爲一對一一二。

---

⑧ 前揭書第六十三節一三四頁。

⑨ 前揭書第六十四節一三四頁。

⑩ 前揭書第六十五節一三五頁。

在Cleves公國，一七〇五年，上述比率爲一對八三；在一七五五年，爲一對一〇〇。在勃蘭登堡（Brandenburg）選舉伯領（Churmark），一七〇〇年，上述比率爲一對七六；在一七五五年，爲一對一〇八[11]。

這種例證不遑枚舉；但是，上述事實充分表示：由於過去的大死亡率或農商業的進步，乃使生活資料忽然豐富；在已顯著產生婚姻餘地的國家，乃隨新就業（new employments）的逐漸充滿，至無容納增加人口的餘地，致此高婚姻率也就逐年減少。

但是，在久已充滿人口、死亡率維持同一高度、而無生活的新資源可以開發的國家，因爲婚姻主要是由死亡所規制；因此，在任何時期，其對總人口的比率大體是一樣的。又，同樣的恆久性（constancy），即使是在生活資料每年增加的國家，如其增加是有規則的、是永續的，則又可發生。即生活資料的增加率，假使在半世紀之內，可有一定的婚姻率（超過每年由死亡而解體的婚姻），則在其間，人口將不絕地增加（而且是急速地增加）。不過，婚姻對總人口的比率，顯然可以全部期間繼續不變。

Sussmilch曾經努力：想在若干國家與地點，確定這種比率。在勃蘭登堡選舉伯領的

---

⑪ 前揭書第七十一節一四〇頁。

村落，每年的婚姻比率爲一〇九人對一[12]。又，農村的一般比率，可說是一〇八至一一五對一[13]。在選舉伯領的小都市，死亡率較高，婚姻率爲一對九八[14]。在上述荷蘭的村落爲一對六四；在柏林爲一對一一〇[15]；在巴黎爲一對一三七[16]。據 Crome 先生，在未婚者較多的巴黎與羅馬兩市，該比率僅爲一對六〇（按：當爲一對一六〇之誤）[17]。

但是，任何種類的一般比率，它的適用，都得特別愼重。這是因爲：食物與人口的增加很少是一樣的。而且，由於這種原因，又由於人民對謹愼與衛生習慣的某種變化，致在一國事情正在變化的時候，某時期的眞實比率，在他時期也未必如此；這是顯然的。

關於這種問題，要建立沒有例外的原則，其困難是無過於此的。大體上，如果因爲過去的大死亡率或農商業的進步，而使生計獲得的方法更加容易，則普通解釋爲年婚姻率提高；但是，這種結果未必一定發生。例如：假使人民一向是在非常窮苦的狀態，而大部分的

---

⑫ Sussmilch 著《神的調整》第一卷第四章第五十六節一二五頁。
⑬ 同上第七十六節一四七頁。
⑭ 同上第六十節一二九頁。
⑮ 同上。
⑯ 同上第六十九節一三七頁。
⑰ Crome 著《論歐洲各國的面積與人口》（über die Grösse und Bevölkerung der Europ. Staaten）九八頁。

死亡是由於先見不足（from the want of foresight）（這常是跟著窮苦狀態而來的），則其生活狀態的急激改善，可給他們以較多的莊重與相當的自尊（more of a decent and proper pride）；因此，婚姻率可與過去無大差別。但是，他們都要比過去養育較多的孩子。所以，必要的增加人口（the additional population that was wanted），非由出生的增加，是由死亡的減少所供給。

同樣的，如果一國的人口長期停滯而不易增加，則因教育的改善及某些其他原因，致使人民的習慣變化，當然，這也可能使婚姻率減少。但是，由於嬰兒的死亡率（基於貧困的）減少，所以婚姻數的減少，乃因死亡數的減少而得彌補；人口可依減少的出生數而保持其適當的水準。

因此，人民習慣上的這種變化，顯然應予考慮。

對此問題所能建立之最一般的原則，恐怕是：對於婚姻的直接獎勵一定帶來死亡率的增加。因爲希望結婚的自然傾向，在任何國家都是很大的；所以不待任何獎勵，常是充滿對於婚姻的適當餘地（a proper place for a marriage will always be filled up）。因此，這種獎勵，一定或則全無用處，或則雖無適當的餘地而製造婚姻（or produce a marriage where there is not a proper place for one）；它的結果，一定是貧乏與死亡率的增加。孟德斯鳩在其《波斯人書信》（Letters Persannes）中說：在法國過去的戰爭中，多數青年因爲很怕徵兵，所以雖然沒有扶養一家的適當資力而仍結婚；它的結果，則爲許多嬰兒的出生；

『但在法國，現在可以找到的，只有貧困、饑饉與疾病』⑱。

他對結婚的直接獎勵，就其必然的結果，說了如此顯著的例證之後，他又在其《法意》上說⑲：歐洲現在的情形，還是需要有助於人類增殖的法律；這誠是奇怪的。

Sussmilch 也採用了同樣的意見。他以爲：如果食物已無增加的餘地，則婚姻數也必到達停止狀態；他雖曾就若干國家（這些國家，其婚姻數，可由已因死亡而解體的婚姻數正確測定），加以檢討；但他認爲：提高婚姻數，這還是政府之一主要義務。他引用奧古斯都（Augustus）及圖拉眞（Trajan）的例子，而謂：如果皇帝或政治家可使婚姻對人口的比率，由一對一二〇或一二五增加到一對八〇或九〇，那眞可名爲「民之父母」⑳。但是，由他所引用的例證，也可明白：在久有很稠密人口的國家，死亡在對婚姻的所有獎勵中，是最有力的。故能如此使婚姻數激增的皇帝或政治家，恐怕，與其說是「民之父母」，不如名爲「民之仇敵」。

年出生對於總人口的比率，顯然是受年婚姻率的影響；因此，在不許人口激增的國家，

---

⑱《波斯人書信》第一二二章。

⑲《法意》第二十三篇第二十六章。

⑳ Sussmilch 著《神的調整》第一卷第四章第七十八節一五一頁。

乃與婚姻一樣，主要非受死亡的影響不可。如果事實上人口並無減少的趨勢，則出生常是塡補死亡造成的空隙；且使增加至正爲該國的增加資源所許可的程度。幾乎歐洲全境，在時常發生的大疫病、流行病及慘酷戰爭的休止期間，出生超過死亡。但是，死亡率則因國家與環境的不同而大異；故可知道：出生率也有同樣的變化。固然，因爲出生對死亡的超過率，各國不同，故其變化的程度也未必一樣。

在死亡率約爲二三對一的荷蘭三十九個村落，出生率也約爲二三對一[21]。在巴黎周圍的十五個村落，因爲死亡率更高，所以出生對總人口的比率，與此一樣，或則毋寧更大；出生率爲二二・七對一，死亡率也是一樣[22]。在勃蘭登堡的小都市，人口是在遞增狀態；當地死亡率爲二九對一，出生率爲二四又十六分之七對一[23]。在瑞典，死亡率爲三五對一，出生率爲二八對一[24]。在勃蘭登堡的一千〇五十六個村落，死亡率約爲三九至四〇對一，出生率約

---

[21] Sussmilch 著《神的調整》第一卷第六章第一一六節二二五頁。

[22] 同上第二章第二十七節九三頁。

[23] 同上第二章第二十八節八〇頁及第六章第一一六節二二五頁。

[24] 同上第六章第一一六節二二五頁。

爲三〇對一[25]。在挪威，死亡率爲四八對一，出生率爲三四對一[26]。在所有這些例子上，如果對於各國情形所允許的出生超過，加以適當的斟酌，則出生顯然可由死亡而測定。

統計學者曾經努力追求死亡率的一般標準（可以適用於一切國家的）。但是，假定這種標準可以求到，我也不能了解：它能有什麼好的用途？這在確定歐洲或世界的人口上，幾乎沒有用處。又如用在特殊的國家或特殊的地方，則顯然將使我們陷於格外的錯誤。在不同的國家及不同的情況之下，人類的死亡率，就有各種各樣的變化（大至二〇對一，小至六〇對一），故先得盡知一國的種種情況（例如：都市數、人民的習慣及環境的健康情形等），否則（即如在個別的情形），是不能安心適用一般的比率的。而且，在盡知這種詳情之後，那就毋須用這種一般的比率；——即用特殊比率（適於該國的）的知識，當已足夠。

但是，在影響各國死亡率的事情之內，有一重要的事情；這是被認爲極普通的，同時，是任何人都可以看到的。這就是都市的數量與鄉村居民對都市居民的比率。密集住宅與坐業（sedentary employments），其對健康的弊害是普遍的。因此，過著這種生活的人數，比較從事農業的人數，影響於一國的一般死亡率，來得大些。根據這種原則，可爲如下的計

---

[25] 同上。

[26] Thaarup 著《統計學》（Statistik）第二卷四頁。

算。即如都市居民對鄉村居民的比率爲一對三，則死亡率約爲三六對一；前者爲二對五或三對七，則後者升爲三五對一或三三對一；前者如爲二對七或一對四，則後者降至三六對一以下。如果根據一七五六年的統計，而由此推測，則普魯士的死亡率爲三八對一；波美拉尼亞爲三七・五對一，新邊疆伯領（Neumark）爲三七對一，選舉伯領（Churmark）爲三五對一[27]。

包括都市及鄉村，所有國家最近的平均死亡率，據 Sussmilch，是三六對一[28]。但是，Crome 認爲：這種平均率，在 Sussmilch 寫的時候（the time at which Sussmilch wrote），即使是妥當的，但在今天（歐洲大部分的國家，都市的數量與面積都已擴大的今天）已不妥當[29]。其實，他似乎認爲：這種死亡率，即在 Sussmilch 時代，也略偏低；至在今天，則以三〇對一，比較近乎一般平均。Sussmilch 的比率，失之於低，是不足怪的。這是因爲：他與其他許多統計學者一樣，稍有「不以流行病各年計算在內」（to throw out

㉗ Sussmilch 著《神的調整》第三卷六〇頁。

㉘《神的調整》第一卷第二章第三十五節九一頁。

㉙ Crome 著《論歐洲各國的面積及人口》（über die Grösse und Bevölkerung der Europaischen, Staaten）一一六頁。

of his calculations epidemic years）的傾向。不過，Crome 對於樹立可以代替 Sussmilch 的一般死亡率的，也未有充分的證據。他雖曾引用 Busching，但後者則謂：全普魯士王國的死亡率爲三〇對一[30]。不過，這種推定數，似乎只由三年間的統計求得的；這樣的短期間，對於決定一般的平均，則屬太短。實際是，普魯士王國的這種比率，與 Crome 後來的觀察，完全矛盾。根據至一七八四年止五年間的諸表，死亡率僅爲三七對一[31]。在同一期間，出生對死亡的比率爲一三一對一〇〇。在西利西亞（Silesia），由一七八一年至一七八四年，其死亡率爲三〇對一；出生率對死亡率爲一二八對一〇〇。在吉德蘭（Gelderland），由一七七六年至一七八一年，其死亡率爲二七對一，出生率爲二六對一。這兩州是普魯士死亡率最高的地方；在其他地方，則有死亡率極低的。例如：由一七八一年至一七八四年，Neufchatel 及 Ballengin 的平均死亡率僅爲四四對一，出生率爲三一對一。在 Habberstadtz 公國，由一七七八年至一七八四年，其死亡率更低，僅爲四五或六四對一，又出生對死亡比率爲一三七對一〇〇[32]。

---

㉚ 同上一一八頁。

㉛ 同上一二〇頁。

㉜ 同上一二三頁。

Crome所下的一般結論，是謂：歐洲各國可分爲三階級，而適用各不相同的死亡率。即在最富裕而人口最稠密的國家（其都市人口對鄉村人口的比率，高達一對三），其死亡率可說是三〇對一；人口及耕作是在中位的國家，其死亡率可說是三二對一；最後，在人口稀薄的北歐各國，則可適用Sussmilch三六對一的比率[33]。

這些比率，即使以流行病各年（epidemic years）的影響完全計算在內，一般尚有死亡率過大之感。近年普及於歐洲大部分都市的清潔習慣，它的發達，在衛生一點上，恐與由都市的擴大所發生的弊害相抵而有餘。

## 一八二五年

現在已經擴大的普魯士人口，如果根據一八一七年的國勢調查，則其人口爲一千〇五十三萬六千七百五十一，其中男子五百二十四萬四千三百〇八，女子五百三十二萬〇五百三十五；出生爲四十五萬四千〇三十一；死亡爲三十萬六千四百八十四；婚姻爲十一萬二千〇三十四；出生總數中，五萬三千五百七十六即八又四分之一是私生子；出生男女的比

---

[33] 前揭書一一七頁。

率為二〇對一九。私生子之內，十分之三是生後一年以內死亡，婚生子的死亡則為十分之二[34]。

如由上述數字推算，則出生對死亡的比率為一四九對一〇〇；出生對婚姻的比率為四對一，出生對總人口的比率為一對二三．二；死亡對總人口的比率，男子為一對三三；女子為一對三六；兩者合計為一對三四又二分之一。婚姻對總人口的比率為一對九四。又出生對死亡的超過數，其對人口的比率為一對六二；這種比率如果繼續，則約四十三年，可使人口增加一倍。固然，因為這些比率，其繼續期間的長短如何，無法斷言，所以，如以這些為基礎，不可能得到任何正確的結論。不過，人口是以非常的速度正在增加，這是幾無懷疑的餘地。

---

㉞《大英百科辭典》追補，〈普魯士〉條。

# 第五章　論在瑞士對於人口的障礙

瑞士的情形，在好多地方，都與歐洲其他各國，大不相同；過去就該國所蒐集的事實，有些很有趣味，同時，還可極有力地例證（illustrate）本書的一般原則；因此，我以爲有特闢一章的價值。

在約三十五至四十年前，關於該國人口的減退，似曾流布急烈而強大的恐怖；前幾年設立的伯恩經濟協會（Economical Society of Berne），它的會報，滿紙都是關於產業、技術、農工業等衰退與人口大缺乏的報告；而嘆惜（deploring）當前的危險。這些著者，大多認爲：國內的人口減少，乃是明白的事實，毋須舉證。因此，他們主要注意於其對策的提議；例如產婆的招雇、棄嬰收容所的設立、對於青年處女的贈與婚資、國外移住的禁止及獎勵外人的移住等①。

在這前後（about this time），Vevay的牧師Muret先生，發表了一報告書，內載頗爲貴重的材料。他認爲：在提議救濟政策之前，乃有證明弊害存在的必要。因此；他刻苦而慎重地調查：若干教區的登記簿（回溯到其創立當時）；尋以七十年爲一期，第一期止於一六二〇年，第二期止於一六九〇年，第三期止於一七六〇年；就此三期間的出生數，加以比較②。

---

① 參看一七六六年的若干會報。

② 《伯恩經濟學會會報》一七六六年刊，第一部一五頁以下參照。伯恩發行，八開本。

結果發現：出生數是第二期略少於第一期；又（假定第二期稍有遺漏，第三期則不無記載超過）第三期略少於第二期；他乃斷定：從一五五〇年起，人口的繼續減少，這是無可爭辯的事實。

但是，即使完全承認上述前提，而其結論恐也不如他想像這樣確實。而且，由其報告中其他的事實，使我不能不信：瑞士在這期間，相當於前章所述的情形；即因有關戒慎、清潔等人民習慣的改善，乃使國內的一般健康狀態逐漸良好；因此，較多部分的孩子可以順利成長，可以較少的出生供給必要的人口（had furnished the requiste population with a smaller number of births）。如其果然，則年出生對總人口的比率，當然逐漸減少。

據 Muret 先生的正確計算，第三期的死亡率非常低；長成至青春期的孩子比率極大③。在前二期，這就兩樣。他說：『瑞士過去的人口減少，是由於當時常使國內荒廢的疫病』；他還說：『雖然時常發生這種可怕的災厄，而人口猶得存續，這是氣候良好的證據，也是國家擁有確實的資源可使人口迅速恢復的證據』④。他疏於應用這種觀察（像他所應有的），而又忘記：這種急速的人口恢復，如無異常的出生增加是不可能的；此外，他還

③ 前揭書一二〇頁第十三表。

④ 同上一二二頁。

忘記：爲使一國抵抗這種破壞力之源（source of destruction）起見，必須出生對總人口的比率，大於平時。

在 Muret 先生的一統計表上，網羅了自一三一二年以來瑞士所流行的疫病；據此，在第一期，除了很短的時期，此大天災常使國內荒廢；至第二期末的二十二年前止，不時逞其慘害⑤。

在這種疫病頻發的時候，想像一國的健康狀態特別良好（而一般死亡率也極低），這是違反蓋然律的所有原則的。我們假定：上述死亡率，今天出現於並無災厄之憂的其他若干國家。換句話說，假定像在第三期一樣，不是四五對一，乃是三二對一。那末，因爲出生率當然保持其相對比率，所以不是三六對一，乃是二六對一⑥。即在人口推定上，如果利用出生率，則其結果，我們對於不同的期間，會有兩個非常不同的倍數。而且，第一期的出生絕對數，即使很大，但此事實，決非就是人口較大的意思。

在此例子上，十七教區的出生總數，最初的七十年爲四萬九千八百六十，即年平均約七百一十二。如以二十六倍之，則爲一萬八千五百一十二人。最後，出生總數爲四萬

⑤ 前揭書二三頁第四表。
⑥ 前揭書二一頁第一表。

三千九百一十⑦，即年平均約為六百二十六；如以三十六倍之，則得二萬二千五百三十六人。這些倍數，如無錯誤，則事實不是原想證明的人口減少，乃是人口的顯著增加。

我由許多理由可以推想：對第一期的死亡率，未曾估計過大。其中，日內瓦附近都市的統計，是一例子；據此，在十六世紀，生命蓋然率，即出生半數的生存年齡（按：某年的出生總數，逐年死亡，最後半數生存的年齡），僅為四・八八三年（不滿四年又十分之九），平均壽命只為一八・五一一（約十八年半）。在十七世紀，生命蓋然率是一一・六〇七年（十一年半強），平均壽命是二三・三五八年。在十八世紀，生命蓋然率增加為二七・一八三年（即二十七年又五分之一），而平均壽命則為三十二年又五分之一⑧。

即使程度並不相同，這種死亡率減的低少，曾在瑞士發生，是有可能的（按：日內瓦在一七九八年至一八一五年，是在法國統治之下）。而且，我們徵諸上述其他各國的登記簿，已經知道：高死亡率，自然引發高出生率。

出生依存於死亡，Muret 先生自己雖曾就此事實，舉出若干實例；但是不幸，因為他不知道眞正的人口原則，所以這種實例徒然使他吃驚，而終於未曾應用。

---

⑦ 前揭書一六頁第一表。

⑧ 參照日內瓦發行《英國叢書》（Bibliothéque Britannique）的一報告第四卷三二八頁。

對於瑞士婦女的缺乏生殖力，他說：在普魯士、勃蘭登堡、瑞典、法國及其他所有已經調查過登記簿的國家，洗禮對住民數的比率，大於 Pays de Vaud（當地僅爲一對三六）⑨。接著，還說：根據最近在 Lyonois 地方所實施的計算，上述比率，在 Lyonois 市爲二八對一，在各小都市爲二五對一；在教區爲二三（或二四）對一。他力謂：由此看來，Pays de Vaud 的最好比率，也不超過二六對一（這是在兩出生率極高的小教區的比率）；在其他大部分的教區，如遠低於四〇對一，則以與 Lyonois 地方比較，其相差是如何之大⑩。他還說：平均壽命也有與此同樣的相差。即在 Lyonois 地方，雖爲二十五年強；但在 Pays de Vaud，則最短的平均壽命——這只是低濕不健康的一教區——也高達二十九年半，大部分地方都在四十五年以上⑪。

他又說：『但是，孩子最能避免（escape）幼時危機的國家，（又不論由其計算方法如何，平均壽命高於別國的國家）——這樣的國家正是出產力最少的國家，它的理由何在？又在本國的全教區中，平均壽命最高的教區，正是增加趨勢最微弱的教區；這是由於什麼

⑨《伯恩經濟學會會報》，一七七六年刊，第一部四七—四八頁。

⑩ 同上四八頁。

⑪ 同上。

理由』？『爲欲解決這一問題，我敢試爲一臆測。固然，無論如何，這只是一臆測而已。即：可能是上帝爲使所有地方的人口保持適當的均衡，乃巧妙地安排事物而使各國的生命力與其出產力形成反比例』⑫。

『事實是，我的臆測已由經驗證明。阿爾卑斯山中的一村落 Leysin，人口四百，而年出生數僅爲八人強。同樣的四百人，在 Pays de Vaud，其出生大體爲十一；在 Lyonois 地方則爲十六。但是，如果至二十歲止，上述八人、十一人、十六人，減少至同數（are reduced to the same number），那就可知：畢竟生命力最弱的地方，則其出產力強大；反之，出產力微弱的地方，則其生命力強大。這樣，最健康的國家，則因出產力微弱，人口不致過剩；反之，在不健康的國家，則因出產力極高，故可支持其人口』。

Muret 先生由登記簿得到「最健康的人民，其出生力最弱」的結論，他如何地吃驚？這，我們由他認此爲一奇蹟，可以推測。但是，在此實例上，問題的解決，似乎毋須利用這種推論。這種事實，即使不靠那種奇妙的假定——謂婦女的出生力，與其健康作反比率的變動——，也可說明。

由於國家的不同，致其地力、環境以及人民的習慣與職業都不相同；所以，各國的健康

---

⑫ 前揭書四八頁以下參照。

情形，其有相當的差別；這原是難免的。又，這些原因，如果一旦由於其他某些原因而使死亡率提高，則出生率立刻跟著提高。這是因爲：年婚姻數乃因對於勞動的需要增加而增加；而且，結婚的年齡比過去更早（因此，出生力一定更強），各婚姻的出生力提高。反之，在因相反的原因而使一國（或一教區）的健康狀態大有改善之時，如果人民沒有以移住處置過多人口的習慣，則預防的障礙是絕對必要的；或不採取預防的障礙，那就得餓死。因此，結婚大爲延緩；不但年婚姻數對人口的比率降低，而各婚姻的出生數也一定減少。

在 Muret 先生所講到的 Leysin 教區，上述各種事情，似有錯綜到異常的程度（in an unusual degree）。這一教區，是在阿爾卑斯山中，但不太高；因此，當地的空氣恐怕是最清潔而衛生的。而且，住民都從事牧畜；這也是最健康的。Muret 先生計算的正確，是無懷疑餘地的；不過，據此計算，該教區的生命蓋然率，竟高達六十一歲⑬。而且，出生平均數，三十年間，幾與死亡數正相一致⑭；這是明白證據：人民在習慣上不想移住國外，同時，教區可以支持人口的資源幾乎是在停止狀態。因此，我們不妨斷言：牧場是有限的，不

⑬ 前揭書六四頁第五表。
⑭ 同上一五頁第一表。

論在量與質上，都不容易增加。牧場所能飼育的家畜，既然有限，則飼育所需的人數，也就有限。

在這情況之下，只要牧人、搾乳者及其類似的職業，未因死亡而產生空隙，那末，已達青春期的青年，如何能離開父親而結婚呢？而且，這種空隙，由於人們的健康非常良好，所以一定不易發生；於是，許多青年，或則大半的青春，過著獨身生活，或則，只有冒最明白的危險，那就是與妻子一起餓死。這種傾向，比較挪威，尤爲強烈；特別因其出生與死亡幾乎相等，所以表現得格外確實。

如果不幸父親擁有普通以上的大家族，則其傾向，與其說是使婚姻數增加，毋寧說是使婚姻數減少。他如節儉，則扶養其全部家族，固屬可能。但是，以其有限的財產，對其所有的孩子，給與充分的職業，那恐怕是沒有希望的。不過，孩子們離開父親，不用說，這是很後來的事情；兒子最早的結婚，大多也在父親死後。反之，如果父親只有兩個孩子，通常一個娶妻住在父親的家裡，另外一個也可於父親去世之時結婚。一般可說：有無四位已成年的未婚者，決定有無兩人結婚而組織新家庭的餘地。

這一教區的結婚，幾無例外都是很遲的；但因環境極適於健康，所以由夫婦一方的死亡而形成的結婚解體，非常緩慢；現在的夫婦，大部分都已有相當的年紀；因此，多數的婦女都已失去妊娠力，這是顯然的。惟其如此，現在的婚姻總數與年出生數的比率，爲一二對一（這是異常的數字）。又，出生僅爲人口的約四九分之一；十六歲以上與十六歲以下的人口比率，約達三對一⑮。

Muret 先生提出侏羅（Jura）山中的 St. Gergue 教區，以為此教區的對照，同時也用以證明：以出生數為人口推定的基準，是很不可靠的。在此教區（按：St. Gergue 教區），現在的婚姻數與年出生數，其比率僅為四對一；出生數為人口的二六分之一；十六歲以上與十六歲以下的人口比率，剛巧相等⑯。

他說：如以各年出生率判斷這些教區的人口，則不論如何從寬估計，Leysin 比較 St. Gergue，不會多過五分之一；其實，實施調查的結果，前者達四百〇五人，後者僅為一百七十一人⑰。

他又說：我雖選擇最可互相對照的教區，但是，其他教區，即使其相差不如此之甚，也由於地方的不同（即使其地方距離不遠，而環境看來非常相像），致其比率常不免有相當的差異⑱。

⑮ 前揭書一一頁及一二頁。
⑯ 前揭書一一頁及一二頁。
⑰ 前揭書一一頁。
⑱ 前揭書一三頁。

一面，他下了上述觀察（他還下了此處未曾引用的其他各種具有同樣傾向的觀察），同時，他想完全由出生率證明 Pays de Vaud 的人口減少；這是我難於理解的。沒有任何理由可以想像；這種比率，不因時代與場所的不同而有種種變化。Leysin 與 St. Gergue 兩教區，其出生率，雖成異常的對照，但其原因，畢竟是受時間與環境的影響。在 St. Gergue，嬰兒平安成人的比率較大；由此可知：該教區的自然健康狀態，比較 Leysin 並不太差⑲。其出生對死亡的比率是七對四⑳。但是，因爲住民總數不超過一百七十一人，所以，這樣大的出生超過，在過去二世紀間，顯然也未能使人口（有規則地）增加。因此，這種大超過，它的發生，或則因爲近年該教區的農商業迅速進步，或則因爲國外移住的習慣；那是一定的。在我以爲，後一假定是眞實的。而且，前述成人較少的事實，似乎證明我的信念。這教區是在侏羅山中，是沿從巴黎到日內瓦的大路，它的地位，顯然便於移住。而且事實是：該教區似乎已對都市與平地的供給人口有所貢獻；每年移出定數的成年，已對留在當地的人，給與結婚及養育許多子女的餘地。

特定教區的移住習慣，不但由於環境，恐亦時常由於偶然的事故。例如：三、四次移住

⑲ 前揭書一二〇頁第一三表。

⑳ 同上一一一頁第一表。

的大成功，因而刺激全村的敢爲精神；反之，三、四次的失敗，因而，意氣沮喪；這是幾無懷疑餘地的。如果移住的風氣傳播至 Leysin 村，則出生率一定立有變化；如在二十年後調查其登記簿，則在其結果與 Muret 先生計算當時的結果之間，也許會發現很大的不同——恰似當時與所對照的 St. Gergue 教區的結果之間的不同一樣。要之，因高死亡率以外，還有其他各種原因的發生，故由出生率測定不同時間的人口，顯然是容易流於不確實的。

Muret 先生所蒐集的事實，都是貴重的；但是，他的推論則未必盡然。他對 Vevay曾有若干計算；它的性質，正爲確認有關婚姻生殖力的問題（雖在當時，他未必有此目的）；同時，還想表示：普通有關生殖力推定方法的不正確。他曾發現：三百七十五位母親，生了二千〇九十三個孩子；而全無死產。即每一母親，生產了五又一二分之一〇、即約六個孩子㉑。但此所謂母親，都是實際的母親，妻子並非都是母親（were all actually mothers, which every wife is not）。即使承認他的假定，在 Vevay，不妊之妻，其普通比率爲四七八對二〇，則每一既婚婦女，平均也已生了五又三分之一人以上的孩子㉒。而且，這還

㉑ 前揭書二九頁以下參照。

㉒ 因爲也有第二次與第三次的結婚，所以婚姻的生殖率常低於有夫婦女的生殖率。此處沒有注意丈夫的人數，而只講母親的問題。

是他所責難的——住民即使到了自然應當結婚的時期而仍未結婚，又即使結婚也未有當然所應有的孩子——這一都市的數字㉓。在 Pays de Vaud，年婚姻對年出生的一般比率爲一對三．九㉔；如據普通的計算方法，則一婚姻平均生產三．九個孩子，那是當然的。

Muret 先生以 Pays de Vaud 分爲八個地方，他發現了如下的事實；即七都市的平均壽命爲三十六年，生命蓋然率（即出生半數達到的年齡）爲三十七年。在三十六村落，平均壽命爲三十七年，生命蓋然率爲四十二年。在阿爾卑斯山中的九教區，平均壽命爲四十年，生命蓋然率爲四十七年。在侏羅山中的七教區，兩者的比率爲三十八年與四十二年；在出產穀物的十二教區，則爲三十七年與四十年；在有大葡萄園的十八教區，則爲三十四年與三十七年；在葡萄園與丘陵交錯的六教區，則爲三十三又十分之九年與三十六年；在一多沼澤的教區，則爲二十九年與二十四年㉕。

根據另一表，未滿十五歲死亡者的比率，在 Leysin 教區雖未達五分之一，但此毋寧爲例外；在阿爾卑斯及侏羅山中的其他許多教區爲四分之一弱，而在 Pays de Vaud則爲三分

㉓《伯恩經濟學會會報》一七七六年刊，三二二頁。
㉔ 同上二二一頁第一表。
㉕ 參照前揭書九二頁以下及第八表。

之一弱㉖。

在像洛桑（Lausanne）與 Vevay，這樣的大都市，因有許多外人移居的關係，成人對於未滿十六歲者的人口比率，幾與 Leysin 教區同樣大，約為三對一。在國外移住不多的教區，這種比率為二對一；在移住較多的教區，則更接近於一對一㉗。

據 Muret 先生的計算，Pays de Vaud 的總人口為十一萬三千；其中七萬六千為成人。因此，全體成人與未滿十六歲者的人口比率為二對一。在此七萬六千的成人之內，因有一萬九千的現在婚姻數，所以，三萬八千是有配偶者，而無配偶者數亦然；但是，根據 Muret 先生，後者內的九千似為寡婦鰥夫㉘。雖有眾所周知的移住風俗，而無配偶者平均數仍如此之多，由此可知：很少根據可以想像：這種移住乃使年婚姻數受到根本的影響，以致阻止了人口增加的趨勢。

如照 Muret 先生所說，則在 Pays de Vaud 的年婚姻數與住民的比率僅為一對一四〇㉙；

---

㉖ 前揭書一二〇頁，第一三表。

㉗ 前揭書第一二表。

㉘ 前揭書第一部二七頁。

㉙ 前揭書第一表。

更低於挪威。

Muret 先生的這些計算都是證明：他所考察的全部地方，對於人口的預防障礙，相當可觀。有理由可以相信：同樣的習慣，在瑞士的其他部分，也在實行。固然，由於環境與職業的不同，各地的健康狀態，既有優劣之分；又由於資源的如何，既可影響人口有無增加的餘地；則上述習慣，也就難免因地而有強弱。

在伯恩市，從一五八三年到一六五四年，最高評議會，曾對四百八十七家族給與特別市民權；其中三百七十九家族，乃在二世紀間消滅；至一七八三年，只餘一百〇八。在從一六八四年到一七八四年的百年間，伯恩的二百〇七家族乃告消滅；從一六二四年到一七一二年，曾對八十家族，給與特別市民權。在一六二三年，最高評議會雖然集合了（united）一百一十二不同的家族人員，但其中殘存的，只有五十八而已㉚。

伯恩的無配偶者（包括寡婦鰥夫），其比率遠多於成人的半數；十六歲以上與十六以下住民的比率，為約三對一㉛。這些都是證明：預防障礙的強大作用。

---

㉚《Suisse, Durand 統計表》（Statistique de la Suisse, Durand）第四卷四〇五頁，一七九六年。洛桑出版，全四卷，八開本。

㉛《伯恩記述》（Beschreibury von Bern）第二卷第一表，三五頁。全二卷，一七九六年；伯恩出版，八開本。

伯恩州的農民，向以富裕著名；無疑的，這主要是由於這種原因。有一時期，當局曾以法律規定：農民未經證明已有武器與軍裝，不許結婚。這乃立即剝奪極貧者的結婚資格；又使他們知道：如欲達到結婚的願望，則須有某種程度的勤勉與節約；因此，這使許多其他人們的習慣，大爲好轉。爲了這種目的而在故鄉或外國努力工作的青年，他們在開始有了必需的金額之時，就感覺自尊心的提高（might feel his pride rather raised），乃不以僅有爲獲得結婚許可所必需的金額爲滿足，而還進而努力儲蓄，以爲扶養家族的準備。

我在瑞士的時候，關於小州的事情，未能獲得詳細的資料，大爲失望；由於當時國情的紛亂，這也是不得已的。不過，因爲這些小州幾乎全是牧場，所以住民異常的健康狀態與預防障礙的絕對需要，這可想像：與 Pays de Vaud 的阿爾卑斯山中教區，一定十分相似。固然上述情形，因受異常的移住習慣或製造業創設的影響，而已有變化；這是另一問題㉜。

---

㉜ 日內瓦的普累服（Prevost）先生，在本書的法譯中，對於已有紡織工業的小州 Glavis，載有若干報告。據此，當地曾經大爲繁榮，產生了早婚的習慣；因此，人口激增；但其結果，工資暴跌，人口的四分之一，終於靠別人的慈善而生活。因此，在 Pays de Vaud，出生對人口的比率爲一對三，死亡對人口的比率爲一對四五；而在當地，前者爲一對二六，後者爲一對三五。根據在最後的翻譯上所見的最近報告，從一八〇五年到一八一九年，十四年間，出生對人口的比率爲一對二四，死亡對人口的比率爲一對三〇。由這種比率推測，可知：早婚之風甚盛，在這種環境與這種事情之下，其必然的結果，是大的窮困與大的死亡。對普累服先生提供這種材料的 Heer 先生，似乎早已知道這些結果。

純粹的牧畜國家，對於人口的界限是極明顯的。高原的牧場是最難改良的土地。這些，無論如何，主要只有任其自然；如果已有充分的家畜飼養，那就很難增加。瑞士在這種地方的困難，與在挪威一樣，是夏季在高原所牧養的家畜，獲得冬季可以牧養的充分糧秣。爲了這種目的，乃極愼重地刈集草料。在家畜難得接近的地方，農民時常穿著釘鞋，製造乾草（in places inaccessible to cattle, the peasant sometimes makes hay with crampons on his feet）；又，有些地方，不滿三吋長的青草，一年刈取三次；溪谷的野原，割得如有球場草地（bowling green）；而且，高低起伏（all the inequalities），似用剪刀修剪的。在瑞士，也與挪威一樣，剪草的技術，由於同一原因，達到最高的境界。但是，因爲溪谷土地的改良，主要只有依賴由家畜所生的肥料，所以，乾草量與家畜數，顯然是互相限制的。再則，人口當然也受家畜的生產物所限制，所以，人口畢竟不能超過一定的限度而增加；而且這種限度，可想是不太高的。因此，有理由可以相信：瑞士平地的人口，在前世紀雖已增加，至於山地的人口，則在停止狀態。Muret 先生曾謂：在 Pays de Vaud 的山地，人口已大減少。固然，他的舉證，可說是極不確實的。阿爾卑斯山中的家畜數，很難說是：已比過去減少。如果人口確比過去反而減少，那末，這恐怕是由於：嬰兒比例的減少與生活方式的改善。

在部分較小的州，製造工業勃興，因而職業增加；同時，由於用以購買穀物的輸出品增加，當然人口激增。但是，瑞士的著作家一致認爲：已經設立製造工業的地方，大體在健康、道德與幸福上，毋寧全已退化。

牧畜業的性質，是對許多人（遠多於其所能從事的人數）供給食物。因此，在純粹的牧畜國家，乃有許多人沒有工作，或近乎沒有工作。這種事情，必然足以引起移住之心；瑞士人，這樣在外國活動，其主要原因，可說就在於此。父親如有一個以上的孩子，則在農場沒有用處的孩子們，那就十分希望：或則進而入伍當兵，或則以某種方法移住；這似乎是可以結婚的唯一機會。

在如上述強力推行預防障礙的國家，要是移住的精神，發生異常的作用，則於舉國憂慮人口減退的時期，這種作用也許可使人口增加的趨勢，暫時中斷；這雖未必盡然，但是可能的。如其果然，則下層階級的情形，定可因而有所改善。在此時期之後，旅行瑞士的外國人，無不承認：瑞士農民的情形優於其他國家。但是，我在最近旅行瑞士的時候，發現他們的情形未如傳說之甚，稍爲失望。這種不幸的變化，其最大原因，則應歸諸人民在近年國難時所受的損失與苦痛。但是，另一部分，恐應歸諸數次政府的錯誤人口獎勵政策及其最後的結果（縱使這種政策沒有錯誤，而且暫時可以增進人民的安寧與幸福）。

我在訪問侏羅山中的 Joux 湖（*Lac de Joux*）時，看到此最後一種的結果，大爲憾慨。我們一行剛到湖畔的小旅舍，旅舍的主婦就開始訴說：附近所有教區的貧乏與悽慘。她說：此地因爲產物極少，所以人滿爲患；少年少女，本應求學，早已結婚。這種早婚的風俗，繼續一天，一定無法逃避生活的困難。

後來，有一帶我們去 Orbe 河水源地的農民，對於這一問題：乃有更深入的談話；他對人口原理的理解，不亞於過去我所碰到的任何人。他說：因爲婦女多產，而山地的空氣又是清淨而健康的，所以嬰兒的死亡數，除了由於絕對的窮困而死亡者外，是極少的。因爲土地的貧瘦，對於每年長大的人們，無法給與充分的工作與食物。因此，工資低得不成話；這到底完全不足以維持一家的相當生活。但是，許多人們的困憊與饑饉情形，對於別人也不成爲充分的警告，結婚依然盛行，生下了許多無法養育的孩子。他說：這種早婚的風氣，眞可說是『國家的宿弊』（*le vice du pays*）；他對此當然的結果，即必然不可避免的窮困，曾有極深的印象；所以認爲：須以法律禁止男子在四十歲以前結婚；即使到了四十歲，也只許與「老姑娘」（*des vieilles filles*）結婚（這些「老姑娘」只能生育二、三個孩子，不會生育六個或八個孩子）。

我不能不佩服他滔滔討論這一問題的熱心，特別是結論所提的救濟政策。看他提出如此極端的治療方法，恐怕他已深刻地實際體驗到由人口過多所生的慘害。問他，他自己結婚得很早。

關於這一問題，在他的哲學知識上，唯一的缺點，是他的推理，過分地限於不毛的山地，而未曾顧到平原。也許他以爲：在豐饒的地方，因爲穀物與工作很多，沒有這種困難，早婚亦屬無妨。他很少住過平原的經驗，致有這種錯誤；這也是當然的。特別是在平原，由於問題的範圍廣泛，不但困難較爲隱蔽，而在實際上，也因高死亡率（由低地、都市及製造工業等所自然產的），而使困難減少。

我曾就他所謂「國家的主要弊害」，加以詢問；他的說明是有非常哲學的正確性（great philosophical precision）。他說：幾年前，寶石加工業（manufacture for the polishing of stones）開始，一時大爲繁榮，曾向附近一帶，提供了高的工資與工作機會。因此，養活一家也就容易；孩子也可很早找到工作；於是，早婚之風盛行。而且，這種風俗，因爲流行的變遷、偶然的事故及其他原因，一直繼續至上述工業幾乎已經絕跡而猶不衰。他說：近年，雖然移住大爲盛行，但因「繁殖組織」（breeding system）如此迅速，致使這種移住也不足以清除國家的過剩人口。至於這種過剩，造成如何的結果？這是他已告訴我的，也是我已部分看到的（the effect was such as he had described to me, and as I had in part seen）。

又，我在瑞士及薩伏衣（Savoy）各地，與下層人民（the lower, classes of people）交談的時候，也曾發現：很多人雖然不像 *Lac de Joux* 湖畔的導遊者這樣了解人口原則對於社會的結果如何，但也充分知道這種原則對其本身的利害是有關係的；他們完全注意到：如果沒有扶養一家的充分希望而貿然結婚，這將有如何的災害。我曾發現，關於這一問題，如由一般通行的觀念推測，則我決不認爲：要使一般民眾了解人口原則及其結果（使工資低廉，而產生貧困），乃是難事。

在瑞士，雖然沒有對於貧民的特殊措施，但是任何教區，一般都有一些領主權：

（seigniorial rights）與土地財產，以爲公共的用途，而且藉以扶助其自己的貧民。但是，因爲這種基金本屬有限，所以有時難免完全不夠；於是，爲了這種目的，而隨時勸募捐款。本來，因爲給與的全額（the whole of the supply），比較爲數不多且不一定，所以沒有像英國教區稅這樣的影響。近年，教區所屬的許多公有地，已被分給各個人，這當然是有助於土地改良與人口增加的。但其處理方法，恐有過度的、有組織的獎勵結婚作用（operated perhaps too much as a systematic encouragement of marriage），以致帶來增加貧民的結果。我時常在最富裕的農村（*communes*）附近看到極多的乞丐。

但是，伯恩經濟協會的努力（爲了農業進步），已經收到某種程度的成功，使逐漸增加的國內資源，對已增加的人口給與餘地；總之，這有理由可以相信：近年增加的人口，全部（至少，其大部分）是靠此得到了充分的衣食。

伯恩全州的人口，連同Pays de Vaud，在一七六四年，被推定爲三十三萬六千六百八十九；但在一七九一年，增加到四十一萬四千四百二十。在由一七六四年到一七七七年間，每年按二千人的比率增加；在由一七七八年到一七九一年間，每年按三千一百〇九人的比率增加[33]。

---

㉝《伯恩記述》第二卷四〇頁。

# 第六章　論在法國對於人口的障礙

革命前法國的教區登記簿，它的記載，既未曾特別地注意，也未經很長的時間，而且過去所發表的少數登記簿，也未有任何十分異常的結果；因此，要是沒有那一跟著革命而來、使人大爲驚愕的「這一事情」，恐怕我不會對於這一國家特闢一章。所謂「這一事情」，就是：儘管在如此長期破壞的鬥爭之間遭受損害，但人口未嘗減少①。

現在巴黎有一大規模的國家編纂（a great national work），它以若干縣長的報告爲基礎，正在極力推進；完成之時，對於一般統計學的資料，必有極大的貢獻。但是，全國縣長的報告尚未集齊。不過，據某君（他主要監督這一工作）對我所說：現已充分明白，法國舊領土的人口，在革命期內，未嘗減少而反增加。

這種結果，如爲事實，那是極有力地肯定本書的一般原則。而且，如果暫時假定這是事實，那末，這對本問題，投下若干光明；使能稍爲詳細追究（trace）這種結果的發生過程。

由每年到達青春期的人數，除去每年的結婚者數，其殘餘的數字，逐漸累積而構成龐大的未婚者群；這在任何國家，都常存在的。而且這一未婚者群，其膨脹趨勢的停止，是在其人員激增、因使每年的死亡等於每年累加於此未婚者群的人員之時。如在前章所述，在

① 因爲此章是在一八〇二年寫的，故其所述，乃是亞眠（Amiens）和平會議以前的法國情形。

Pays de Vaud，此未婚者群（包括寡婦鰥夫及現在尚未結婚的人），等於有配偶者總數。但是，在像法國，死亡率與結婚的傾向都大於瑞士的國家，此未婚者群對於總人口所占比率，並不這樣大。

根據 Peuchet 先生的《一般統計學論》（*Essai d'une Statistique Générale*，一八〇〇年，出版於巴黎）中某一計算，法國十八歲至五十歲的獨身男子數爲一百四十五萬一千〇六十三，同年齡的男子總數（不論有無配偶）爲五百萬②。這種計算，其確實的時代，雖不明白，但由著者曾用 *en tems ordinaire*（平時）一語推測，恐怕他是指革命前的時代。如其果然，我們可以假定：此一百四十五萬一千〇六十三的數字，是表示革命勃發當時兵役年齡的獨身男子總數。

戰爭開始前法國的人口，由國民議會推定爲二千六百三十六萬三千〇七十四③。而且，沒有理由可以相信：這種數字失之過大。芮克（Necker）雖謂：人口爲二千四百八十萬，但他確信：當時年出生已經超過一百萬。因此，如以他的二十五又四分之三倍計算，則總人

② 三二頁；八開本，共七八頁。

③ A. Young 著《法國旅行記》第一卷第十七章四六六頁。四開本，一七九二年。

口近乎二千六百萬④。而且，這種計算，是在國民議會的推定十年以前。

如果推定：年出生爲一百萬強，且其五分之二強未滿十八歲死亡——這按 Peuchet 先生的計算，似爲事實——⑤，則每年有六十萬以上的人到達十八歲。

根據芮克，年婚姻爲二十一萬三千七百七十四⑥。但是，這一數字，因是人口繼續增加時十年間的平均，故恐失之過低。現在假定爲二十二萬；則在達到結婚年齡的六十萬人中，可說有四十四萬人結婚。因此，如由到達十八歲的人口，除去年婚姻的普通比率所必需的人數，則其所餘爲十六萬；換句話說，是男子八萬。所以，兵役年齡的一百四十五萬一千〇六十三獨身男子積蓄群（accumulated body），與每年供給的（annual supply）十八歲青年八萬人，即使爲軍務所徵召，顯然絲毫不會使年婚姻數減少。但是，我們不能想像：此一百四十五萬一千〇六十三人，同時全被徵召；而且，許多兵士原有妻室，對於人口非在全無貢獻的狀態。假定：獨身男子六十萬人，同時被編成軍；而且，如果這一人數，是由每年十五萬的供給而被保持——此十五萬，一部分徵自每年達到十八歲而毋須補充年婚姻數的

④《財政論》（De L'Administration des Finances）第一卷第九章二五六頁。一七八五年。

⑤《一般統計學論》三二頁。

⑥《財政論》第一卷第九章二五五頁。

八萬人，一部分徵自戰爭開始時已經存在的獨身男子餘數八十五萬一千〇六十三人——由此兩源泉，十年之內，每年可以供給十五萬；但是顯然：年婚姻的普通數，還可增加一萬以上。

在十年之內，原屬獨身男子的一群（original body of unmarried males），當有許多已過兵役年齡。但是，這由他們在結婚生活上的生殖能力而相消；不，毋寧相消而尚有餘。一般認爲：五十歲的男子已過兵役年齡，但是，他如與有生殖能力的婦女結婚，則於人口，未必沒有關係；且在事實上，每年十五萬新兵的供給，主要由於每年到達十八歲的三十萬男子；年婚姻數的一大部分，乃由原屬獨身男子群的殘餘部分所供給。這一事實，必須預先加以考慮。四十歲及五十歲的鰥夫及獨身男子，普通是不易找到適當的配偶，但在像上述丈夫不足的情形之下，這種不便恐就沒有。而且，六十萬人被徵入役，這對年婚姻數，當然造成很大的累加餘地（would of course make room for a very considerable addition to the number of annual marriages）。這種累加必會實現。在原獨身男子群（original body of bachelors）的殘部之內，如在普通的情形之下，許多原可繼續獨身，但因事情已經如此變化，恐怕他們就要結婚。而且，不少十八歲未滿的青年，爲欲逃避兵役，而早已結婚；這是既知的事實。這種逃避手段的盛行，對於獨身者數的減少大有關係；故在一七九八年初，認須廢止免徵有配偶者的法律；在此新法令頒布以後，已婚者乃與獨身者同樣要被徵召。此後，徵召雖被應用到「對國家的人口增加、在事實上有所貢獻的人們中的某一部分」，但是，未曾觸及這種徵召的婚姻數，仍多於革命前的普通婚姻數；而且，即使因爲丈夫的入伍而致夫婦關係中斷（broken by the removal of the husband to the armies），但是，恐怕也非完全未生孩子。

Francis d'Lvernois 爵士，確有誇張法國人民損傷的傾向；事實，他也有十分誇張的形跡；但他推定：法國軍隊的總損害（包括海、陸），至一七九九年止爲一百五十萬⑦。爲了證明這一問題，我所採用的概數，超過 Francis d'Lvernois 爵士的推定數六十萬。但是，他還計算了一百萬的損害，這些是由於跟著革命而來的其他破壞原因。不過，因爲這種損害不分男子老幼，都是一樣的，故其對於人口的影響，也未必達於同樣的程度；這除塡補超過他所推定的六十萬壯年男子之外，當大有餘。又在革命戰爭的後期，在新領土較在舊領土，徵兵似更具強制性；因爲這種新領土的人口，被推定爲五百萬至六百萬，故在被推定的一百五十萬戰死者之內，很大部分是屬於這些新領土的人口。

⑦《關於死亡及其他的統計表》（Tableau des Pertes）第二章七頁。——Garnier 先生，在其法譯 Adam Smith《國家論》的標註上，計算戰死的兵士只有法國人口的六〇分之一左右。他計算：一時編成部隊的，只有五十萬；這一數字，在戰爭期間，曾有四十萬的補充；如再考慮每年自然的死亡數，則因戰爭而增加的死亡數，每年約僅四萬五千。第五卷二八四頁註三〇。如果實際的損害，並不多於上述數字，則出生略爲增加，即可恢復。但我認爲：Garnier 先生的推定似乎過小，同時，Francis d'Lvernois 爵士的推定則屬過大。

在革命初期，使離婚極爲容易的法律，不論由道德的見地或由政治的見地看來，都是根本的錯誤；而且，當時男子大爲缺乏，在此情形之下，這有幾分類似多妻習慣的作用，有使孩子數（比較丈夫數）增加的傾向。還有，沒有丈夫的婦女，不能說她全未生育。蓋在革命之前，私生子只爲出生總數的四七分之一，現在增加到一一分之一⑧。雖然這是道義頹廢的陰鬱證據，但出生因而增加，是無可否認的。而且，法國的農婦，由於人手的缺乏，比較革命以前收入增加，因使這些嬰孩，很大部分得以生長。

在此一切事情之下，如果法國的農業，仍能供給同量的生活資料，那末，無論在革命期內所遭受的破壞原因如何，法國人口維持未減，似乎並非不可能，甚至並非不可預期的（it cannot appear impossible, and scarcely even improbable）。法國的製造業，不論曾受如何重大的打擊，但其農業不但未嘗減退而反增進；這是今天所普遍承認的。在戰爭的任何時期，現役士兵的人數，不能想像：超過革命前從事製造業的男子數。由於這些製造業的毀壞而失業的（但又未曾參加軍隊的）人們，當然趨於農業勞動。又在法國，婦女常有在田野熱心工作的習慣；這種習慣，在革命期中恐更擴大。同時，因爲具有最好、最大力量的人手大爲缺乏，所以工資上升。又因新土地的耕作增加以及最大的消費者（其可觀的部分）⑨前

---

⑧《Peuchet 論文集》（Essai de Peuchet）二八頁。

⑨即使假定：普通時期的增加孩子數，等於從軍出國的男子數，但因這些孩子本來都極幼弱，故其消費的數量當不及同額的成年人所消費的。

去外國——在此情況之下，由於糧食品的價格比較未嘗高漲，所以，這種勞動眞實價格的上升，不但對於婚姻曾有有力的獎勵作用，且使農民的生活有所改善，使他們的孩子能多養育成人。

法國，不論在任何時代，小農業者與小地主的數量都是很大的。而且，這種情形，雖然對於一國國民的純剩餘生產額（clear surplus produce）、或一國國民可以處分的財富，決非有利，但有時對於絕對生產額，卻非不利；這常有促使人口增殖的強大傾向。因爲貴族及教士曾經出賣並分割許多的大領地，所以地主的人數，在革命時大爲增加。而且，這些領地，一部分原是遊園地及遊獵場，新領域變成耕地。地租不但極爲苛重，且其賦課極不公平；這是事實。不過，這種缺點，由於耕作者過去所受的壓迫（威脅其生活的）已經消滅，幾相抵消。又，大領地的出賣與分割，對於農業，至少，對於總生產額——專就人口來說，這是要點所在（which is the principle point with regard to mere population）——顯然可說是有利的。

由此可知：在革命期內，生活資料即使未嘗增加，至少可說未有減少。而且，現在法國的耕作狀態，正有確認這種假定的傾向。

因此，我們難於同意 Francis d'Lvernois 爵士的推定，謂：法國的年出生，在革命時，減少了七分之一[10]。毋寧是相反的，說已增加七分之一，也許近於事實。革命前，法國出生對總人口的比率，據芮克的估計，爲一對二五又四分之三[11]。據部分縣長所提的報告，在許多地方，這種比率似乎高達一對二二、一對二一．五及一對二三[12]。固然，這些比率的發生，至某程度止，是因部分人口從軍在外；但我以爲：其主要原因，幾乎無疑地是在極大的嬰兒出生數。如在全國縣長的報告彙齊之時，知道：出生率並未增加，人口並未減少，則由此推測：或則芮克的倍數失之過低，或則免死於非命的人們，其死亡率極低；兩者都有可能。而且，芮克的倍數失之過低，徵諸他由此過少推定人口的形跡，是顯然的；又，後者的低死亡率，徵諸高工資與由都市向農村移住，也是可能的。

據芮克與 Moheau 所說，革命前法國的死亡率爲三〇或三一又八分之一對一[13]。就現在都市人口數對農村人口數的比率爲一對三又二分之一看來[14]，這種死亡率很高，也許是由

⑩《關於死亡及其他的統計表》第二章一四頁。

⑪《財政論》第一卷第九章二五四頁。

⑫《Peuchet 論文集》二八頁。

⑬《財政論》第一卷第九章二五五頁。《Peuchet 論文集》二九頁。

⑭ 楊著《法國旅行記》第一卷第十七章四六六頁。

人口過剩所生窮困帶來的結果⑮。而且，根據亞塔爾·楊（Arthur Young）對於法國農民狀態的敘述（這是芮克所完全同意的）⑯，這似乎是事實。如果假定：除去這過剩人口的一部分，使死亡率由三〇對一減少至三五對一，則此有利的變化，在恢復由戰爭帶來邊境地方的損害上，當大有貢獻。

上述兩原因，都曾發生部分的作用。出生增加而留在國內者的死亡減少。於是，如果綜合此兩事情，而明白全部縣長報告的結果，那末，即使包含戰死者與橫死者，當可知道：革命期間的死亡未嘗超過出生。

縣長的報告，是共和國第九年度的；且可與一七八九年度相比較的。不過，如果出生數對人口的比率只有第九年度的一年，則此並不表示革命期間出生對人口的平均比率。在此事變所引起的混亂時代，登記簿的記載雖似無法十分正確；但是，我在理論上以爲：在戰爭開始之後及其進行中的其他時期，出生對總人口的比率並不大於一八〇〇年及一八〇一年⑰。

---

⑮ 關於這些問題的正確觀察，請參閱《法國旅行記》第一卷第一七章全部及散見於他這極寶貴的旅行記其他若干地方。

⑯ 《財政論》第一卷第九章二五五頁以下。

⑰ 在新刊《關於法國本國及其殖民地的一般及特殊統計》（*Statistique Généralcet Particuliere de la France, et, de ses Colonies*）上，載著第九年度的縣長報告，但其數字，似乎是承認這種推定的。出生爲九十五萬

五千四百三十；死亡爲八十二萬一千八百七十一；結婚爲八十萬二千一百七十七。這些數字，與芮克的推定，雖有不同；但，該書內所有的計算，不論是關於總人口的，或是關於每一平方 league 的人口比率的，都是現在法國舊領土的人口，多於革命開始之時。國民議會時代的人口推定數，已經講過。當時，每一平方 league 的人口爲九百九十六。共和國第六年，土地臺賬局（Bureau de Cadastre）發表其計算的結果，人口爲二千六百〇四萬八千二百五十四，每一 league 爲一千〇二十。在第七年，Dépère 計算：法國全國的人口爲三千三百五十萬一千〇九十一，其中二千八百八十一萬〇六百九十四屬於舊法國，又每一平方 league 爲一千一百〇一。但是這種計算，似以國民議會的第一次推定爲基礎的；後者，後以估計過高而受排斥。在第九年及第十年，由於皮德蒙（Piedmont）及愛爾巴（Elba）島的合併，總人口成爲三千四百三十七萬六千三百一十三，每一平方 league 爲一千〇八十六。舊法國的人口，雖無記載，大約爲二千八百萬。

儘管是有這種計算，但該著者，採用比芮克更低的出生倍數；他說：芮克的比率，即使在都市仍是正確的，至在農村，出生率則已增加到二〇分之一、二二分之一、二二·五分之一、二三分之一；這種增加的原因；是由於逃避兵役的早婚；總之，二五是適當的倍數。不過，如果我們採用這種倍數，則人口不是二千八百萬，乃是二千五百萬弱。固然，僅由一年的出生，不可能求得正確的推論；但是，因爲這些是唯一曾被引用（referred）的出生，所以矛盾是顯然的。今後的報告，當可解決這一難題。而且，此後各年的出生，當較大些（and the births in the following years be greater）。但如本文所述，我則認爲：出生率的最大增加，是在第九年以前，特別是在共和國開始的六、七年間（當時，既婚男子已被免除兵役）。如果法國農民的狀態，如果根據報告，可以證明：年婚姻數在革命期間未曾增加，則此事情，可由本章前述私生子的異常增加，充分說明。確是，私生子，現在占出生總數的一一分之一，比較革命前芮克所

在革命期間，已有改善，則我相信：不論出生率與死亡率，都已減少。在像法國這樣氣候溫和的國家，下層階級只要並不十分窮困，則如芮克所說三〇分之一的死亡率與二五．七五分之一的出生率，是不會產生的。因此，根據這種假定，則第九年度的出生數，非不正確；此後，出生及死亡，對於人口，將不會有這樣大的比率。關於此點，法國與英國的不同，誠屬可驚。

該書中有關人口的部分，就此問題所說，並無充分的知識。有一記述，是很奇妙的。它謂婚姻對人口的比率爲一對一一〇，出生對人口的比率爲一對二五；由此推測，則出生的四分之一，是成長而結婚的。如果這種推定是正確的，則法國的人口將立刻減少。

在推算生命的數值之時（in calculating the value of lives），著者雖然採用蒲豐（Buffon）的統計表，但是，因爲此表主要是根據巴黎近郊各村落的登記簿的，所以全不確實。據此，出生時的生命蓋然率僅只八年強；故如合計都市與農村，則有遠不及其正確的平均的。

在該書中，對於 Peuchet 先生的論文所述的細目（我已一再講述的），幾乎沒有附加特別足以追記的。我的推定，雖也沒有十分充分的根據，但在大體上，任何地方都找不到足夠的理由，可以變更我在本章所下的推定。實際，關於革命期內人命的眞正損害，我雖採用了 F. d'Lvernois 爵士的計算，但我未嘗認爲：我的主張，因此而爲事實所支持。但是，我的採用，讀者當可知道：並非由於認其毫無錯誤，毋寧是爲了例證。

算定的四七分之一，已有可驚的增加⑱。

Francis d'Lvernois 爵士說：『認爲戰爭與革命所消耗的人命報告可在戰場及病院獲得的人們，先須學習政治算術（political arithmetic）的初步原理。因此被殺害的人數，比較因此而阻止其出生及其成長的孩子數，是微不足道的。而這就是法國人口所受最大的創傷』。又說：『……，假定在被殺害的男子總數中，只有二百萬人已與同數的婦女結婚，則據蒲豐的計算，此二百萬夫婦，如不生產一千二百萬的孩子，那末，這些孩子到了三十九歲的時候，就不能與其父母的人數相匹敵。這種人命破壞的結果，所以幾乎無法計算，實由於這種見解。這是因爲：他們對於法國二百五十萬可憐男子的現實損害，比較他們阻止一千二百萬孩子的誕生，後者具有更大的影響。法國推定這種可怖的打擊，毋須等待於未來』（it is not till a future period that she will be able to estimate this dreadful breach）⑲。

---

⑱《Peuchet 論文集》二八頁。這種私生子的激增，雖然極其可能使很多的（爲平時所無的）嬰兒遺棄於「棄嬰收容所」（*les Hôpitaux des Enfans trouvés*）（即 Francis d'Lvernois 爵士之所謂可怕的收容所）；不過，這種殘酷的習慣，恐限於特殊的地方；故在大體上，棄嬰的人數對於出生總數的比率，不會太大。

⑲《關於死亡及其他的統計表》第二章一三、一四頁。

但是，上述推理即使具有充分的根據，恐怕法國也未因革命而喪失一出生（a single birth）。法國雖有最正當的理由為號稱二百五十萬人的損失而悲哀，但對由此可產生的未來人口，則當別論。這是因為：如果這二百五十萬殘存在國內，則由其他父母所生而現在生存於法國的嬰兒相對數，恐就不至於出生。即使在歐洲統治最好的國家，如果必須為被阻出生的未來人口而悲哀，那末，我們就非經常穿著喪服不可。

在任何國家，雖然都有以出生彌補死亡空隙的經常傾向，但由道德的見地看來，這顯然無論如何不能用為辯護人命浪費的遁辭。此時所犯積極的罪惡（即現在住民所受的痛苦、窮乏及廣泛的荒廢與不幸），決不能以「人口數字的損失立可恢復」的理由，予以抵消。我們除了最迫切的必要權利以外，沒有任何政治的或道德的權利，可以正在盛年的人命，交換同數無靠的嬰兒（helpless infants）。

還有應當注意的，縱使法國數字上的人口，在革命的期間未曾減少，但是，如其損害，與有關這一問題的推測，幾分相符，則其兵力不能不受打擊。法國人口，現在婦孺占據極大的部分；兵役年齡的未婚者數，大為減少；這是一定的。這由已經收到的縣長報告推測，是顯然的。

男子的缺乏，對於一國的人口，開始發生本質的影響，則本來的獨身者群消滅；此時，由每年達到青春期的男子數，減去補充年婚姻的普通比率所必需的人數而尚有餘的部分，顯然不足每年的需要⑳。法國在戰爭終了之時，恐與此點，還有相當的距離。但在婦孺的比率增加、而且兵役年齡的男子激減的現在人口狀態之下，如果法國又有像過去般驚天動地的大活動，則必然損傷人口的源泉。

在任何時代，雖然法國兵役年齡的男子數，對其人口的比率不大；至其原因，則在高婚姻率與極大的孩子數。芮克對此事情，特別注意。他說：農民的極大窮困，結果發生三、四歲以下兒童的可怕死亡率；於是，孩子數比較成人數，常有過大的比率。他公正地（justly）說：此時的一百萬人，其所表現的兵力或勞動能力，不能有如「人民的生活比較富裕國家的一百萬人所表現的」㉑。

在革命前的瑞士，比較同時代的法國，可以人口的極大比率送至戰場，又可使用於適於成人的職業㉒。

---

⑳ 在法國，婚姻對人口的比率，據芮克，爲一對一一三。第一卷第九章二五五頁。

㉑ 《財政論》第一卷第九章二六三頁。

㉒ 我在寫完本章之後，有機會看到《縣長議事要項》（*Analyse des Prorés Verbaux des Conseils Généraux de Département*）；在這上面，記載著：有關第八年度法國國內情形的報告；極爲詳細，且多趣味。關於人口，乃有六十九縣提出報告；其中，十六縣是有人口增加的形跡，四十二縣減少，九縣沒有增減；其餘二縣，壯年人口雖稱減少，但在數字上，並無增減。不過，這些報告，恐非實地調查的結果；只要沒有這種實證的

材料，人們爲關於人口問題的一般俗說（以及必然的、普遍的認爲兵役年齡的男子已經激減這一事實）所惑，而難免遽謂：全體人口已經減少。如果單由表面判斷，則以百位兒童代替百位成人，這對人口的印象，必不相同。故在第九年度的調查完畢之時，即使明白：全體的人口並未減少，也無可驚奇。在部分的報告上，記載：「人民一般安樂的普及」（*L'aisance générale répandue sur le peuple*）及「大領地的分割」（*la division des grands propriétés*），是增殖的原因。又幾乎所有的報告，都特別指摘：「早婚」（*les mariages prématurés*）及「爲逃避兵役而增加的結婚」（*les mariages multipliés par la crainte des loix militaires*）。在有關農業狀態的七八報告之內，表示進步者六，表示退步者一〇，一般要求獎勵者七〇，不願大量開拓者（*de la multiplicité des défrichemens*）三二，要求獎勵開拓者（*des encouragemens pour les défrichemens*）一二。有一報告，記載著：過去龐大的荒蕪地已經開墾，工作激增；這些似非以農業勞動者之手所能完全處分的（*la quantité prodigieuse de terres vagues mise en culture depuis quelque tems, et les travaux multiplés, au delá de ce que peuvent exécuter les bras employés en agriculture*）。又另一報告，講到若干年來所進行的巨大開拓（*les défrichemens multiplié, qui ont eu lien depuis plusieurs années*）。這最初以爲：似已成功；但是，後來不久，知道：集約的耕作法，比較有利。許多的報告，都講到穀價的低廉與穀物缺乏充分的銷路。又在講到共有地（*biens communaux*）的分割問題，乃有如下的敘述。由於『分割、開墾這些共有地，產物是無疑地已經增加；但是同時，因爲放牧場的減滅，家畜恐已減少』（*le partage, en opérent le défrichement de ces biens, a sans doute produit uné augmentation réelle de denrées, mais d'un autre côté, les vaines patures n'existent plus, et les bestiaux sont peut-stre diminués*）。所以就全體來說，我可推論；即：法國的農業，在其方法上，因有缺點，所以無法獲得大量的純生產物，但在革命期內，總生產額絲毫未嘗減少。又因試行開拓龐大的新地，致使更加感到勞動者的不足。而且，國內的食物，在革命期內，如果未嘗減少，則一般所指摘的高工資，在勞動階級之間，對於人口，一定發生最有力的獎勵作用。

地租，即土地稅（*contribution fonciére*）普遍成爲不平之的；這確極端苛重，且其分派頗不公平。這原打算只徵純生產額的五分之一，但是，因爲一般農業不振、小地主多（其中特別因爲想比其所投資本耕作過大的土地）。所以時常高達四分之一、三分之一或二分之一。在因所有地分割過小、爲了藉此農場維持一家（in order to support a family upon it）而非合併計算該農場的地租與利潤不可的情形之下，則地租一定是大大妨礙耕作。固然，像在英國所最常看到的，如果農場廣大，而且貸給佃農，那末，這種影響，就幾乎或完全沒有。對於農業的障礙，報告中所記載的，其中之一，是土地過度細分的事實（新繼承法的結果）。分割若干大領地，可能有助於農業的進步。但如上述的細分，則有正相反的作用；其較大的傾向，是使純生產額減少，並使地租成爲苛酷的與不生產的（oppressive and unproductive）。如果英國全部的土地，細分爲相當於年二十磅地租的農場（divided into farms of £20 a year），則人口恐比現在還要稠密。但是，就一國民來說，我們是極度地貧困；要支持與現在同數的製造業者，或徵收與現在同額的租稅，是陷於完全不可能的狀態。任何一縣，無不要求：減少地租（*contribution fonciére*），是農業振興的必須條件。

關於收容所及慈善設施的情形，又關於乞丐普遍及棄嬰間的死亡率等，其最可悲嘆的情景，幾乎在全部報告上，都有描寫。因此，我們立刻推想到：全下層階級，一般是沉淪於貧困與悲慘的深淵。但是，收容所及慈善設施在革命期內，幾乎全無收入；因此，此外別無所恃的極多窮民，如此忽被削減其扶助，加上都市製造業的顯著不振與私生子的激增，乃致出現報告所記的一切陰鬱情況；至於一般農業勞動者的境遇，因眾所周知的高工資與比較低廉的穀價，而必然有所改善的大事實，在這些報告上，並無記載。而且，主要供給一國的有效人口的，實爲這種階級。如果英國的救貧稅突然廢止，則在一向靠此生活的人們之間，定將引起最錯雜的困擾。但我以爲：不論一般勞動階級的境遇或國家的人口，都不會因而蒙受損害。法國私生子的比率，曾由總出生的四七分之一激增到一〇分之一；由此可知：棄嬰收容所裡的遺棄數及在他們之間死亡率的增加，都是無可懷疑的；但是，普通以上的人數，被在家庭養育，得免這些可怖收容所的死亡率；這也是無可懷疑的。由收容所缺乏基金的情形，可知：對收容所附屬的保姆，給予報酬，這是不可能的；而且許多的孩子，全因饑餓而死亡。部分收容所終於拒絕新的收容，這是十分應該的。

這些報告，在全體上（upon the whole），雖未傳達法國內情的光明景象，但其部分的理由，則應歸諸這些報告的性質。蓋如前述，這種報告，它的目的，既在說明各縣的情形，希望獲得政府的扶助或救濟；所以勤輒傳達不良的一面；這是不用說的。一旦發生新稅的附徵或舊稅的提高問題，人們總是訴說自己的窮困。實際上，關於租稅的問題，法國政府似亦不無困難。政府對縣會（*Conseils généraux*）發表適時的文告，促其注意：毋爲無謂的不平所惑，只是留心特殊的不平而提出特殊的救濟方法；其中，如果申請廢止一稅，則當申請增加別稅以爲代。但是，在我看來，其所有的租稅，都應撤廢；而且大多是毋須提議任何代替的。

關於西班牙的人口情形，我向讀者推薦 Townsend 先生的《西班牙旅行記》；此書有益且有趣味。讀者在該書中常可發現：人口原則之被極適切地例證（in which he will often find the principle of population very happily illustrated）。我雖想特設一章討論該國，但恐本書這一部分過於冗長；而且，這樣由許多不同的國家，引出同樣性質的推論，幾乎必將陷於過度的反覆。此外，則因我對 Townsend 先生的出色著作，幾乎已經無可增補。

---

地租（*La contribution foncière*）、動產稅（*la taxe mobiliaire*）、入市稅（*les barrières*）及關稅（*les droits de douane*），都曾引起麻煩的不平。而且，代替這些租稅的新稅，唯一引起我的注意的，只有狩獵稅（tax upon game）；但在今天的法國，狩獵幾已消滅，所以可說：無法希望從此得到可與其他全部租稅相等的收入。該書，就其全體而言，是極有趣味的。而且，這表示政府希望知道各縣的實情，聽取有關這種改善的陳述與提議；這不能不讚賞統治者的誠意。該書出版不久，即被停止一般發行——發行限於牧師及縣會等。的確，該文的性質，顯然，「私的」多於「公的」；它未具備「以一般發行爲目的」的體裁。

# 第七章　論在法國對於人口的障礙（續）

共和國第九年的縣長報告及此後在一八一三年政府所發表的報告，其中的出生率，比我所想像的更低；但是，我並不因此而想改變前章的推定與假定。這是因爲：這些報告，第一，並不包含革命初期的若干年（當時是被認爲結婚的獎勵及出生率最大的）；第二是：這些報告充分證明下一事實，即法國人口，在革命期內，雖受損害，終未減少（這一事實，就是前章所欲說明的）。固然，這一主要事實，也許不是由於出生率的增加，而是由於死亡率的減少。

根據第九年的報告，出生、死亡及婚姻對總人口的比率如下：

| 出生 | 死亡 | 婚姻 |
|---|---|---|
| 33對1 | 38.5對1 | 157對1[①] |

但是，事實，這些只是一年間的比率；所以，由此不可能得出任何正確的推論。而且，這些還被應用於比過去法國的人口（這恐出生、死亡及婚姻的比率都常低的）大三百萬－四百萬的人口；又據《議事要項》（*Analyse des*

①請參照日內瓦的普累服先生所譯本書法譯本第二卷八八頁的有價值的註。他認爲：在第九年的出生、死亡及婚姻的報告上，乃有遺漏。他又說：舊法國一平方 league 的人口應爲一千〇一十四，不是一千〇八十六。不過，如有理由可以承認：登記簿中是有遺漏而且人口的算定失於過大，則眞正的比率，與此處所說的根本兩樣。

*Procés Verbaux*）的某一敘述，則登記簿的記載，不很愼重，是極可能的。在這種情形之下，不能認爲：他們已經證明其數字的意義（they cannot be considered as proving what the numbers imply）。

據 Peuchet 在其《論文集》之後出版的《統計入門》（Statistique Elémentaire）所說：爲欲確定出生對人口的平均比率這一明白的目的，曾於第十一年，在 Chaptal 先生的指導之下，設立了一調查會②。這種調查，在是第九年的報告以後不久；這一事實證明：政府當局未嘗認爲這些報告是正確的。爲要達到所期的目的，乃由全法國三十縣的若干自治體（communes）中，選擇了最有希望獲得正確報告的。而且，其第八年、第九年及第十年的報告，表示：出生率爲二八・三五對一，死亡率爲三〇・九對一，婚姻率爲一三二・〇七八對一。

Peuchet 先生認爲：人口對出生的比率，此處雖比過去的推定大得許多，但因這種計算是由實地調查所得的，所以毋寧應當採用。

根據一八一三年政府發表的報告，舊法國的人口爲二千八百七十八萬六千九百一十一，如與第九年的推定人口二千八百萬比較，則從一八〇二年到一八一三年，十一年間，增加了

② 三三一頁。一八〇五年，巴黎出版。

約八十萬。

婚姻報告，完全沒有；出生及死亡的報告，也只有五十縣的。

在此五十縣，從一八〇二年到一八一一年，十年間，出生總數爲五百四十七萬八千六百六十九，死亡總數達四百六十九萬六千八百五十七；以與一千六百七十一萬〇七百一十九的人口比較，則出生率爲三〇又二分之一對一，死亡率爲三五又二分之一對一。

選擇此五十縣，是因此五十縣表示著最大的增加；這種想像，是當然的。而實際是，此五十縣，自第九年的計算以後，全國所生的全部增加，幾都包含在內。因此，別縣的人口，一定幾乎是在停滯狀態。再則，婚姻報告的未嘗公布，一定是因這種報告不能認爲滿意，因其表示結婚的減少與私生子的增加。

由這些報告及其附帶的各種條件判斷，可以得到如下的結論；不管革命以前的出生率實際究屬如何？又不管此後六、七年間（即《議事要項》（*Procés Verbaux*）中之所謂早婚（*mariages prématurés*）事實、亦即「一般統計」中之所謂出生率爲二一、二二或二三對一）的出生率實際究屬如何？今天的出生率、死亡率與婚姻率，比較過去的推定數，都是大爲減少③。

---

③ 在一七九二年，通過了對早婚特別有利的法律。這種法律，在第十一年雖被廢止，而另頒布一法律，但據

如果這是事實，則其當然的結果，那就發生這樣的疑問；即：革命前的人口推定不是有欠正確麼？而且，一七九二年以後，人口不是沒有增加而反減少麼？對此，我是一明白的否定者。出生、死亡及婚姻的比率乃因國家的不同而極不相同；又，這些比率，即在同一國家，也因時與事的不同而大不相同；這有可以相信的確實根據，是在前面各章已經說過的。

在瑞士，這種變化幾乎是確實的。由於健康的增進，即在英國，也已有類似的結果；這也可說是無可懷疑的事實。而且，我們對這問題所能蒐集的最好典據，如果略予信任，則幾乎在歐洲的任何國家，最近一、二世紀間，死亡率已經減少，那是幾乎無可懷疑的。由是觀之，出生、死亡及婚姻的比率雖然減少，但仍維持著同樣的人口（不，或顯然已有增加）；——我們絲毫毋須僅爲這種事實而驚奇。而且，問題只在：法國的現狀，是否可說會有這種變化。

革命前法國下層階級的境遇，極爲悽慘，這是一般所承認的。在英國的每日工資約爲十七辨士的時候，法國的工資，每天約爲二十 sous，即十辨士；而同質的小麥價格，兩國

---

Peuchet 先生所說，則此法律，十分阻礙結婚（二三四頁）。此兩法律當有助於說明：何以一八一三年的前十年間，出生率及婚姻率低，而革命開始後的六、七年間，出生率及婚姻率高？

並無大異。因此，亞搭爾．楊說：在革命勃發當時，法國的勞動階級，『不論在疾病時或健康時，其所得的惡衣、惡食與惡薪，乃爲英國同樣階級的百分之七十六」（76 percent, worse fed, worse clothed, and worse supported, both in sickness and health, than the same classes in England）④。此言雖然稍有誇張，且有未嘗充分考慮物價的眞正差異之憾；但是，他的書上到處都是：表明當時法國勞工階級的沉滯狀態，而且暗示：人口的壓力已經十分迫近生活資料的界限。

在另一方面，由於革命與國有地的分割，法國農民的情況，曾有決定的改善；這是一般所承認的。講到這一問題的一切著作家，都注意到；一部分由於耕地的擴張，一部分由於軍隊的需要，乃使工資大爲上升。據 Peuchet 的《統計入門》所述：在普通工資由二十 sous 漲到三十 sous 的時候，食料品的價格幾無變動⑤。**Birbeck** 先生在其近著《法國農村巡遊記》（Agricultural Tour in France）中⑥謂：不供伙食的工資爲一日二十辨士；同時，所有食料品都不出英國的半數（按：不及英國一半的價格）。由此比率推算，則法國的工人可以

④ 楊著《法國旅行記》第一卷四三七頁。
⑤ 三九一頁。
⑥ 一三頁。

獲得與英國的工人以每天三先令四辨士所能購買的同量生活必需品。但是，英國普通日傭工人的工資，從未漲到三先令四辨士。

這些敘述，即使不無錯誤，但顯然足以充分證明：法國下層階級的境遇已經大爲改善的事實。不過，這種改善，如果同時沒有死亡率的減少，這近乎「物理的不可能」（physical impossibility）；如果這種死亡率的減少，並不跟著人口的急速增加，一定跟著出生率的減少。從一八〇二年至一八一三年，其間人口雖已增加，但其速度似頗緩慢。即如由此事情判斷，我們非有這樣的結論不可；出生、死亡及婚姻的比率已經減少、或則戒愼的抑制已更普遍。的確，在增殖率、氣候的自然健康率、都市及製造業的情形等約略相同的兩個國家之內，貧困的壓迫較強的國家，其出生、死亡與婚姻的比率較大；這種命題，是無可爭辯的。

果然，則像從來所想像的，因自一八〇二年以來，法國的死亡率爲三〇對一，所以芮克主張可以三〇代替二五又四分之三的倍數；這一定是不對的。如果有關革命前及革命後法國勞動階級的情形，所述多少近乎事實，則因上述兩時期的人口增加速度幾乎相同，所以現在的出生率應不適用於芮克執筆當時的時代。同時，他所採用的倍數，可能是過低的。法國的人口，在自一七八五年至一八〇二年之間，由二千五百二十萬，一躍激增到二千八百萬；在任何情形之下，幾乎都是不可信的。但是，如果我們承認：當時的倍數不是二五又四分之三，而是二七（這畢竟是可能想像的最大倍數），那末，這意思是：由一七八五年到一八〇二年之間，大約增加了二百萬。這種增加，雖然遠不及英國的增加率，但這已足充分表示：顯然人口原則的力量勝過了最強大的障礙。

關於革命開始後最初六、七年間出生增加的問題，恐怕永久沒有可以解決的時候。

在當時混亂的情形之下，登記簿曾被有規則地保管（have been regularly kept），這幾乎是不能想像的；而且，因在第九年未曾蒐集，所以這些到了後來沒有機會可在完全的形態之下發表。

## 一八二五年

本書的最近版發行以後，關於法國的人口，曾有更加詳細的事項發表。

一八一四年及一八一五年所決定的、有關出生、死亡及婚姻的報告，從一八一七年起，在法國全境，有規則地發表。一八二〇年，實行人口調查。

| 出生 | 死亡 | 婚姻 | 出生超過死亡 |
|---|---|---|---|
| 5,747,249 | 4,589,089 | l,313,502 | l,158,160 |

年平均如下：

| 出生 | 死亡 | 婚姻 | 平均出生超過 |
|---|---|---|---|
| 957,875 | 764,848 | 218,917 | 193,027 |

在一八二五年度的《經度局年報》（*Annuaire of the Bureau des Longiludes*）上，載有至一八二二年止六年間的出生、死亡及婚姻的數字，其合計如下：

根據各縣的調查，一八二〇年的人口爲三千〇四十五萬一千一百八十七。

如由這些數字計算，則年出生對人口的比率爲一對三一・七九，即約三二分之一；年死亡率爲一對三九・八一，即約四〇分之一；年婚姻對人口的比率爲一對一三九，出生對死亡的比率爲一二五・二三對一〇〇，即約五對四：婚姻對出生的比率爲一對四・三七。私生對婚生的比率爲一對一四・六，男女出生的比率爲一六對一五；超過死亡的年出生數對總人口的比率（這如報告正確，則決定增殖率）爲一對一五七。

至一八二二年止的六年間，其出生、死亡及婚姻的報告，正確到怎樣的程度，這無法斷言。在這些報告之內，乃有具備有利外表的正規性（there is a regularity in them which has a favourable appearance）。但是，我們很知道：英國的登記簿，與此具備同樣外表的正規性，然在出生及死亡中，卻有巨大的遺漏。此事，可由下述事實，立予證明；即：兩次調查之間，超過死亡的出生數，遠少於由這些調查所算出的人口增加數。法國最近二十五年間的調查，既不像英國的調查有規則，也不像英國的調查可靠。但是，上述一八一三年的調查，與一八二〇年的調查，可以比較；如果兩者同樣地近乎事實，這就表示：由一八一三年至一八二〇年的七年間，法國人口的增加，比較至一八二二年止的六年間（這是由超過死亡的出生數算出的），一定遠爲迅速。諸如前述，此六年間的超過總數爲一百一十五萬八千一百六十；其年平均爲十九萬三千〇二十七；如以此與平均人口（即扣除一年間的增加數之後的一八二〇年的人口）比較，則年增加率約爲一對一五六；又，超過此死亡的年出生數，其對人口的比率，如據本書第二篇第十一章第二表，則表示約一百〇八年而使人口加倍的增加率。

在另一方面，一八一三年舊法國的人口爲二千八百七十八萬六千九百一十一；但在一八二〇年，則爲三千〇四十五萬一千一百八十七；此七年間的差增爲一百六十六萬四千二百七十六；故年平均增加不是十九萬三千〇二十六，乃是二十三萬七千七百三十五。如以此巨大的年增加，比較上述七年間的平均人口，則爲一對一二四，不是一對一五六。這種增加率，不是一百〇八年，乃是約八十六年使人口增加一倍。由此看來，至一八二二止的六年間，出生及死亡的報告，乃有可觀的遺漏。實際，上述兩種調查，如果認其同樣近乎事實，則在一八一七年前的三年間，因出生率並無發生任何大不相同的形跡，所以，由此推測，顯然可知：法國的登記簿與英國的登記簿，須有同樣種類的修正（即使其程度不同）。我在後章假定：在英格蘭及威爾斯的出生報告上，有六分之一的遺漏；又在死亡報告上，有十二分之一的遺漏。在法國的報告上，如果加以這種修正，則將超過爲說明從一八一三年到一八二〇年的人口增加所必需的數字。但如我們假定：出生遺漏爲十分之一，死亡遺漏爲二十分之一，則出生對人口的比率爲二九．一對一，死亡對人口的比率爲三八．一對一。如由這些比率推算，則超過死亡的年出生數，其對人口的比率爲一對一二三強；而此比率，即使對於國外死亡數略予斟酌，仍將表示與法國在一八一三年－一八二〇年間所有同樣的加倍期間或同樣的增加率。——當然，這假定此兩調查同樣近乎事實。

不但如此，即使對於出生及死亡報告的遺漏，加以如上的斟酌，死亡率可能仍低於以前所蒐集的任何登記簿；又，出生率也低於革命前或上述第八、第九及第十年三十縣的報告；而且，在第九年的一般報告上，仍有許多的遺漏；這些，都有充分的理由可以相信的。此外，因爲一八一三年五十縣報告中所有的遺漏，並不小於此後登記簿中的遺漏，所以由此可以充分推定：人口增殖率近年雖在增加，但出生率則反而減少；這是値得注意的。這種人口增殖率的增加，是由革命以後勞動階級的情況改善所引起的，同時爲因開始種痘而致死亡率減少的結果。這乃表示：增殖率的增進與出生率的減退，完全是並行不背的；而且這種出生率的減退，不論由於任何一原因（或諸原因），總是容易發生在死亡率減退的時候。

在以出生增加爲基礎測定不同時期的各國人口之時，我們容易錯誤而有趣味的一適切例證，可說是下一的事實。即據 Necker，法國的年出生，至一八二〇年止的六年間，平均爲九十五萬八千五百八十六；但至一八二二年止六年間的出生，則如前述，平均爲九十五萬七千八百七十五。因此，如由出生數推定人口，則四十二年間，人口不但沒有增加，而反減少；不過，依據調查的結果，在此期間，則有各種理由可以相信：人口大約增加四百萬。

# 第八章　論在英格蘭對於人口的障礙

英國的社會情形，即使極粗率地（most cursory）看來，我們也得承認：對於人口的預防障礙，在各階級都很普及。主要在住於都市的上流階級之中，因爲容易耽於與異性的非法性交，所以常有缺乏結婚意向的人。又在其中，如果想到：有了家族，或則支出就要拮据，或則必須拋棄快樂，他們即不願結婚。如有充分的財產，固然很少這種顧慮。但是，這種預防的顧慮，愈是下層階級，對此愈有比較重大的目的。

曾受自由高等教育、其收入勉強可與紳士階級交際的男人，必須澈底覺悟：如果結婚而有家族，就非完全拋棄以前的交際不可。有教養的男人，其選擇對象的婦女，自是生長在（brought up）與他同樣習慣及情操之內的人；而且，她一向交際慣的社會與其因結婚而必須跌入的社會完全不同（and used to the familiar intercourse of a society totally different from that to which she must be reduced by marriage）。能有男人隨便同意；使其愛人處於這樣可能與她的習慣與嗜好並不相容的境遇（can a man easily consent to place the object of his affection in a situation so discordant, probably, to her habits and inclinations）？社會的階層，降低二、三級；其中，特別是在「教養終了與無智開始的境界」（where education ends and ignorance begings），世間都常視爲：這不是幻想的罪惡，乃是眞實的罪惡。如果交際是可想望的（desirable），則此交際應當是自由、平等而且互助的；這是一方面受到利益，而同時又給與利益；而不是像從屬者與保護者、貧者與富者的那種交際。

這些考慮，確使「在此身分」（in this rank of life）的許多人不想早婚。固然，情慾強烈或判斷輕率的人，雖會忽視這種考慮；但如這種純潔的快樂熱情，也不足以彌補其附隨的一切弊害，那不能不說：確是悲慘的。不過，我得承認：這種結婚，其比較一般的結果，與其說終使對於愼重者的預言失望，毋寧說終使對於愼重者的預言首肯。

商人與農民的孩子，乃被勸告不要結婚。而且，他們直到有了某種職業或農場可以扶養一家；這種勸告，他們大多認有服從的必要。但是這種事情，直至他們已經到了可觀的年齡，恐怕是不會發生的。農場的不足，普遍成為不平的種子。又，各種職業的競爭，極為激烈；因此，無法希望人人成功。在事務所的事務員及各種商業與自由職業的競爭者間，對於人口的預防障礙，恐比社會的其他任何部門，都較盛行。

每天獲得十八辨士乃至二先令而安樂地過著獨身生活的工人，其微薄的收入，對他本人，已經不很充分；如要分配於四人或五人之間，則不能不有所躊躇。不論工資如何少、工作如何苦，如與心愛的女人共同生活，恐怕是樂於忍受的。但是，萬一家族增加，而又碰到某些不幸，則任憑如何節約，如何流汗，他畢竟要眼看著愛子餓死，或則非求助於教區不可；對於這種苦境的來臨，必須有所覺悟。獨立之心，是任何人不欲使之消滅的感情。但是，英國的救貧法，不能不說：是使這種感情逐漸衰弱、終恐使其完全破壞之最有力的制度。

生活在富裕人家的僕役，為了決心結婚，必須突破比較強大的抑制。他們所有的必需品

（不，甚而至於快適品），幾乎與主人同樣地豐富。他們的工作，比較勞動階級容易；他們的食物，比較勞動階級奢侈。又因他們具有這樣的意識：即如感覺受到侮辱，可以變換主人，所以服從的觀念薄弱。因此，現在的地位雖然安樂，一旦結婚則將如何？他們既不想從事商業與農業，也無此知識與資本，而又不慣於由每天的勞動取得生活資料（因而不可能），所以，結局，唯一的出路，只有開設簡陋的酒店；但是，這當然無法期待晚年的非常幸福。因此，他們大多是被將來的暗影所威脅，而甘心於像現在的獨身生活。

如果這種英國社會狀態的描寫；是近於眞實的，則對人口的預防障礙，可說在社會各階級，都有很大的作用。而且這種觀察，由登記簿的摘要，更被確證（這登記簿是根據一八〇〇年所通過的人口條例①的）。

這些摘要的結果，表示：在英格蘭及威爾斯，年婚姻對總人口的比率爲一對一二三又五分之一②；在上述的各國之內，除了挪威與瑞士，沒有比此更低的。

---

① 本章是在一八〇二年，即第一次調查（其結果已於一八〇一年公布）之後執筆的。

② 一八〇一年刊行《關於人口條例的結果之研究》（Observ. on the Results of the Population Act.）一一頁。對於人口條例的解答（answers），乃使多年曖昧不清的英國人口問題，幸而得到光明，而對政論家提供了極貴重的若干資料。但是，同時必須承認：關於這些可以獲得的的推論，其完全的程度，並非全無推理與假設的必要。這一問題，我們十分希望：今後仍當予以論究。現在因已排除最初的困難，所以每十年的調查，就將

在十七世紀初葉，Short 博士曾推定這種比率約爲一對一一五③。這一數字，在當時似乎是正確的。而且，由於農商業的急速進步，人口雖以空前的速度增加，但現在婚姻率反告減少，這是近年所表現的死亡率減少的原因，又爲其結果。

根據最近條例的婚姻報告，比較登記簿中其他任何部分，都少有不實的疑慮；這是可以想像的。

Short 博士在其《關於都市及農村死亡表的新觀察》（New Observations on Town and Country Bills of Mortality）中，曾謂：『我贊成我國某名推事的說法，結論是：人類的成長及增殖，其所受的阻礙，由於戒心的故障（因怕扶養一家的麻煩與費用而避免結婚），多過由於人種性質中的任何事物（than from anythings in the nature of species）』。而且，博士由此見解，提議：對獨身者科以苛重的稅金與罰金，藉充既婚貧民救濟之資④。

關於被阻止的出生人數（the numbers which are prevented from being born），此名推

---

容易。又，出生、死亡及婚姻的登記簿，每年，或至少每五年，當可取得。我確實相信：關於一國國內的情形，可由這些登記簿得到的推論，應遠多於我們過去習慣地所想像的。

③《關於死亡表的新研究》（New Observ. on Bills of Mortality）二六五頁。一七五〇年出版，八開本。

④《關於死亡表的新研究》二四七頁。一七五〇年出版，八開本。

事的說法，是完全妥當的；至其應對獨身者科以刑罰的推論，那就不然。自然的增殖力，這在英國，離開發揮其全幅作用的程度，尚很遼遠。而且，我們如果想到不足以扶養大家族的工資與直接或間接由貧困而發生的死亡率，而再加上在國內大都市、工場及工作場夭折的許多孩子，那就不得不承認：要是沒有這種夭折而使每年的出生數激減，則爲將來長大的增加人口尋覓工作與食物計，英國維持勞動的基金，就非以空前的大速度增加不可。

因此，獨身者與晚婚者，他們的這種行爲，決無助於減少現在的人口，而只有助於「否則將大爲上升的」夭折率減少而已。故由這種見地看來，沒有任何應受嚴責或處罰的理由。

出生及死亡的報告，乃有充分的理由，可以想像是有遺漏。因此，如要略爲精確估計其對總人口的比率，當有困難。

英格蘭及威爾斯的現在人口，如以至一八〇〇年止五年間的平均埋葬數來除，則死亡率僅爲四九對一⑤；但是，如果考慮到大都市及工場的數字，則此數字失之過少，到底不能認是近於眞實的。

英國都市住民對農村住民的正確比率，無論如何，本島南部正可歸入那些比一對三的

⑤ 推定人口爲九百一十六萬八千，年死亡數爲十八萬六千，《關於人口條例的結果之研究》，六頁及九頁。

比率更大的各州一類；有充分的理由可以相信，實達一對二以上。因此，根據 Crome 的公式，死亡率也超出三〇對一⑥；根據 Sussmilch，則應超出三三對一⑦。在《關於人口條例的結果之觀察》（Observation on the Results of the Population Act）中⑧，雖然列舉著使埋葬登記簿發生遺漏的許多可能原因，但是對於這些遺漏的合計未有任何數字；我也沒有任何材料可以提出這種數字。因此，我只作如下的指摘。即如現在的年死亡率達到約四〇對一的程度，則上述合計數，在本國的現狀之下，可以認爲是我們所能想像的最低死亡率；而且，如果這是事實，那就證明：不論在有關戒愼及清潔的人民習慣上，也不論在環境的自然健康上，都截然凌駕其他一般各國⑨。實際是，上述兩原因（有使死亡率減低傾向的），

---

⑥《論歐洲各國的人口》（über die Bevölkerung der Europaischen staaten）一二七頁。

⑦ Sussmilch 著《神的調整》第三卷六〇頁。

⑧ 同上六頁。

⑨ 英國的人口，以前估計過少（至少在所有想由出生率或死亡率推算的人們），這毫不足怪。至最近的人口條例頒布時止，本國年死亡數的實際報告（有理由可以認爲：這當然是我國也與其他國家同樣地正確），誰都不能想像是在人口的四九分之一以下。法國的實際報告，即在至一八七〇年止的十年間（即在這樣的往昔），如爲四十九倍，則當時的人口當爲四千萬以上。年死亡的平均數爲八十一萬八千四百九十一。芮克著《法國財政論》（de l›Administration des Finances）第一卷第九章第二五五頁。一七八五年刊，一二開本。

在本國都有相當程度的作用；這幾乎是有確證的。前述的低年婚姻率，表示：儘管是有救貧法，但戒慎的習慣（這是幸福的慈母），是普及於社會的大部分。而且，本國的鄉村教區，大多是很健康的；這有極明白的證據可以說明。蒲徠斯博士曾經引用 Percival 博士由若干教區的牧師收集並調查所得的報告，據此，部分村落，其年死亡率僅爲四五分之一、五〇分之一、六〇分之一、六六分之一，甚而有低至七五分之一的。這些教區，大多出生對死亡的比率爲二對一以上；在某一教區，則爲三對一以上[10]。但是，這些是屬異例，這不可能普及於全國的農業地方。有些平地，特別是在沼澤附近，這種比率大不相同；在少數地方，死亡甚至超過出生。Short 博士曾經故意就環境各不相同的地方，選擇五十四個教區，蒐集其登記簿；據此，平均死亡率高達爲三七對一[11]。這確遠超過英國一般農村教區的現在死亡率。Short 博士所採取的期間，可能包含了超過普通比率的若干顯著流行病。但是，流行病期通常是應計算在內的，否則會有很大的錯誤。在 Sussmilch 所調查的勃蘭登堡一千〇五十六個村莊，良好的六年間，其死亡率爲四三對一；良否混雜的十年間，其死亡率約爲

---

⑩ 蒲徠斯著《觀察》第二卷一〇頁註。第四版，第一追補論文。在部分教區，私人的消息比較公報，恐尤可信。因爲：這大多全靠牧師，他對此問題具有相當的興趣，爲欲使之正確故而較多努力。

⑪ 《關於死亡表的新研究》（New Observations on Bills of Mortality）第九表，一三三頁。

三八又二分之一對一[12]。在 F. M. Eden 爵士所說的英國村莊，死亡率約爲四七或四八對一[13]。在根據人口條例的最近報告上，表現著比此更好的健康狀態。綜合上述這些觀察，如以四六對一或四八對一爲包含流行病期間的農業地方平均死亡率，那末，這是可以認爲大體妥當的最低比率。但是，爲求得全王國（whole kingdom）的平均起見，如果加算都市及工業地方的死亡率，則此比率，一定提高到四〇對一。

包含英國很大部分住民的倫敦，其死亡率，據 Price 博士，在他調查的當時，爲二〇又四分之三對一；在 Norwich 爲二四對一；在 Northampton 爲二六又二分之一對一；在紐堡（Newbury）爲二七又二分之一對一[14]；在曼徹斯特（Manchester）爲二八對一；在利物浦（Liverpool）爲二七又二分之一對一[15]。他說：都市的年死亡率，像在曼徹斯特、利物浦及其他大工業所見的，除非因有流入人口（他們是在死亡率最低的年齡）的急激增加，則

⑫《神的調整》第一卷第二章第二十一節一七四頁。

⑬《大不列顛居民數的概算》（Estimate of the Number of Inhabitants in Great Britain）。

⑭蒲徠斯著《觀察》第一卷二七二頁，腳註。

⑮同上第二卷。第一追加論文四頁，腳註。

很少低至二八對一的[16]。他大體以爲：大都市的死亡率爲由一九對一[17]至二二或二三對一；在普通都市則爲由二四對一至二八對一；在地方村落則爲由四〇對一至五〇對一[18]。

對於以上的敘述，也許會有責難，謂蒲徠斯博士是有誇張都市不健康的傾向。但是，這種責難，除了倫敦，似不適當。他所收錄的其他都市的報告，乃是根據非博士個人的見解可以支配的文書的[19]。但是不可忘記：在這些計算的當時，其健康狀態，不單在倫敦，即使在英格蘭的其他都市，甚而至於是在地方村落，都有充分理由可以相信是比現在惡劣。William Heberden 博士說：蒲徠斯博士用以計算倫敦生命確率的（從一七五九年到一七六八年十年間的）登記簿，其所表示的健康狀態，比較近年的登記簿，太爲惡劣[20]。而且，根據人口條例的報告，表示著：即使埋葬登記簿是有顯著的遺漏，我國任何地方都市與

---

⑯ 同上。

⑰ 據 Wargentin，斯德哥爾摩的死亡率爲一九對一。

⑱ 《觀察》第二卷，第一追加論文四頁。

⑲ 倫敦人口及死亡的推定，在最近的調查以前，常多依據臆測與判斷。這因登記簿之大有遺漏，乃是周知的事實。但在此處所述的其他都市，還沒有到此程度。蒲徠斯博士，他對人口減退的問題，是犯了非常的錯誤；但是，他坦白地說：我也許不知不覺想爲已經提出的意見而辯護。

⑳ 《疾病的減少及增加》（Increase and Decrease of Diseases）三二頁。一八〇一年刊，四開本。

農村，其健康狀態，比較以前的調查，都大爲良好。同時，我又不能不認爲：《關於人口條例的結果之觀察》[21]所載倫敦的死亡率三一對一，是低於事實。埋葬的遺漏，恐在五千以上。而且，對於因爲從事及貿易而去別處的，未有充分講到。在推定死亡率的時候，應當只看現住的人口。

在大都市，又即使是在普通的都市，似乎確有某物潛伏而特別有害於幼年者。而且，死亡率最高的社會部分，它的原因，與其說由於普通而又當然跟著都市而來的高度奢侈與放蕩，毋寧似在：沉滯而混濁的空氣（這被認爲有害於孩子脆弱的肺臟）以及密集的生活（這幾爲他們無可避免的）。即使是身體最健康的父母，而且過著極平靜而有規律的生活，他們的孩子，在都市，也很難與在鄉村保持同樣的健康。

根據過去的調查，在倫敦，出生的半數，未滿三歲而死亡；又在維也納及斯德哥爾摩，是未滿二歲；在曼徹斯特，是未滿五歲；在 Norwich，也是如此；在 Northampton，爲未滿十歲[22]。反之，在地方村落，出生的半數，活到三十、三十五、四十、四十六或四十六以上。利（Lee）博士曾就 Yorkshire 的 Ackworth 教區，按照年齡，分別當地二十年間的

---

[21] 一一三頁。

[22] 蒲徠斯著《觀察》第一卷二六四—二六六頁。第四版。

死亡總數；據其極正確的報告：住民的半數，似乎活到四十六歲㉓。因此可知：如果這種紀錄，在像上述部分教區（其死亡率低至六〇、六六，時或七五對一）也可得到，則出生的半數一定活到五十或五十五歲。

關於在都市到達出生半數的年齡，它的計算，與其根據人口的推定，不如根據登記簿上的出生及死亡；因爲這種計算，比較關於某些場所（any place）年死亡率的計算，較少不實之憂。

在都市爲了塡補由此死亡率所生的空隙，又爲適應對於人口的各種需要增加，須由鄉村不斷地補充，這是顯然的；這種供給，事實，似常由鄉村的豐富出生而繼續流入。即使是在出生超過死亡的都市，這種結果，也因生在別處者的結婚（by the marriages of persons not born in the place）而產生的。據 Short 博士的計算，英國地方都市的人口，即使在其增加遠比現在緩慢的時代，有配偶者的一九分之一乃是異鄉人㉔。據在 Westminster 治療院所調查的，在一千六百一十八名的已婚男子與一千六百一十八名的已婚女子之內，生於倫敦的男

㉓ 同上第一卷二六八頁。

㉔ 《關於死亡表的新研究》七六頁。

子只有三百二十九人，女子只有四百九十五人㉕。

蒲徠斯博士假定：死亡超過出生的倫敦及其附近教區，每年須有一萬人的供給。Graunt 推定：當時僅對倫敦的供給爲六千人㉖；他更說：不論由於疾病及其他大災害，致使倫敦市的死亡率如何高，但是，它的損失，常是經過二年就可完全塡補㉗。

因爲這些需要都是由鄉村所供給的，故如我們根據鄉村教區的出生對死亡的比率，推定全英國的該比率，那顯然一定陷於很大的錯誤。這是因爲：鄉村教區，已經送出這種極大的移民。

但是至少，只要可以支持農業勞動的基金不受阻礙，我們對於蒲徠斯博士的憂慮（他憂慮：這種移民將使鄉村人口減少），就無同感的必要。不論婚姻率或出生率，儘管一方面都市與工場都在增加，但證明鄉村對於人口的需要決不急迫。

如以英格蘭及威爾斯的現在人口，以最近五年間的平均洗禮數來除㉘，則洗禮對人口的

---

㉕ 蒲徠斯著《觀察》第二卷一七頁。

㉖ 《關於死亡表的新研究》。根據 Graunt 的抄錄。二七七頁。

㉗ 同上二七六頁。

㉘ 這是在報告的遺漏於一八一〇年補充以前寫的。根據上述的補充，一八〇〇年的出生數並非二十五萬五千四百二十六，乃爲二十六萬三千；登記出生數的比率，增加至三五對一。參照下章。

比率約爲一對三六㉙，但有理由可以認爲：洗禮數是有很大的遺漏。

Short 博士推定英格蘭出生對人口的比率爲一對二八㉚、在索夫克（Suffolk）的農事報告上，出生對人口的比率，被計算爲一對三〇。據最近的報告，全索夫克的這種比率不下於一對三三㉛。F. M. Eden 爵士，曾經實地調查十三個鄉村，發表其正確的報告；據此，出生對人口的比率爲一對三三；又根據他由都市與工業的教區找到的報告，則爲一對二七又四分之三㉜。現在完全綜合這種事情，同時算入出生登記簿上已經知道的遺漏及最近幾年間已經知道的人口增殖，假定出生對人口的眞正比率爲一對三〇。此時，假定現在的死亡率，諸如前述，爲四〇對一，那末，我們可以獲得：與近年報告上洗禮對埋葬的比率相似的比率。出生對死亡的比率爲四對三，或一三又三分之一對一〇；但此比率，即使斟酌國外死亡者的推

㉙ 過去五年間的平均洗禮數，爲二十三萬五千四百二十六；人口爲九百一十九萬八千（《關於人口條例的結果之觀察》九頁）。

㉚ 《新研究》（New Observ.）二六七頁。

㉛ 在私的調查上，異教徒及不對自己孩子授與洗禮的人們，當然未被算入人口之內。因此，這種調查，在其範圍之內，乃較正確地表示其眞正的出生率；我們利用這種私的調查，推定在公的報告上所已知道的出生遺漏，這毫無錯處。

㉜ 《大不列顛人口數的計算》（Estimate of the Number of Inhabitants in Great Britain）二七頁。

定數，還大可說明：國內人口，自美國戰爭以來業已增加的理由。

在《關於人口條例的結果之觀察》中記載著：英格蘭的平均壽命，一七八〇年以後，增加到一〇〇對一一七的比率[33]。如果在這樣短的期間，眞的發生這樣大的變化，這實在不能不說是一可驚的現象。不過，我相信：這種埋葬數的相對減少，並非全部由於健康狀態的增進，恐怕一部分是起因於海外死亡者的激增（由這一時代以後進展極速的對外貿易所必然產生的），另一部分是起因於大量出國的海陸軍人與許多新兵的供給（爲維持這大兵力所不斷需要的）。這種不斷的流出（drain），勢必產生像報告所說的結果；一方面，出生及婚姻正以可觀的速力增加，另方面埋葬數並無增加。但是，同時，因爲一七八〇年以來的人口增加，是一不可爭辯的事實，而且現在的死亡率很低，所以我相信：上述結果的一大部分，仍是起因於健康狀態的增進。

三六對一的死亡率，就一世紀全體的平均來說，固似偏低；但是，由此三六對一的死亡率算出的一二對一〇這一出生對死亡的比率，是使一國人口在一百二十五年內增加一倍；因此，這就一世紀全體的平均來說，是妥當的大比率。近年的計算，未見有較此更爲急速的增加。

---

㉝ 六頁。

但是，我們不能想像：這種出生對死亡的比率（或出生、死亡對總人口的所有假定比率），在一世紀，幾乎繼續不變。試觀各國的登記簿（曾經繼續相當長期間的），就可知道：由於時期的不同，而有很大的變化。Short 博士推定：在此世紀的中葉，出生對死亡的比率為一一對一〇㉞；即如當時的出生為人口的二八分之一，則死亡率就高達三五・四對一。我們現在雖然假定出生對死亡的比率，超過一三對一〇，但如我們以此比率為推定下一世紀人口增加的標準，那恐陷於很大的錯誤。首先，英國的資源，沒有希望在相當長的時期迅速地增加——增加到足以維持一三對一〇這一出生對死亡的永久比率。當然，如果這種比率主要是由大量的國外流出而引起的，則當別論。

如就所能蒐集的材料，加以綜合判斷，則在英格蘭及威爾斯，出生對總人口的比率，可以推定為一對三〇；但是，這一比率，在前此所說的地方，除了挪威與瑞士，低於其他任何國家。而且，過去的情形，政治的統計家（political calculators），常以高出生率為表示國家富強之最確實的徵候。不過，這種偏見，希望能早祛除。在與美國或俄國相似的國家，或在最近曾有某種高死亡率的國家，高出生率雖為有利的徵候，但在人口稠密地方的常態，則高出生率是最大的惡徵，低出生率是最大的善徵。

㉞《關於死亡表的新研究》第二表及第三表二二二頁、四四頁。蒲徠斯著《觀察》第二卷三一一頁。

Francis d'Lvernois 爵士很妥當地說：『如果若干歐洲國家，每年編製並發表本國正確的人口報告，且在此報告的第二欄愼重地標註正確的兒童死亡年齡，則此第二欄，將表示各政府之相對的功績與各國民之比較的幸福。此時，即此簡單的算術的記述（simple arithmetical statement），恐也勝於任何可以引證的議論』㉟。由這種統計表所能求得的推論，關於它的重要性，我完全與他同樣看法。而且，在尋求這種推論的時候，我們最應注意的，與其說是表示出生數的一欄，毋寧說是表示由幼年而成人者數的一欄；這是顯然的。後者的數字，在出生對總人口的比率最低的國家，通常是最大的。在這一點上，英國次於挪威與瑞士；但如考慮到英國的大都市與工場數量，這確是十分異常的事實。因在英國，對於人口的需要，其已完全滿足，這是最明白的事實；故如以低出生率而為此供給，則此成為死亡率極低的證明；這正是我們可以誇耀的一特色。而將來研究的結果，如果判明我所計算的出生及埋葬的脫漏數過大，那就畢竟因爲上述特色——這只要其他的事情一樣，則可認爲福祉與善政的最高判定標準——更大於我的想像；這是最可喜的。在專制而又自然的不健康的國家，出生對總人口的比率，可見一般是極高的。

至一八〇〇年止的五年間，其平均的出生對婚姻比率，爲三四七對一〇〇。在一七六〇

---

㉟《關於死亡的統計表》第二章第一六頁。

年，為三六二對一〇〇。由此可知：以前的出生登記簿，不論如何不完全，比較現在則少遺漏㊱。但是，登記簿上這種表面的變化，它的發生，也有由於與遺漏全無關係的原因的。例如：前世紀末的健康狀態，比較中葉大為增進；由此周知的事實，如果平安經過幼年期的兒童數已經增加，則出生者中成長而結婚的人，自亦比例增加。在此情形之下，婚姻對出生的現在比率，也就提高。反之，如果以前婚姻的出生率，由於早婚而大於今天，則在此情形之下，出生對婚姻的比率也就提高。這些原因，如在一方或兩方發生作用，那就招致像在登記簿上所看到的結果。所以，因有這種結果的存在，而謂登記簿的正確性已經增進，對於這種見解，無法獲得任何否定的推論。關於出生對婚姻的年比率所受此兩原因的影響。將在下章予以說明。

出生及死亡的登記，在前世紀的前半期，比較前世紀的後半期更多遺漏；這是否具有正當的根據？對此一般的疑問，我想這樣答覆，即：最近的報告，似乎確認前半期的缺陷較大；而且，前世紀初期的登記簿，不論由那一點看來，似都不免：可為推定過去人口的根據的材料，極不確實。在一七一〇年、一七二〇年及一七三〇年，報告上表現著：死亡超過出生；又，如以至一七五〇年止的前半世紀六時期（按：一七〇〇年、一〇年、二〇年、三〇

---

㊱《關於人口條例的結果之觀察》八頁。

年、四〇年、及五〇年的六年）的出生總數㊲，比較死亡總數，則出生超過極少；這完全不足以說明：僅由出生算出而謂在此期間所生的一百萬的增加㊳。因此，或則因爲登記簿極不正確，出生遺漏大過死亡遺漏；或則因爲相隔十年的這些時期，並不表示正確的平均；兩者當有其一。這些特定的年份，在出生對死亡的比率上，也許比較其他各年，更爲不良，亦未可知。例如其中的一年、即一七一〇年，大家知道是十分饑饉與貧困的一年。但是，如果承認：這極有可能的疑問，對於最初的六時期具有影響，則在至一七八〇止的其次三時期（按：一七六〇年、七〇年及八〇年），則當然可以想像：曾有相反的事情發生。即在此三十年間，如據與上述同樣的計算方法，則已有一百五十萬的增加㊴。總之必須承認：如此選定的不同的三年，決不足以尋求正當的平均。而且，上述這些年份，似對出生特別有利；這種想像，乃因自一七八〇年至一七八五年間出生增加的大爲減少而被相當地加強㊵。此最後的事實，如果一七八〇年的出生，偶然是在平均以上，那末，即使並不假定增加速度

㊲《教區登記簿、人口統計》（Population Abstracts, Parish Registers）結論，四五五頁。

㊳《關於人口條例的結果之觀察》九頁。

㊴同上。

㊵同上。

的減少，也是當然可以發生的。

因此，如果考慮到：在初期登記簿上可能有的不正確與由互隔若干年抽出一般推論的極危險，那末，由出生算出的過去人口的推定，其在一七八〇年以前的（從一七八〇年起，每年實行調查，因而可以獲得正確的出生平均），都是不能相信的。更爲證明這種說法起見，現可舉一事實。即在選自英格蘭及威爾斯登記簿的決算概要（final summary）上，一七九〇年的出生總數爲二十四萬八千七百七十四；一七九五年爲二十四萬七千二百一十八；一八〇〇年爲二十四萬七千一百四十七[41]。因此，由每隔五年的三不同年期出生數，推定人口，則最近十年間的人口，是有規則地減少。但事實則屬相反，這有充分的理由可以相信：已是相當增加。

在《關於人口條例的結果之觀察》中[42]。載有由出生算出的全前世紀英格蘭及威爾斯人口表。但如上述，對此，是未可深信的；我以爲革命當時的人口，根據以戶數爲基礎的舊計算方法者，反爲可信。

前世紀若干時期的這種人口推定，雖說未必近乎事實，但也非全是不可能的。這是因

---

㊶《教區登記簿、人口統計》四五五頁。

㊷前揭書九頁。

爲：也有對立的錯誤，相互矯正的。但是，這種推定的基礎、即假定出生率的一定不變，在計算本身的表面上，已屬錯誤。根據這些計算，人口增加的趨勢，自一七六〇年至一七八〇年，比較自一七八〇年至一八〇〇年，尤爲迅速；而且，如以一八〇〇年的死亡爲一〇〇，則一七八〇前後的死亡，似乎高達一一七。因此，一七八〇年以前的出生率，當遠大於一八〇〇年；否則該期的人口，不應有較速的增加。這種事實，乃使出生率不變的假定，立即傾覆。

固然，我由別國的類推，又由欽格（King）先生及 Short 博士的計算，也許可以假定：前世紀初期及中葉的出生率，大於末期。但是，如果這樣假定而由出生推算，則世紀初期的人口，雖然小於在「人口條例的結果」上所表現的；但有充分的理由可以承認：後者也失之於低。根據 Davenant，一六九〇年的戶數爲一百三十一萬九千二百一十五；這種記載，似無失於過大之嫌。現在每戶的人口雖爲五又五分之三，但即使計算僅爲五人，則當時的人口也超過六百五十萬；自此而至一七一〇年，謂人口減少約一百五十萬；這本來是難於相信的。由此可知：毋寧出生的遺漏遠大於現在，而亦遠大於死亡的遺漏；這種看法，則更妥當。此事，乃由前述的觀察——十八世紀前半的人口增加，在由出生算出的時候，遠大於出生對死亡比率所示的增加——，更被確證。故由任何見地看來，由出生算出的數字，是不太可信的。

由上所述，讀者定可了解：出生或死亡的登記簿，縱使都無遺漏之疑，但對人口的推定，常只提供極不確實的材料。因在任何國家，事情是在逐漸變化，所以，這些登記簿，都是不可靠的指針。出生，因在外表上，看似比較正規，所以，政治的統計家們，一般不以死亡，而以出生爲其推論的基礎。芮克在推定法國的人口時，曾謂：流行病及移住乃使死亡發生一時的差異，所以出生數是最確實的標準㊸。但是，出生在登記簿的表面上具有正規性，這本身往往導致很大的錯誤。因爲疫病及其他致命的流行病盛行之時，死亡率很高，在其終熄之後，則大爲減少；故如我們，在任何國家的二年或三年的埋葬登記簿上，發現這種高低，就可推察這種疫病之曾存在。由此可知：我們當然不能使全部高死亡率包含在極短的年數以內；但是，在出生登記簿上，毫無這類事物可以引導我們（but there would be nothing of this kind to guide us in the registers of births）。如果一國因爲疫病而喪失人口的八分之一，則此後五、六年間的平均，乃表示出生數的增加；因此我們的計算，乃以最低時的人口，表示爲最高。此事，在 Sussmilch 的許多統計表上（特別是在下章所錄有關普魯士及立陶宛的一統計表上），乃有極適切的表現。據此，在喪失人口三分之一的次年，出生激增；五年間的平均，也幾乎沒有減少。而且，當時，不用說是剛恢復過去的人口。

從一七〇〇年以來，英國似未有特別異常的死亡率發生；又其前世紀出生及死亡對人口

---

㊸《財政論》第一卷第九章二五二頁，一七八五年刊，十二開本。

的比率，乃有理由可以相信：未嘗有過像大陸各國這樣的大變動。但是同時，在其著名的流行病期，就其猖獗的程度，確曾產生類似的結果。又，近年所有死亡率的變動，乃使我們可以相信：類似的變動，即在出生，以前也曾發生；而且，這乃告訴我們：雖然是現在被認爲眞實的比率，但在應用於過去或將來的時候，要有極度的戒心。

# 第九章　論在英格蘭對於人口的障礙（續）

一八一一年根據人口條例的各種報告，確實表現了異常的結果。據此，一方面是都市與從事製造業人口比率的增加，另方面是人口激增，而健康狀態也大爲改善。所以，這些報告也是一顯著的例證；即一國的資源正在急速增加的時候，幾乎不論於任何壓迫之下，人口都立刻開始增殖。

如由一八〇〇年的總人口及登記簿上的出生、死亡與婚姻的比率推算，則在某時期，人口顯然以更速的增加率——比較出生對死亡的比率爲四對三而死亡率爲四〇對一時的增加率——而增加。

這種增加率，乃使一國的人口，每年增加一二〇分之一；這種趨勢如果繼續下去，則據第十一章第二表，每八十三年半，人口將增加一倍。這種增加率，在富裕而人口稠密的國家，當然可以希望其並不增加而反減少，但至一八一〇年止，似乎未嘗減少，而反大爲遞增。

在一八一〇年，據各教區的報告，英格蘭及威爾斯的人口（按三〇分之一加算海陸軍人等），推定共爲一千〇四十八萬八千①；比較一八〇〇年的人口九百一十六萬八千（用同樣方法測定的）十年之間，增加了一百三十二萬。

---

① 見一八一一年刊行的《人口概要》及 Rickman 先生寶貴的緒論（Preliminary Observations, by Rickhman）。

在此十年間所登記的洗禮數爲二百八十七萬八千九百〇六，埋葬數爲一百九十五萬〇一百八十九；即出生超過爲九十二萬八千七百一十七；遠不及由上述兩計算所表示的增加數。這種不足的發生，只有：或則因爲一八〇〇年的調查失之過少；或則因爲出生及埋葬的登記簿不正確，又或則因爲這兩原因的共同作用。這是因爲：如果一八〇〇年的推定人口沒有錯誤，又如登記簿包含出生及埋葬的全數，則上述的相差，可能超過實際的人口增加數，而不會不及此數的。換句話說，只是陸海軍等在海外死亡的人數，應當就已超過上述兩原因，對於如上結果的產生，這有理由可以相信：是有關係的。固然，後者（即登記簿的不正確）恐比前者的影響更大。

在就一世紀全體推定人口的時候②，乃是假定：出生在任何時期都對人口保持同一比率。但是這種假定，在各種間隔的時期推定一國的人口之時，則如前述，往往可能帶來極不正確的結果。不過，在從一八〇〇年至一八一〇年之間，人口之已極速增加，這是周知的事實；故在此期內，出生率當無顯著的減少。但是，如果假定最後的調查是正確的，而以一八一〇年的出生與一八〇〇年的出生相比較，則其結果等於說：一八〇〇年的人口，大於同年度調查的結果。

② 參看一八一一年度《人口概要》緒論二五頁，一世紀全般的人口表。

例如：至一八一〇年止的最近五年間，出生平均爲二十九萬七千；至一八〇〇年止的五年間，出生平均爲二十六萬三千。但是，二十九萬七千對二十六萬三千的比率，乃是對一千〇四十八萬八千（一八一〇年的人口）的九百二十八萬七千；因此，如果假定出生率一樣，則一八〇〇年的人，應爲此九百二十八萬七千，而非調查結果的九百一十九萬八千。再則，從一七九五年到一八〇〇年止的人口增加，由表所示，遠小於以五年爲一期的從前大部分期間。一看登記簿，就可知道：一七九五年以後五年間的出生率（包含一七九六年及一八〇〇年的減少數），毋寧低於一般的平均。綜合這些理由及關於這一問題的一般印象，則一八〇〇年的調查數字，似乎失之過低；恐怕當時的人口至少爲九百二十八萬七千，可說比報告上的數字還約大十一萬九千。

但是，即使根據這種假定，超過登記簿上全十年間死亡的出生數，或出生對死亡的比率，也不能說明：人口已由九百二十八萬七千增加到一千〇四十八萬八千的理由。而且，這種增加，不能認爲：遠少於上述兩時期的出生率所表示的增加。即對上述出生及死亡登記簿——這已知道是極不正確的，其中尤以出生登記簿爲甚——上的遺漏，必須加以若干斟酌。在婚姻登記簿上，乃有理由可以相信；幾無或全無遺漏。而且，假定出生的遺漏爲六分之一，則出生對婚姻的比率爲四對一；此種比率，即由其他的理由③，也是可以充分承認的。但是，如果承認這種假定，則可視爲：是有死亡的遺漏；至其人數，是使上述十年間的超過出生數與由出生增加數算出的人口增加數剛相一致。

上述十年間所登記的出生數，諸如前述，是二百八十九萬八千七百〇六；如果只使增加六分之一，則爲三百三十五萬八千七百二十三；又登記埋葬數爲一百九十五萬〇一百八十九，如果只使增加十二分之一，則爲二百一十一萬二千七百〇四。由前者減去後者，所餘一百二十四萬六千〇一十九，乃是十年間的超過出生數，即表示人口增加數。這一數字，加上一八〇〇年的修正人口九百二十八萬七千，則爲一千〇五十三萬三千〇一十九，僅僅超過一八一〇年的計算四萬五千；此超過數，與被認爲在上述十年間已於國外死亡的人數，幾乎正相一致。一般計算爲男子出生數的百分之四又四分之一；但在此時，已有比較正確決定上述時期已在國外死亡男子數的方法。即在最近的人口報告上，出生及死亡數，因有男女的區別，故如以超過女子出生數的男子出生數與男女的死亡數比較，則可知有四千五百的男子已在國外死亡④。

③ 參看《人口概要》緒論二六頁。

④ 參看一八一一年度《人口概要》一九六頁教區登記簿摘要。從一八〇〇年到一八一〇年間，國外死亡男子的比率，較小於普通；這不能不說：確是十分異常的。但因當時的登記簿證明如此，故我據此計算。

因此，出生及埋葬的假定遺漏數，可說是極妥當的。

最後，還須研究；同樣的假定在上述死亡率之下，是否會有出生對死亡的比率，也可說明人口在十年間由九百二十八萬七千增加到一千〇四十八萬八千的理由。

現在如以一八一〇年的人口，就前五年間的平均出生數，加算六分之一來分配，則出生對人口的比率，乃是一對三〇。但是，如果人口以相當的速度繼續增加，則五年間的平均出生數，與該期末的人口比較，其所示的出生率顯屬偏低。再因：五年間正確的比率，就十年間來說，通常就不一樣；所以，爲了求得可以適用於上述期間人口增加的眞正比率，必須比較全期間的年平均出生與全期間的平均或中數人口。

加算六分之一的總出生數，如上所述，是三百三十五萬八千七百二十三；十年間的年平均則爲三十三萬五千八百七十二。平均人口，即一千〇四十八萬八千（一八一〇年的人口）與九百二十八萬七千（一八〇〇年的修正人口）的平均數，乃是九百八十八萬七千；而此如以平均出生數除之，則出生對人口的比率，不是一對三〇，乃是一對二九．五弱；這將產生相當的不同。

同樣的，如以加算一二分之一的前五年間的平均埋葬數，除一八一〇年的人口，則死亡率約爲五〇對一；但是，由於與對出生的同樣根據，如以五年間的平均埋葬數與期末的人口對比，則其所示的埋葬率就必失之過低。此外還可知道：此時，埋葬對人口的比率，決非全期間都是相同的。事實是，登記簿明白表示：十年之間，國內的健康狀態逐漸改善，死亡率已經減少；同時，年平均出生數，乃由二十六萬三千，增加到二十八萬七千，即增加八分之一強；但埋葬數則僅由十九萬二千，增加到十九萬六千，即僅增加四八分之一。因此，爲欲達到上述的目的，顯然需要比較平均死亡數與平均或中數人口。

加算一二分之一的十年間總埋葬數，如上所述，是二百一十一萬二千七百〇四；平均人口是九百八十八萬七千。如以前者除後者，則年平均埋葬數與人口的比率爲一對四七弱。但是，因爲出生率是一對二九・五，死亡率是一對四七，所以一國人口每年增加總數的七九分之一；這在十年間（除了海外死亡者四萬三千人），使人口由九百二十八萬七千，增加爲一千〇五十三萬一千；這與由出生超過數算出的數字幾乎一致⑤。

---

⑤ 由一定的出生數、死亡數及一定的年數，算出一國若干年數後的人口，其一般公式，可在 Bridge 的《代數學要義》（Elements of Algebra）二二五頁上找到。

$$\text{Log. } A = \text{log. } p + n \times \text{log. } \frac{1+m-b}{mb}$$

A 表示若干年數後所求的人口，m 表示年數，p 表示一定年內的現在人口，$\frac{1}{m}$ 表示每年死亡對人口的比率，即死亡率，$\frac{1}{b}$ 表示每年出生對人口的比率，即出生率。

現在是：$p = 9{,}287{,}000$；$n = 10$；$m = 47$；$b = 29\ 1/2$；$\frac{m-b}{mb} = \frac{1}{79}$ 與 $1 + \frac{m-b}{mb} = \frac{80}{79}$

因此，我們可以認爲：從一八〇〇年到一八一〇年，出生及死亡的假定遺漏數，大體是妥當的。

但是，如果可以承認：出生六分之一與埋葬一二分之一的遺漏，在自一八〇〇年至一八一〇年間，是近乎正確的，那末，這在自一七八〇年至一八〇〇年間，也可通用，當無大錯。而且，由此還可修正僅是根據出生而算出的部分結果。次於確實的調查而可信賴的，是由超過死亡的出生數算出的數字。固然，如在登記簿上，出生與死亡都有記載而無遺漏（如有由既知的人口出發的方法），則與實際的調查，顯屬相同；又如對於登記簿上的遺漏數與國外死亡數，能夠略加正確的斟酌，則其所得的結果，比較由出生對總人口的比率（這有時常變動的危險）算出的數字，遠近於實際。

從一七八〇年至一八〇〇年，二十年間的報告出生總數，爲五百〇一萬四千八百九十九，報告埋葬總數爲三百八十四萬〇四百五十五；現在如果前者加算六分之一，後者加算一二分之一，則得五百八十五萬〇七百一十五及四百一十六萬〇四百九十二；

$$\text{log.}\,\frac{80}{79} = 00546\text{，}\therefore n\times\log\frac{1+m-b}{mb} = 05460$$

$$\therefore \text{log. } p = 6.96787 + 05460 = 7.02247$$

所以，A = 10,531,000。

如由前者減去後者，則超過死亡的出生數爲一百六十九萬〇二百二十三。此超過數，如果加算 **Rickman** 先生的表上所示一七八〇年的人口七百九十五萬三千（由出生算出），則合爲九百六十四萬三千；這一數字即使減去適當的國外死亡數，尚遠多於上述一八〇〇年的修正人口；而對表上所示計算結果的數字，相差更大。

但是，現向比較上述更爲安全的道路推進；如果承認一八〇〇年的修正人口，而由此減去「扣除國外死亡概數十二萬四千以後的二十年間超過出生數」，則一七八〇年的人口，不是七百九十五萬三千，而是七百七十二萬一千。而且這一數字，乃有充分的理由可以相信是近於實際[6]。又，不僅是一七八〇年，其間有許多年，根據出生的推定，比較假定實際調查時可以判明的數字，都表示著較大的人口與較不規則的增加率。這是因爲：出生對人口的比率是可變的，一七八〇年及上述二十年間其他時期的出生率，一般大於一八〇〇年度。

例如：在一七九五年，人口爲九百〇五萬五千；在一八〇〇年，則爲九百一十六萬八千[7]；但是，如果前者是正確的，加上其間五年的超過出生數，那末，即使毫不斟酌登記簿上的遺漏，而一八〇〇年的人口也非九百一十六萬八千，而爲九百三十九萬八千。再

⑥ 表上所示一七八〇年及一七八五年的人口數，兩者的相差很小；這乃充分表示：兩種推定之中，一種是有錯誤。

或，如果一八〇〇年的報告數是正確的，則由此減去前此五年間的超過出生數，一七九五年的人口，應非九百〇五萬五千，而爲八百八十二萬五千。即由一七九五年的出生算出的數字，並不正確。

求得一七九五年人口的最安全方法，是應用上述登記簿的修正，首先扣除男子出生數的百分之四又四分之一（視爲國外死亡者），再由一八六〇年的修正報告數，減去殘餘的超過出生數。此時所得的結果，是一七九五年的人口爲八百八十三萬一千〇八十六；但這意思是：五年間的增加，並非只是表上由出生算出的十一萬三千，而是四十五萬五千九百一十四。

如以同樣的方法，應用於從一七九〇年至一七九五年的期間，則超過出生數（在上述修正之後，以男子出生數的百分之四又四分之一視爲國外死亡者計算），乃爲四十一萬五千六百六十九；如由上述一七九五年的人口八百八十三萬一千〇八十六，減去這一數字，則一七九〇年的人口乃爲八百四十一萬五千四百一十七。

如果應用同樣原則，則由一七八五年至一七九〇年間的超過出生數爲四十一萬六千七百七十六。因此，一七八五年的人口，乃爲七百九十九萬八千六百四十一。同樣的，由一七八〇年至一七八五年間的超過出生數爲二十七萬七千五百四十四；故一七八〇年的人口爲七百七十二萬一千〇九十七。

這樣，由一七八〇年到一八一〇年，其間兩人口表如下。

只憑一八一一年出版《人口概要》緒論所載出生數算出的人口表。

| 1780年 | 7,953,000 |
|---|---|
| 1785年 | 8,016,000 |
| 1790年 | 8,675,000 |
| 1795年 | 9,055,000 |
| 1800年 | 9,168,000 |
| 1805年 | 9,828,000 |
| 1810年 | 10,488,000 |

憑已斟酌登記簿上的遺漏及外國死亡數後，而由超過出生數算出的人口表。

| 1780年 | 7,721,000 |
|---|---|
| 1785年 | 7,998,000 |
| 1790年 | 8,415,000 |
| 1795年 | 8,831,000 |
| 1800年 | 9,287,000 |
| 1805年 | 9,837,000 |
| 1810年 | 10,488,000 |

第一表、即僅憑出生計算者，各五年間的人口增加數。

| | |
|---|---|
| 1780年～1785年 | 63,000 |
| 1785年～1790年 | 659,000 |
| 1790年～1795年 | 380,000 |
| 1795年～1800年 | 113,000 |
| 1800年～1805年 | 660,000 |
| 1805年～1810年 | 660,000 |

第二表、即憑已經上述修正之後而由超過出生數計算者，各五年間的人口增加數。

| | |
|---|---|
| 1780年～1785年 | 277,000 |
| 1785年～1790年 | 417,000 |
| 1790年～1795年 | 416,000 |
| 1795年～1800年 | 456,000 |
| 1800年～1805年 | 550,000 |
| 1805年～1810年 | 651,000 |

人口的增殖，可說第二表比較第一表遠爲自然的，而亦遠爲當然的。

例如：在由一七八〇年至一七八五年之間，人口的增加，僅只六萬三千，但在下一時期，則一躍爲六十五萬九千；又在由一七九五年至一八〇〇年之間，其增加僅爲十一萬三千，但在下一時期，則一躍爲六十六萬；這無論如何，是難於相信的。但是，這是否可能，我們毫無臆測的必要；新表的是否正確，即使不說，而舊表的錯誤，顯然是有最明白的證據。如對登記簿上的遺漏，不加任何斟酌，則由一七八〇年至一七八五年間的超過出生數，它的增加，並非六萬三千，而爲十九萬三千。同時，即使在合理的範圍之內，以最大限度，估計登記簿上的遺漏，由一七八五年至一七九〇年止的超過出生數，也不會增至六十五萬九千。如對遺漏絲毫不加斟酌，則此超過數僅爲三十一萬七千三百〇六；如果我們假定：出生的遺漏不是六分之一，而是四分之一，而且即使沒有埋葬的遺漏及國外死亡者，則其超過數，比較上述數字，當尚少數萬。

又，這些期間的人口增加，即使是由出生對死亡的比率及死亡率來算定，也可表示同樣的結果。即在最初的時期，當比上述的增加，出現更大的增加；至在其他時期，則其增加就要大爲減少。

與此類似的觀察，在舊表上其他若干期間，特別是在上述自一七九五年到一八〇〇年止的期間，也可適用。

反之，如果各期間內出生對死亡的比率，可以相當正確地推定，而且可與人口相對比，則由此標準所定的增加率，在任何期間，都與上述增加率（由曾經修正的超過出生數所算出的）甚爲接近。而且，這種修正即使不免有欠正確——這是可能的——，但由此不正確所產生的錯誤，比較以舊表爲基礎的假定（即常視出生對人口的比率相同的假定）所必然引起的錯誤，似乎遠爲細微；這是値得注意的。

當然，在未曾發現比此更好的材料以前，我不排斥上述任何人口推定方法；但在現在，從一七八〇年起，每年都有洗禮與埋葬的登記簿發表；而且，這些都是根據最近的確實調查的；因此，由此算出的一七八〇年以後的人口表，比較過去的來得爲正確；而且同時，這已證明：僅由出生算出的數字是不正確的，其中關於一定期間的人口增加的，更不正確。在推定大國的人口總數時，二、三十萬的數字，雖不重要；但在推定五年或十年間的增加率時，這種程度的誤差，完全是致命的。不過，任意選定的五年間，其人口增加爲六十三萬或二十七萬七千？爲十一萬五千或四十五萬六千？又爲六十五萬九千或四十一萬七千？這對我們有關各期間內增加率的結論，就會產生根本的不同；這是不容說的。

在一七八〇年以前十八世紀的各時期，因爲未有每年洗禮及埋葬登記的發表，所以不能施以同樣的修正。而且，在由此時代（一七八〇年）以前的出生（隔若干年，偶爲登記簿所發表的）算出的表上，這樣大的誤差，它的發生，不但因爲五年平均出生對人口比率大有變動，而且因為所發表的各年毫不正確表示這些平均率；這是顯然的[⑧]。《人口概要》緒論第二〇頁[⑨]所載貴重的洗禮、埋葬及婚姻諸表，即使僅看一下也可知道：由各年的出生、死亡及婚姻推定的人口，是如何地不妥當。例如：常是假定婚姻對人口的比率是一樣的，而比較由此算出的一八〇〇年及一八〇一年的人口與其後一八〇二年及一八〇三年的人口，則最初兩年的人口如為九百萬，其後兩年的人口就遠多於一千二百萬。即在此短期間內，激增了三百萬；換句話說，是三分之一強。同樣，如由出生推定的一八〇〇年及一八〇一年的人口，以與一八〇三年及一八〇四年的人口比較，則其結果，與上述並無大異；據此，在三年間，當至少增加了二百六十萬。

如果讀者想起：出生、死亡及婚姻與總人口比較，是只有極小的比率（因此，即使由於一時的原因，而致此三者，其中有何變動，對於總人口，也決不會有類似的變動），那末，即使看到上述結果，也毋須特別吃驚。例如：某年的出生，即使增加三分之一，這也不是使人口增加三分之一，恐不過使其增加八〇分之一或九〇分之一而已。

⑧ 看統計表上一七六〇年及一七七〇年的人口，雖然人口在此十年間，極快地增加；但我並不懷疑：由於上述某種原因，使此兩年度的人口，在相互間，缺乏正當的比率。恐怕：一七七〇年度的數字失之過大。

⑨ 二〇頁。

因此，諸如前章所述，只是根據出生報告而於每十年算出的一七八〇年以前的該世紀人口表，只是因爲沒有更好的材料，故被使用；它只有極概括的近似價值；就決定某一時期的相對增加率而言，它幾乎沒有足以信賴的價值。

一八一〇年的人口，與一八〇〇年（已照本章所述的修正）的人口，兩者的比較，其所表示的增加率，尤慢於此兩年度調查間的差額；又，出生對死亡的假設比率，爲四七對二九又二分之一，似比實際還低（不會比實際還高）。而且這種比率，在富裕而人口稠密的國土，乃是異常的高比率。據此，一國的人口，每年增加七九分之一；如果這種趨勢繼續下去，則據本篇第十一章第二表，不滿五十五年，將使住民數增加一倍。

這種增加率，就事物的本質來說，到底是不能永久繼續的。這種增加率的發生，只是由於在農業及工業兩方面，因對勞動的需要激增（源於生產力的激增）所刺激。而且，兩者對人口的急速增加，形成最有效的獎勵要素。過去所表現的現象，是人口原則之一顯著例證；不論大都市、工業的職業及逐漸獲得的富裕奢侈人民的習慣如何，如果一國的資源急激增加，又如這種資源的分配有利於促使勞動需要的不斷增加，那末，這就證明：人口一定與其同一步調，都在增加。

一八二五年

在一八一七年本書第五版出版之後，曾經第三次的人口調查，它的結果，很值得我們注意。

根據一八二一年的調查及一八一一年度與一八二一年度的修正報告（載在 Rickman 先生的公報概略上），則大不列顛的人口，一八〇一年爲一千〇九十四萬二千六百四十六；一八一一年爲一千二百五十九萬六千八百〇三；一八二一年爲一千四百三十九萬一千六百三十一。

這些數字，都是依據最初所述的計算法的；又在一八一一年，雖然包含已經編入陸海軍的大量男子數，但是，據此，從一八〇〇年到一八一一年止的十年間，增加了百分之一五；從一八一〇年到一八二一年止的十年間，則僅增加百分之一四又四分之一⑩。不過，在陸海軍及商業上的增加人員六十四萬〇五百中，三分之一以上乃是愛爾蘭人及外國人。因此，一八〇一及一八一一兩年的在住人口，僅只加算其五〇分之一；而且，徵諸當時的和平情形，如果假定一八二一年的在外男子只爲五〇分之一，則上述三時期英格蘭及威爾斯的人口（一八〇一年的數字雖然似有遺漏，但此時則不計較），在一八〇一年爲九百一十六萬

⑩《緒論》（Preliminary Observations）八頁。

八千，在一八一一年爲一千〇五萬二千五百；在一八二一年爲一千二百二十一萬八千五百；因此，在自一八〇〇年至一八一一年之間，增加了百分之一四・五，在自一八一〇年至一八二一年之間，增加了百分之一六又三分之一。而此兩增加率，前者是每五十一年人口增加一倍，後者是每四十六年人口增加一倍。不過，本來屬於在住人口的陸海軍及從事商業的人員，它的比率，常不免有相當程度的不正確；又，即使是由別的理由，男子人口也比女子人口移動激烈；因此，提議不如僅由女子人口推定人口增加率，這是很對的。大不列顛的女子人口，在一八〇一年爲五百四十九萬二千三百五十四；在一八一一年爲六百二十六萬二千七百一十六；在一八二一年爲七百二十五萬三千七百二十八；前期的增加爲百分之一四・〇二，後期的增加爲百分之一五・八二[11]。

只是蘇格蘭部分的增加，前期爲百分之一三；後期爲百分之一四又二分之一；除開蘇格蘭、即英格蘭與威爾斯的增加，也幾乎完全與此相同；特別是在後期，不論只由女子人口推定，或由總人口推定（對於陸海軍等加以如上的斟酌），其結果幾乎相同。這是表示這種斟酌妥善的一例子。同時也因：從一八〇〇年到一八二一年，大部分都在戰爭時期，故如男子人口的死亡是在平時以上，則總人口的增加，自然不會與女子人口的增加同其比率；如果是

---

⑪ 同上。

有這種增加，那或則因爲過大的男子數，作爲陸海軍人，被附加於在住人口；或則因爲曾有由蘇格蘭及愛爾蘭的移住。

上述數字與增加率，是 Rickman 先生在《人口概要》的總論中所記載的；但在本章的開頭部分，我已假定：這是有充分的根據，認爲一八〇一年的調查不像一八一一年的調查來得正確。而且，一八一一年的調查，似不像一八二一年的調查來得正確。此時，此兩期間的增加率，雖然不像上述這樣大，但仍是極不平常的。

按照我所假設的推定，一八〇一年調查的人口，比較實際約少十一萬九千；又如根據這一基礎，一八〇一年調查的女子人口，認有六萬的遺漏，而假定一八一一年的遺漏爲三萬，則英格蘭與威爾斯各時期的女子數如下：即在一八〇一年爲四百六十八萬七千八百六十七；在一八一一年爲五百三十一萬三千二百一十九；在一八二一年爲六百一十四萬四千七百〇九；由此計算，則從一八〇一年到一八一一年止，其增加率爲百分之一二・三；從一八一一年到一八二一年止，其增加率爲百分之一五・六。前期的增加率，如果繼續，則約五十五年，人口增加一倍；後期的增加率，如果繼續，則爲四十八年，人口增加一倍。如就整二十年間通盤計算，則其增加率，要是繼續下去，則約五十一年，使人口增加一倍。

如就國內的現在人口與面積加以對比，又如顧到大都市與工場的數量，這顯然是極異常的增加率。而且，這是低於《人口概要》總論所載的增加率。當然，我們不能忘記：即使根據此低增加率，教區登記簿中的（特別是出生登記簿中的）遺漏，近年不但沒有減少，而反增加。這一事實，Rickman 先生的《緒論》所說，已予相當地證明。他說：『根據關於洗禮及埋葬的遺漏問題之所示，一八一一年，兩者的不足率爲約四對一；每年的平均洗禮遺漏數（如據各州的最後記載）爲一萬四千八百六十，平均埋葬遺漏數（除開倫敦）則爲三千八百九十九；又在現在，年洗禮遺漏數（如據各州的最後記載）爲二萬三千〇六十六；平均埋葬遺漏數（除開倫敦）則爲四千六百五十七；所以兩者爲五對一之比』。他又說：『而且，即使如此，這也未完全表現洗禮遺漏的總數及其比率。因在人口最稠密的地方，特別是在多數住民爲非國教徒的地方，牧師通常迴避推定的危險』。相反地，埋葬地，人們容易看到，而且即在有關的人們之中，牧師也常可得到埋葬數的報告（雖然正確程度，則有多少差別）。

由於以上的根據，可以想像：因爲非國教徒的增加或其他的原因，以致出生登記簿中的遺漏，近年並不減少而反增加。不過，自從一八一二年的人口條例頒布以後，出生登記簿的處理似已大爲愼重；至一八二〇年止的十年間，出生對婚姻的比率，確已增加。固然，出生及婚姻對總人口的比率，比較一八〇〇年或自一八〇〇年止的十年間，則已減少。在這種情形之下，關於出生及埋葬的確實遺漏數，欲有何種新的結論，則應等待今後的文獻。可認爲確實的事情，只是過去假定出生遺漏六分之一、埋葬（適當斟酌國外死亡數）遺漏一二分之一，這雖可充分說明 Rickman 先生所算定的自一七八一年至一八〇一年止二十年間的增加，但不能充分說明調查所得自一八〇一年至一八二一年止二十年間的增加。

因爲一人的住所未必只有一處，所以同一人乃有重複計算的；聽說有人推測：調查的結果，特別是最近兩次調查的結果，是超過實際的（沒有人認爲不及實際數的）。如果這樣想像，那就可以說明：在一方人口顯已以異常的速度增加之時，同時出生及婚姻對總人口的比率則已經減少這一事實。不過，上述減少，也可發生於死亡率的減少。而且，死亡率的減少已由其他根據獲得證明；故在上述情形之下，不能不說：大可以此爲憑。何況，即使實際是有重複計算的，但其數字當屬有限。

出生及埋葬之有遺漏，及前者的遺漏大於後者，這全無懷疑的餘地。所有牧師的證言（有關於報告的作成的），據 **Rickman** 先生所說，對於此點是一致的。但是，如果我們假定：從一八〇一年到一八二一年之間，只有與從一七八一年到一八〇一年之間所假定的同一遺漏率，而且從一八〇一年的人口調查開始——在此調查中的重複計算，乃因遺漏數而被約略抵消——，只由超過出生數計算，那末，即使除開國外死亡數，一八二一年的人口乃比同年的調查只少十八萬四千四百〇四；如果算入國外死亡概數（這在此時，以男子的超過出生數與男女死亡數比較，知道其結果爲十二萬八千六百五十一），則只少三十一萬三千〇五十五。

最近兩次調查上的重複計算，即使假定它的合計多於遺漏數，而此調查還是表示：極其異常的人口增加。從一八〇一年到一八一一年止的增加率，幾爲百分之一三（一一二．八八）；這是約五十七年使人口增加一倍。又在從一八一一年到一八二一年止之間，增加率約爲百分之一五（一四・九五），這是五十年使人口增加一倍。

現在因爲無法斷定：部分的調查，錯在遺漏或錯在超過，所以，我不以爲：本章開頭部分所述從一七八一年到一八一一年止間的人口修正表，應予改正。由於此表所據的原則，比較只由出生推定，大爲安全，故其所示的人口增加率，至少，比較《緒論》所示的增加率，必較正確。

實際，愈仔細觀察人口報告，愈可知道：過去的人口推定（假定出生率常是約略相同的），都是不確實的。如果一八二一年以後的人口，以與 **Rickman** 先生用以推定同年以前人口的方法推定，則一八二一年的人口只是一千一百六十二萬五千三百三十四；但因調查的結果爲一千二百二十一萬八千五百；所以畢竟不足五十九萬三千一百六十六（約六十萬）。至其理由，是以 **Rickman** 先生的方法所計算的、未曾考慮遺漏數的出生對人口比率，在一八二一年雖僅一對三六・五八，但在一八〇一年則高達一對三四・八。

如果假定調查是正確的，則變化的出生比率（不顧遺漏，而以各期末的人口，與其以前五年間的平均出生數比較所得），在一八〇一年爲一對三四・八，在一八一一年爲一對三五・三，在一八二一年爲一對三六・五八。

婚姻對人口的比率，也有與此同樣的，不，比此較大的變化。

這種比率，在一八〇一年爲一對一二二・二；在一八一一年爲一對一二六・六；在一八二一年爲一對一三一・一。而且，如果在至一八二〇年止的二十年間，假定婚姻（這極少遺漏之慮）對人口的比率，是與一八〇一年的比率相同，則由婚姻數推定人口，一八二一年的人口不是一千二百二十一萬八千五百，僅爲一千一百三十七萬七千五百四十八。這一數字，比較一八二一年的調查，只少八十四萬〇九百五十二。

因此，如果可以略爲相信我們的調查⑫，那末，就可知道：根據出生、死亡及婚姻的比率而推定的過去人口，都是絲毫不可信任的。在已調查明白二十年間，這些比率，雖然由於各種原因的作用而已有根本的變化；但是，同一原因，即在此以前，恐怕一定也曾以同樣的力量發生作用。而且，一國健康狀態的增進，不僅使死亡率減少，同時也使出生率及婚姻率減少；這是一般可以了解的。

---

⑫ 在英格蘭，調查的結果，雖然超過了由超過死亡的出生數所算出的結果，但其一部分，是因來自愛爾蘭及蘇格蘭的移住。

# 第十章　論在蘇格蘭及愛爾蘭對於人口的障礙

如果詳細研究蘇格蘭的統計報告，就可得到有關人口原則的許多例證。但是，我因本書對於這一部分的敘述，已經過多，恐招讀者的厭倦，故在此處，我只講些特別使我吃驚的少數實例。

蘇格蘭大部分教區的出生、死亡及婚姻登記簿，其有遺漏，這是周知的事實；因此，要由這些得到正確的推論，可說是沒有希望的。許多的戶籍簿，表示著異常的結果。在刻古布立（Kirkcud bright）的 Crossmichael 教區，死亡率僅爲九八對一，年婚姻率爲一九二對一①。這種比率，表示空前的健康狀態與預防障礙的最異常作用；但是，其實，這種數字的發生，主要由於埋葬登記的遺漏及部分結婚儀式是在其他教區舉行；這幾乎是無可懷疑的。

但是，如由一般被認爲正確的登記簿判斷，則在地方教區死亡率低；低至四五對一、五○對一，或五五對一的比率，也不稀奇。根據尉爾啓（Wilkie）先生由 Kettle 教區死亡表計算出來的生命蓋然率表，則一嬰兒的生命希望高達四六・六年②；零歲的死亡率，僅爲十分之一。尉爾啓先生還附帶著說：根據第一卷所發表三十六教區的報告，一嬰兒的生命希望

①《蘇格蘭統計報告》（Statistical Account of Scotland）第一卷一六七頁。

② 前揭書第二卷四○七頁。

爲四〇・三年。但是，他在最後一卷所載全蘇格蘭表上（根據韋白斯特 Webster 博士的觀察算出的），出生時的希望年數僅爲三一[3]。但是，他也認爲：因這數字超過愛丁堡市的計算極其有限，所以定屬過低。

蘇格蘭的登記簿，一般是很不完全的；例如：在一八一〇年的《人口大要》（Population Abstracts）上所載只有九十九教區的報告。而且，如果要由此求得任何判斷，則此報告，表示極異常的健康程度與極低的死亡率。這些教區的總人口，一八一〇年爲二十一萬七千八百七十三[4]；至一八〇〇年止的五年間，平均埋葬數約三千八百一十五；平均出生數爲四千九百二十八[5]；由此推測，這些教區的死亡率僅爲五六對一，出生率爲四四對一。但是，這種比率過於失常，到底不能信其近乎事實。如以這些與尉爾啓先生的計算，綜合考慮，則蘇格蘭的死亡率及出生率，當無低於在英格蘭及威爾斯所被承認的比率。在英格蘭及威爾斯，爲一般所被承認的，死亡率爲四〇對一，出生率爲三〇對一；

---

③ 同上第二十一卷三八三頁。

④《人口大要》教區登記簿四五九頁。

⑤ 前揭書四五八頁。

又，出生對死亡的比率爲四對三⑥。

對於婚姻的推定尤爲困難。這是因爲：婚姻的登記，極不規則；甚至在《人口大要》上，對此也無任何報告。我如由《統計報告》（statistical account）推定，當然認爲蘇格蘭的結婚趨勢，大體大於英格蘭。但在兩國，如果在出生與死亡的相互之間、又對全人口，表示同一比率，而爲事實，則婚姻率不應有很大的差異。但是，即使預防的障礙，在兩國完全一樣，而氣候也同樣健康，但因蘇格蘭比較英格蘭，都市與工場不多，故於兩國發現相等的死亡率之前，蘇格蘭將發生較大的缺乏與貧困；這是在此應當注意的。

通覽統計報告，蘇格蘭下層階級的境遇，近年顯已大有改善。即糧食價格雖已上升，但大體工資則更上升。在大部分的教區，貧民之間，肉類的消費已經增加，住宅與衣服也已改善；清潔的風習也已完全面目一新。

這種進步，一部分恐應歸諸預防障礙的增加。在若干教區，雖有晚婚風氣的記載，但是，即在沒有這種記載的許多地方，這由出生對婚姻的比率及其他各種事情，也可容易推

⑥《蘇格蘭統計報告》第二十一卷三八三頁。此處所記與英格蘭比較的時期，是第一次調查的當時。一八〇〇年以來，蘇格蘭的死亡率減少，出生對死亡的比率增加；這幾乎是沒有疑問的。

知。艾耳金（Elgin）教區[⑦]的報告者，在列舉蘇格蘭人口減退的一般原因之時，曾謂：由農場合併而婚姻減少，因而所有階級的各種血氣青年，移住外國，其大部分未再返回故鄉。他還舉出另一原因，這是由於奢侈的結婚減退。他說：人們至少延遲至相當年歲而始結婚，而且所生的孩子體質衰弱。『那末，各種身分的男子，何以很多都是獨身呢？又，各種階級的姑娘，何以很多不結婚呢？如在這世紀的開頭，不，即使是在很後的一七四五年前後，這一年齡的男女，當已成爲許多活潑孩子的父母』。

上述結果，主要發生在人口毋寧已經減少的地方；因在這些地方牧畜已被移入，又，農業組織已經進步，所以，人手已不如過去這般需要。而且，似乎無可懷疑：如果根據不同時期的出生率，推定自前世紀末或本世紀初以來的人口減少（關於瑞士與法國，他們陷於我曾特別指摘的誤謬），則其結果將使實際的相差更大[⑧]。

對此問題，我想由許多報告引出的一般推論，是結婚已比過去爲晚。但是，這有若干明白的例外。即在製造業已經開始的教區，因爲孩子到了六、七歲就容易找到職業，所以早婚

⑦ 第五卷一頁。

⑧ 某筆者注意這一事情，曾謂過去出生對總人口的比率，大於現在。他說：出生當比現在更多，死亡率當比現在更高。《Montquitter 教區》（Parish of Montquitter）第六卷一二一頁。

的習慣自然發生；製造業在繁榮進步的期間，早婚的弊害也不甚顯著。但是，另一不甚顯著的理由，是因這種少年勞動者間不自然的死亡率，造成了容納新家族的餘地；這一事實，我們雖然遺憾但不能不承認的。

不過，蘇格蘭的其他地方，特別是西部群島（Western Isles）及部分高原地方，由於所有地的細分，人口大爲增加；當地，雖無製造業勃起的刺戟，恐怕一向通行早婚。在當地，因早婚而發生的窮困，是極明白的。Delting 在昔得蘭的報告上，曾謂：⑨人們非常年輕就結婚，而且領主爲了儘量增加其領土內的人數，以利漁撈鱈魚（to prosecute the ling fishery）起見，乃獎勵早婚；但是，人民一般都苦於負債與多產之累。報告者還說：以前，當地曾有舊的規則（名爲地方法令）存在；其中之一，規定：如果沒有四十蘇格蘭鎊自由財產的男女，不許結婚。這一規制現在已不實行。這些規制，據說是在馬利（Mary）女王或詹姆士（James）六世時代，由蘇格蘭議會所作成、所批准的。

在昔得蘭的布里薩（Bressay）、布拉（Burra）及 Quarff 的報告之內⑩，謂農場極小，幾乎無人有犂。地主的目的，要在自己的領地，儘量擁有許多的漁夫；農業的改良，因

⑨ 第一卷三八五頁。
⑩ 第十卷一九四頁。

此大受阻礙。這些漁夫，要爲主人出漁；但主人對於他們，或則給以少額的工資，或則以廉價買收魚類。報告者說：『在大部分的國家，以人口增加爲有利，而事實也是如此；但是，昔得蘭的現狀，則完全相反。農場已被細分，青年縱無儲蓄，也被獎勵結婚。而其結果，則爲貧困與艱難。現在的人口，相信已達這些島嶼所能適當支持的兩倍』。

在伐夫（Fife）地方，Auchterderran 的報告者⑪，曾謂：工人的貧乏食物，因爲不足以防止不斷的苦役對其肉體的影響；故其肉體，在尚未到達自然所定的時期，已經消耗淨盡；他還說：『人們不絕地由於結婚而自己願意跳進這種逆境，這種事實，表示兩性結合與愛好獨立（the union of the sexes and the love of independence），是如何成爲偉大的人性原則（principles of human nature）』。在此記事上，所謂愛好獨立，改稱愛好子孫，或更適當。

侏羅（Jura）島，雖然不斷地送出許多的移民，但住民仍是過剩⑫。一農場有五十至六十人的，也不稀奇。報告者曾謂：這樣稠密的人口，住在工業及其他若干產業不發達的地方，這對地主是過重的負擔，這對國家是無用的長物。

⑪ 第一卷四四九頁。

⑫ 第十二卷三一七頁。

另一報告者⑬看到：在一七七〇年，雖有許多移民前去美國，又因最近的戰爭以致青年大爲缺乏，但是，人口仍在激增；他表示驚愕。他認爲：很難指出其充分的原因；他又說：如果人口仍是這樣繼續增加，只要在人們之前不能發現某些職業，則國家不久就要無法支持他們。又在卡蘭得（Callander）教區的報告上，報告者謂⑭：在當地的村落及在類似情況的其他村落，充滿了裸體而饑餓的群眾，爲求食住而奔走；又說：如果一都市或一村落的人口，超過其住民的產業，則從此瞬間開始，當地就不得不趨向衰微。

表示增加傾向十分急速之一極異常的實例，見於艾耳金地方的 Duthil 教區報告⑮。而且，因爲很少可能性是有記載過多或遺漏的錯誤，所以這一實例最值得注意。即：年出生對總人口的比率爲一對一二；婚姻對總人口的比率爲一對五五；死亡對總人口的比率亦然；出生對死亡的比率爲七〇對一五，即四又三分之二對一。關於死亡數，似有幾分不正確；這也有遺漏的形跡。但是，高達總人口一二分之一這一極不平常的年出生率，當無大誤。而且，關於教區的其他許多事情，似乎證明了這一點。在八百三十人口之內，獨身者只有三

---

⑬《羅斯州 Lochalsh 教區》（Parish of Lochalsh, County of Ross）第十一卷四二二頁。

⑭ 第十一卷五七四頁。

⑮ 第四卷三〇八頁。

人；每一婚姻的平均出生數達到七名。但是儘管如此，從一七四五年以來，人口似已相當減少。而且，這種過度的增加傾向，當由過度的移住傾向所引起的。報告者講到大規模移住的事實，曾謂：甚至過著相當富裕生活的人們，也是夢想獨立而為地主，近年，乃由蘇格蘭各地，陸續走上移住的道路。

這種異常的出生率，顯然是由移住的風習所引起的；由此可知；只以部分人民移向別處，一國的人口是極難減少的。但是，只要奪去產業與生活資源，則人口立即減少。

在此教區，每一婚姻的平均出生數雖稱七人，但是，如由年出生對年婚姻的比率求之，可知只有四又三分之二。這種相差，雖亦見於其他許多教區；不過，我們由此事實，可以斷言：這些報告者，不僅只是採用了未經修正的年出生對婚姻的比率，而還採用了其他某種計算方法；又，他們在求一母親於其結婚生活期內平均生產幾許孩子的時候，或則依據個人的調查，或則依據登記簿的調查而求得結果。

蘇格蘭的婦女似乎是多產的。每一婚姻，平均常生六個孩子；生七個甚至七個半孩子，也不十分稀奇。大為稀奇的例子，是想到每一婚姻而有上述程度的許多孩子現存，故就以為：當然，過去曾有更多的孩子出生，而且將來亦應出生更多的孩子。根據琴喀丁（Kincardine）地方 Nigg 教區的報告，當地五十七農家，而有四百〇五個孩子，即每家平均約有七又九分之一個；又在四十二漁家，有二百一十四個孩子，即每家平均約有七．五個。而且，沒有孩子的家庭，前者為七，後者為零。如果這種記事是正確的，則我以為：每一婚姻，在其繼續期間，是已生產或將生產九至十個孩子。

根據某實際調查的結果，每一婚姻，如果平均約有現存孩子三人；換句話說，如果一家是有五人，或則即使只有四人半——這是最普通的比率——，那末，推論每一婚姻的平均出生數不出三人，這是錯誤的。我們必須記住下一事實：即本年度的結婚（即新成家庭），當然不會有孩子；去年度結婚的人，都只有一個孩子；前年度結婚的人，不能想像都有兩個孩子；再前年度結婚的人，通常是有三個以內的孩子。五個孩子中間，十年之內，死亡一人，這是異常的低比率；又在十年以後，長男大多開始離開父母。因此，如果假定：每一婚姻，在其存續期間，平均剛生五個孩子，那末，即使在增殖已至定額的家庭，也只有四個孩子；且在增殖的初期，大部分的家族都只有不足三人的孩子⑯。所以，如果考慮到：已經失去父親或母親的家庭數，則在此時，調查的結果，是否表示每一家庭平均有四個半人，那是很大的疑問。在前述 Duthil 教區⑰，每一婚姻的孩子數爲七人，每一家庭的人數則僅五人。

蘇格蘭的貧民，一般是得到隨意捐款的補助（在教區牧師的監督之下所分配的）。而

⑯ 同一家庭內孩子年齡的相差，平均約爲二年。

⑰ 第四卷三〇八頁。

且，這種捐款，一向大體處理得相當妥善。但是，貧民並無救恤要求權⑱；而且，捐款額也因其徵集的方法，而自然不免有欠正確與有欠充分，所以，貧民也只以此為不得已時的最後依靠，決不認為：這是可以安心信賴的基金，或每遇窮困就可由國法而充分給與的。

這種結果，是貧民為欲避免必須依賴這種貧弱而不確實的救恤而大為努力。根據許多的報告，他們很少不能為疾病與老年而儲蓄的；又，普通，如果有人陷入欲向教區求救的危機，則其已經長成的孩子及其親戚，就儘量奮鬥，努力防止這種墮落（這被世人視為一家的恥辱）於未然。

各地教區的報告者，常以激烈的語調責難英格蘭的救貧基金賦課制度（the syetem of English assessments for the poor），而認為蘇格蘭的救恤方法是絕對比較優越的。試觀Peysley的報告⑲，當地雖是一工業市，而有許多貧民，但其報告者，同樣責難英格蘭的賦課制度；他雖講到關於這一問題的觀察，但這不免有點過分。他說：沒有一個國家有像英格蘭這樣眾多的貧民的。而格蘭這樣大額的貧民救濟金的，同時，也沒有一個國家有像英格蘭這樣眾多的貧民的。而

⑱ 據說：最近議會對於蘇格蘭的救貧法，它的解釋與實行，都與過去蘇格蘭的救貧法，大不相同；但在本質上，則無不同。法律，這且不說，實際是略如此處所述的。而且，有關於現在的問題的，也只是實際的。

⑲ 第七卷七四頁。

且，這些貧民的情形，比較其他各國的貧民，都正是最悲慘的。

在 Caerlaverock 的報告上，對於貧民救濟的方法如何這一質問，乃有如次最正確的答覆。他說：『貧困與窮乏，乃按爲救恤貧困與窮乏而形成的基金，比例增加。慈善金額，直至必須分配的瞬間，應守秘密。在蘇格蘭的地方教區，小額而不時的隨意徵集，一般即已足夠。立法部對於基金的增加，沒有干涉的必要。這在過去，已經很多。要之，救貧稅的設置，不僅沒有必要，而反有害。因爲：這是壓迫地主而不能得到救貧的實效』[20]。

在大體上，這似是蘇格蘭牧師間的一般意見。但有若干例外。即：有時也有贊成課稅制度，而主張其設置的。不過，即使如此，這也無須奇怪。因在這些教區之內，大多毫無實際經驗。即既未從理論把握人口原則的眞相，又未嘗由實際而完全目睹救貧法的弊害，所以一碰到這一問題，他們立即提倡賦課制度，使不論慈善家或非慈善家，各視其能力，負擔捐款，又其金額，得視必要隨時增減；這可說是理所必然的。

即在蘇格蘭，風土病及流行病，仍然襲擊貧民。有些地方，壞血病極爲猛烈，而且不易根絕。又在有些地方，壞血病促發傳染性癲病；它的結果，常是可怕的；不少是致命的。有

[20] 第六卷二一一頁。

一論者，說這是對於人類的天刑㉑。這種疾病的原因，大概是在：寒濕的環境、粗劣而無營養的食物、混濁的空氣（由潮濕而稠密的家屋所生）、懶惰與不潔等。

風濕病是普遍瀰漫；在一般民眾之間，肺病也屬不少；這些極多是由於上述各種原因。在任何地方，如因特別的事情而使貧民的情況更加低落，這些疾病（其中特別是肺病）乃更極其猖獗；這已是人所周知的。

輕的神經性熱病與比較激烈惡性的熱病，往往帶有流行性；時常奪去許多的人命。但是，自從曾經襲擊蘇格蘭的鼠疫絕滅以後，最致命的流行病，乃是天花；在許多地方，是週期地來臨；在部分地方，雖其循環期是不規則的，但也很少超過七年或八年的。它的慘害，在部分教區，雖不如過去般致命，但還是可怕的。對於種痘的偏見還是很盛；又在狹隘房屋內的治療法，本不完全，加以病中互相往來的習慣，在許多地方今猶存在；所以，它的死亡率極高；而其主要的被害者，則爲貧民的子女；這是我們可以容易想像的。在西部群島及高原地方的部分教區，每戶的人數，已由四．五及五人增加到六．五及七人。這種缺乏適當物資的激增，即使不能引發疾病，但一旦疾病來臨，則對慘禍，顯然可以給與十倍的力量。

㉑《亞伯丁州 Forbes 與 Kearn 教區》（Parishes of Forbes and Kearn, County of Aberdeen）第十一卷一八九頁。

蘇格蘭在任何時代，荒年未嘗絕跡；可怕的饑荒一再見襲。諸如：一六三五年、一六八〇年、一六八八年、十六世紀的末年（按：此顯爲十七世紀之誤）、一七四〇年、一七五六年、一七六六年、一七七八年、一七八二年、一七八三年等，都是到處發生極端的窮乏。在一六八〇年，由此原因，許多的家族滅亡；因此，在過去人口稠密的地方，六哩之內不存人煙㉒。十六世紀的七年間（按：應爲十七世紀），被稱爲凶年。Montquhitter 教區的報告者說㉓：其附近一農場，十六家族之內，有十三家族消滅；又在其他一農場，一百六十九人之內，生存者僅只三家族（包括地主）。現在擁有一百人的大農場，當時完全荒廢，遂化爲牧場。有人斷言：教區住民，一般乃因死亡而半減，或已減少至四分之一。許多農場，一直荒廢至一七〇九年止。在一七四〇年又有饑荒，貧民雖未至死亡，但又經驗到極度的辛酸。許多人雖爲麵包而求工作，但終於徒勞。即使是倔強的男人，整天工作，取得二片麵包，已很歡喜。在一七八二年與一七八三年，也曾發生很大的困難，但幸而未有死亡者。報告者謂：『在此危機的時候，如果美國戰爭尙未停止，又如海軍大倉庫（其中特別是豌豆倉庫）的大量糧食沒有出賣，則在我國，不知已經出現如何荒廢與恐怖的光景』。

㉒《Duthil 教區》第四卷三〇八頁。

㉓第六卷一二一頁。

許多類似的記述，在統計報告上，隨處可以看到。但是，慘禍的性質及強度（這種慘禍是由缺乏而常經驗到的），這由上述紀錄當可充分明瞭。

一七八三年，已使高原地方的部分人口減少；而且，在韋白斯特（Webster）博士的調查以後，猶謂當地人口的減少是爲了這一原因。大部分的小農民，大抵都如我們的想像，因爲缺乏而全滅；高原地方的這些人們，爲了尋求可憐的生活，被迫以一普通工人的身分，移住於平原地方㉔。最後調查之時，在若干教區，這種荒年期間農民破滅的影響，還可從他們的落魄狀態及（爲其必然結果的）一般人民的窮困與苦痛裡看到。

根據班夫（Banff）地方的格藍（Grange）教區報告書㉕，一七八三年，已經停止由於輪作的一切改良，而使農業者只專心於穀物的栽培。佃農幾已破產。自此時期開始，肺病漸多；至其原因，正可歸諸：一七八三年缺乏與粗食的影響及一七八二年與一七八七年收穫期的長期氣候惡劣；在此兩年的收穫期，勞動者在繼續收穫的三個月間，冒著非常的寒濕。但其大部分，則應歸諸下層階級生活狀態所生的變化。即在過去，任何家庭的主人，都可自由飲用杯把麥酒；有時，還可由其有限的羊中，屠宰頭把；現在情形已經不同。在貧民之

㉔《羅斯地方琴喀丁教區》（Parish of Kincadine, County of Ross）第八卷五〇五頁。

㉕第九卷五五〇頁。

間，時常看到生活必需品的缺乏、他們的住宅潮濕而簡陋以及中流階級間的意氣消沉，這些似乎都是此教區多病、多死的主要原因。青年則因肺病而夭折；老年則被水腫與神經性熱病奪去生命。

這一教區的情形（雖然此外也有與此相類似的），可視爲蘇格蘭一般情形的例外；這種例外的發生，無疑地，是由於佃農的滅亡。而且，農業上資財及資本（stock and capital）的損失是最容易遺害一國的；所以，上述結果也絲毫不足爲奇。

我們可以認爲：此教區的疾病，已因一七八三年的饑饉與粗食而增加。同樣的現象，也曾在其他若干教區出現；但是，據說：即使因絕對的饑饉而死亡者不多，但幾乎普遍地因而帶來致命的疾病。

又在部分教區，據說出生及結婚的人數，乃受年成豐歉的影響。

就羅斯地方的丁瓦（Dingwall）教區來說，一七八三年的饑饉之後，出生數不及平均十六，還不及最近幾年間的最低數十四。一七八七年乃是豐年，翌年的出生也相應增加，而爲超過平均數十七，還超過其他各年的最大數十一（and were 17 above the average, and 11 above the highest of the other years）。

在 Orkney 對 Dunrossness 的報告上㉖，報告者曾謂：年婚姻數與季節大有關係。即在豐年，高達三十（或超過三十），但在荒年，則幾乎不及其半數。

在一七五五年韋白斯特博士的調查以後，蘇格蘭的人口增加總數，約爲二十六萬㉗；與此相比例的食物，則仰給於農工業的進步與馬鈴薯栽培的增加。這種馬鈴薯，在有些地方，乃占一般人民食物的三分之二。計算的結果，蘇格蘭的出生超過數，一半移民國外。而且，這種移民對於國家很有好處，對改善殘留人民的生活情形大有貢獻；這是無疑的。蘇格蘭確實尚未人口過剩，但如比較住民更少的一〇〇年或五〇年前，則就不然。

關於愛爾蘭的人口，詳細情形，幾不知道。因此，我的記述止於：馬鈴薯使用的普及，在前世紀，已使人口可以大爲增加。因爲富有營養價值的馬鈴薯，價格低廉，而且這種栽培，即在貓額大的土地上，平年也可生產足夠支持一家的食物，加以蘇格蘭人愚昧而消沉的狀態，纔有緊急而最低必需品的希望，就任本能而妄動；於是，乃使結婚激增，人口的增殖遂遠超過國家產業及現在資源所許可的範圍。而其必然的結果，是下層階級陷於窮迫而悲慘

---

㉖ 第七卷三九一頁。

㉗ 根據一八〇〇年的調查報告，蘇格蘭的總人口爲一百五十九萬強；因此，至當時止的增加數爲三十二萬強。一八一一年的人口爲八十萬五千六百八十八；一八二〇年的人口爲二百〇九萬三千四百五十六。

的狀態。對於人口的障礙，不用說，是積極的；其誘發原因，乃是極窮、潮濕的陋屋、粗劣不足的衣服及偶發的饑饉。在這些積極的障礙之外，近來還加上了國內的擾亂、內戰及軍法等的罪惡與窮困。

## 一八二五年

根據一八二一年的最近調查，愛爾蘭的人口已達六百八十萬一千八百二十七。但在一六九五年，僅被推定爲一百〇三萬四千。如果這些數字是正確的，則提供一實例；即在一百二十五年的長期間內，人口乃以約四十五年增加一倍的比率而不斷地增加。如此急激的增加，在與上述同一期間之內，恐在歐洲任何國家都未嘗發生。

在愛爾蘭的特殊情形之下，知道平均死亡率及出生與婚姻對人口的比率，這是很有趣味的。但是不幸，正確的教區登記簿未被保存；又，關於此事的報導，不論如何想望，終於無法獲得。

# 第十一章　論婚姻的生殖力

由各國出生、死亡及婚姻的登記簿（及表示一定增加率的現在人口），能夠抽出婚姻的現實生殖力及活至結婚時止的產兒眞比率（and the true proportion of the born which lives to marry）；這是極所想望的。這一問題的正確解決，也許是不可能的；不過，如對下述各項加以注意，或可說明：與此略爲相似而且常見於登記簿的部分疑問。

但是，有須預先聲明的，即在大部分國家的登記簿上，乃有理由可以相信：出生及死亡的遺漏，多於婚姻的遺漏；因此，婚姻率幾乎常屬過大。即使是最近英國的調查，婚姻登記簿，雖有充分的根據，可以想像略近於正確，但在出生及死亡，則確有許多遺漏；同樣的遺漏也爲其他國家所不免（雖有多少之差）。

現在如果想像：有這樣的國家，它的人口停滯，既無移出民、移入民，也無私生子，而出生、死亡及婚姻的登記簿是正確的，而且，對於人口，常是保持同樣的比率；那末，年出生對年婚姻的比率，表示一婚姻（包含再婚、三婚）的出生數；再如斟酌再婚、三婚，則表示嬰兒中幾成生存而結婚一次或一次以上；同時，年死亡則正確表示生命希望（expectation of life）。

但是，如果人口在繼續增加或減少，出生、死亡及婚姻也以同一比率在繼續增加或減少，那末，這種運動一定攪亂一切比率。這是因爲：在登記簿上可以同時發生的事情，在自然的順序上是不能同時發生的；相隔某一期間，一定逐漸發生增加或減少。

第一：某年的出生，其自然的順序，並非生自同年的婚姻，主要一定生自去年的婚姻。

由此可知：爲欲按照婚姻進行（包含再婚、三婚）的順序而斷定其生殖力，我們可由任何一國的登記簿，切斷一定期間（例如三十年），而求該當期間全結婚所生的嬰兒數。期首的婚姻，乃與由期前的婚姻所生的許多嬰兒相並列；至在期末，則由此期內的婚姻所生的許多嬰兒，乃與次期的婚姻相並列；這是顯然的。不過，現在如能減去前者而加上後者，那末，就可正確知道這一期間的婚姻帶來的嬰兒總數；因此，當然也可知道這些婚姻的眞正生殖力。如果人口是停滯的，則應當加算的數字與應當扣除的數字是完全相同；登記簿上出生對婚姻的比率，也就表示婚姻的眞正生殖力。反之，如在人口繼續增加或減少的時候，則加算數與扣除數決不相同；因此，登記簿上出生對婚姻的比率，決不正確表示婚姻的眞正生殖力。在繼續增加的人口之下，加算數顯然大於扣除數；因此，登記簿上出生對婚姻的比率，當然在表示婚姻的眞正生殖力上，常失之低。所以，在繼續減少的人口之下，則發生與此相反的結果。於是，問題歸結到：在出生與死亡相等的時候，應有怎樣的加算與怎樣的扣除？

在歐洲，出生對婚姻的平均比率爲約四對一。今爲說明方便計，假定每一婚姻，隔年生一孩子，共生四個[①]。此時，不論由登記簿的任何時期開始，其以前八年的婚姻，乃只生

① 在蘇格蘭的統計報告上，同一家族的孩子年齡平均差，爲約二年。

產其應生的半數子女，而其餘的半數，因與期內的婚姻相並列，故這當然應予扣除。同樣的，期末八年間的婚姻，因已生產半數，故這當然應當加上其餘的半數。某八年間出生的半數，可以視爲：與其以後的四又四分之三年間的出生總數，約略相等。這是因爲：在增加最急的時候，這乃略略超過其後三年半的出生總數；在增加緩慢的時候，則接近其後四年間的出生數；因此，如加平均，可說是三又四分之三年②。於是，如果扣除期首三又四分之三年間的出生，而且加算在此期後三又四分之三年間的出生，則略可正確地求得由於期內婚姻總數的出生數，因亦可以求得這些婚姻的生殖力。但如一國的人口正規地逐漸增加，而且出生、死亡及婚姻常是相互（又對總人口）保持同一比率，則某期間的出生總數，與一定年後所採同樣長短的其他期間的出生總數（例如：某一年或五年間平均的出生，與同樣一定年後所採一年或五年平均的出生），兩者可以保持同一比率；這是顯然的。這在婚姻，也是如此。於是，在推定婚姻的生殖力時，只須以本年或五年平均的婚姻，與三又四分之三年後所採的一年或五年平均的出生加以比較。

在上述舉例上，我們假定：一婚姻生產四個孩子。但在歐洲，出生對婚姻的平均比率

② 根據英國最近（一八二〇年）的增加率，則計算的結果爲約三又四分之三年。

爲四對一③；而且，因已知道：歐洲人現有逐漸增加的趨勢，所以，婚姻的生殖力應大於四。斟酌這種事情，如果採用四年的間隔（不是三又四分之三年），則雖不中當亦不遠。固然，這種期間是各國不同，但其相差不如我們當初想像之大。這是因爲：在婚姻的生殖力較高的國家，一般是出生的間隔較短；反之，在生殖力較低的國家，出生的間隔則較長；因此，生殖力雖然不同，但其期間仍有可以保持同樣長度的。④

由上所述，可以明白：人口增加的速度愈大，則婚姻的眞正生殖力超過登記簿所見出生對婚姻的比率愈多。

此處所設的原則，是推定任意所採（as they occur）婚姻的生殖力的；但是，此種生殖力，與初婚或既婚婦女的生殖力，應有嚴別；與婦女一般的自然生殖力（在其最易妊娠的年齡），更當有別。婦女的自然生殖力，在世界的大部分，被認爲約略相同；不過，婚姻的生殖力，由於各國的各種特殊情形（特別是由於晚婚者數的多少），易受影

---

③ 如前所述，如有理由可以相信：在任何登記簿上，出生及死亡的遺漏多於婚姻的遺漏，那末，眞正的出生比率當更大。

④ 在有許多來住者的地方，當然，這種計算會被攪亂。特別是在都市，住民變動頻繁，而且附近人們的結婚儀式常在市內舉行，結果，乃使以出生對婚姻的比率爲基礎的各種類推，不足憑信。

響。在任何國家，即使只是再婚、三婚，也得有重大的考慮；這對平均比率，給與本質的影響。據 Sussmilch 所說：在一七四八年與一七五六年間（包括這兩年）全波美拉尼亞（Pomerania）的結婚人數爲五萬六千九百五十六人；其中一萬〇五百八十六人爲鰥夫與寡婦⑤。據 Busching 所說，在普魯士與敘利亞，一七八一年的既婚者數爲二萬九千三百〇八；其中四千八百四十一爲鰥夫與寡婦。因此。婚姻率剛巧大了六分之一⑥。在推定既婚婦女的生殖力時，私生子數，略有抵消婚姻超過（overplus of marriages）的傾向⑦。再則，因有再婚的鰥夫多於寡婦的事實，所以，上述修正全體（whole of the correction），不能適用；但是，在欲推定活至結婚時止的嬰兒比率（根據婚姻與出生或死亡的比較）時，——這是我們以下所欲研究的題目——，這種修正全體常是必要的。

第二：某年的結婚，本來，決非當事者出生的一年（the marriages of any year can never be contemporary with the births from which they have resulted），平常，其間乃有等於結婚平均年齡的間隔；這是顯然的。如在人口繼續增加的時候，因爲本年度的婚姻是由

⑤《神的調整》第一卷、表、九八頁。

⑥同上第三卷、表、九五頁。

⑦在法國革命前，私生子爲出生總數的四七分之一。在英國，恐還比此少些。

少於本年度出生數的出生數所形成的，所以，如以婚姻比較同年度的出生數，顯然，在表示活至結婚時止的嬰兒比率上，常屬過低。反之，在人口繼續減少的時候，則與此呈相反的現象。因此，爲求這一比率起見，可知應以某年的婚姻與僅回溯至平均結婚年齡這一年的出生，兩相比較（to find this proportion, we must compare the marriages of any year with the births of a previous year at the distance of the average age of marriage）。

但是，因爲回溯期間，有此相隔，故在本質上其正確性差些；毋寧以婚姻與同年度的死亡比較，反多便利。結婚平均年齡與死亡平均年齡之差，在原則上，少於由出生而至結婚平均年齡的年數。因此，年婚姻對同年度的死亡比率，比較婚姻對出生的比率，遠可如實表示：活到結婚時止的嬰兒眞正比率⑧。婚姻對出生的比率，卻使適當斟酌再婚、三婚，除非

---

⑧蒲徠斯博士說得很對（《觀察》第一卷二六九頁，第四版）；他說：『一國人口繼續增加時的一般結果，比較一定出生中後年結婚人數的眞正比率，乃使年婚姻對年死亡的比率更大，對年出生的比率更少。上述比率，雖然一般是在其他兩比率的中位；但常近於前者』。我完全贊成蒲徠斯博士的這些觀察；不過，在對此文句的註解上，博士似有一錯誤。他說：在婚姻的生殖力增加之時（而生命蓋然率及結婚獎勵乃與從前一樣），年出生及年埋葬，都與年婚姻比例增加。固然，年出生率的增加，這是事實。而且，關於此點，現在，我也承認我的錯誤（我在前版上，與博士的見解不同）。不過，在此處所假定的事情之下；埋葬對婚姻的比率，我還認爲：這未必是增加的。

人口是在絕對停止狀態，則不能表示：活到結婚時止的嬰兒眞正比率。但是，結婚平均年齡，即使人口在繼續增加或減少之時，猶可與死亡平均年齡相等。此時，如以登記簿上的婚姻與同年度的死亡比較（對再婚、三婚加以斟酌之後），則略可正確知道：活到結婚時止的嬰兒眞正比率⑨。但是，一般在人口繼續增加的時候，結婚平均年齡低於死亡平均年齡；因此，婚姻與同年度死亡的比率，在表示活到結婚時止的嬰兒眞正比率，則失之過高。由此可知：爲求這種比率起見，應以某年的婚姻，與登記簿上此後某一年（其相隔的年數，等於結婚平均年齡與死亡平均年齡的相差）的死亡兩相比較。

---

如謂：出生對婚姻的比率何以增加？這是因爲：出生原遠在結婚（這是出生帶來的結果）之前；所以，出生增加在出生登記簿上，雖有大的影響；至在同年度的婚姻登記簿上，則其影響沒有這麼大。但是，這一理由，決不能應用在死亡登記簿上，這因死亡的平均年齡，一般還長於結婚年齡。而且，此時；在經過出生與婚姻間的最初年數之後，帶來如下的永久結果；即：婚姻登記簿所受出生增加影響的程度，大於由同年度死亡登記簿所受的影響；因此，埋葬對婚姻的比率，並不增加，毋寧減少。蒲徠斯博士因爲沒有顧到：結婚平均年齡，常遠低於死亡平均年齡，所以，他在此註上所記的結論，也不能說是完全正確的。

⑨ 諸位當也知道：因爲出生總數：總有一天都要死亡的，故在某時，死亡與出生，可以解作同義語。如果我們就一國在一定期間內出生總數中的死亡，予以登記，而且區別其有無配偶，則既婚者死亡數與死亡總數的比率，顯然正確表示：活到結婚時止嬰兒比率。

在結婚平均年齡與死亡平均年齡之間，並無必然的關係。在資源豐富而可容納人口急速增加的國家，生命希望，即死亡平均年齡極高，而結婚年齡則可很低。此時，婚姻與登記簿上同年度死亡的比率，即使預先對於再婚、三婚，加以斟酌，還失於過高；這將不表示：活到結婚時止的嬰兒眞正比率。在這樣的國家，我們可以想像：死亡平均年齡爲四十歲，結婚平均年齡僅爲二十歲。故在此時（雖然這種情形，本來不多）婚姻與死亡的距離，等於出生與婚姻的距離。

這些觀察，即使適用在一般登記簿上，也因出生、死亡及婚姻的比率，本來是有變化，而且因爲我們並不知道婚姻平均年齡，所以，很難求得：在嬰兒總數中，活到結婚者的比率如何；但是，因此，我們由他們的包含的報導（from the information which they contain），可以引出許多有用的推論，並可和緩若干已經表面化的矛盾；而且，在婚姻對死亡的比率很高的國家，一般承認：乃有理由可以相信結婚平均年齡遠低於死亡平均年齡。

根據一七七九年度的俄國統計表（Tooke 先生製，參照本譯書二九二頁），婚姻對死亡的比率似爲一〇〇對二一〇。如果對於再婚、三婚，加以斟酌，而由婚姻減去六分之一，則上述比率爲一〇〇對二五二。由此推測：在出生二百五十二人之內，活到結婚時止的，應爲二百人；但是，沒有一個健康的國家，在二百五十二人之內，有二百人活到結婚時止的。固然，如果假定：俄國的結婚年齡，比較生命希望，即死亡率平均年齡低十五年——這種假定，恐怕是妥當的——則在此時尋求嬰兒總數中活到結婚者的比率，就得比較本年的結婚與十五年後的死亡。現在假定出生對死亡的比率（如本譯書二九二頁所述）爲一八三對一〇〇，死亡率爲五〇分之一，那末，年增加約爲人口的六〇分之一；因此，十五年間，死亡當增加〇・二八強。而其結果，婚姻與十五年後死亡的比率，則爲一〇〇對三二二。即：三二二人的嬰兒總數中，可說有二百人活到結婚的；這由眾所周知的俄國孩子健康情形與早婚推測，是一應有的比率。因爲婚姻對出生的比率是一〇〇對三八五，故據前述原則，婚姻的生殖力爲一〇〇對四一一；換句話說，每一婚姻（包含再婚、三婚）的出生爲四・一一。

本書俄國章開頭所載各表，恐怕是不正確的。在出生與死亡上，似乎都確有遺漏；特別以在死亡爲然。因此，婚姻率乃失之過大。在俄國，這樣大的婚姻率，可能另有理由。喀德鄰女皇，在其有關新法典的諭告（instructions）中，曾經指摘：有一習慣普及於農民之間；即：父母在兒子們還全只是孩子的時候，使娶已經成熟的婦女，藉以節省購買女奴隸的費用。這些婦女，一般成爲其父親的情婦；女皇特別指摘這種習慣，謂其有害於人口的增殖。這種習慣，必然引起異常的再婚、三婚；因使婚姻對出生的比率（出現於登記簿的），格外提高。

在《費城協會會報》（the Transactions of the Society at Philadelphia）第三卷第七號第二十五頁上，載有巴呑（Barton）先生的一論文，題爲〈關於合眾國生命蓋然率之觀察〉（*observations on the Probability of Life in the United States*）。據此，婚姻對死亡的比

率爲一對四・五。固然，他曾謂六・五，但是：數字僅爲四・五。不過，因爲這一比率，主要求自都市，所以，出生恐失之於低。因此，我以爲：以五爲都市與鄉村的平均，可以大體無誤。照他的說法，死亡率約四五對一。而且，如果人口每二十五年增加一倍，則出生率爲約二〇對一。按照這些假定，則婚姻對死亡的比率爲一對二又九分之二；如果斟酌再婚、三婚，則約爲一對二・七。但是，我們不能想像：出生二七之中，有二〇活到結婚的。固然，如果結婚年齡比死亡平均年齡低十年——這是極可能的假定——，那末，爲求嬰兒總數中活到結婚者的眞正比率起見，必須以本年度的結婚與十年後的死亡相比較。如以此處所說的人口增加率，則十年間的死亡增加爲〇・三強；而其結果，活到結婚者爲三八一中的二百，即約三五中的二〇，而非二七中的二〇[10]。根據上述原則，如以婚姻比較四年後的出

---

⑩ 如果巴香先生所說的比率是正確的，則美國的生命希望遠低於俄國。此所以：我對結婚年齡與死亡年齡間的差異，認在俄國爲十五年，認在美國只有十年。在計算人口正在增加國家的生命希望之時，如果依照蒲徠斯博士所用的方法，則生命希望在俄國爲約三十五年（出生爲二六分之一，死亡爲五〇分之一，平均爲三八分之一）；假定結婚年齡爲二十三歲，則死亡與婚姻的年齡差爲十五年。

如果根據同一原則，則在美國，生命希望僅爲三二又二分之一年（出生爲二〇分之一，死亡爲四五分之一，平均爲三二又二分之一），如以婚姻爲二二又二分之一歲，則其差爲十年。

寫完以上之後，我看到太陽生命保險協會（Sun Life Assurance Society）統計技師 Milne 生先的計算，乃始

生，則在此時，婚姻的生殖力爲五．五八。關於出生半數的到達年齡，巴香先生的計算，在美國全土，本來不能適用。因爲這種計算基礎的登記簿，取自費城及若干小都市與村落；而這些都市與村落的健康狀態，似不如歐洲的普通都市；所以這不能成爲全國的標準。

在英格蘭，婚姻對出生的平均比率，近年約爲一〇〇對三五〇。我於〈論在蘇格蘭對於人口的障礙〉章，雖曾估計出生及死亡的遺漏總數約爲六分之一，但如改爲七分之一而加算在出生上，則私生子的事情，也就包含在內。此時，婚姻對出生爲一對四，婚姻對死亡爲一對三⑪；結果斟酌再婚、三婚，則婚姻對死亡的比率爲一對三．六。假定英格蘭的婚姻年齡，比較死亡平均年齡，約低七年，則此七年間的人口增加（如果根據一二〇分之一的現在人口增加率），則爲〇．〇六；活到結婚時止的嬰兒比率爲三八一中之二〇〇、即約半數強⑫。如以婚姻與四年後約出生比較，則得四．一三六的婚姻生殖力。

---

知道：上述蒲徠斯博士的計算方法決不正確，而且，這些國家的眞正生命希望，比較年死亡率與年出生率的平均，更近於年死亡率。但是，我在本章的計算上，仍舊採用此種平均比率。這是因爲：這種平均比率，比較生命希望年數，尤可正確表示：死亡與現在出生相平均的時間以及與現在婚姻相照應的時間。在年出生大大超過年死亡的進步國家（progressive country），則年死亡與現在年出生相平均的時期，尤短於生命希望。

⑪ 這一比率，該當於一八〇〇年以前的人口狀態。

⑫ 出生三〇分之一，死亡四〇分之一、平均三五分之一；如以結婚年齡爲二十八歲，則其差爲七年。

以上各例，在由登記簿斷定婚姻生殖力及活到結婚的嬰兒比率時，當可充分表示如何應用前述諸原則。不過，還須注意：這些例子，只是表示近乎事實；它的目的，與其說在尋求可以相信的結果，毋寧爲欲說明表面的疑問。

其次，看看再婚、三婚的斟酌，如何重要？假定：每一婚姻的出生爲四個孩子，而且出生與死亡是相等的。此時，爲要帶來這樣的結果，似乎必須出生的半數剛巧活到結婚；但是，如果斟酌再婚、三婚，而由婚姻數扣除其六分之一，然後以此與死亡對比，則上述比率乃爲一對四又五分之四。因此，活到結婚者的比率，並非半數，只須四又五分之四中之二，即已足夠。同樣的，如果假定出生對婚姻的比率爲四對一，而且嬰兒的半數剛巧活到結婚，則人口看來似在停滯狀態；但是，如由婚姻扣除其六分之一，使死亡對婚姻的比率成爲四對一，則登記簿上死亡對婚姻的比率，就只三又三分之一對一，出生對死亡的比率爲四對三又三分之一、即一二對一〇；結局，成爲相當迅速的增加率。

此外，還須注意：鰥夫的再婚遠多於寡婦；所以，爲欲知道活到結婚的男子比率起見，非由婚姻從寬扣除五分之一不可（並非六分之一）⑬。根據這種修正，如果假定每一婚姻的

⑬ 在波美拉尼亞的二萬八千四百三十七結婚中，五千九百六十四人爲鰥夫（Sussmilch 前揭書第一卷、表、九八頁）。據 Busching，在普魯士及敘利亞的一萬四千七百五十九婚姻中，三千〇七十一爲鰥夫。（同上，

出生爲四個孩子，那末，要是五個孩子之中，只有兩個活到結婚時，則人口並無增減；又如每一婚姻的出生爲五個孩子，則以其三分之一弱，就可充分達到這一目的；其他計算，也是一樣。又在推定活到結婚時的男子比率時，對於男性出生率大於女性這一重大的事實，也得加以若干斟酌。

爲使出生超過死亡，似有待於下述三種原因的作用。第一是婚姻的生殖力，第二是嬰兒活到結婚者的比率，第三是這些婚姻早於生命希望（即由婚姻與出生的世代推移，短於由死亡的世代推移）。蒲徠斯博士似乎沒有考察到此最後的原因。這是因爲博士曾謂：假定生殖力一樣，則人口增加率乃與結婚獎勵及嬰孩的生命希望相比率；這話固屬不錯；但是，他在說明其所說的時候，似乎認爲：生命希望的增加，只是影響成人而使結婚的人數增加；他不認爲：此外，對於結婚年齡與死亡年齡的距離也有影響。但是，如有增加原則存在；換句話說：如果現代的婚姻，產生次代一以上的婚姻（包含再婚與三婚），那末，這些世代，比較由於死亡的世代推移，推移更速，而人口增加亦更快；這是顯然的。

上述三原因，其中有一發生有利的變化，則其他兩者即使沒有任何變化，顯然也會影響

---

第三卷、表、九五頁）。Muret 先生謂：大體有一百名男子與一百一十名女子結婚。（《伯恩經濟學會會報》一七六六年，第一部三〇頁）。

人口，使在登記簿出生對死亡的超過更大。關於第一及第二原因，它的增加，雖然在出生對死亡的比率上，也會發生同樣的影響，但其影響於婚姻對出生的比率，則方向完全相反。婚姻的生殖力愈大，則出生對婚姻的比率也愈大；又，在出生數中活到結婚者的比率愈大，則出生對婚姻的比率愈小⑭。因此，如在一定的界限以內，婚姻的生殖力與活到結婚者的比率同時增加，則登記簿上出生對婚姻的比率，可能不會有何變化。此所以：在各國的登記簿上，增加率儘管大不相同，但是，關於出生與婚姻，往往顯示同樣的結果。

出生對婚姻的比率，實際不能作為斷定增殖率的任何標準。兩者的比率，即使為五對

⑭蒲徠斯博士自己極力說明此點（第一卷二七〇頁，第四版）；而且，博士還說：健康性與生殖力幾乎是不可分的增殖原因；他以此為證據，講到出生及婚姻的登記簿（二七五頁）。但是，這些原因，當然可能是同時存在的，不過，如果蒲徠斯博士的推論是正確的，那末，這種同時存在，是無法由出生及婚姻的表上推測的，博士雖曾引用瑞典與法國的登記簿，用以表示婚姻的高生殖力，但在事實上，這兩國家不能說是特別健康的。而且，博士所說的都市登記簿，雖如博士的目的，表示低生殖率，但是，如照博士上述推論，則同時表示高度的健康狀態；所以，這不能用為兩者並不存在的證據。蒲徠斯所欲樹立的一般事實（即鄉村的情形比較都市來得健康而且多產的事實），還是真確的。不過，這種事實，只由出生與婚姻的表，一定無法推測的。關於歐洲的若干國家，生殖力最低的國家，是最健康的；反之，生殖力最高的國家，是最不健康的；這是眾所周知的。在不健康的國家，其結婚年齡之低，乃此事實的明白理由。

一；此時，一國的人口，也許是在停滯，也許正在減少；反之，兩者的比率，即使爲四對一，此時，也許是在很快地繼續增加。不過，如由別的各種原因，其所求的增加率是一定的，則登記簿上出生對婚姻的比率，當然毋寧以偏低爲宜。這是因爲：這種比率愈低，則活到結婚時的嬰兒比率愈大；因此，一國的健康狀態愈爲良好。

Crome⑮謂：一國的婚姻，在只生四個以下的孩子時，人口是在極不安定的狀態；又在推定婚姻的生殖力時，他用年出生對婚姻的比率。如果這種觀察是正確的，則若干歐洲國家的人口是在不安定狀態。這是因爲：在許多國家，其登記簿上出生對婚姻的比率不是超過一對四，毋寧是低於一對四。前面已經說過：爲能正確表示婚姻的生殖力起見，這種登記簿上的比率，應如何加以修正；又如出生數中一大部分，活至結婚，而且結婚年齡遠低於生命希望，則像上述登記簿上的比率，與迅速的增殖率，毫不矛盾。在俄國，出生與婚姻的比率爲四對一；但其人口則比歐洲其他任何國家，都在迅速增加。英格蘭的人口，雖比法國迅速增加，但如斟酌遺漏，則出生對婚姻的比率，在英格蘭爲約四對一，在法國則爲四又五分之四對一。爲欲引起像在美國所有的急速增加起見，任何增殖原因，都有發生作用的必要。而且，如果婚姻的生殖力大增，則出生對婚姻的比率，一定高出一對四。不過，在一切普通

⑮《論歐洲各國的人口增殖》九一頁。

情況之下（生殖力沒有發揮其全幅作用的餘地），則現實的增加原因，當然，與其說在高出生率，不如說在幼年時代的優良健康狀態。因爲：前者帶來高死亡率，後者乃使成長而結婚者的比率增加；所以，在任何普通的情形之下，婚姻對出生的比率，如爲一對四（或四以下），不能視爲不利的徵候。

此處應當注意的是：因爲出生的大部分都活到結婚，所以一國是有早婚的風氣，或很少預防的障礙；這是無法斷言的。在像挪威及瑞士，出生的半數雖然活到四十歲以上，但在這樣的國家，出生的半數以上儘管活到結婚，而從二十歲到四十歲的壯者，顯然極多是過著獨身的生活；所以；預防的障礙頗爲盛行。在英格蘭，出生的半數似乎活到三十五歲⑯；儘管出生的過半數活到結婚，但是我們知道：預防的障礙，雖然不及挪威與瑞士，卻亦相當可觀。

預防的障礙，其最好的尺度，恐怕是年出生對總人口的低比率。年婚姻對人口的比率，只在同樣情形的各國，可爲公正的尺度；——在婚姻的生殖力、青春期以下的人口比率或人口增加等不同的各國，就不能以爲公正的尺度。如果一國的婚姻（不論其多寡），都屬早婚，因而多產，則爲表示同一出生率，自然需要低婚姻率。換句話說，如果婚姻率一樣，則

⑯ 即使在現在（一八二五年）及最近十年或二十年間，乃有理由可以相信：出生的半數是活到四十五歲。

就實現較大的出生率。後者，似可適用於法國。因在法國，雖然出生與死亡都大於瑞典，但婚姻率，則幾乎相同，或毋寧低些。而且，以兩國比較，如果一國的人口比率，其在青春期以下者，大於別國，則年婚姻對總人口的比率，在已達結婚年齡者間所起的預防障礙，當然不與別國同其程度。

預防的障礙，最盛行於都市：這幾乎是無可懷疑的；但是，儘管如此，都市的婚姻率高於鄉村；其部分原因，是在外來者的流入與在青春期以下的人口比率之低。它的反面，也是不錯的。所以，像在美國一樣人口半數是在十六歲以下的國家，其年婚姻率，並不正確表示：預防障礙的作用，實際如何微少。

但是，如果假定：大部分國家婦女的自然生殖力約略相同，那末，低出生率，大概可以相當正確表示預防障礙的程度。而且，此時，這種障礙的發生，或則主要由於晚婚與因晚婚而使生殖力削弱，或則由在青春期以上的人口中、終生獨身者所占比率之多；這都不成問題。

讀者如欲知道：某一出生對死亡的比率（及兩者對總人口的比率），藉以立即算出人口的增殖率及加倍期間，可參看以下兩表。此表原爲歐拉（Euler）所製，而由 Sussmilch 轉載的；我相信是極正確的。第一表，因爲限於三六對一的死亡率，故非有這種死亡率的國家，不能適用。第二表是一般的，是專以超過埋葬的出生對總人口的比率爲基礎的，所以不問死亡率如何，可以適用於任何國家。現在，我又加上第三表（一八二五年）；這因考慮到英國及若干外國有每十年調查人口的習慣。此表是由劍橋 Peter House 的 B. Bridge 牧師製成的；它假定增加率不變，而欲由某十年間的百分比增加率，算出增加率與加倍期間。

在出生與埋葬的比率不變的時候，可知死亡率愈高則加倍期間愈短。這是因爲：依據這種假定，出生與死亡無不增加，兩者對總人口的比率，比較死亡率低（因而人口中年長者的比率高）的時候爲大。

根據 Tooke 先生，俄國的死亡率爲五八對一，出生率爲二六對一。假定斟酌埋葬的遺漏而死亡率爲五二對一，則出生對死亡的比率爲二對一，超過出生對總人口的比率爲五二對一。如據第二表⑰，此時的加倍期間爲約三十六年。但是，如果假定出生對死亡的比率爲二對一，而且，死亡率爲三六分之一（如第一表），則出生對死亡的超過，爲總人口的三六分之一；加倍期間僅爲二十五年。

⑰ 此處所舉的比率，與採自 Tooke 先生大著第二版的附加表者不同。但這在此處，似乎比較容易，而且比較明白地證明這種主題（but they are assumed here as more easily and clearly illustrating the subject）。

第一表　假定一國現有人口103,000，而死亡率為1/36

| 如果死亡對出生的比率如下 | 超過出生率 | 超過出生對總人口的比率 | 人口加倍期間 |
| --- | --- | --- | --- |
| 10：11 | 277 | $\frac{1}{360}$ | 250年 |
| 12 | 555 | $\frac{1}{180}$ | 125 |
| 13 | 833 | $\frac{1}{120}$ | $83\frac{1}{2}$ |
| 14 | 1,110 | $\frac{1}{90}$ | $62\frac{3}{4}$ |
| 15 | 1,388 | $\frac{1}{72}$ | $50\frac{1}{4}$ |
| 16 | 1,666 | $\frac{1}{60}$ | 42 |
| 17 | 1,943 | $\frac{1}{51}$ | $35\frac{3}{4}$ |
| 18 | 2,221 | $\frac{1}{45}$ | $31\frac{2}{3}$ |
| 19 | 2,499 | $\frac{1}{40}$ | 28 |
| 20 | 2,777 | $\frac{1}{36}$ | $25\frac{3}{10}$ |
| 22 | 3,332 | $\frac{1}{30}$ | $21\frac{1}{8}$ |
| 25 | 4,165 | $\frac{1}{24}$ | 17 |
| 30 | 5,554 | $\frac{1}{18}$ | $12\frac{4}{5}$ |

第二表

| 超過出生對現存總人口的比率 | 人口加倍期間年數（至小數以下四位止） | 超過出生對現在總人口的比率 | 人口加倍期間年數（至小數以下四位止） |
|---|---|---|---|
| 1：10 | 7.2722 | 1：21 | 14.9000 |
| 11 | 7.9659 | 22 | 15.5932 |
| 12 | 8.6595 | 23 | 16.2864 |
| 13 | 9.3530 | 24 | 16.9797 |
| 14 | 10.0465 | 25 | 17.6729 |
| 15 | 10.7400 | 26 | 18.3662 |
| 16 | 11.4333 | 27 | 19.0594 |
| 17 | 12.1266 | 28 | 19.7527 |
| 18 | 12.8200 | 29 | 20.4458 |
| 19 | 13.5133 | 30 | 21.1391 |
| 20 | 14.2066 | | |
| 1：32 | 22.5255 | 1：210 | 145.9072 |
| 34 | 23.9119 | 220 | 152.8387 |
| 36 | 25.2983 | 230 | 159.7702 |
| 38 | 26.6847 | 240 | 166.7017 |
| 40 | 28.0711 | 250 | 173.6332 |
| 42 | 29.4574 | 260 | 180.5947 |
| 44 | 30.8438 | 270 | 187.4961 |
| 46 | 32.2302 | 280 | 194.4275 |
| 48 | 33.6161 | 290 | 201.3590 |
| 50 | 35.0029 | 300 | 208.2905 |

| 超過出生對現存總人口的比率 | 人口加倍期間年數（至小數以下四位止） | 超過出生對現在總人口的比率 | 人口加倍期間年數（至小數以下四位止） |
|---|---|---|---|
| 1：55 | 38.4687 | 1：310 | 215.2220 |
| 60 | 41.9345 | 320 | 222.1535 |
| 65 | 45.4003 | 330 | 229.0850 |
| 70 | 48.8661 | 340 | 236.0164 |
| 75 | 52.3318 | 350 | 242.9479 |
| 80 | 55.7977 | 360 | 249.8794 |
| 85 | 59.2634 | 370 | 256.8109 |
| 90 | 62.7292 | 380 | 263.7425 |
| 95 | 66.1950 | 390 | 270.6740 |
| 100 | 69.6607 | 400 | 277.6055 |
| 1：110 | 76.5923 | 1：410 | 284.5370 |
| 120 | 83.5230 | 420 | 291.4685 |
| 130 | 90.4554 | 430 | 298.4000 |
| 140 | 97.3868 | 440 | 305.3314 |
| 150 | 104.3183 | 450 | 312.2629 |
| 160 | 111.2598 | 460 | 319.1943 |
| 170 | 118.1813 | 470 | 326.1258 |
| 180 | 125.1128 | 480 | 333.0573 |
| 190 | 132.0443 | 490 | 339.9888 |
| 200 | 138.9757 | 500 | 346.9202 |
| | | 1：1000 | 693.49 |

第三表

| (1)十年間的增加百分率 | (2)加倍期間（年） | (1)十年間的增加百分率 | (2)加倍期間（年） | (1)十年間的增加百分率 | (2)加倍期間（年） |
|---|---|---|---|---|---|
| 1 | 696.60 | 13 | 56.71 | 25 | 31.06 |
| 1.5 | 465.55 | 13.5 | 54.73 | 25.5 | 30.51 |
| 2 | 350.02 | 14 | 52.90 | 26 | 29.99 |
| 2.5 | 280.70 | 14.5 | 51.19 | 26.5 | 29.48 |
| 3 | 234.49 | 15 | 49.59 | 27 | 28.99 |
| 3.5 | 201.48 | 15.5 | 48.10 | 27.5 | 28.53 |
| 4 | 176.73 | 16 | 46.70 | 28 | 28.07 |
| 4.5 | 157.47 | 16.5 | 45.38 | 28.5 | 27.65 |
| 5 | 142.06 | 17 | 44.14 | 29 | 27.22 |
| 5.5 | 129.46 | 17.5 | 42.98 | 29.5 | 26.81 |
| 6 | 118.95 | 18 | 41.87 | 30 | 26.41 |
| 6.5 | 110.06 | 18.5 | 40.83 | 30.5 | 26.03 |
| 7 | 102.44 | 19 | 39.84 | 31 | 25.67 |
| 7.5 | 95.84 | 19.5 | 38.91 | 31.5 | 25.31 |
| 8 | 90.06 | 20 | 38.01 | 32 | 24.96 |
| 8.5 | 84.96 | 20.5 | 37.17 | 32.5 | 24.63 |
| 9 | 80.43 | 21 | 36.36 | 33 | 24.30 |
| 9.5 | 76.37 | 21.5 | 35.59 | 33.5 | 23.99 |
| 10 | 72.72 | 22 | 34.85 | 34 | 23.68 |
| 10.5 | 69.42 | 22.5 | 34.15 | 34.5 | 23.38 |
| 11 | 66.41 | 23 | 33.48 | 35 | 23.09 |
| 11.5 | 63.67 | 23.5 | 32.83 | 35.5 | 22.81 |

| (1)十年間的增加百分率 | (2)加倍期間（年） | (1)十年間的增加百分率 | (2)加倍期間（年） | (1)十年間的增加百分率 | (2)加倍期間（年） |
|---|---|---|---|---|---|
| 12 | 61.12 | 24 | 32.22 | 36 | 22.54 |
| 12.5 | 58.06 | 24.5 | 31.63 | 36.5 | 22.27 |
| 37 | 22.01 | 40 | 20.61 | 45 | 18.65 |
| 37.5 | 21.76 | 41 | 20.17 | 46 | 18.31 |
| 38 | 21.52 | 42 | 19.76 | 47 | 17.99 |
| 38.5 | 21.28 | 43 | 19.37 | 48 | 17.68 |
| 39 | 21.04 | 44 | 19.00 | 49 | 17.38 |
| 39.5 | 20.82 | | | 50 | 17.06 |

# 第十二章　流行病對於出生、死亡及婚姻登記簿的影響

根據 Sussmilch 所集五十至六十年間極貴重的死亡率表；可以明白知道：歐洲任何國家，都一再遭遇週期的流行病；因此，阻止其人口增加的趨勢；而且，這些國家，在一世紀之間，很少未受一、兩次極猛烈的鼠疫，致其住民喪失三分之一或四分之一。這種流行病期，如何影響出生、死亡及婚姻的一般比率，這有從一六九二年到一七五七年的普魯士及立陶宛的以下各表，可以充分證明①。

原表雖然包含上述期內各年的婚姻、出生及死亡，但爲使原表縮少起見，我只揭載：由五至四年的短期間求得的一般平均（除非表示某些事實而值得特殊觀察的年分）。大鼠疫之後的一七七一年，雖未包含在任何的一般平均之內；但 Sussmilch 特別載此數字；而此數字，如果正確，那就表示：高死亡率對於婚姻數是有如何急激而巨大的影響。

Sussmilch 估計：人口的三分之一以上死在鼠疫手裡，但是人口儘管如此激減，而據此表，一七七一年的婚姻數，幾達鼠疫發生前六年間的平均兩倍②。這種結果的發生，畢竟由

① Sussmilch 著《神的調整》第一卷第二一表，表之八三頁（vol. i table xxi. p. 83 of the tables）。

② 根據 Sussmilch 的計算（第一卷第九章第一七三節），鼠疫病前的人口爲五十七萬九千。由此減去死於鼠疫的二十四萬七千七百三十三，所餘三十二萬二千二百六十七是鼠疫病後的人口；以此除一七一一年的婚姻數及出生數，則婚姻率爲人口的約二六分之一，出生率約一〇分之一，這種異常的比率，在任何國家，都只能發生於特別的某一年。這些如果繼續下去，則十年以內，可使人口增加一倍。此表可能是有錯誤，又也許曾

於：幾乎所有正在結婚年齡的青年人們，乃被勞動的需要與豐富的工作所刺戟，都已立即結婚。這種龐大的婚姻數，當然，在同年，自無與此同比率的大出生數。這是因爲；每一新婚夫婦，在同年，不能各產一以上的孩子；其餘出生數，一定出諸過去結婚而在鼠疫流行時免於死亡的夫婦。因此，同年出生對婚姻的比率，只爲二・七對一，即二七對一〇；這不足爲奇。不過，出生及婚姻的比率雖然不大，但因婚姻數特別多，所以出生的絕對數定亦很多。而且，因爲死亡數當然減少，故出生對死亡的比率，遂成三二〇對一〇〇的意外數字。如此的出生大超過，恐與曾在美國發現的可相匹敵。

在翌年、即在一七一二年，婚姻數當然大爲減少。這是因爲：幾乎所有當令的青年，都已於前年結婚；所以，本年的結婚，主要是在鼠疫病後而始到達青春期的人們。但是，因爲還不能認爲：已達結婚年齡的人們，都已於前年結婚，所以，一七一二年的婚姻數，比較人口，仍屬不少；而且（即使遠不及前年度的結婚數一半），比較鼠疫病前最終期（the last period before the plague）的平均數爲大。在一七一二年，因爲婚姻數較少，所以出生對婚姻的比率爲三・六對一（即三六對一〇）；這雖比前年爲大，但比別國不能說大。不過，出

---

以鼠疫病各年的出生及婚姻算在一七一一年之內。固然，死亡數已經仔細區別（carefully separated），這種結果的發生，是極奇怪的。不過，這不是大而重要的問題。其他各年，足爲一般原則的例證。

第四表

| 年平均 | 婚姻 | 出生 | 死亡 | 婚姻對出生的比率 | 死亡對出生的比率 |
|---|---|---|---|---|---|
| 至1697的5年間 | 5,747 | 19,715 | 14,862 | 10:34 | 100:132 |
| 至1702的5年間 | 6,070 | 24,112 | 14,474 | 10:39 | 100:165 |
| 至1708的6年間 | 6,082 | 26,896 | 16,430 | 10:44 | 100:163 |
| 1709 1710 鼠疫 | | | 247,733 | | |
| 1711 | 12,028 | 32,522 | 10,131 | 10:27 | 100:320 |
| 1712 | 6,267 | 22,970 | 10,445 | 10:36 | 100:220 |
| 至1716的5年間 | 4,968 | 21,603 | 11,984 | 10:43 | 100:180 |
| 至1721的5年間 | 4,324 | 21,396 | 12,039 | 10:49 | 100:177 |
| 至1726的5年間 | 4,719 | 21,452 | 12,863 | 10:45 | 100:166 |
| 至1731的5年間 | 4,808 | 29,554 | 12,825 | 10:42 | 100:160 |
| 至1735的4年間 | 5,424 | 29,692 | 15,475 | 10:41 | 100:146 |
| 1736 流行病 | 5,280 | 21,859 | 26,371 | | |
| 1737 之年 | 5,765 | 18,930 | 24,480 | | |
| 至1742的5年間 | 5,582 | 22,099 | 15,225 | 10:39 | 100:144 |
| 至1746的4年間 | 5,469 | 25,275 | 15,117 | 10:46 | 100:167 |
| 至1751的5年間 | 6,423 | 28,235 | 17,272 | 10:43 | 100:163 |
| 至1756的5年間 | 5,599 | 28,892 | 19,154 | 10:50 | 100:148 |
| 鼠疫前16年間 | 95,585 | 380,516 | 245,763 | 10:39 | 100:154 |
| 鼠疫後46年間 | 248,777 | 1,083,872 | 690,324 | 10:43 | 100:157 |
| 情況良好的26年間 | 344,361 | 1,464,388<br>936,087 | 936,087 | 10:43 | 100:156 |
| 超過死亡的出生數 | | 528,301 | | | |
| 鼠疫的2年間 | 5,477 | 23,977 | 247,733 | | |
| 包含鼠疫的全64年間 | 340,838 | 1,488,365<br>1,183,820 | 1,183,820 | 10:42 | 100:125 |
| 超過死亡的出生數 | | 304,545 | | | |

生對死亡的比率，爲二二〇對一〇〇；雖比婚姻數激增的前年爲低，但比其他各國，猶爲異常的高率；如果死亡率爲三六對一，則上述出生超過數（根據第一表），乃使一國的人口每二一又八分之一年，增加一倍。

此後，年婚姻數開始逐漸受到人口減少的影響；因此，開始由鼠疫病前的婚姻平均數，大爲下降；但是，這主要由於每年已達結婚年齡者的減少。在鼠疫病後的約九至十年，即在一七二〇年，或因偶然的事故，或因預防的障礙開始發生作用，以致年婚姻數最少；且在此年，出生對婚姻的比率大爲上升。在從一七一七年到一七二一年的期間，正如上表所示，這種比率是四九對一〇；但在一七一九年及一七二〇年的兩年，則爲五〇對一〇及五五對一〇。

Sussmilch 曾就鼠疫病後普魯士的婚姻生殖力，促起讀者的注意；它的例證，是年出生對年婚姻的比率爲五〇對一〇這一事實。如由一般平均推定，則有充分的理由可以承認：當時普魯士的婚姻，是非常多產的。但是，這一年，不，甚而至於這一期的比率，對此，也不能說是充分的證據。這是因爲；這種比率的發生，顯然是因當時婚姻數的減少，並非由於出生的增加③。鼠疫病之後的兩年間，出生對死亡的超過數，大得可驚；但出生對婚姻的

③ Sussmilcn 著《神的調整》第一卷第五章第八十六節一七五頁。

比率不大；根據普通的計算法，每一婚姻的出生僅爲二・七至三・六。在上表的最後時期（一七五二－一七五六年），出生對婚姻的比率爲五對一；只有一七五六年，爲六・一對一；但在此期間，出生對死亡的比率，只爲一四八對一〇〇。不過，如果出生對婚姻的高比率，不是由於婚姻的減少，而是由於出生的異常增加，則像上述的結果應當是不能發生的。

在上表所包含的六十四年間各種時期，出生對死亡比率的變動，乃須特別注意。就鼠疫之後四年間的平均來看，出生對死亡的比率爲二二強對一〇；假使死亡率爲三六對一，則此比率爲二十一年人口增加一倍。就從一七一一年到一七三一年的二十年來看，出生對死亡的平均比率爲約一七對一〇；這一比率（如據前章第一表），是約三十三年，使人口增加一倍。反之，就六十四年（不是二十年）全體來看，則出生對死亡的平均比率，僅爲一二對一〇；以此比率，非在一百二十五年之後，人口不會增加一倍。如就極短的期間來看，則死亡超過出生，因使人口減少（其間如果包含鼠疫的死亡率，固屬如此，即使僅僅包含一七三六年及一七三七年的兩年流行病死亡率，也是如此）。

Sussmilch 認爲鼠疫病後普魯士的死亡率不是三六對一，當爲三八對一；讀者之中，也許有人以爲：由這種大事變所引起的食物豐饒，恐怕可以帶來比較上述更大的變化。Short

博士特別指摘：在高死亡率之後，一般是有異常的健康狀態出現④，而且這種觀察，如以類似年齡互相比較；那當然是如此的。不過，在任何有利的情形之下，三歲未滿的嬰兒，死亡的危險最多：因此，通常跟著高死亡率的異常出生率，首先抵消這一時期的自然健康狀態，而使一般死亡率不致發生很大的差異。

如以一七一一年的死亡數，平分鼠疫病後普魯士的人口，則死亡率爲約三一對一；因此，未嘗減少，而反增加；這是因爲本年有許多嬰兒生產之故。但是，這些嬰兒，一旦到了成熟期，則此高死亡率也必同時消滅；於是，Sussmilch 的觀察，才是正確的。不過，就一般來說，以前的高死亡率，對於死亡，比較對於出生，可說其影響更爲顯著。觀表可知：年死亡數是跟著人口的增加而有規則地增加，幾乎始終一貫保持同一的相對比率。但是，年出生數，在全期間並無大差。固然，在此期間，人口已經增加二倍以上。所以，出生對總人口的比率，在期首與期末，一定大不相同。

由上可知：爲了推定一國過去的人口，而假定一定的出生率，這是如何地危險。就上述例子來說，如果根據這樣的假定，則其所得的結論，一定是人口未因鼠疫而特別減少。但是，如由死亡數判斷，可知實已減少三分之一。

④《空氣、季節及其他的歷史》（History of Air, Seasons,etc.）第二卷三四四頁。

與以上同樣的不同（雖有若干程度的差異），出現於 Sussmilch 所集其他各表中的死亡、出生及婚姻的比率上。而且，討論這一問題的著作家，動輒欲由僅數年間的比率，推定過去及未來的人口；因有這種傾向，所以，現在我想略爲舉出這種不同的實例、促請讀者的注意；這應是有益的。

在勃蘭登堡的選舉伯領（Churmark）⑤，至一七一二年止的十五年間，出生對死亡的比率，近乎一七對一〇；在至一七一八年止的六年間，則降爲一三對一〇；在至一七五二年止的四年間，僅爲一一對一〇；在至一七五六年止的四年間，則爲一二對一〇。在至一七五九年止的三年間，死亡遠超過了出生。雖然未有出生對總人口的比率，但是這種表現於出生對死亡比率的大變動，不只是由死亡的變動所引起的。出生對婚姻的比率是相當平穩的，兩極端也僅爲三八對一〇與三五對一〇，平均約爲三七對一〇。在此表上，未有一七五七年以降三年間的大流行病；而且，此表亦以此期間爲止。

在波美拉尼亞大公國（dukedom）⑥，六十年間（從一六九四年到一七五六年，包括這兩年），出生對死亡的平均率爲一三八對一〇〇，但如以六年爲一期，則一期有高到

⑤ Sussmilch 著《神的調整》第一卷八五頁。

⑥ 前揭書第一卷、表、九一頁。

一七七對一〇〇或一五五對一〇〇的；反之，也有低到一二四對一〇〇或一三〇對一〇〇的。在以五年至六年爲一期的各種時期，出生對婚姻的比率，其兩極端也爲三六對一〇與四三對一〇；六十年間的平均約爲三八對一〇。流行病之年，似常發生；其中三次，死亡超過出生。但此一時的人口減退，並未帶來與此相適應的出生減退；而全表中婚姻率最高的兩年，一是流行病的下一年，一是流行病的下二年。但是，死亡超過，在至此表的最後一年、即一七五九年止的三年，並不甚大。

在勃蘭登堡的新邊疆伯領（Neumarke）⑦，從一六九五年到一七五六年（包括這兩年）的六十年間，出生對死亡的平均率，前三十年爲一四八對一〇〇，後三十年爲一二七對一〇〇，全六十年爲一三六對一〇〇。如以五年爲一期，則有高至一七一及一六七對一〇〇的，也有低至一一八及一二八對一〇〇的。因爲至一七二六年止五年間的出生平均數爲七千〇一十二，至一七四六年止五年間爲六千九百二十七，所以如由出生數判斷，則可推定此二十年間，人口已經減少。不過，如由此期間的出生對死亡平均率推測，則在其間，儘管不無流行病之年，不能不說人口已大增加。因此，出生對總人口的比率，定已一變。又在同表的其他二十年間，關於出生及死亡的結果也是一樣的；出生對婚姻的比率，其兩極端爲

⑦ 前揭書第一卷、表、九九頁。

三四對一〇與四二對一〇，平均約爲三八對一〇。一七五七年以後的三年，與在其他各表一樣，死亡極高。

在馬德堡（Magdeburgh）大公國（dukedom）⑧，至一七五六年止的六十四年間，出生對死亡的平均率爲一二三對一〇〇；最初的二十八年間爲一四二對一〇〇，最後的三十四年間僅爲一一二對一〇〇。如以五年爲一期，則有一期表示一七〇對一〇〇的高率，反之，有二期是死亡超過出生。輕微的流行病之年，則似相當濃厚地分布於全表。在某兩例上，雖然連年繼續發生三、四次流行病，以致人口減少；但其後就帶來婚姻及出生的增加。出生對婚姻的比率，其兩極端爲四二對一〇與三二對一〇；六十四年間的平均爲三九對一〇。Sussmilch 對於此表，曾謂：死亡平均數，從一七一五年或一七二〇年以後，雖然表示三分之一的人口增加，但是，出生與婚姻似乎證明人口停滯或減少。不過，他在下此結論的時候，雖然加算了至一七五九年止流行病的三年間，然在此期間，婚姻與出生似乎都已減少。

在哈柏城（Halberstadt）公國，至一七五六年止的六十八年間，出生對死亡的平均率爲一二四對一〇〇；但是，如以五年爲一期，則有高至一六四對一〇〇的，也有低至一一〇對一〇〇的。全六十八年間的增加，雖然很大，但至一七二三年止的五年間，平均出生數則

⑧ 前揭書第一章、表一〇三頁。

爲二千八百一十八，至一七五〇年止的四年間，則爲二千六百二十八；由此可知：二十七年間，人口似乎已大減少。同樣的外觀（similar appearance），也發生於三十二年間的婚姻。

婚姻平均數，至一七一八年止的五年間，爲七百二十七；至一七五〇年止的五年間，爲六百八十九。在此兩期間，死亡率當已激增。流行病雖似一再發生，但在死亡超過出生的時候，大部分立即帶來異常的婚姻率；而在幾年之後，即已出生率大增。全表中最大的婚姻數，是一七五一年（一七五〇年，是因流行病而致死亡超過出生的三分之一以上）；而且，此後的四、五年間，顯示最高的出生率。出生對婚姻的比率，其兩極端爲四二對一〇與三四對一〇，六十八年間的平均爲三八對一〇。

其餘各表，也表示類似的結果；由上所述，充分可知；不論死亡對總人口的比率，或出生及婚姻對總人口的比率，都是常在變化的。

此外，還可知道：變動最少的比率，是出生對婚姻的相互比率。其明白的理由，是此比率主要是受婚姻生殖力的影響；而婚姻生殖力，當然未有很大的變化。實際是，婚姻的生殖力，幾乎不能想像：有如表中各種比率的顯著變動。同時，也無這種變動的必要。這是因爲：其他的一原因也可引起上述的結果。某年的出生，並非由於該年的婚姻，主要由於其前幾年的婚姻；因此，如果四、五年間婚姻率提高，而於其後的一、二年間偶然減低，則在登記簿上，此一、二年間出生對婚姻的比率，就有擴大的結果；反之，如果四、五年間的婚姻較少，而於其後的一、二年間增加，則在此一、二年間，登記簿上出生對婚姻的比率，就有減少的結果。這種事實，可在普魯士及立陶宛的表上，得到顯著的例證；而 Sussmilch 的其他各表，也都可證明這一事實。即由此可知：出生對婚姻的極端比率，其受婚姻數的影響，主要甚於出生數；因此，這與其說是由於婚姻生殖力的變動，毋寧說是較多由於對婚姻的影響或獎勵的變動。

散見於上述各表的普通流行病之年，當然，其對婚姻與出生的影響，沒有像大鼠疫對普魯士一表所予之甚。但是，按其流行的程度，一般而有類似的作用，那是無可否認的。如由許多其他國家的登記簿，特別是都市的登記簿判斷，可見從十七世紀末到十八世紀初，曾經常有鼠疫的侵襲。

上述諸表的鼠疫及流行病期，都在人口急速增加期之後，觀此事實，不能不想像：這些時候是否住民的人數超過了保持健康所必需的衣食住。如果由此假定著想，那末，大部分的人民，生活終須降低，非至許多人雜居在一間屋內不可。而且，這些自然的原因，如果予以絕對的考察，那末，即使在一國的人口未必稠密的情形之下，對於疾病的形成，也大有關係。即使是在人口稀薄的國家，如果人口增加先於食物的增加與房屋的增建，則住民必然將爲居住與食物所苦惱。如在蘇格蘭的高原地方，今後十年或二十年，婚姻增加，生殖力更強，那末，只要沒有國外移住，則每家的人口，將由五人增達七人。而且，因爲這須使生活程度降低，對於人民的健康，顯然給與極壞的結果。

# 第十三章　根據上述社會觀的一般推論

上述各種障礙，是使人口增加趨勢緩慢的直接原因；又這些障礙，主要是食物不足的結果；這由下一事實看來，那是顯然的；即：如果生活資料有何急激的增加，而使這些障礙除去很大的程度，則常一定發生比較急速的增殖。

在適於建設而成生活豐富而又健康國家的新殖民地，人口不絕地急速增加；這是一般所承認的。出自古希臘的許多殖民地，在一、二世紀之間，與其母市（mother cities）相對抗，且有駕凌其上的形跡。例如：Sicily 島的敘拉古（Syracuse）及 Agrigentum、義大利的達倫屯（Tarentum）及 Locri、小亞細亞的 Ephesus 及美里塔司（Miletus），徵之任何紀錄，至少不亞於古希臘的任何都市。這些殖民地，都被建設在本來野蠻民族所占據的地方；這些野蠻民族，很容易屈服於新移住者，使後者當然獲得了廣大的沃地。Israelite 人在漂浪於其 Canaan 的土地之時，其增殖極慢；但是，一旦定住於埃及的豐饒地方，則其住在當地的全期間，被計算爲：每十五年人口增加一倍①。不過，毋須追溯遠古的事例，在美洲的歐洲殖民地，對於我們一向深信的這一命題的眞實性，當已提供豐富的證言。幾乎或完全無償獲得的廣大肥沃地，一般是足以克服任何障礙的強大增殖原因。

任何殖民地，統治的惡劣，莫過於西班牙在墨西哥、秘魯及基多（Quito）的殖民地。

① Short 著《死亡率表之新研究》（New Observ. on Bills of Mertality）二五九頁，一七五〇年出版，八開本。

母國的虐政、迷信及罪惡，都有幾分傳至其殖民地。國王徵收法外的租稅，商業受到十分專斷的限制；總督既爲其國王，又爲其自己，任意苛斂誅求。但是，在所有這些困難之下，殖民地的人口還是急速增加。例如：據 Ulloa 所說，過去僅爲印第安一部落的基多市，在五十餘年前，已有五、六萬住民②。他還說：征服後建設的利瑪（Lima）市，在一七四六年的大地震以前，已有同樣或更多的住民。墨西哥號稱人口十萬；這一數字，雖出西班牙著述家的誇張，但可想像，似已達到夢提組馬（Montezuma）時代的人口五倍③。

幾乎在同樣暴政之下的巴西葡萄牙殖民地，三十餘年前，想像已有六十萬的歐洲系人口④。

荷蘭及法國的殖民地，是在特許營利公司的支配之下，而猶忍受各種障礙，而趨向繁榮⑤。

但是，英國的北美殖民地、即今北美合衆國的強大人民，在人口增殖上，遠勝於其他所

---

② Ulloa 著《旅行記》第一卷第五篇第五章二二九頁。四開本，一七五二年出版。

③ Smith 著《國富論》第二卷第四篇第八章三六三頁。

④ 前揭書三六五頁。

⑤ 參照前揭書，三六八及三六九頁。

有的殖民地。他們除有與西班牙及葡萄牙的殖民地一樣的廣大沃土之外，還有高度的自由與平等。其對外貿易，雖有多少限制，至於處理內政，則屬自由。當時的政治組織，適於財產的轉讓與分割。一定期間內，所有者未經開墾的土地，乃被布告：得給與其他任何人。在Pensylvania，並無長子繼承權；在新英格蘭各地，長子也只分得兩倍的分量。在任何地方，都無「十分之一稅」；而且幾乎沒有任何租稅。此外，肥沃的土地其價極廉；又其地位，適於穀物的輸出；因此，以資本用於農業，這是最有利的。同時，農業提供最多的健全工作，且對社會供給最貴重的產物。

因有這些有利的事情，乃出現了歷史上空前急速的人口增殖。全北部各地的人口，都是每二十五年，增加一倍。一六四三年，開始在新英格蘭四州殖民的人口，是二萬一千二百。根據此後的推算，由此四州退出的人數多過前去的。而在一七六〇年，人口增加到五十萬；即在全期間，每二十五年增加一倍。在新澤西（New Jersey），加倍期間為二十二年；在羅得斯島（Rhode Island），似乎更短。在內陸的殖民地，住民專事農業，而且不知奢侈；他們的人口似乎十五年增加一倍。自然，在人們最早居住的海岸地方，其加倍的期間，約為三十五年；有些海岸都市則人口完全停滯⑥。根據最近美國的國勢調查，各州總

⑥ 蒲徠斯著《觀察》第一卷二八二、二八三頁及第二卷二六〇頁。這些事實，雖是蒲徠斯博士從談話中得自

計，人口仍是未滿二十五年增加一倍⑦。而且，現在的總人口，其增加的程度，早已不受歐洲移民的顯著影響；又在靠近海岸的都市與鄉村，其人口增殖，比較緩慢；因知：在內陸地方一帶，僅是由於出生的加倍期間，一般也遠短於二十五年。

根據第四次國勢調查，一八二〇年北美合眾國的人口爲七百八十六萬一千七百一十。這樣大量的人口，雖然是以來自英國的少數移民爲祖先，但是，沒有理由可以相信：目前大不列顛的人口，已因上述移民而減少。反而知道：相當程度的移住，對於母國的人口，毋寧是有利的。例如：在西班牙的兩州，大多數的住民曾向美洲移住，但人口反而增加；這一事實，特別引起世人的注意。

---

Style 博士；但我最近幸而得有機會看到這一談話的部分摘要。Style 博士就羅得斯島說：全殖民地的人口加倍期間雖爲二十五年；但因地方不同，其期間也有長短：在內陸則爲二十年及十五年。Gloucester、Situate、科芬特里（Coventry）、西格林威治（West Greenwich）及艾希特（Exeter）五都市的人口，在紀元一七四八年雖爲五千〇三十三，但至一七五五年，已爲六千九百八十六；這一數字它的意義是：人口增倍期間，只是十五年。他還說：Kent 地方，人口加倍的期間爲二十年，普洛威頓斯（Providence）地方爲十八年。

⑦ 參照《大英百科辭典》增補「人口」項（三〇八頁）及由太陽人壽保險局統計技師 Milne 先生計算而富有趣味的統計表。這一統計表，對於美國的測定增加率（computed rate of increase），乃是有力而確實的例解；表示其增加率未因來住者而受到根本的影響。

在北美，如此急激增殖的英國殖民，其本來的人數究屬幾許，這是另一問題；我們要問：何以同數的人口，在同一期間內，不在英國帶來同樣的增加？對此的明白理由，是食物的缺乏；而此缺乏，如前所述，是（普遍於任何社會的）對人口的直接三障礙中之一最有力的原因；即使是在老古的國家，起因於戰爭、流行病、饑饉或自然激變等的荒廢，也可迅速恢復；由此可知；這一事實是顯然的。此時，這些國家的地位，暫時略如新殖民地；而其結果，也常與預期正相一致。如果住民的產業未受破壞，生活資料忽然超過（已經減少的）人口的需要，則其不可避免的結果；乃使過去幾在停滯狀態的人口立即開始增殖；這種趨勢，將繼續到恢復過去的人口時止。

肥沃的法蘭德斯地方，雖然時常成爲最激烈的戰爭舞臺，但只要在幾年之後，總是恢復像過去一樣的富裕而人口稠密的狀態。前述法國人口未嘗減少的事實，是一極適切的例子。Sussmilch 的各表，不絕地證明：在大的死亡率之後，發生極速增加的事實。而且，我所插入的普魯士及立陶宛統計表，在這一點上，乃有特別顯著的。一六六六年倫敦可怕的鼠疫，它的影響，在十五年至二十年之後，早已不留痕跡。在像土耳其、埃及的國家，爲了週期發生的鼠疫，使其國土荒廢，至人口是否都是大爲減少，可說是一疑問。如果這些國家的現在人口，已比過去大爲減少，則其原因，與其說是鼠疫帶來的損失，毋寧歸諸：使人民受苦的虐政與壓迫（及爲其結果的農業衰微）。中國、印度斯坦、埃及及其他各國，其最破壞的饑饉痕跡，無不極迅速地消滅。像火山爆發與地震這類自然的大變動，除非時常發生，而使住民殲滅，或使產業精神沮喪，一國的平均人口，其因此所受的損害，都是微不足道的；這已是眾所周知的。

根據上述各國的登記簿，可知人口的增加，乃受週期循環的鼠疫及疾病期（雖然是不規則地）所妨害。Short 博士在有關死亡表的（富有興趣的）研究中，常用「過剩人類的可怕矯正」（terrible correctives of the redundance of mankind）一語[8]；他蒐集各種報導所得關於一切鼠疫、惡疫及饑饉的統計表，其中表示這些作用的經常與普遍。

他的表中所舉流行病之年、即鼠疫或其他極烈流行病蔓延之年（因爲輕微的流行病似不包括在內），合計爲四三一[9]；其中二十三，是屬紀元前之事[10]。因此，紀元後的年數，如以三九九分之，那末，這種流行病，在我們知道的任何國家，其週期的循環，平均僅隔四年半而已。

表中所舉二百五十四次的大饑饉及歉收，其中十五次是發生於紀元前[11]；最早是在

⑧《關於死亡率表的新研究》九六頁。

⑨《關於氣候，季節及其他的歷史》第二卷三六七頁。

⑩同上二〇二頁。

⑪前揭書二〇六頁。

Abrahan 時代發生於巴力斯坦。如果減去這十五年，而以其餘除紀元後的年數；可知：這種可怕的天災，它的侵襲，平均只是約隔七年半。

這種「過剩人類的可怕矯正」，其由過度急速的人口增加所引起的，是到了怎樣的程度？這是很難略爲精確決定的。我們的疾病，其大部分的原因，都是極不可解的；而且，恐怕事實也是極複雜的；因此，特別過分重視某一原因，固屬欠妥，但是，在這些原因之內，舉出房屋的密集與食物的不足及不良，這恐無不當。因此兩者，是一國人口超過國內的住宅及食物所許可的程度而急速增加的自然結果。

我們所有幾乎關於各種流行病的歷史，無不顯示：流行病主要是在下層人民之間極爲猖獗；因此，這具有證明上述假定的傾向。即在 Short 博士的各表中，也常說到這一事情⑫。而且，流行病發生之年，大部分就在食物不足與不良的同時或其之後⑬。他在別的書上，又說：激烈的鼠疫，乃使下層階級或奴隸階級的人口，減少特多⑭；他在講到各種疾病的時

⑫ 參照前揭書，二〇六頁以下。

⑬ 同上二〇六頁以下及三三六頁。

⑭ 《關於死亡率表的新研究》一二五頁。

候，謂由粗劣不良的食物所引起的疾病，一般是繼續最久的⑮。

我們由於不絕的經驗知道：熱病的形成，是在我國的監獄、工場、密集的工作場及大都市狹隘的街市。所以，所有這些地方，由其結果看來，是與窮困相同的；我們不能懷疑：這種原因逐漸惡化，對於那種（過去曾經時常襲擊歐洲的）荒廢的大鼠疫的發生與蔓延，大有關係。但在今天，這些原因，已經和緩；所以任何地方，上述鼠疫已大爲和緩；很多地方，且已全無。

關於對人類的另一大災厄，即饑饉，它的性質，並非因爲人口增加而必然發生的。人口的增加，無論如何急速，這本來是漸進的；而且，因爲人體如無食物，雖極短期間，也不能生存；所以，要是超過食物所能支持的限度，畢竟沒有一個人可以成長；這是顯然的。不過，人口原則，縱使不能一定使饑饉發生，但仍爲饑饉鋪路（prepares the way），常使下層階級不得不以僅可維持生命的最少食物而生活；而其結果，由於歉收，即使是有限的食物缺乏，也可立即出現慘澹的饑饉。因此，我們不妨斷言：人口原則是饑饉之一主要原因。Short 博士曾以：一年或數年的豐收，爲饑饉來襲的前兆之一⑯；這種見解恐爲眞理。因在

⑮ 同上一〇八頁。

⑯ 《關於氣候、季節及其他歷史》第二卷三六七頁。

物資豐富而價廉的一年，其一般的結果，是使許多人趨向婚姻；在這種情形之下，即使恢復到平作之年，而猶可使窮困發生。

在歐洲，可說最普遍的、致命的流行病，乃是天花；在許多地方，天花雖作有規則的循環⑰，但在所有的流行病中，最難說明的，莫過於此。據 Short 博士所說：這種疾病，由其歷史看來，對於氣候與季節的過去或現在的性質，幾無關係；這在嚴冬雖然少些，但在任何時候、任何氣候之下，常是仍在流行。我們還無明白的實例，知道天花是在怎樣的情況之下發生的。因此，我不想說：窮困與密集的房屋必使天花發生；不過，我想可說：它的循環是有規則的，它的慘害以對嬰孩（其中特別是下層階級的嬰孩）爲尤甚；上述兩者（按：指窮困與密集的房屋），一定在天花之前與在天花之後出現。換句話說，一次天花過去，則嬰孩的平均數增加；因此，人民愈加貧困，房屋愈加混雜；而此趨勢，一直繼續至天花再度來臨、掃蕩此過剩人口時止。

在所有這些情況之下，不論如何輕視人口原則在疾病現實發生的影響，我們都不能不承認：這種原則乃使各種原因容易傳染，又對助長其蔓延與慘害，大有力量。

據 Short 博士說：激烈而致命的流行病一旦發生，乃使衰弱而疲憊的體質，大部分消

⑰ 前揭書第二卷四一一頁。

亡；故在此後，一般是出現異常的健康狀態⑱。但是，此外，由於食物與住宅發生餘裕，因使下層階級的狀態有所改善；這亦大有關係。又據 Short 博士所說：在出生率極高之年後，往往接著死亡率及疾病率極高之年；又在高死亡率年之後，常常接著是出生率極高之年；這種情形，恰似自然爲欲防止由於死亡的損失，又而欲急予恢復。總之，疾病及死亡多的翌年，出生是按殘存生殖能力者數而增加（in proportion to the breeders left）⑲。

此最後的結果，我們知道：在普魯士及立陶宛的統計表上已有最明白的例證⑳。而且，由 Sussmilch 的此表及其他各表，還可知道：如果一國的生產物增加，對於勞動的需要擴大，而勞動者的情況大爲改善，因而大爲助長結婚，則早婚的風俗一般會被繼續，終使人口超過已經增加的生產物，而其自然的結果是帶來疾病。歐洲大陸的登記簿，顯示若干實例；人口的急激增加，乃如上述，是被致命的疾病所打斷。由此可以推知：那些國家，如其生活資料的增加雖然足使人口增加，但尚不夠應其全部的需要，則人口的增加，比較與平均產物保持比較均衡的國家，更易受週期性流行病的襲擊。

⑱ 前揭書三四四頁。
⑲《新研究》（New Observ.）一九一頁。
⑳ 前揭書五〇〇頁。

反之亦然（the converse of this will of course be true）。即在常被週期的疾病襲擊的國家，疾病與疾病中間期的人口增加（即出生對死亡的超過），比較不常被這種疾病所襲擊的國家，自要多些。例如：土耳其與埃及，如果最近一世紀間的平均人口幾乎未有增減，則在其週期鼠疫的中斷期間（in the intervals of their periodical plagues），出生超過死亡的比率，還當遠大於英國與法國。

由現在的增加率或減少率算出未來人口的增減概數，由於上述理由，是不可信的。William Petty 爵士曾經推定：一八〇〇年倫敦市的住民，當爲五百三十五萬九千[21]；事實則不然，今天還未到其五分之一。Eaton 先生最近曾經預言：下一世紀，土耳其帝國的人口將要消滅[22]；這種事情也不會眞的發生的。如果美國今後一百五十年間，繼續目前的增加率，則其人口當超過中國。固然，預言是危險的，但我仍敢斷言：五百年或六百年後，這且不說，僅止一百五十年的短期間內，這種增加是不能發生的。

歐洲，其受鼠疫及激烈流行病的洗禮，確是過去多於今天。而且，許多著述家，對此曾有記載：充分（in a great measure）說明過去死亡對出生的較大比率。這是因爲：過去通

[21]《政治算術》一七頁。

[22]《土耳其帝國概觀》第七章二八一頁。

常都從極短的期間求取這些比率，而且，一般乃以鼠疫流行之年爲偶發事故，而不計在內。

最近一世紀間，英國出生對死亡的比率可說是約一二對一〇，即一二〇對一〇〇。至一七八〇年止的十年間，法國的比率爲約一一五對一〇〇。固然，這些比率，在此一世紀的各時期，曾有變動；但有理由可以想像：其振幅並不甚大；因而可知：英法兩國的人口，遠較其他許多的國家，保持著國內的平均生產額與均衡。預防障礙的作用——戰爭——大都市及工場裡無聲而確實的生命破壞——及多數貧民的密集住宅與不夠的食物——都是妨害人口的增殖超過生活資料；現在如用看來似乎奇怪的說法，那就可說：這種障礙，是代替激烈大流行病的必要，而掃蕩過剩人口。要是假定：一大鼠疫在英國掃蕩二百萬，在法國掃蕩六百萬，那末，住民在由此可怕的災害恢復之後，出生對死亡的比率，當遠高於過去一世紀間兩國的平均；這是沒有懷疑餘地的。

在新澤西，出生對死亡的比率，以至一七四三年止的七年間平均，爲三〇〇對一〇〇。但在英、法，則不及一二〇對一〇〇。這種不同雖然確屬可驚，但在驚愕之餘，不能以此爲出於上帝（Heaven）的奇蹟干涉。它的原因，既不遼遠也非潛在的或神秘的；它是在我們的旁邊，在我們的周圍；苟是有心研究的人，他是容易發現的。確實是，如果沒有上帝力量的直接作用，那末，即使是一塊石頭也不能落下來，即使是一根草木也不能長出來；這種信仰，是與自由的哲學精神最相一致的。但是，由於我們的經驗，知道：所謂自然的這種作用，幾乎常是遵循一定的法則的。且自開闢以來，人口增減的各種原因，也是不斷地繼續發生作用，恐與我們所知的任何自然法則沒有不同。

因爲兩性間的性慾，在任何時代，都是約略相同的，故如用代數學上的術語，可說這是一定量。在任何國家，繼續防止人口增殖超過該國所能生產或獲得的食物，這種必然的大法則，是橫在我們的眼前，是我們所明確了解的；所以，這是我們一刻都不能懷疑的。自然抑壓過剩人口的各種方式，固然，並非正確而有規則地出現在我們的眼前，不過，縱使我們不能一定經常預言其方式，但很可預言其事實。如由幾年間的出生對死亡比率推算一國的人口增加，而知道這遠超過所已增加或所已獲得的食物比率，那末，我們就可斷言：要是不向國外移住，則不久死亡就要超過出生；而且，上述幾年間所有的增加，並非該國人口眞正的平均增加。如果此外沒有人口減退的原因，又如預防的障礙未有強力的作用，則任何國家，無疑的，將不免有週期的鼠疫及饑饉。

一國人口眞實而恆久的增加，其唯一的眞正標準，乃是生活資料的增加。固然，這種標準，雖也未免有些輕微的變動，但是，這種變動，完全映在我們的眼前。在部分的國家，人口的增加，似出於強制。換句話說，人民逐漸幾乎習慣於以最少可能量的糧食而生活。在這樣的國家，一定會有生活資料並無增加而人口繼續增加的時期。中國、印度及由 Bedoween 阿拉伯人所占據的各國，諸如本書第一篇所述，可以說是這種敘述的適當例子。這些國家的平均生產額，止於勉強足以維持其住民生命的程度，由於歉收的些須缺乏，當然，也必成爲致命的打擊。在這種情形之下的民族，無論如何免不了饑饉的洗禮。

在現在勞動報酬很高的美國，下層階級的生活，即遇荒年也大可節約，而不致於特別困難；即：饑饉幾乎是不可能的。但是，由於人口增加，工人的報酬，不久一定大爲減少。在此情況之下，人口將不隨生活資料的比例增加而仍繼續增加。歐洲各國，由其生活習慣的不同，人口與食物消費量的比率，難免是有多少的不同。例如：英格蘭南部的工人，長期吃慣優良小麥麵包，他們除非陷於半饑死的境遇，是不會屈服於蘇格蘭農民那樣的生活。

他們，恐怕總有一天，由於苛酷的自然法的不斷作用，終於沉淪到像中國下層人民的生活。到了這一時候，英格蘭就可以同量的食物養活較多的人口。但是，要使此事實現，常是困難的計劃，而且，凡有人心者，誰都希望這種計劃的失敗。

以上，我已舉例說明：沒有生活資料的比例增加，人口也可繼續增加。但是，不同國家的食物，與由此食物所持的人口，兩者之間的不同，顯然是受某一定不可超越的限度所限制。在人口並非絕對繼續減少的國家，食物自然必須充分可以支持並延續勞動人口。

如果其他的各種事情相同，則可斷言：一國人口的多寡，乃與其可生產或可獲得的人類食物量相比例；而其幸福的程度，也與此食物的分配量（換句話說，即一日勞動的購買量）相比例。麥產國家，其人口多於畜產國家；米產國家，其人口又多於麥產國家。但是，他們的幸福，既不在於人口的疏密，也不在於國家的貧富與國家的新舊，而實在於人口與食物的比率如何。

這種比率，在新殖民地常是最有利的；這是因爲：老古國家的智識與勤勞，都被用在新國家的肥沃而無主的土地上。在其他的情形之下，國家的新舊，關於此點並無重大的意義。英國食物對於住民的分配，現在恐比二千年、三千或四千年前來得豐富。同時，貧寒而人口稀薄的蘇格蘭高地，其受人口過剩的困擾，似更甚於歐洲人口最稠密的地方。

如果假定：一國絲毫不受技術較爲優秀的人民所侵略，而讓其本身文明自然進步；則從其生產額可被認爲一單位的時代起，經過悠長的歲月，而至可被認爲百萬單位時止，那恐沒有一個時期可以說是人民大眾已無由於食物不足之直接與間接的困難（If a country were never to be overrun by a people more advanced in arts, but left to its own natural progress in civilization, from the time that its produce might be considered as an unit, to the time that it might be considered as a million, during the lapse of many thousand years, there might not be a single period when the mass of the people could be said to be free from distress, either directly or indirectly, for want of food）。自有歷史以來，在歐洲的任何國家，幾百千萬的人類（固然，其中也有從未爲絕對的饑饉所襲擊的國家），都曾爲此單純的原因所抑壓。

因此，凡是細心觀察人類歷史的人，無不承認：在曾有或現有人類生存的任何時代、任何國家，都有以下的各種命題。

人口的增加，必爲生活資料所限制。

只要人口不受有力而且明白的障礙所防遏，它在生活資料增加的時候一定增加㉓。這些障礙及抑止人口於生活資料水準的障礙，乃是道德的抑制、罪惡貧困。

在此第二篇所考察的社會狀態，與爲第一篇主題的社會狀態加以比較，我想可以知道：在近代歐洲，比較過去的時代，又比較這一世界上文化較差的地方，對於人口的積極障礙較弱，而預防障礙較強。

戰爭是對野蠻民族人口的絕大障礙；但是，即使以最近不幸的革命戰爭計算在內，也確已減少。而且由於：身體清潔之風更加普及、都市衛生及建設方法的進步，又因土地生產物分配的更加平等（這是由於有關經濟學智識的發達），乃使鼠疫、激烈的疾病及饑饉等，確已和緩而不如過去頻繁。

就對人口的預防障礙來說，其中屬於道德抑制㉔的部門，雖然不能不承認：這在男子之間，現在還未充分普及；但是我是確信：較諸第一篇所考察的各國，則已普及。且在近代歐洲，比較過去，又比較未開民族，較大比率的女性，其一生的很長期間，還在實行這種道

㉓ 此處之所謂生活資料的增加，它的意義，常爲大部分的人口可以支配的增加。否則，即使是生活資料的增加，對於獎勵人民的增殖，也毫無用處。

㉔ 讀者諸君當可想起：我是狹義地使用此語。

德；這幾乎是無可懷疑的。但是，這且不說，如果我們只對此道德的抑制一詞，解釋其一般的意義（即主要是由於謹愼的考慮而延緩結婚，而不討論其是否考慮結果），則由上述見解可以承認：這在近代歐洲使人口抑止於生活資料水準的障礙中，是最有力的。

# 托馬斯·羅伯特·馬爾薩斯年表

| 年代 | 生平記事 |
| --- | --- |
| 一七六六 | 二月十四日，生於英國倫敦附近的薩里郡（Surrey）的貴族家庭，年幼時在家接受教育。 |
| 一七八四 | 進入劍橋大學耶穌學院學習，學習哲學和神學。 |
| 一七八八 | 以優等成績卒業，同年被委任為英國國教牧師。 |
| 一七九一 | 獲得劍橋大學碩士學位。 |
| 一七九三 | 當選為劍橋大學耶穌學院院士。 |
| 一七九七 | 擔任英國教會薩里郡（Surrey）地區的牧師。 |
| 一七九八 | 匿名出版《人口論》（書名為：*An Essay on the Principle of Population as it Affects the Future Improvement of Society, with Rremarks on the Speculations of Mr. Godwin, M. Condorcet, and Other Writers.*），被統治階級賞識，一舉成名。 |
| 一八〇〇 | 出版《當前糧食漲價原因的研究》（*An Investigation of the Cause of the Present High Price of Provisions*）。 |
| 一八〇三 | 旅行歐洲並進行人口調查後，大幅增訂並以真名再版《人口論》（書名改為：*An Essay on the Principle of Population, or, a View of its Past and Present Effects on Human Happiness, with an Inquiry into Our Prospects Respecting the Future Removal or Mitigation of the Evils Which It Occasions.*）。之後皆有小幅度修訂：一八〇六年第三版，一八〇七年第四版，一八一七年第五版，一九二六年第六版。 |

| | |
|---|---|
| 一八〇五 | 結婚並養育三個孩子。同年擔任英國東印度公司學院的首位英國政治經濟學教授，並進行政治經濟學的研究，直到逝世。 |
| 一八一一 | 開始與英國著名經濟學家大衛·李嘉圖（David Ricardo）在純學術與公共經濟政策上有許多爭論，因此成為摯友。兩人的著名爭論在於是否該廢除英國穀物法。 |
| 一八一四 | 出版《穀物關稅論》（*Observations on the Effects of the Corn Laws*）。 |
| 一八一五 | 出版《地租論》（*An Inquiry Into the Nature and Progress of Rent*）。 |
| 一八一九 | 成為皇家學會會員。 |
| 一八二〇 | 出版《政治經濟學原理》（*Principles of Political Economy*）。 |
| 一八二一 | 在涂克（Thomas Tooke）的資助下，與李嘉圖、老彌爾（James Mill）、托倫茲（Robert Torrens）等人組織經濟學會（Political Economy Club）。 |
| 一八二三 | 出版《價值的尺度》（*The Measure of Value Stated and Illustrated: With an Application of it to the Alterations in the Value of the English Currency Since 1790*）。 |
| 一八二七 | 出版《政治經濟學定義》（*Definitions in Political Economy*）。 |
| 一八三四 | 組織統計學會（Statistical Society）。同年十二月二十九日逝世，死後葬於英格蘭的貝斯修道院（Bath Abbey）。 |

# 索引（上）

## 人名

## 一～四劃

## 五劃

## 六劃

## 七～八劃

**九劃**

## 十劃

## 十一劃

## 十二劃

## 十三劃



## 十四劃以上

經典名著文庫 051

# 人口論（上）

作　　者 —— 托馬斯・羅伯特・馬爾薩斯（Thomas Robert Malthus）
譯　　者 —— 周憲文
發 行 人 —— 楊榮川
總 經 理 —— 楊士清
總 編 輯 —— 楊秀麗
文庫策劃 —— 楊榮川
主　　編 —— 李貴年
責任編輯 —— 何富珊
文字校對 —— 沈美蓉
封面設計 —— 姚孝慈
著者繪像 —— 莊河源
出 版 者 —— 五南圖書出版股份有限公司
地　　址 —— 臺北市大安區 106 和平東路二段 339 號 4 樓
電　　話 —— 02-27055066（代表號）
傳　　眞 —— 02-27066100
劃撥帳號 —— 01068953
戶　　名 —— 五南圖書出版股份有限公司
網　　址 —— http://www.wunan.com.tw
電子郵件 —— wunan@wunan.com.tw
法律顧問 —— 林勝安律師事務所　林勝安律師
出版日期 —— 2019 年 8 月初版一刷
定　　價 —— 720 元



**國家圖書館出版品預行編目資料**

人口論 / 托馬斯・羅伯特・馬爾薩斯（Thomas Robert Malthus）著，周憲文譯．— 初版．— 臺北市：五南，2019.05
冊；公分．—（經典名著文庫；51-52）
譯自：An essay on the principle of population
ISBN 978-957-11-9994-8（上冊：平裝）．—
ISBN 978-957-11-9995-5（下冊：平裝）

1. 人口理論

542.11　　107017289